쉘 위 토크

Shall we Talk

쉘 위 토크

지은이 | 김미화 · 김어준 · 김영희 · 김혜남 · 우석훈 · 장하준 · 조한혜정 · 진중권
인터뷰 | 지승호
펴낸이 | 김성실
편집 | 최인수 · 여미숙 · 이정남
마케팅 | 곽홍규 · 김남숙 · 이유진
디자인 · 편집 | (주)하람커뮤니케이션(02-322-5405)
인쇄 | 삼광프린팅
제책 | 바다제책

초판 1쇄 발행 | 2010년 2월 23일
초판 3쇄 발행 | 2011년 10월 20일

펴낸곳 | 시대의창
출판등록 | 제10-1756호(1999. 5. 11.)
주소 | 121-816 서울시 마포구 동교동 113-81 4층
전화 | 편집부 (02) 335-6125, 영업부 (02) 335-6121
팩스 | (02) 325-5607
이메일 | sidaebooks@hanmail.net

ISBN 978-89-5940-176-5 (03300)
책값은 뒤표지에 있습니다.

인터뷰이

김어준 김미화 김영희 김혜남 우석훈 장하준 조한혜정 진중권

인터뷰어

지승호

시대의창

쉘 위 토크?

사회과학 성향이 있는 인터뷰집 제목으로 '우리 대화할까요?'라는 다소 말랑말랑한 느낌의 제목을 정한 이유는 점점 더 대화의 중요성과 필요성을 느끼고 있기 때문일 게다. 생각이 조금만 다른 사람들끼리도 적대시하고, 의심하는 사회는 앞으로 나가기 힘들 것이란 생각이 들기 때문이며, 생각이 다른 사람들을 무조건 비난하고 딱지를 붙이고 목소리를 높이는 방식은 이미 설득력을 잃어가고 있다고 생각하기 때문이다. 그렇다고 해서 말랑말랑한 얘기만 하겠다는 것이 아니라 내용은 더욱 깊이 있고, 단호하게 가져가되, 말하는 방식은 부드럽고, 차분한 방식으로 얘기하는 것이 좋겠다는 것이다. 상대방의 목소리를 낮추기 위해서는 내 목소리를 먼저 낮춰야 한다. 물론 자기 일신의 이익을 위해서 공동체 따위는 상관없다고 생각하는 기회주의자들과의 소통은 쉽지 않을 것이다. 그래도 궁극에는 그들과도 대화를 해야 한다고 믿고 있다.

사실 요즘처럼 민주주의의 위기라는 말을 절실하게 느낄 시기도 없을 것이다. 김지하의 시를 곡으로 만든 '타는 목마름으로 민주주의여 만세' 같은 구절들이 입에 맴돌기도 한다. 그렇다고 해서 두 민주화 정권이 절차적 민주주의의 완성을 경제 민주주의의 완성으로 연결시키지 못했다고 핏대를 높이는 것만으로 문제가 해결되지는 않을 것이다. 그들의 책임이 없다는 것이 아니라 그런 방식이 과거의 프레임에 갇히게 되는 것이라는 생각이 들기 때문이다.

현재 정권을 과거 정권과 비교해서 이념적인 비판을 가하는 것 역시 아무 소용이 없다는 생각이 든다. 그들은 아무 이념도 없다고 느껴지기 때문이다. 물론 그들에게 동의하지 않는 능력이 우리에게 필요하겠지만, 위의 노래 가사대로 '내 머리는 너를 잊은 지 오래, 내 발길도 너를 잊은 지 너무나 오래' 됐기 때문에 우리는 점점 민주주의에서 멀어져가고 있는지도 모르겠다. 그래서 우리 마음속에서부터 다시 민주주의의 바람(wish일 수도 있고, wind일 수도 있는)이 일어나는 것이 우선이어야 한다는 생각이 들었다.

《사기》의 저자 사마천은 이런 말을 한 바 있다.

"보통 사람은 자기보다 열 배의 부자에 대해서는 욕을 하고, 백 배가 되면 무서워하고, 천 배가 되면 그 사람 일을 해주고, 만 배가 되면 그 사람의 노예가 된다." 2000년 이상 전에 했던 이 말은 지금 사회에서 더 철저하게 구현되고 있다.

'저 회사가 범죄를 저지르고 있다. 저 기업인은 사회에 해악을 끼쳤다'는 말에 대해 보통 사람들이 '그들이 없으면 우리는 뭘 먹고 살아? 경제를 위해서 사면해줘야지. 무슨 대안이 있어? 너 빨갱이지?'라는 말을 서슴없이 하는 사회가 되었다. 심지어 그 말을 하는 사람들이 공세적이기까지 하다.

이런 상황에서는 '당신들은 노예야. 우리 모두는 노예야'라고 말하는 방식은 효과가 없다. '다른 삶이 있지 않을까요? 조금씩 바꿔가봐요. 우리 같이 한번 얘기해봐요'라는 느린 방식이 시간이 지났을때 좀더 근본적인 변화를 가져올 수 있지 않을까 하는 생각이 들었다.

어떤 분은 '생각은 힘이 세다'는 얘기를 많이 했다. 마크 트웨인의 말처럼 우리는 무지 때문에 궁지에 몰리는 것이 아니라 잘못된 확신 때문에 궁지에 몰리는 것일 게다. 잘못된 확신을 가지지 않기 위해서는 많은 생각과 자기 성찰을 해야 할 것이다. 그리고 그것을 바탕으로 다른 사람들과 많은 대화를 나눠야 할 것이다. 대화는 힘이 세다. 그것은 듣는 것으로부터 시작된다.

대화는 말로만 하는 것이 아닐 게다. 코피 아난 전 UN 사무총장은 "상대방이 말한 것만이 아니라 말하지 않은 것에도 귀를 기울여야 한다. 말한 것보다 말하지 않은 것이 더 중요한 경우가 많기 때문이다."라는 말을 했다.

어쩌면 눈물이 가장 중요하고, 절절한 말일지도 모르겠다. 말도 못하고 눈물만 흘리는 사람들이 점점 많아지고 있다. 그 소리 없는 말들에 귀 기울여줄 수 있는 사람, 그런 사회가 되었으면 좋겠다.

판화가 이철수의 말마따나 '신음소리가 여기저기서 들리고, 고통의 비명이 그치지 않는데', 그들의 얘기를 들어줄 사람들이 점점 줄어들고 있다. '춥고, 어둡고, 적막한 우리 시대'에는 더욱 많은 얘기들이 필요하지 않을까?

인터뷰를 해주신 김미화, 김어준, 김영희, 김혜남, 우석훈, 장하준, 조한혜정, 진중권 님에게 다시 한 번 감사의 말씀을 드린다. 이 사회에서 좋은 말씀을 해주시고, 좋은 역할을 해주시는 분들이다. 이 중에서 몇 분은 지금 지쳐보이기도 한다. 어쩌면 그럴 수밖에 없다는 생각도 든다. 부디 힘을 내셨으면 좋겠고, 이분들을 포함해서 모두에게 건강하고 좋은 일이 많이 생겼으면 좋겠다. 나도 올해는 좀더 다양한 목소리를 전할 수 있도록 노력하겠다. 사실 그게 나한테 가장 행복한 일임에도 불구하고, 지난해에는 그렇게 하지 못했다. 이게 어쩌면 마지막 인터뷰 모음집이 될지도 모르지만 말이다. 인터뷰집의 여러 가지 한계를 극복하고 의미를 다시 모색해봐야 할 시기가 된 듯하다.

고마운 사람들이 많이 생각나지만 생략하기로 하고, 어려운 환경 속에서도 잘 자라준 딸 혜린이가 힘든 고3 생활을 잘 견뎌줬으면 하는 바람과 힘든 환경에서 잘 버텨준(그리고 앞으로도 상당한 기간 그럴지도 모르는) 아내에게 고맙다는 말을 처음으로 전하고 싶다.

지승호

차 례

김영희_재미와 휴머니티의 조합을 추구하는 방송의 연금술사

김혜남_다양성을 인정하라고 고언하는 인생 여정의 동반자

우석훈_20대의 혁명을 꿈꾸는 현실주의자

장하준_신자유주의 물결을 거스르며 사민주의를 제안하는 경제학계의 이단아

조한혜정_만나는 인연들이 상생하는 돌봄사회를 실현해가는 행동가

진중권_촛불집회를 넘어 웹 3.0시대를 바라보는 진정한 디지털 유목민

보통 사람의 눈으로 시사를 풀어주는 코미디 아티스트

김미화

● 1964년 서울에서 태어남. 바쁜 방송활동에도 향학열을 불태워 성균대학교 사회복지학과를 졸업했고, 현재 성균관대학교 언론정보대학원에 재학 중. 1983년 KBS 개그콘테스트로 데뷔한 이후 〈쓰리랑 부부〉, 〈삼순이 블루스〉 등의 숱한 히트작을 내놓은 우리 시대의 대표 코미디언. 2003년부터 MBC 시사 프로그램 〈생방송 세계는 그리고 우리는〉을 진행하고 있는데, 손석희와 대조되는 스타일로 장수하고 있는 김미화에게 이제는 아무도 '코미디언이 시사 프로그램을?' 이라는 말을 하지 못함. 1990년 KBS 코미디 대상을 비롯해서 숱한 코미디 관련 상을 받았으며, 2008년 제2회 MBC 올해의 우리말지기상 라디오부문 상을 받을 정도로 정확하고, 조리 있는 말솜씨의 진행을 보이고 있음.

“

제가 가진 어떤 편안함으로 인해 사람들에게 시사 프로그램은 어렵다는 생각들을 깨줄 수 있었던 것이 오히려 약점이 될 수도 있지만, 어떻게 보면 강점이 될 수도 있었던 것 같아요. 제가 시사 전문가였으면 물어보지 못했을 어려운 용어라든지, 얘기의 흐름 같은 것들을 듣고 있는 사람들의 입장에서 편안하게 얘기했기 때문에 '내가 물어보고 싶었던 얘긴데' 또는 '내가 진행하는 것 같네. 내가 모르지만 창피해서 질문하기 어려운 거였는데' 하는 이런 느낌 아니었을까 싶습니다. 쉽게 얘기하면 고자질을 하는 듯한 느낌이라고 누가 표현하더라고요. 그게 딱 맞는다는 생각이 듭니다.

”

김미화

● 〈김미화의 세계는 그리고 우리는〉을 진행하고 있는 코미디언 김미화 씨를 8월 21일 MBC 라디오 스튜디오에서 만났다.

딴지총수 김어준은 라디오 시사 프로그램 진행자의 유형을 손석희, 유시민, 김미화 스타일 세 가지로 나눈 적이 있다. 손석희는 심판형이고, 유시민은 투사형이고, 김미화는 '시청자의 눈높이에서 대화하고 진행자와 청취자가 동시에 배우는 방식'이라는 것이다. 김미화는 그런 방식으로 5년 동안 저녁시간 시사 프로그램의 인기 프로그램 진행자 자리를 유지하고 있다.

주철환 현 OBS 사장은 그녀에 대해 "그녀를 한낱 '웃기는 여자'라고 얕잡아 보는 건 실수하는 일이다. 내가 보기에 그녀는 삶의 질을 높이는 방법을 쉼 없이 연구하는 코미디 아티스트다"라고 평한 적이 있다. 사실 그녀는 〈쓰리랑 부부의 순악질 여사〉, 〈삼순이 블루스〉 등의 숱한 인기 코미디 프로를 만들었고, 〈개그콘서트〉를 기획해서 코미디 프로그램의 새로운 장을 열기도 했다. 그녀가 삶의 질을 높이기 위해 연구하는 영역은 SBS 〈김미화의 U〉, KBS 〈TV 책을 말하다〉와 같은 교양 프로그램의 MC, 시사 프로그램의 진행자, 80여 군데가 넘는 시민사회단체의 홍보대사 등으로 확장된다.

그 많은 방송활동에다가 사회활동, 그 모든 것을 허투루 하지 않는 태도를 보면서 궁금했다. 도대체가 저 모든 스케줄을 어떻게 소화해낼 수 있을까? 그것도 성실하게 말이다. 인기 연예인에게 필수라고 할 수 있는 그 흔한 매니저도 없이 말이다.

중앙일보 양성희 기자와의 인터뷰 내용에서 그 실마리가 잡힐 수도 있다는 생각이 든다.

"전 돈보다 성취감, 좋은 인간관계를 위해 일해왔어요. 제 생애에서 가장 중요한 것은 인간관계, 사람들과 잘 어울려 사는 거예요. 그리고 제게 아주 나쁜 버릇이 있는데요, 사람들이 절 싫어하는 걸 절대 못 참는답니다."

그녀는 사랑받기 위해서 성실하게 열심히 산다. 이런 연예인, 이런 사람을 가진 것이 우리에게 축복이고, 이런 사람이 드물다는 것이 우리 사회의 불행일 것이다. 김미화, 그녀는 참 아름다운 사람이다.

보통 사람의 눈으로 시사를 풀어주는 코미디 아티스트

내 편안함으로 시사 프로그램이 어렵다는 생각들을 깨줄 수 있어

지승호(이하 **지**) MBC 라디오에서 하는 〈김미화의 세계는 그리고 우리는〉은 벌써 5년이나 되었습니다. 처음에는 '얼마나 가겠어?' 하고 눈을 흘기는 사람들도 있었을 것 같은데요. 이렇게 자리잡으신 이유는 무엇이라고 생각하십니까?

김미화(이하 **김**) 대중 연예인이라서 좀 편안하게 바라보시는 시각이 많았기 때문이겠죠. 사실은 시사 프로그램 하면 괜히 폼나 보이잖아요. 그런데 시사 프로그램을 제가 해보니까 힘들기만 하지, 폼나지는 않더라고요.(웃음) 제가 가진 어떤 편안함으로 인해 사람들에게 시사 프로그램은 어렵다는 생각들을 깨줄 수 있었던 것이 오히려 약점이 될 수도 있지만, 어떻게 보면 강점이 될 수도 있었던 것 같아요. 제가 시사 전문가였으면 물어보지 못했을 어려운 용어라든지, 얘기의 흐름 같은 것들을 듣고 있는 사람들의 입장에서 편안하게 얘기했기 때문에 '내가 물어보고 싶었던 얘긴데' 또는 '내가 진행하는 것 같네. 내가 모르지만 창피해서 질문하기 어려운 거였는데' 하는 이런 느낌 아니었을까 싶습니다. 쉽게 얘기하면 고자질을 하는 듯한 느낌이라고 누가 표현하더라고요. 그게 딱 맞는다는 생각이 듭니다.

지 예전에 시사 프로그램 진행자를 〈딴지일보〉의 김어준 총수가 '손석희 스타일'과 '유시민 스타일', '김미화 스타일' 등 세 가지로 나눈 적이 있는데요.

김 저보고 구걸을 한다고 했죠.(웃음)

지 그렇게 평가받았던 것이 한편으로는 기분 좋으면서도 한편으로는 약간 불쾌하셨을 것도 같은데요.(웃음)

김 전혀요. 괜찮아요. 사람들의 생각이 제각각이듯이 그분이 느꼈던 것이 나쁜 의미는 아니었고요. 서로 비교를 하다 보면 저도 어떤 단어를 선택하듯이 김어준 씨도 고민을 했을 거라고요. 김어준 씨는 저도 너무나 잘 알고, 〈딴지일보〉를 할 때부터 그분의 언어선택이라든지 그런 것을 잘 알고 있으니까요.

지 아무래도 시사 프로그램 진행자로서 손석희 아나운서와 비교되기도 하는데요. MBC 라디오의 아침, 저녁시간의 간판 시사 프로그램이고요. 서로의 장단점은 무엇이라고 생각하십니까?

김 아침, 저녁으로 똑같은 시간이고요. 손석희 선배님은 정말로 대단한 진행자시죠. 손석희 선배가 라디오 프로그램을 하기 전에 텔레비전에 나오는 프로그램에서 뵐 때부터 저는 팬이었어요. 외국에서 돌아오셨을 때도 뵙고 싶다고 생각했는데, 이렇게 인연이 될 줄은 몰랐습니다. 전 손석희 씨의 깔끔함, 딱 떨어짐 이런 것들을 좋아해요. 왜냐하면 사람은 자기가 가질 수 없는 것에 대해서 동경하잖아요. 그런데 손석희 씨는 정말로 그런 깔끔함이 있어요. 그래서 어떻게 하면 손석희 선배처럼 시사 프로그램을 잘할 수 있을까 고민을 많이 했죠. 심지어는 손석희 씨가 다니는 식당만 다니면서 음식을 먹었던 적도 있거든요.(웃음) '손석희 씨가 먹는 음식을 먹으면 저렇게 될 수 있을까'라는 생각까지 했어요. 이것은 농담 반 진담 반입니다. 우리 팀들이 라디오 작가들이라 주로 시사 프로그램을 아침에도 갔다가 저녁에도 왔다가 이런 식으로 주로 시사 프로만 돌아다녀요. 그 작가들한테 '손석희 씨가 어디 자주 데려가디?' 라고 물어 어느 중국집이라고 하면, 거기에 가서 또 '손석희 씨가 시켜 먹는 것은 뭐예요?' 물어 그것을 시켜 먹기도 했고요.(웃음) 시사 프로그램을 한 덕에 손석희 선배님을 사석에서 자주 뵐 수 있어서 같이 식사도 하고, 이러면서 배우는 점도 참 많습니다. 팀들한테는 프로그램 안에서의 차가움보다는 따뜻하게 대해주시고, 그런 면 면이 '저분은 굉장한 분이다'라는 생각이 들게 하거든요. 그런 분을 저하고 경쟁상대로 놓는다는 것은 말도 안 되는 것 같아요.

지 방송이 5년이나 이어져 온 것을 보면 손석희 아나운서가 갖지 못하는 장점을 스스로 가지고 있다는 생각도 드실 텐데요.

김 얘기한 대로죠. 제 감정대로 솔직한 것, 그 다음에 편안함. 저는 프로그램 안에서 이런 거죠. 자리가 사람을 만든다는 얘기가 있어요. 그런데 저는 '왜 꼭 그런 틀에다 놓고 얘기를 해야 되지' 하는 생각이 있어요. 시사 프로그램이기 때문에 딱딱해야 되고, 아주 정석으로 해야 되고, 이런 틀을 깨고 싶은 게 있었어요. 작가들도 제가 진행하는 것을 재미있게 생각하는 편인데요. 저는 그 안에서 노래 부르고 싶으면 노래 부르고, 웃기는 얘기를 하고 싶으면 하고, 기자들한테도 그렇게 딱딱한 분위기에서 하는 것보다는 오늘 재미있게 해줬으면 좋겠다 싶으면 '노래 한 곡 해보세요. 조금 아까 문제 나왔는데, 그거에 대해서는 어떻게 생각하세요? 휴가 다녀오셨어요? 애기 낳았다던데, 애기한테 한마디하세요. 오늘 왜 전화가 늦었어요? 전화 연락 안 되서 얼마나 힘들었는지 알아요' 그렇게 하니까 기자들도 오히려 편하게 생각해요. 예전에는 제가 애드립 치는 것에 대해서 두려워했었거든요. 그런데 이제는 서로 단련되다 보니까 그것을 가족처럼 받아들이는 그런 게 장점일 수가 있겠네요.

지 그런 식으로 자유롭게 진행을 하시고, 인터뷰에서 '팬이다'라는 파격적인 얘기도 하시잖아요. 다른 방송에서는 하기 힘든 얘긴데요. 처음에는 주위에서 좀 당황해할 수도 있었을 것 같은데요.

김 전혀 그렇지 않아요. 제가 진행하는 부분에 대해서는 서로 각자의 영역이 있기 때문에 제가 실언을 하지 않는 한 그 안에서 제가 요리를 하는 거니까요. 두 시간 안에 제가 어떻게 끌고 가느냐에 따라서 방향은 달라질 텐데요. 그런데 처음에는 제가 굉장히 억지로 우스운 요소를 많이 넣으려고 했어요. 왜냐하면 시사라는 게 딱딱하다는 느낌이 있기 때문에 조금 바꿔보려고 노력한 부분이 없지 않아요, 한 1, 2년은. 그래서 저도 방향을 못 잡고, 오프닝 같은 경우는 코미디 작가에게 부탁해가지고 재미있는 요소를 집어넣어달라고 했어요. 오프닝이 쓰이면 그것을 재미있게 하려고 코미디 작가가 다시 손을 보고 했었어요. 그런데 그렇게 하다 보니까 사람들이 그런 식으로 인위적으로 만들어진 웃음보다는 그 안에서 녹아나는 자연스러운 재미, 분위기에 따라서 흘러가는 그런 것을 더 원하더라고요. 내가 인위적으로 이 사안을 가지고 웃기려고 시사 코미디를 하듯이 해서는 안 되겠다는 것을 저 스스로 깨달았어요. 그 뒤부터는 자연스럽게 '내가 너무 재미있는 프로그램을 만들려고 강박관념을 가지고 있었구나' 하는 생각을 한 거죠.

{ 절제하며 중립적이 되려고 노력해, 편파적이라는 주장에 동의할 수 없어

지 시사 프로그램을 처음 시작할 때하고, 5년을 진행한 지금 진행하는 데 어떤 변화가 있다고 생각하십니까? 사회를 보는 의식도 조금은 바뀌셨을 것 같은데요.

김 없어요. 놀라셨죠.(웃음) 사실 시사 프로그램을 하면서 제약은 많아졌어요. 제가 소신 있게 어떤 일에 나서서 목소리를 내고 싶은 적도 사실 있거든요. 그런데 시사 프로그램 진행자로서 사람들에게 내가 찬반양론 중에 어느 쪽에 서 있느냐에 따라서, 다른 생각을 가지고 계신 분들의 입장이 충분히 전달이 되지 못할 수도 있겠더라고요. 한쪽으로 치우침을 가지고 있다고 생각할 테니까요. 이것은 프로그램에 피해를 주는 것이기 때문에 저의 어떤 사회적인 활동 이런 것들은 많이 자제하는 편이죠.

지 처음 선생님을 진행자로 발탁할 때는 사회에 대해서 적극적으로 발언을 하는 부분들을 높이 산 것 아닌가요? 노무현 정권 초기에 파병 반대 1인 시위도 하셨잖아요.

김 파병을 가는 분들의 입장도 있을 거고요. 그래서 그런 것들이 조심스럽죠. 제가 프로그램을 놓으면, 모르겠어요, 소신껏 행동할 수가 있겠는데, 프로그램을 하고 있는 입장이니까 굉장히 조심스럽죠. 조심스러워서 얘기를 전달할 때도 한편이 있으면 반대편 입장도 충분히 전달을 해서 사람들이 그것을 들으면서 느끼게 하고 싶은 것이 저의 생각이고, 소신이고 그래요, 프로그램을 진행하는 한은. 그런데 제가 지금 잘하고 있기 때문에 아직까지는 안 잘릴 것 같은 느낌이에요.(웃음)

지 아무리 노력을 해도 민감한 사안의 경우 편파시비가 계속 있지 않습니까? 특히 선거과정에서 많이 나오는데요.

김 제 스스로는 굉장히 많이 양쪽을 균등하게 해서 사람들에게 다양한 얘기를 더 많이 들려주고 싶은 욕심이 있어요. 그런데 정치권이라는 게 야당, 여당 통틀어서 자기들 불리한 얘기는 절대 안 하려고 하고, 누구도 책임지지 않으려고 하니까, 어떤 사안에 대해서 나오기 싫을 때는 절대 안 나오거든요. 그러니까 한쪽 입장만 자꾸 듣게 되는 거예요. 그런데 프로그램은 두 시간 동안은 해야 되고, 그 사안에 대해서 오늘의 뜨거운 이슈이기 때문에 그것을 다뤄야 되는데, 그러다 보면 인터뷰한 횟수로 어디는 이만큼 했는데, 어디는 이만큼만 했다고 편파처럼 생각이 되는 거죠. 다 서로의 입장이 있는데, 방송하는 사람의 어려움은 그런 거예요. 그런데 MBC에 있는 PD도 그렇고, 진행자인 제 행동까지도 많이 절제하면서 중립적이 되려고 노력을 하기 때문에 저 스스로는 그런 말에 동의할 수 없어요. 프로그램이 편파적이라든지 하는 것에 대해서 동의를 할 수 없고요. 그래서 제가 일부러 여당이든, 야당이든 연결했는데 안 나오면 '오늘 연결해서 해보려고 했으나, 연결을 안 하겠답니다'라는 얘기를 꼭 하자고 했어요. 하도 억울해서.(웃음)

지 모르는 것을 모른다고 얘기하는 것이 청취자에게 편안하게 느껴질 수도 있지만, 이슈나 사안에 대해서 어느 정도는 이해를 하고 들어가야 제대로 전달할 수 있지 않습니까? 이슈나 사안에 관해서 어떤 방식으로 이해하고, 접근해나가시나요?

김 지금은 너무 많이 똑똑해져서 사람들이 예전 같은 맛이 안 난다고 얘기하세요.(웃음) '너무 딱딱해지면 안 되는데……'라고 생각을 해서 제가 실없는 농담도 던지기도 합니다. 그 사안에 대해서 인터뷰를 당하시는 분이 어떤 대답을 하실지 모르기 때문에 철저하게 신문도 많이 훑어보는 편이고요. 한두 시간 일찍 와서 오늘 어떤 것을 다룰지에 대해서 준비해서 가는 거죠. 양당이나 양측의 입장을 거의 다 알고 들어가요. 그렇기 때문에 얘기하시는 느낌으로 봐서 제가 궁금한 게 있으면 더 들어가고요. 이제는 5년쯤 하니까 어떤 사안에 대해서 '이 문제는 이렇게 흘러가고 있구나' 하는 정도는 알고요. 어저께 인터뷰했던 분들과 다른 의견이 있으시면 '어제는 다르게 얘기하시던데, 오늘은 이런 얘기를 하시네요' 하고 질문을 이쪽으로 끌어오기도 하고요. 제일 황당할 때가 이런 경우예요. '낙하산 인사라든지, 정부의 임기하고 공기업 임원의 임기를 맞춰야 되는 것에 대해서 찬성을 하느냐, 반대를 하느냐' 하는 그 질문을 물어보는데, 작가가 써준 원고에는 찬성이었어요. '임기를 같이해야 된다'고 생각하시는 분이었어요. 그런데 방송 딱 들어가니까 반대를 하시는 거예요.(웃음) 작가가 써준 원고하고 방향이 틀려버리니까 7~8분을 이끌어가야 되는데 그럴 때가 제일 난감하죠. 소신을 방송 직전에 확 바꿔서 얘기를 해버리면 원고하고 완전히 틀려지니까 갑자기 바보가 되는 거죠. 그럴 때 '어떻게 끌어가야 되지' 하면서 힘들어지죠.(웃음)

지 너무 똑똑해지셔서 편안한 콘셉트는 다른 분들한테 물려주시고, 손석희 아나운서하고 본격적인 경쟁을 하실 생각을 해야 되는 것은 아닌가요?(웃음) 시사 프로그램이나 토크쇼를 진행하시면서 많은 사람들을 인터뷰하셨는데요. 가장 기억에 나시는 분은 어떤 분이신가요?

김 글쎄요. 가장 기억에 남는다? 나경원 의원, 제가 진행을 특별히 잘했다거나 한 것도 아니고, 이 프로그램이 아니라 낮 프로그램에서 토크쇼를 할 때 만났는데요. 나경원 의원이 장애를 가진 딸 얘기를 했었어요. 그때 '국회의원을 넘어서 아기 엄마인데, 그런 얘기를 밝히는 것이, 이렇게 솔직하기가 어려울 텐데, 대단하다'는 생각을 했었죠. 왜냐하면 저도 예전에 뱃속의 아이가 장애가 있다고, 이 아이는 태어나서 기를 수 있는 상황이 아니라는 진단이 내려져서 출산에 실패한 적이 있었거든요. 그래서 정말 내가 방송 안에서도 이 아줌마처럼 솔직하게 말할 수 있을까, 잃은 제 아이도 생각이 나면서 그때 더 용기를 가지고 이분처럼 아이를 낳았었다면 그 아이도 한 생명으로 잘 자랄 수 있었을 텐데, 그런 생각이 들었어요. 그래서 나경원 의원 생각이 많이 나네요.

지 지난번에 방송에서 만나자고 약속했던 안철수 의장은 만나보셨나요?(웃음) 정품 소프트웨어 사용 홍보대사를 맡은 것이 그것과 연관이 있나요?

김 아직 못 만나봤고요. 안철수 연구소에서 저한테 강의를 요청했었는데, 시간이 안 맞아서 못 갔었어요. 그래서 방송을 통해서라도 그분을 만나니까 너무 반갑더라고요. 나이도 되게 많으실 줄 알았더니 그렇게 차이나지는 않더라고요. 동갑이나 이렇게 됐으면 친구 하자고 했을 텐데, 나이가 조금 위시더라고요. 그래서 바로 '오라버님' 했죠.(웃음) 그런 분들은 대단한 분들이죠. 그냥 마음이 가는 분들이 있어요. 컴퓨터 바이러스나 보안과 관련해서 좋은 연구를 하시는 분이잖아요. 이런 생각을 가지고 있는 것이나 그분이 강연하시는 것이나 책을 읽어보면 정말 생각이 바른 분이잖아요. 돈에 욕심을 내려면 한없이 낼 수 있는 분인데, 전혀 그런 것이 아니고 자기 회사도 전문 경영인한테 물려줬고요. 직원들한테 하는 것을 보면 대단하다 싶은 기업인들이 있어요. 문국현 씨도 기업에 계실 때 제가 NGO 단체들하고 같이 환경회의 같은 것을 많이 했거든요. 그럴 때 보면 바른 기업인이시더라고요. 정치권에 들어갔을 때 좀 안타깝다는 생각을 했었죠.

지 좋은 기업인 하나만 잃어버린 셈이죠.(웃음) 녹색연합의 홍보대사를 맡고 계시죠. 황윤 감독이 만든 '야생동물 로드킬'에 관한 영화 〈어느 날 그 길에서〉 예고편 내레이션도 맡으셨는데요. 그 영화를 보시면서 어떤 생각이 드셨습니까? 영화의 메시지에 공감하셔서 노 개런티로 출연하셨다고 하던데요.

김 저는 수없이 겪고 있는 일이에요. 제가 시골로 이사를 간 지 2년 가까이 되거든요. 저희 동네에 고라니가 많이 살아요. 고속도로도 있고, 시골도 고속화 도로가 되어 있어서 저녁에 가다 보면 고라니가 차에 치여서 길에서 죽어가는 경우도 많이 있고요. 제가 다른 차에 치일까봐 가서 불을 밝히면 애들이 다리를 다쳤는데도, 피 흘리면서 후다닥 일어나서 논으로 숨고 이런 경우가 많이 있거든요. 고양이나 개가 죽어 있는 경우는 부지기수고, 자연이라는 것이 이렇게 파괴되고, 알량하게 고속도로 위에 '이 길은 동물들이 지나가는 길이에요'라고 다리를 만들어놨는데, '과연 이 애들이 저 길을 이용할 수 있을까?' 하는 생각이 들거든요.

지 다람쥐들은 몰라도 고라니같이 큰 동물들은 못 다닐 텐데요.

김 그래서 정말 심각하게 생각해봐야 될 문제인데, 그 감독님이 시기적절하게 문제를 제기해오셔서 보고 많은 분들이 생각을 하게 된 것 같아요. 도로공사에 계신 분들도 단체로 보시고 그랬더라고요. 보시면서 대안을 내놓고 그렇게 할 수 있었으면 좋겠다는 생각을 했죠.

{ 쌍방이 소통이 안 되고 극으로 치달아 안타까워

지 최근 100회를 넘긴 촛불집회에 대해서는 어떤 생각을 가지고 계십니까? '시위문화가 변했고, 축제는 축제인데 슬픈 축제'라고 표현하신 것 같은데요.

김 촛불시위는 하도 제가 공격을 많이 받아가지고요. 사실 가지도 않았는데요. 프로그램 진행자이기 때문에 그 부분에 대해서는 얘기하기가 조심스럽습니다. 슬픈 축제라고만 표현했어요. 사람들이 소통의 장을 열고 싶어하는데, 그게 일방적으로 잘 안 되면서 축제처럼 포장은 하고 있으되 그게 축제가 아니잖아요. 보면서 쌍방이 소통이 안 되고 저렇게 서로 극으로 치닫고 있는가 하는 데 대한 안타까움을 가지고 있죠.

지 〈PD 수첩〉에 대한 고발이나 YTN, KBS 사장 선임을 둘러싸고 권력에 의한 언론장악이라는 우려를 나타내는 사람들도 많은데요.

김 그것도 굉장히 민감한 사안이에요. 이게 인터넷에 뜨면…….(웃음) 민감한 사안이죠. 그 부분에 대해서는 저는 사실 모르겠어요. 뭐가 참이고, 진실인지, 나중에 역사가 흐르고 나면 '그때 이랬구나' 하겠죠. 단지 제가 보는 것은 공영방송이고 어디고, 아까도 낙하산이라고 얘기했지만, 왜 그렇게 정해진 법을 스스로들 다 깨가면서 정권이 바뀌면 사람이 바뀌고, 이런 것 있잖아요. 차라리 임기를 같이하든지……. 그게 정권이 바뀌더라도 전문성이 있잖아요. 전문성을 가지고 무엇을 해야 발전이 있을 거라고 생각되는데요. '그 자리에 있는 분들도 참 힘들 것 같다, 정권이 바뀌면 또 사람이 바뀌어야 되고, 그렇게 하다 보면 이 사회가 도대체 안정이 안 되고, 물에 둥둥 떠 있는 수초처럼 그렇게 갈 텐데' 하는 그런 걱정은 있죠. 저는 그 현상에 대해서 어떻다 말씀드리기가 어려운 게 제 스스로도 잘 모르니까요. 정말 그분들이 낙하산인지, 그분이 쫓겨나야 될 부분인지 그런 것에 대해서는 제가 정확하게 속까지 들여다보지 않아서 모르겠지만, 하여튼 근자에 많은 분들이 정권이 바뀌면서 코드가 안 맞고, 생각이 틀리면 그 자리를 내놔야 한다고 해서 많이 바뀌었잖아요. 그런 것을 보면서 만약에 내가 그 위치에서 그렇게 된다면 그것은 3년이든, 4년이든 임기보장이라는 것이 있고, 그 안에 열심히 일을 할 수 있어야 될 텐데, 그것이 안 된다면 의욕이 없어지겠다는 생각은 했어요. '내가 그런 상황이 된다면' 하는 정도는 생각을 해본 편이에요.

지 정치는 안 한다고 그렇게 얘기했음에도 불구하고, 여전히 오해하는 사람들이 있을 수 있지 않습니까? 그럼에도 불구하고 정치적인 성향을 띠었다고 볼 수 있는 행사에 참여해오신 것 같은데요. 노무현 정권 시절에도 노무현 대통령 취임 4주년을 맞아 마련된 한국인터넷신문협회 합동 인터뷰의 사회를 맡아 하셨잖아요.

김 이런 부분은 사실 조심해서 잘 써주셔야 해요.(웃음) 저는 하도 오해를 많이 받아서요. 사실 저는 노무현 대통령을 지지하지 않았습니다. 그리고 어떤 정권에서도 제가 누구를 지지해서 당원으로 가입한다거나 그런 적이 없습니다. 대중 연예인이기 때문에 저는 이런 게 부러운 거죠. 미국에 유명 코미디언들은, 예를 들면 생일에 백악관에 불려가요. 그래서 대통령하고 친구가 되는 거예요. 생일에 백악관에서 잔치를 벌여줍니다. 예를 들어서 밥 호프 그 사람을 가운데 앉혀 놓고 유명한 연예인들이 나오거나 성악가들이 나와서 백악관에서 한 시간 동안 공연을 해주는 거예요. 대통령이 그렇게 해주거든요. 나의 친구니까요. 그런 일은 대중 연예인이기 때문에 가능한 일이라고 생각하거든요. 나도 늙으면 정말 저렇게 정치하는 분들이든 아니면 온 국민으로부터 코미디에 쏟아부은 열정만큼이나, 방송에 쏟아부은 열정만큼이나 저렇게 사랑받고 싶다고 하는 욕구가 있는 거죠. 그래서 노태우 대통령, 김영삼 대통령, 김대중 대통령, 노무현 대통령, 그 대통령들이 와서 어떤 행사를 진행해달라고 하면 다 진행을 해줬어요. 그게 언론을 탄 행사도 있고, 안 탄 행사도 있어요. 그런데 유독 제가 약간 느낌이 진보적으로 보이나 봐요. 그래서 이 사람은 노무현 탄핵 반대 집회에 나갔을 것이라고 생각하나 봐요. 전혀 아니거든요.(웃음) 너무 억울해서 제가 그렇게 기사만 나오면 언론중재위원회에 간다고 해서 한번 간적이 있잖아요. 동아일보와 관련해서. 그게 잠잠해지는데도 가끔 한 번씩 건드릴 때가 있어요. 지금도 오보가 올라오면 내가 바로 전화해서 '내려주세요' 하면 내려주는 예가 많이 있어요. 그런데 어떻게 해야지만, 이런 오해를 없애느냐 하니까 시사 프로그램을 안 하는 수밖에 없는데요. 이건 내가 또 먹고 살아야 되니까…….(웃음) 사실은 대중연예인이 사람들로부터 오해받을 일을 할 이유가 없어요. 코미디언으로서 코미디 연기만 했으면 사람들이 '웃기는 코미디언' 그래서 좋아하는 것밖에는 없을 텐데, 시사 프로그램을 하다 보니까 '정치적인 것이 깔려 있는 것 아니냐, 또는 정치를 하고 싶은 거 아니냐' 부터 오해가 수도 없이 많았죠. 친해지려고 대통령 행사에 가서 이 정권, 저 정권 다 해준 그것이 겨우 이거냐, 그래서 내가 오죽 억울하면 '이명박 대통령하고 내가 영화를 봤다니까'라고 얘기하고 다닌다니까요.(웃음) 〈우생순〉 할 때, 대통령 뽑히고 난 후라 시간이 있으시니까 '와서 영화 한번 같이 보자'고 해서 '갈까 말까' 망설이다가 대통령이 불러주시는데, 가서 영화 같이 보고 깔깔대고 맥주라도 한잔 먹고 대화 나누고 이러다가 왔는데요. 그런 게 왜 잘못인지 제 스스로도 잘 모르겠어요. 인기 없는 대통령의 기자간담회 사회를 본다는 것은 대단한 거 아닙니까? 내가 손석희 선생님도 아닌데, 내가 이런 우리나라 주요한 이슈, 현안에 대한 대통령 간담회 진행을 인터넷기자협회에서 해달라고 해서 막 고민하다가 우리 PD들이나 주변의 동료들한테 상의해봤어요. 그랬더니 '이런 것을 나한테 맡기는 것은 대통령이 원한 것이 아니고, 기자들이 원한 것인데, 이런 것은 대단한 일이지'라는 생각이 들었고, 나중에 내 삶에서 대단한 경험이 되겠다, 커다란 경험이 되겠다 싶었어요. 사실 대통령 모시고 코미디언이 그런 굵직한 현안에 대해서 사회를 보기 힘들잖아요. 그 뒤에도 그런 제안들이 있었는데, 아유, 오해받기 싫어서 안 했어요. 하도 지쳐가지고. 그래도 대통령이 뭐 해달라고 하면 그래도 가겠죠.(웃음)

사회적으로 불합리하다고 생각될 때
발언하고 행동에 나서

지 본인이 진보적이라는 생각을 안 하세요?

김 사실은 제가 그런데 나서서 하는 성격이 아니거든요. 그런데 시민사회단체랑 연관이 되다 보니까 거기서 어떤 사안을 가지고 상의할 때 사안을 쭉 살펴보다 보면 '이것은 너무 사회적으로 불합리한 것 아냐'라는 생각이 들어서 나서서 한 건데, 그게 자꾸 진보적으로 인식되나 봐요. 사실 제 생활은 굉장히 보수적인데요.

지 그런 오해에도 불구하고 하고 싶으신 것은 하시는 편이신 건가요?

김 그러니까요. 그게 사실 어떻게 보느냐에 따라서 다른데, 저는 제 관점에서 코미디언이 그런 사회를 본다는 것은 대단한 사건이라고 생각해요. 신문에 저랑 대통령이 사진 찍은 것이 나왔는데, 그게 우리 집안에 대대로 가보가 될 수 있죠. 청와대 들어가서 대통령들하고 찍은 사진도 많이 있어요. 그런 것들을 나중에 모아서 개인적으로 소장해 볼라고요.(웃음) 그런 것들이 사실 재밌잖아요. 그냥 저는 정치적인 면으로 저를 바라보는 게 못마땅한 거죠. 저는 절대로 정치적인 사람이 아니고요. 저는 스스로 어떻게 생각하느냐 하면 생활 자체는 굉장히 보수적으로 살고, 뭔가 절제되고, 바깥의 생활에서는 제 스스로 진보적으로 나가는 경우는 거의 없는 것 같고요. 활동하시는 분들이 너무 많은 단체에 소속이 되어 있다 보니까 그분들이 어떤 사안을 가지고 저에게 상의했을 때 제가 봐서 '이건 너무 사회적으로 불합리한 거다'라고 생각할 때 발언을 하고, 행동에 나서고 그런 것뿐이거든요. 제 스스로 뭔가를 해보겠다고 나서서 한 적이 거의 없는 셈인데요. 정치적으로 저를 이해하려고 하는 것은 잘못된 평가 같아요.

지 한국의 오프라 윈프리라는 얘기에 대해서는 어떻게 생각하십니까?

김 그것은 제가 소문낸 거라고 늘 말씀드리는데요.(웃음)

지 어쨌든 롤 모델일 수 있는데요. 미국 같은 경우 오프라 윈프리가 오바마를 공개적으로 지지해도 방송활동에 별 지장을 받지 않는데요. 우리는 조금 다르지 않습니까?

김 소신을 가지고 지지하는 것은 저는 괜찮다고 봐요. 그런 소신 있는 대중 연예인이라든지, 다른 문화 예술가들이 많이 계세요. 저는 그분들을 존경의 눈으로 바라보죠. 저는 아직까지 그런 소신을 펼 만한 사람을 만나지 못했고, 제가 정치적이지 않아서 그렇게 하고 싶지도 않아요. 소신을 가지고 누구를 지지하고, 영향력을 제가 발휘하고 그럴 사람을 아직은 못 본 것 같거든요. 그런 것들이 결코 나쁘다고 볼 수는 없어요. 단 저 같은 경우는 그런 소신을 한 번도 편 적도 없는데, 누구 편이라고 기자들이 편가름을 해서 기사를 써대는 게 못마땅한 거죠. 그게 아니라고, 아니라고 얘기해도, 저한테 전화 한 통이면 쉽게 확인할 수 있는 것을 확인도 없이 써대는 겁니다. 쓰면, 문자화되면 인터넷에 오르고, 또 그것은 함부로 지울 수도 없어요. 본인 외에는. 그런데 사실 확인을 하기까지 시간이 걸리잖아요. 기자가 글을 썼어요. 그러면 제가 전화를 해서 '선생님. 이것은 허위 사실입니다'라고 했을 때 '그래요? 제가 생각할 때는 허위가 아닌데요?', '그래요? 어디서 그런 것을 발견하셨죠', '인터넷에서 봤거든요', '그래요. 인터넷에서 보셨으면 정정보도를 받아낸 것도 보셨어야 되는데……', 그러면 '아, 그래요.' 그러면서 '제가 사실을 확인하겠습니다'라고 하기까지가 삼사 일 걸려요. 그런데 그 시간이면 사람들이 다 퍼가요. 여러 군데로 퍼져 있습니다. 이게 내려지기까지가 얼마나 큰 고통인데요. 그래서 정치로 가는 사람들이 불쌍해보일 뿐이에요.(웃음)

지 SBS에서 방영됐던 〈김미화의 U〉라는 프로그램이 2년 6개월 만인 지난 4월 종방되었는데요. 굉장히 아쉬우셨을 것 같은데요. 프로그램 네온간판까지 떼어오셨다고 들었습니다.(웃음) 오프라 윈프리쇼처럼 만드시고 싶으셨던 것 같은데요. 왜 종방이 된 건가요?

김 그런 콘셉트로 만들려고 한 거죠. 왜 종방이 되었는지는 모르겠어요. SBS에서 우주인 때문에 돈이 딸렸다는 얘기도 있고요. 겸사겸사 아주 잘됐어요. 운이 저에게 많이 따르는 것 같다는 생각이 드는 게 프로그램을 너무 많이 하는 것 때문에 남편하고 불화가 있었던 시절이었거든요. 남편이 '생방송이 매일 낮밤으로 있는 것은 바람직하지 않다. 새 생활을 시작하려고 했으면 서로에 대해서 피로감도 덜하면서 너무 긴장하지 않고, 인생을 즐기는 게 좋은 거 아니냐'고 저에게 불안을 토로할 때 그때 마침 프로그램이 없어지더라고요. 섭섭하긴 하지만, 잘됐다고 생각했죠. 낮밤으로 생방송을 하는 게 얼마나 힘든 일인지 몰라요. 이제는 나이도 있고요. 그런 프로그램은 얼마든지 기회를 봐서 만들 수 있는 거고요. 저는 프로그램을 하면서 일주일 하고도 짤려보고, 열흘 하고도 짤려보고 그래서요. 없어지는 것에 대한 아쉬움은 크지만, 힘들어하고 그러지는 않아요. 단련이 되어서요.

정에 약해 수많은 단체의 홍보대사 일 맡아

지 〈오마이뉴스〉 인터뷰에서 그 말씀을 하셨는데요. "남편이 밥을 차려왔는데 너무 피곤해서 안 먹겠다고 했어요. 그랬더니 남편이 그 피곤의 원인이 뭐냐고 따졌어요. 내가 우물쭈물하는 사이에 남편이 그러더군요. 나와 우리 가족 때문에 피곤한 것이냐, 아니면 당신의 일중독 때문에 그런 거냐. 순간 할 말을 잃었어요"라고 하셨는데, 사실 굉장히 일을 많이 하시는데, 저 일들을 어떻게 다 소화해낼까 싶은 생각이 들기도 했거든요. 물리적으로 그게 가능할까도 싶은데요.

김 가능하죠. 부지런하면 됩니다.(웃음) 건강을 많이 해치고 있어서 남편이 그 점을 두려워하고, 그러는 거죠. 조심을 하라는 거고요. 나이가 마흔 중반이 되고, 쉰 되고, 60이 되고, 그러면 너무나 힘들어질 텐데, 일을 좀 가려서 하라는 거죠. 제가 정에 약해서 질질질 끌려다니는 편이에요. 단체 같은 데서도 홍보대사를 많이 하는 게 저에게 '선생님……' 이러면서 애걸복걸하면 해주는 편이거든요. 그러다 보니까 저 스스로도 조절이 안 되는 거예요. 제 스스로도 건강을 해치면서 끌려나가고, 새벽에도 나가고, 그런데 시민사회단체에서 일을 하면서 사회를 보면 돈을 주는 것도 아니잖아요. 그냥 끌려나가서 하는 것을 하도 많이 보니까 우리 남편이 '왜 그렇게 절제를 못하냐, 중요한 행사를 해주는 것은 이해하는데, 너무 많이 한다'고 해요. 매니저가 없어서 그런가?

지 사람이 유명해지고, 찾는 사람이 많아지면 거절을 하는 게 가장 어려운 일 중 하나 아닙니까?

김 거절하는 게 제일 힘들어요.

지 스케줄 관리를 하기도 어렵고요. 그래서 매니저를 두는 걸 텐데요.

김 그런데 제 스스로 아날로그적인 삶을 좋아한다고 말씀드렸던 것 같은데요. 거절도 매니저가 거절하는 것 하고, 제가 거절하는 것은 느낌을 다르게 받으시더라고요. 저는 복불복이에요. 시간이 되면 해드리는 거고, 안 되면 안 해드리는 거예요.(웃음) 애걸복걸 아무리 해도 시간이 안 되면 못해드리는 건데, 그것을 정중하게 얘기를 드리고, 제 사정을 말씀드리면 다음에 전화하실 때 기분이 좋대요. 저는 기억을 못하고 있었는데, 지방구청에서 강의를 해달라고 해서 내려갔었어요. 그랬더니 담당하시는 분이 "김미화 선생님, 제가 기분이 참 좋았던 게 제가 몇 년을 별러서 김미화 선생님께 전화를 드렸었는데요. 시간이 안 돼서 그때마다 거절을 하셨는데, 너무 정중하게 말씀을 하셔서 거절당하면서도 기분이 좋았습니다. 이번에 뵙게 되서 기분이 좋네요"라고 하셔서 '거절하는 것도 중요한 것이구나, 거절할 때 그 사람에게 어떻게 진심을 다해서 예의 바르게 하느냐, 그것도 중요한 것이로구나' 하는 생각을 했죠. 사람들이 기분 좋아해요. 전화 연결 한번 됐다는 것만으로도 '어, 직접 받으시네' 하면서 좋아하시더라고요.

지 그렇게 하면 기분 좋은 것은 알지만, 그렇게 하기 힘들잖습니까?(웃음)

김 힘들죠. 사실 사회복지단체들이 기관들, 각 구마다 하나씩 있어요. 그런데 각 구마다 전화가 오는 거예요. 사람은 하난데, 하루에 열댓 번씩 그런 전화를 받으면 정말 힘들고요. 어느 날은 스님, 목사님, 수녀님, 신부님 하루에 다 전화오실 때가 있어요.(웃음) 그러면 '정말 오늘은 희안한 날이구나'라고 생각하는데요. 저는 기독교예요. 종교에 상관없이 성직자들이 불우이웃을 도우시거나, 좋은 일을 하시는 것은 높이 평가합니다. 그분들은 다 돕고 싶거든요. 부탁하시면 다 가요. 그런데는 돈이 나오는 게 아니고, 스님을 뵈면 스님이 좋은 말씀을 해주신다거나, 아니면 계영배 같은 것을 누구한테 선물받은 것을 선물해주시는 경우도 있고요. 수녀님의 행사를 도와드렸다 하면 수녀님이 직접 만든 십자가를 주신다거나, 신부님들도 저를 위해서 기도를 해주시겠다고 하고요. 그런 것으로 일한 대가를 받는 편이죠. 나를 위해서 이렇게 여러분들이 기도를 해주시니 좋은 거라고 생각하는 겁니다.

지 장정일 씨와 같이 〈TV, 책을 말하다〉도 진행하셨죠. 그때 담당 PD분인가가 '패널로 나와도 책을 안 읽고 나오는 경우가 있는데, 꼬박꼬박 책을 다 읽고 녹화를 해서 놀랐다'고 하시더라고요. 그때 낮에는 다른 방송하시고, 새벽까지라도 책은 꼭 읽고 그 방송을 하느라 간이 나빠졌다고 하던데요.

김 술도 안 먹는데, 간이 안 좋아졌었죠. 이러다가는 오래 못해먹겠는걸, 하는 생각이 들어서 무리하면 안 되겠다는 생각을 했어요. 프로그램에 최선을 다하는 것은 좋은데, 건강을 심하게 해치면 안 되잖아요. 너무 피곤한 거예요. 그런데 그때는 공짜로 책을 주니까 얼마나 좋은지, 돈 주는 거보다 공짜로 책을 준다는 것이 기쁨이었어요. 지금도 〈TV 책을 말하다〉를 진행한 덕분에 책을 많이 보내주시는데요. 책 선물 받으면 얼마나 기쁜지 몰라요. 사실 만 원 안팎인데, 기분이 되게 좋더라고요.

지 어떤 책들을 주로 읽으세요?

김 저는 어떤 장르를 따지지 않아요. 베스트셀러라는 책들을 사 보기도 하고요. 오는 책들 중에서 재밌는 책들을 보고요. 요새는 《로드》라는 책을 읽고 있거든요.

지 〈개그콘서트〉를 기획해서 만들어내셨는데요. 그것도 보람 있는 일이었지만…….

김 그럼요. 보람 있었죠.

〈개그콘서트〉, 선배로서 후배에게 발판을 만들어주고 싶었을 뿐

지 그런데 그 프로그램 때문에 기존의 코미디 프로그램이 없어져서 기성 코미디언이 설 자리를 잃게 된 것 같아 동료들에게 미안하다는 말씀도 하셨던 것 같은데요.

김 맞아요. 저는 사실 제가 그때 당시에 PD들이 저한테 프로덕션을 만들어서 후배들을 데리고 일을 하라고 했거든요. 제가 만든 프로그램이니까 후배들을 좌지우지 하고 걔들을 다 묶어 가지고 프로덕션을 만들어서 상업적으로 했으면 떼돈을 벌었을 거예요. 〈개그콘서트〉가 얼마나 인기가 있고, 지금까지도 잘 되잖아요. 그때 프로덕션을 만든 친구들이 돈을 사실 많이 벌었죠. 저는 돈보다는 존경받는 선배가 되는 것이 우선이라고 생각을 해요. 사실 내가 선배로서 후배들에게 어떤 프로그램을 만들어줘야 한다는 생각을 했었고요. 저는 제 스스로 저한테 마인드 컨트롤을 하는 게 우리나라의 코미디계를 이끌어갈 대단한 코미디언이라고 합니다. 남들은 그렇게 안 볼지언정 저 스스로는 저에게 그런 용기를 주거든요.(웃음) 그런 큰 사람인데, 후배들을 위해서 가치 있는 일을 좀 해주고, 그래야 더 큰 사람인 거지, 파이를 나눠먹겠다고 싸움질하고, 그 안에서 그런 것은 바람직하지 못하다, 나이든 사람으로서 내가 가진 노하우를 나눠주는 것이 중요하다고 생각했고요. 그게 맞아떨어진 거죠. 많이 분들이 왜 그렇게 안했느냐고 하는데, 저는 충분히 할 수 있었지만, 안 한 거예요. 그게 싫더라고요. 돈 때문에, 후배들 출연료를 가지고 너 70, 나 30 이렇게 가르고 이런 게 선배로서 꼴이 아닌 것 같고, 그래서 '차라리 프로덕션을 만들면 내가 스타가 되는 프로덕션을 만들어야지'라는 생각을 한 거죠. 오프라 윈프리도 그런 거잖아요. 자기가 자기 프로그램을 하다 보면 후배들도 키워지고, 그럴 수는 있겠지만, 내가 후배들과 돈으로 관계 정리가 되는 그런 것은 하고 싶지 않았다는 게 제 생각이고요. 그게 또 맞아떨어진 걸지도 몰라요. 제가 오랫동안 방송 현업에 있는 건데요. 매니저가 되고 사장이 되면 저는 뒤로 물러나 앉아 있어야 되고, 재능 있는 친구들을 키워야 되는 거잖아요. '아직 나도 못 컸는데, 무슨 애들을 키워' 이런 생각을 하는 거고요.(웃음) 그래서 〈개그콘서트〉를 그런 마음으로, 후배들에게 밑거름이 되주겠다는 그런 마음으로 만든 것은 잘 된 건데, 방송의 상업성을 제가 생각 못한 거죠. 결국은 이쪽이 돈이 적게 들면서 효과가 크게 나니까 이쪽만 살아남고 나머지가 다 없어진 꼴이 된 것은 안타깝지만, 그럼으로 해서 후배들이 코미디 쪽 위상을 많이 키워놨으니까, 코미디언들이 똑똑하구나 하는 생각을 하게 됐잖아요. 예전에는 저질시비에 굉장히 많이 휘말렸어요. 그런데 지금 방송 만들어내는 것을 보고 사람들이 '코미디언들은 진짜 똑똑해'라고 생각하면서 코미디언에 대한 인식이 많이 바뀌었어요. 그래서 좀 시기가 지나면서 선배들과 함께 뭔가 새로운 코미디를 만들어낼 시기가 다시 오면 제가 만들어봤던 경험도 많이 있으니까 PD들과 힘을 합쳐서 으쌰으쌰해서 저는 충분히 만들어낼 수 있을 거라고 생각을 하거든요. 그런데 지금은 제가 시사 프로그램도 잘되고 있으니까 아직은 배가 불러서……(웃음)

지 타방송사도 〈개그콘서트〉 형식으로 개그 프로그램을 만들었지 않습니까? 그래서 저변은 확대되었는데, 출연료가 현실화되지 못한 부분이 있지 않습니까? 그 프로그램에 출연하는 개그맨들의 경우 인기를 얻게 되면 다른 버라이어티 프로그램의 패널이나 리포터, MC로 진출하게 되는 경우가 많은데요.

김 코미디 쪽이 예전부터 그랬어요. 드라마 쪽도 마찬가진데요. 역시 코미디 프로그램에서 얻은 인기를 바탕으로 해서 유재석이나 이런 친구들처럼 다른 프로그램을 통해 어마어마한 몸값을 받으려고 노력을 하는 부분이 많이들 있잖아요. 다른 부분도 그런데, 유독 코미디는 더 그런 것 같아요. 포맷 자체가 신인들이 서야지만 계속 교체가 되면서 신선해보이는 게 있다고요. 그것을 잘 운영이 됐으면 1기, 2기, 3기 그래서 정말 폼나게 아이들이 쫙쫙쫙 될 수 있었어요. 제가 했던 플랜대로만 했었다면. 그게 상업적인 것하고 맞물려서 애들을 꽉 잡아놓으니까, 걔들이 그 프로그램 안에서만 활용이 되니까 돈벌이가 안 되고요. 거기서 인기 얻으면 CF도 찍고 하니까 선배들보다 백 번 낫긴 하지만, 출연료 현실화는 사실 어디나 어려운 문제예요. 그 친구들이 신인으로서 그 무대에 서기 때문에 엄청나게 싼 비용으로 하고 있는 거예요. 사실 억울한 마음이 들기도 할 거예요. 요새는 너무 사이클이 빨라서 스타가 되는 기간도 너무 짧고, 3개월 안에 스타가 됐다가 3개월 안에 스러지고, 3개월 안에 스타가 됐다고 해서 그 사람에게 50 주던 것을 100을 줄 수도 없는 거고요. 방송사 입장도 충분히 이해는 가요. 이제는 그 무대를 발판으로 해서 뭔가 새롭게 도약을 해서 프로그램을 재생산해내고, 이런 연구와 노력이 필요한 시점이라고 보거든요. 제 스스로도 자꾸 진화하기 위해서 나이 들었지만, 노력하는 것처럼 후배들도 그 무대에서는 누구든 나와서 스타가 될 수 있는 열린 무대이기 때문에 거기서 '현실적인 출연료를 주라'고 아무리 해도 구조상 될 수 있는 상황이 아니라고 보거든요. 그런 게 어떻게 보면 좀 안타까워요.

지 자구책이라고 할 수도 있고, 후배 개그맨들 중에서 스스로 기획사를 차려서 관리를 하는데요. SM엔터테인먼트가 댄스음악을 시스템화하고, 스타 시스템을 만든 공로가 있지만, SM으로 인해서 가요 시장이 기형화된 것이 아닌가 하는 항간의 비판도 있는데요. 그런 점에서 같은 비판이 있을 수 있을 것 같은데요.

김 프로덕션하고, 선배가 어떤 아이디어를 가지고 뭘 만들어준 것을 같은 맥락으로 비판을 한다면 문제가 있는 거죠. 저는 후배들을 위해서 발판을 만들어주기 위해서 한 것이고, 그 이후는 후배들의 몫이죠. 사실 그것을 어떻게 발전시켜 나가는가는. 하여튼 굉장히 오랜 세월 동안 후배들이 그 프로그램 안에서 선배들이 누리지 못한 영화를 누린 것은 사실이잖아요. 기회가 있을 때 CF도 많이 찍었고, 그 친구들이 발전돼서 MC로도 많이 빠져나갔고, 출연료 현실화가 안 되었기 때문에 문제가 있다는 비판을 후배들이 한다면 좀 문제가 있는 거라고 봐요. 아마 그런 친구들은 없을 거예요. 선배들도 뭔가 새로운 것을 만들어내려고 하고 있거든요. 임하룡 선배님 같은 경우는 영화계에서 조연으로 두각을 나타내고 있고요. 전유성 선배님도 《구라 삼국지》라는 책을 써내시고요. 제 스스로도 시사 프로그램이라든지, 코미디에서 안 불러주니까 교양 프로그램을 하고 있습니다만, 제가 코미디언이기 때문에 희소가치가 있어서 이런 데서 불러주는 거겠죠. 열심히 새로운 코미디를 만들기 위해서 뿔뿔이 흩어져서 노력을 하는 거예요. 인생은 다 외로운 거지, 끝까지 책임을 지라고 하면 너무 억울한 거죠.(웃음) 우리가 후배들에게 그런 무대를 만들어줌으로써 선배들의 일자리를 빼앗은 것 같은 미안한 마음이 제게 있듯이, 그렇다면 후배들도 선배들을 위해서 코미디 무대를 어떻게 다시 멋지게 만들어줄 것인가에 대한 고민을 해야 된다고 생각하거든요. 왜 선배들만 후배들을 위해서 고민을 해야 됩니까? 후배들도 선배들을 대접하는 사회가 되어야죠. 그 후배들도 결국 선배가 될 거고요. 지금 이 사회에 따끔한 한마디를 해줄 수 있는 어르신이 지금은 없잖아요. 젊은 사람들이 그런 것을 바라지도 않고요. 그러나 반드시 간섭을 하고, 따끔하게 얘기해 줄 수 있는 이 사회의 어른들이 필요하다고 생각하거든요. 코미디계도 마찬가지예요.

지 스타가 기간이 짧아지고, 가수들의 생명이 짧아진 역효과도 있지 않느냐 하는 건데요. 그게 개그 쪽에서도 나타나고 있지 않나 하는 생각이 들어서요.

김 그것은 시청자들의 욕구하고도 맞물려 있어요. PD들이 그것을 판단하는 것은 개인차가 있어서 왔다 갔다 하겠지만, 지금 아이디어를 짜보면 옛날하고 아이디어 짜는 게 틀려요. 웃음이 터지는 포인트가 틀리다고 느껴지는 게, 저는 〈개그콘서트〉 무대에서도 오랫동안 후배들을 이끌면서 그 무대에 서봤잖아요. 틀려요. 예전에 사람들이 코미디 하면 기승전결 기다려주고, 코미디 안에도 얘기가 있고, 사람이 있고 그런데 지금은 굉장히 빠르잖아요. 아무 의미도 없는데, 반복적으로 하는 동작에서 웃음이 터지고, 바보 역할을 하는데, 의미가 없어요. 한 코너에 의미를 주는 게 아니에요. 어른들이 볼 때는 아무 의미도 없는데, 아이들이 볼 때는 자기들의 문화거든요. 자기들의 유행어예요. 인터넷에서 유행하는 말이라든지 이런 것을 가지고 모티브를 따서 하는 거예요. 그것은 시청자들의 욕구를 반영한 것이지, 그런 시스템 상의 문제만 가지고 얘기를 한다면 곤란한 것 같아요.

지 대중들의 욕구도 달라졌고, 매체환경도 바뀌었다는 말씀이시군요. 다방면의 활동을 하시지만 코미디언이라는 정체성은 항상 간직하고 계신 것 같은데요. 늘 인터뷰를 보면 '안 불러준다'고 말씀하시는데, 출연하시고 싶다고 하면 PD들이 거절하기 어려울 것 같은데요.(웃음)

김 특집 같은 데 해달라고 부탁하면 다 해줘요. 코미디 PD들과 친하기도 하고요. 스스로 지금 현재 코미디에 열정을 쏟을 만한 시간이 없고요. 제가 한곳에 열정을 쏟으면 다른 것을 못하는 편이예요. 두 가지를 못해요. 예를 들면 연예인을 하면서 고깃집도 해서 돈도 벌고, 의류를 한다거나 양쪽으로 뭘 해서 돈을 버는 게 저한테는 안 되는 거예요. 〈쓰리랑 부부〉 할 때면 〈쓰리랑 부부〉만 가지고 파는 스타일이거든요. 지금 현재는 코미디에만 열정을 쏟을 만큼 그게 안 되는 거예요. 실제로 후배들이 잘하고 있는데, 제가 굳이 거기 가서 할 상황은 아닌 것 같고요. 하게 되면 코미디도 폼나게 하고 싶어요. 예전 코미디, 다시 보고 싶은 코미디 해서 한번 하는 그것은 코미디가 아니고요. PD한테도 이런 독설을 퍼부어서 PD들이 안 부르는지도 모르겠는데요.(웃음) 지나간 코미디 해서 선배들을 불러서 하는데, '보고 싶은 코미디'도 어쩌다 한번 하는 거지, 매년 추석하고 설 때 불러서 이거 하는 게 PD의 자세입니까? 그거는 아니지, 선배들도 우리 후배들을 가지고, PD들은 안된다고 했는데, 애들을 포장해서 〈개그콘서트〉라는 것을 만들어냈잖아요. 이제 후배들이 폼나게 할 수 있다고 느꼈듯이 선배들도 가능성이 있어요. 심형래 씨가 개그맨으로서는 1기고, 제가 2기예요. 그러면 심형래 씨가 몇 살이나 저보다 많겠어요. 그런데 저는 아직 활동을 하는데, 사람들이 그냥 치부해버리는 거예요. 맨날 옛날 것만 다시 보고 싶은 코미디로 보여주는 겁니다. 저는 그게 불만인 거죠. PD들이 똑똑해서 얼마든지 옛날 코미디언들도 새로운 틀 안에 집어넣어서 할 수 있다고요. 그런데 그 틀을 만들어내는 연구과정 그게 없는 거죠. 만들어내면 되는데, 답답하면 저랑 함께해서 만들어내겠죠. 저도 답답하면 뛰어들 텐데, 아직까지는 후배들이 잘하고 있어서요. 그 말씀을 드리는 거예요.

살기 어려운 여성과 비정규직, 안타까워 마음을 보태고 싶어

지 올해 초 두 딸의 성을 재혼한 남편의 성으로 바꿔도 좋다는 법원의 허가판결을 받으셨다면서요. 변호사도 선임하지 않고 홀로 소장을 쓰셨다는데, 다른 사람들에게 그 사실을 알리고 싶지 않아서 그러셨던 건가요? 그 과정에서 여러 가지 생각을 많이 하셨을 텐데요.

김 여러 가지 생각을 많이 하지는 않았고요. 단순하게 재혼을 해보니까 서류를 뗐는데, 두 아이는 윤 씨고, 두 아이는 김 씨더라고요. 애들이 받을 상처를 생각하니까 그것을 보면서 마음이 아프더라고요. 내가 팔자가 기구해서 두 번 시집을 갔는데, 나는 그렇다쳐도 이미 다 슬픔 같은 것도 극복할 마음의 준비가 되어 있으나, 아이들은 갓 초등학생, 중학생 이런데 그 아이들이 받을 고통을 생각할 때 마음이 아팠어요. 다행히 올해부터 법이 바뀌어서 성을 바꿀 수가 있으니까 '나는 참 행복한 사람이다, 이것만으로도 감사하다'고 생각했는데, 변호사 통해서 이걸 하고 그러면 기자한테 알려지고, 그런 기사가 나는 자체가 고통이거든요. 친구들에게 성이 바뀌었다는 사실이 알려지면서 '야 너는 김 씨였는데, 윤 씨라며' 이렇게 얘기를 듣는 자체가 따돌림의 원인이 될 수도 있고요. 저는 굉장히 조심스러워서 저 혼자서 판사님, 검사님, 변호사님 전화 연결해서 '제가 이런 처지에 있다는 것은 알고 계실 텐데, 법은 어떻게 바뀌었습니까?'라고 묻고, 교수님 논문 같은 기 있잖아요. 그런 것도 뒤져보고, 향후에 어떤 사람은 되고, 어떤 사람은 안 되는지, 또는 판사님에게 서류를 집어넣을 때 어떤 점, 아이들의 행복추구권 이런 것을 얘기해야 설득이 되는 건지, 그런 것들을 서면으로 해야 되잖아요. 성이 다르기 때문에 행복하지 않다는 것을 설득하는 것이 고통이고 힘들었어요. 한동안은 인터넷도 많이 뒤지고, 전화 연결도 많이 하고, 이래서 혼자서 모자 쓰고 가서 법원에 접수시켰거든요. 접수할 때는 몰랐는데, 최진실 씨 때문에 사람들이 뒤지면서 '김미화 씨 아이들은 성을 벌써 바꿨다'며 기사화되어서 애들한테 얼마나 미안한지……그랬었어요. 어차피 제가 아이들에게 물어봐서 '김으로 몰든, 윤으로 몰든, 한쪽으로 몰자'고 했거든요.(웃음) 그래야 되잖아요. 성이야 엄마 성을 따르든 아빠 성을 따르든. 엄마를 쫓아서 이렇게 된 거니까, 그런데 아이들이 흔쾌히 아빠 성을 따르고 싶다고 해서 그렇게 된 건데요. 뭐 대단한 일을 한 것도 아니에요. 그런 것을 기다리는 엄마 아빠들이 많이 있어서 안타깝더라고요, 보면서. 이 사회의 보이지 않는 슬픔들이 굉장히 많이 있죠.

지 지난해 'KTX·새마을 승무원 직접고용 및 조속한 문제해결을 촉구하는 3000인 선언'에 이름을 올리기도 하셨잖아요. 최근 기륭

전자니 이랜드니 해서 1000일 넘게 분규가 계속되고, 60일이 넘게 단식을 하기도 했는데요. 점점 심각해지는 비정규직 문제에 대해서는 어떻게 생각하십니까?

김 큰일이에요. 특히나 저는 여성들의 얘기를 들을 경우가 많이 있어서요. 사실 우리 사회가 변화되었다 해도 여성들에게는 여전히 불합리한 요소들이 많이 있고, 여자들이 생활하기가 힘들어요. 여자들은 출산도 해야 되고, 아이들을 기르면서 살림도 하면서 일을 해야 되기 때문에 이중삼중으로 고통을 받고 있어요. 그것에 대한 사회적인 배려 이런 것들이 전혀 없으면서 비정규직이 많아지다 보니까. 사실 저의 엄마, 아버지가 비정규직이었고요. 제 스스로도 언제 잘릴지 모르는 비정규직이고요. 우리 엄마도 건물에 청소하는 용역직으로도 있어 봤고, 아버지도 건물 수위로도 있어 보셨고요. 비정규직의 설움을 우리 가족이 많이 겪었기 때문에 누구보다도 잘 알죠. 예전에는 한번 직업을 가지면 그 회사에 뼈를 묻는다고 했었는데, 지금 전혀 그렇게 되지 못하는 사회현실이니까 그런 것들이 안타깝고 잘 됐으면 좋겠다는 마음을 보태는 거죠. 제가 그렇게 해준다고 해서 무슨 힘이 되겠어요. 아직도 해결이 안 나고 있는데요.

지 참 바람 잘 날 없이 다이내믹하게 돌아가는 한국 사회입니다. 방송을 진행해온 지난 5년 동안 한국 사회에서 가장 중요하거나, 큰일이라고 생각되는 것이 무엇이라고 보십니까?

김 아무래도 대통령 뽑는 일이겠죠.(웃음) 뉴스가 하나하나 다 중요하지 않은 게 없었죠. 서울시 교육감을 뽑은 것도 우리 아이들의 미래가 달려 있는 거고요. 음식물 얘기도 그렇고요. 만두파동 났을 때부터 시작해서 쇠고기 문제까지 어느 하나 중요하지 않은 게 없는 게 뉴스인 것 같아요. 정말 올바른 뉴스를 올바로 바라볼 수 있게 전해주는 것이 얼마나 그 중요한가 하는 것을 매번 느끼죠. 제 스스로도 바른 눈이 되려고 노력하고요. 많이 읽고, 이렇게 생각하는 사람이 있으면 저렇게 생각하는 사람들도 있기 때문에 그런 사람들의 의견을 많이 수렴을 하고, 공부하고 그런 것을 게을리하지 않으려고 노력을 하죠.

지 올해 특별한 계획이나 마지막으로 해주실 말씀은 없으신가요?

김 특별한 계획은 없고요. 아시잖아요. 늘 하루하루 열심히 사는 것이 계획입니다. 무계획이 계획이다, 이런 생각을 가지고 살고 있습니다.(웃음)

도전과 감정이입의 경계를 넘나드는 방랑가

김어준

● 1968년 경남 진해에서 태어남. 홍익대학교 전기공학과 졸업. 〈딴지일보〉 종신 총수. 1998년 〈딴지일보〉 설립. 딴지체라는 신조어가 생길 정도로 인터넷 상에서 엄청난 인기를 누렸고, 인터넷 붐에 힘입어 한때는 '딴지일보 수백억 인수설' 이 돌기도 함. 고경태 기자가 기획해서 김규항과 같이 진행했던 〈한겨레 21〉의 '쾌도난담' 코너를 통해 시사비평의 새로운 경지를 개척했으며, 〈한겨레 신문〉 esc 면의 '김어준의 그까이꺼 아나토미' 를 통해 상담의 새로운 경지를 개척. CBS 라디오에서 〈김어준의 저공비행〉, 〈시사자키〉, SBS 라디오에서 〈김어준의 뉴스엔조이〉 등의 방송을 진행하기도 했고, 《건투를 빈다》(푸른숲)라는 책을 출간하기도 한 우리 시대의 재기발랄한 본능주의자.

“

남자들은 소위 말하는 이성적 접근이나 동물에게 감정이 이입되지 않고, 통제된 환경을 만들어서 똑같은 결과가 나오도록 하는 이런 과학적 접근을 하려고 한다고. 그러니까 걔네들은 수치가 중요하고, 모델이 중요하고, 그런 표준화가 중요한 거야. 여성들이 가장 결정적으로 차이가 있는 것은 통제를 버렸단 말이야, 동물한테 감정이입을 하는 거야. 남성 동물학자들은 감정이입을 하다 보면 의인화해서 사람처럼 해석하게 되고, 그건 굉장히 아마추어적인 것이라고 경계를 한다고. 그런데 여자들은 정반대로 아주 철저하게 감정이입을 해요. 그러다 보니까 인간의 통제된 방식으로 동물을 해석한 것이 아니라 동물이 자기를 받아들인 그대로, 동물의 방식으로 동물에 접근을 하는 거야. 예를 들어 걔네들을 붙잡아서 꼬리표를 달아 얼마나 이동했는지 거리를 측정하고, 먹이를 주고, 유인하고, 마취시키고 이런 것이 아니라 동물이 자기를 받아줄 때까지 기다려서 동물의 방식으로 걔네들을 관찰을 하는 거야. 내가 가만히 생각해 보고 그런 특징들을 보다 보니까 사실은 정치를 여자가 해야 될 것이 아닌가 하는 생각이 들었어. 특히 이명박을 보면서 그런 생각이 들더라고.

”

김어준

● 조선일보 패러디 사이트인 〈딴지일보〉의 종신 총수 김어준이 얼마 전 발간한 '김어준의 정면돌파 인생매뉴얼'이라는 부제를 단 책 《건투를 빈다》가 화제가 되고 있다. 〈딴지일보〉를 통해 수많은 폐인을 양산했던 이 놀라운 본능주의자이자 경험주의자는 자신의 경험을 바탕으로 체득한 삶의 기술을 '자기 객관화와 선택에 대한 책임'이라는 두 가지 코드로 풀어내고 있다. 〈딴지일보〉의 침체 이후 CBS 〈김어준의 저공비행〉, 〈시사자키〉, SBS 〈김어준의 뉴스엔조이〉 등을 진행했던 김어준은 정권의 변화 탓인지 요즘 방송을 쉬고 있고, 대외적인 활동으로 상담집을 낸 후 각종 인터뷰와 강연, 독자와의 만남에 주력하고 있다. '김어준의 직업은 김어준'이라고 할 정도로 묘하게 일관된 흐름을 가지고 하나의 아이콘으로 살고 있는 그는 정작 자신의 유명세에는 전혀 관심이 없다. 인생은 유한하기 때문에 그저 먹고 싶은 것, 만나고 싶은 사람, 가보고 싶은 곳을 다 가보고 살고 싶을 뿐 소유에는 관심이 없다고 말한다. 그는 요즘 이명박 대통령(이하 웬만하면 모든 호칭생략)에 대해 거침없는 비판을 가하고 있다. "좌파는 성찰하게 할 수는 있어도 사람을 움직이게 할 수는 없다. 좀 염치 있고, 인문학적 교양도 있고, 자존심이 있는 우파라면 지지하고 싶다. 그런데 한국에서는 그런 사람이 나올 것 같지 않다"고 말하는 김어준은 이명박에 대해 "다른 사람에게 전혀 감정이입이 안 되는 사이코패스 같은 사람, 욕망의 딱정벌레가 정치를 하고 있는 것 같다"고 비판한다. 그는 요사이 특별하게 동물에게 관심을 많이 가지게 됐다고 하는데, 그 이유도 상당히 재미있다. 그리고 그는 모바일 베이스의 미디어인 딴지일보 2.0을 2009년 여름에 오픈하기 위해 자금을 모으는 중이라고 했다. 그는 쿨하면서도 정치적으로 올바르다. 그의 말마따나 그의 여러 가지 기질과 성향들로 인해 잘못하면 욕망이 딱지가 진 우파로 가기 십상인데, 대입낙방의 경험, 팔레스타인 배낭여행에서 이스라엘 군인에게 검문을 당하면서 그들에게 동질감을 느꼈던 경험, 쿠르드족 아이와 안 통하는 말을 하면서 그 아이가 불쌍해서 울었던 그런 경험들이 그를 정치적 올바름 쪽으로 붙들고 있는 것은 아닌가 하는 생각이 들었다. 그게 원래 그의 기질일 수도 있지만 말이다. 김어준을 만나면 늘 드는 생각이 그와 동시대에 살고 있어서 유쾌하고 행복하다는 것이다.

(인터뷰는 2009년 2월 4일 삼청동에 있는 카페 와플에서 이루어졌고, 개인적으로 이런저런 사연이 있는데다가 여러 번 인터뷰한 관계로 편하고 자유롭게 대화를 했다. 그것을 다른 말투로 다듬으면 인터뷰 분위기도 살지 않을 것 같고, 김어준 특유의 촌철살인과 발랄함을 전해지지 않을 것 같아 그대로 살렸다. 그 점 독자 여러분의 양해를 구합니다.)

도전과 감정이입의 경계를 넘나드는 방랑자

진화는 진보가 아니라 그냥 다양성을 인정하는 거야

지승호(이하 **지**) 요즘 어떻게 지내냐고 물어봐 달라니까 물어볼게. 요즘 어떻게 지내?(웃음)

김어준(이하 **김**) 최근 관심사 중에 하나가 동물에 관심이 많이 생겼어. 동물에. 정치적인 이야기, 사회적인 이야기 말고 사적으로 동물에 필이 꽂혔거든.

지 제인 구달처럼 동물이라도 관찰하러 가시려고?(웃음)

김 제인 구달처럼 들어가서 동물을 관찰하겠다는 것은 아니고, 고등학교 때 밥과 국을 손으로 떠먹는 경험을 한 이후로 내가 동물이라는 자각을 어렴풋이 했다고 얘기했잖아. 최근 나이를 먹으면

먹을수록 사람은 동물이구나 하는 생각이 들더라고. 내가 굉장히 중요하게 생각하는 키워드 중 하나가 자기 객관화인데, 사실 자기 객관화 이전과 이후로 어른과 아이로 나뉘는 거잖아. 그런데 인간 군상 속에서 나란 인간의 자기 객관화, 인간이라는 개체로서의 자기 객관화 말고, 사실 여기 살아 있는 생명체 중에서 인간이 생각만큼 각별하냐는 생각이 들었어. 내가 보기에는 그게 자기 객관화의 연장인 것 같아. 그러다 보니 자꾸 다른 동물은 어떻게 사나, 이 새끼들은 어떻게 사나에 대해 자연스럽게 관심이 점점 가는 거야.(웃음) 가장 먼저 관심이 간 것은 아무래도 유인원들 쪽이지. 침팬지, 오랑우탄, 보노보, 고릴라, 유인원으로 분류되는 이 애들이 인간하고 얼마나 유사한지, 얼마나 다른지 다큐멘터리도 뒤져보고, 순전히 밤늦게 할 일이 없으니까 개인적인 관심사로 찾아본 거야. 그런데 그런 자료를 뒤져보기 시작한 지가 꽤 됐어. 누가 시켜서도 아니고, 학위를 줄 리도 없지만.

지 누가 시킨다고 하는 사람도 아니잖아.(웃음)

김 그러다 보니까 다행히 제인 구달, 다이안 포시, 비루테 골디카스 같은 사람들이 어쩌다가 그것을 연구하게 됐는지 뒤져보게 되고. 희한하게도 유인원들을 장기 관찰해서 '유인원들이 얼마나 인간하고 유사한 것이냐' 하고 동물행태를 관찰해내고, '침팬지도 도구를 쓰더라, 침팬지도 전쟁을 하더라, 동족살해도 하더라', 이런 몰랐던 사실을 밝혀냈던 사람들이 다 여성동물학자들이야. 그래서 왜 여성이었을까를 뒤지다 보면 재미있는 사실이 발견되는데, 남자들은 동물실험을 할 때 가장 중요하게 생각하는 것이 통제야. 그러니까 남자들은 소위 말하는 이성적 접근이나 동물에게 감정이 이입되지 않고, 통세된 환경을 만들어서 똑같은 결과가 나오도록 하는 이런 과학적 접근을 하려고 한다고. 걔네들은 수치가 중요하고, 모델이 중요하고, 그런 표준화가 중요한 거야. 그러다 보니까 중요한 게 통제고, 통제된 환경에서의 동물실험이 중요한 거지. 여성들이 가장 결정적으로 차이가 있는 것이 뭐냐 하면 통제를 버렸단 말이야. 동물한테 감정이입을 하는 거야. 남성 동물학자들이 제일 아마추어적이라고 비난하는 것이 동물에 감정이입을 해서 동물을 지나치게 의인화하는 것, 사람처럼 여기고 동물이 스스로의 목적으로 움직인다고 생각하는 것이거든. 감정이입을 하다 보면 의인화해서 사람처럼 해석하게 되고, 그건 굉장히 아마추어적인 것이라고 경계를 한다고. 그런데 여자들은 정반대로 접근을 해요. 남자 동물학자들은 동물 하나하나가 중요한 것이 아니라 그 군집이 어떤 특성을 가지고 있느냐, 어떻게 일반화할 수 있는가를 가지고 접근을 했다면, 여성학자들은 동물들 하나하나에 이름을 달아줘. 동물들 하나하나에 개체로 접근하는 거야, 군집이 아니라. 그리고 아주 철저하게 감정이입을 해요. 그러다 보니까 인간의 통제된 방식으로 동물을 해석한 것이 아니라 동물이 자기를 받아들인 그대로, 동물의 방식으로 동물에 접근을 하는 거야. 예를 들어 걔네들을 붙잡아서 꼬리표를 달아서 얼마나 이동했는지 거리를 측정하고, 먹이를 주고, 유인하고, 마취시키고 이런 것이 아니라 동물이 자기를 받아줄 때까지 기다려서 동물의 방식으로 걔네들을 관찰을 하는 거야. 통제를 버리고 감정이입을 하기 시작했다는 건데, 내가 가만히 생각하며 그런 특징들을 보다 보니까 사실은 정치를 여자가 해야 될 것이

아닌가 하는 생각이 들었어. 특히 이명박을 보면서 그런 생각이 들더라고.(웃음)

지 MB 때문에 그런 생각이 심화되지 않았나 싶네.(웃음)

김 MB가 가장 결여된 것이 감정이입의 능력이야. 결정적으로 결여된 게 그건데, MB가 어떤 상태에 대해 코멘트를 하더라도 알맹이가 없는 발언들을 하잖아. 붕 떠 있어. 땅바닥에 발이 붙어 있지 않아. 원인을 들여다보니까 상대방이 왜 그런지 이해를 못해. 상대방 입장에서 사안을 바라보는 능력이 없는 거야. 감정이입 능력이 결정적으로 결여된 것이 사이코패스잖아.(웃음) 그리고 사이코패스 대부분이 남자야. 유인원을 보면서 얼마나 사람하고 유사한지를 생각하다가 그 특징들을 발견해낸 것이 다 여자라는 것, 그 여자들이 결국 남성적인 접근을 포기함으로써 상대와 의사소통을 하고, 상대가 자신에게 접근을 하게 만들고, 그들과 일원이 되어서 상대를 파악하게 되고, 좀 거창하게 만들면 평화를 만드는 거잖아. 여성적인 방식으로, 남성적인 통제방식을 벗어나서. 그래서 MB를 침팬지 관찰하는 데로 보내야 되나, 제인 구달이 연구했던 탄자니아 곰베로 보내야 되나 이런 생각이 들었어.(웃음) 이런 식으로 동물과 관련된 자료를 뒤져보고 생각이 떠오르고, 그것을 쓰고, 책으로 내고 그럴까도 생각하는 중이야. 유인원으로 출발했는데 하다 보니까 악어도 재밌고.

지 미치겠다.(웃음)

김 상어도 재밌어. 어떤 점에서 매력적이냐 하면 얘네들은 수백만 년 이상 더 이상 진화를 안 했어. 기본적인 기능은 변화가 없어요. 그러니까 기능적으로 진화의 끝에 도달한 동물들이 가지는 매력이 있어. 상어나 악어같이. 그런 애들은 그런 매력이 있고, 또 다른 쪽으로는 원숭이 중에 술 취한 영국인이라는 별명을 가진 원숭이가 있어. 걔 얼굴이 빨개, 보통은 히프가 빨갛잖아.(웃음) 남미에 있는 원숭이인데, 걔를 보면 이런 생각이 들어. 인간의 관점에서 진화라는 것은 생물학적인 적합성을 찾기 위해서, 마치 인간을 탄생시키기 위해서 반복되어온 거대한 과정이라고 이해한다고. 우리가 그것을 진화의 끝이라고 생각하는 거야.(웃음) 진화를 진보의 개념으로 받아들이는 거지. 점점 나아져서 결국은 인간이 나왔다는 거야. 그런데 실제로 한 종이 어떻게 갈라지는가를 보면 진화는 진보가 아니라 그냥 다양성이야. 우리도 그냥 다양한 한 갈래의 끝에 있을 뿐이야. 그런데 우연하게도 두뇌 기능의 일부가 대단히 창조적인 역할을 하게 된 거지. 그렇게 생각하다 보면 사람이 스스로를 각별하다고 여기는 게 얼마나 오만한지, 그런 생각도 하게 되는 거고. 그렇게 따지고 보면 그런 생각도 들어. 좌우를 나눌 때 역사가 방향성이 있느냐, 사실 좌파들은 역사가 방향성이 있다고 생각하거든. 역사가 후진 곳에서 더 나은 것으로 가기 위해 경합을 거듭한다고 하는 것이 좌파의 사고잖아. 좌파는 인간의 기획에 의해서 탄생한 개념이야. 실제 자연은 진보하는 것이 아니고 어쩌면 생태계에 더 가까울지도 몰라. 다종다양한 사고들이 경합을 벌이고. 이게 자칫 잘못하면 우생학적이고 우파적인 사고로 갈 수가 있는데, 사실은 역사가 방향성이 없다는 생각도 하게 되는 거지. 그런 자질구레한 생각들을 동물을 보다가 하게 돼.

지 그런데 관심을 가지는 이유가 예전에 비해서 시간이 너무 많아서 그런 것 같은데.(웃음)

김 하하하, 맞아. 시간이 많다 보니까 동물을 물고 늘어지는 거야.

지 거기 플러스 상담을 하다 보니까 사람들도 찌질한 게 동물 비슷하더라는 생각, 거기에 MB 시대가 합쳐져서 그런 생각을 하게 된 것 같은데, 이게 도사로 가는 전 단계일 수도 있고.(웃음)

김 동물에 대한 관심은 예전부터 있었는데, 자료를 뒤져볼 시간이 없었던 거지. 지금은 얘기한 대로 시간이 많으니까 밤에 자료 뒤져볼 시간이 있잖아. 과거에는 생각에 그쳤을 수 있는데, 지금은 구글에 들어가서 찾아보는 거야, '그래, 얘네는 어떻게 움직이지' 하면서 찾다 보니까 조금씩 더 알고 싶고, 그러다 보면 이명박으로 돌아와서 '이명박은 감정이입이 안 돼', 이런 생각을 하게 되는 거지. 최근 몇 개월간은 동물 관련된 자료를 찾아보는 게 이명박 뉴스 보는 시간하고 비례하는 거야.

지 비주얼이 비슷해서 감정이입이 더 되는 거 아닌가?(웃음)

김 하는 걸 보면 침팬지보다 못하지. 침팬지도 정치를 해요. 프란스 드 발이라고 네덜란드에서 연구한 영장류 학자가 있는데, 침팬지들을 연구해보니까 침팬지들이 정치를 하더라는 거야. 늙은 침팬지가 하나 있고, 굉장히 힘세고, 젊고 똑똑한 침팬지가 하나 있고, 그것보다 비실비실한 침팬지가 하나 있어. 자연상태에서는 당연히 가장 강력하고, 힘세고 젊은 침팬지가 짱 먹을 거라고 생각하는데, 이 침팬지 사회에서는 아니더라는 거야. 물론 한때 가장 강력하고 힘센 놈이 먹긴 먹어. 그런데 늙은 침팬지하고 어수룩한 침팬지하고 연대를 하더라는 거야.(웃음) 연대를 해서 결국 가장 강력하고 젊고 여자들한테 인기 있는 침팬지를 제거하고, 애네 둘이 권력을 잡아버렸어. 거기서 가장 중요한 것은 노회한 침팬지의 정치전략이었던 거지. 어수룩한 침팬지는 늙은 침팬지가 없으면 안 되고, 노회한 침팬지는 힘으로는 젊은 침팬지를 못 당하니까 서로 적절한 거리를 유지하며 힘센 놈을 몰아내더라는 거지. 부시가 이라크 쳐들어가고, 가장 힘센 침팬지 역할을 했잖아. 그랬더니 프랑스, 독일, 러시아가 반미연대를 해버렸는데, 잘 연대를 안 하던 놈들이고, 불과 50년 전만 해도 서로 죽이고 살리고 그런 애들인데 연대를 하게 되는 거지. 사람이 정치력에 있어서는 어떤 면에서 침팬지보다 못한 거야. 실제 침팬지는 서로 죽일 만큼 싸우지 않아. 물론 극단적인 경우 죽이기는 하나, 수컷 침팬지 싸움에서는 상대에게 경고하고, 우회하고, 회유하고, 그런 외교전술로 사태를 대부분 진전시키거든. 이명박은 침팬지한테 배울 게 많아.(웃음)

공과가 얼마나 치명적인지를 시대 속에서 통시적으로 바라보아야

지 요즘 이명박 대통령을 제일 상담해주고 싶은 사람이라고 했잖아. 사이코패스 애기를 이미 하기도 했고, '때려야 되지 않겠냐?'는 농담까지 했는데, 대통령에게 그런 얘기하면 안 되는 거 아닌가, 요즘같이 무서운 세상에 그런 얘길 하고도 안 맞을 자신이 있어? 개

들도 때리고 싶을 거 아냐?(웃음)

김 나를 때릴 수는 있겠지.(웃음) 나는 실제로 이명박이 증상이라고 생각하거든. 존재가 증상인 것 같아. 특이한 병리학적 사례를 통해서 새로운 병명들이 나온다고. 나는 이명박을 병명을 붙일 만하다고 생각하고, 이명박을 논평할 수 있는 사람들은 정치학자들이 아니라 정신병리학자들이라고 봐.

지 그 사람 자체가 증상이라는 것에 대해 공감을 하기도 했는데, 정말 보면 어떤 면에서는 사고능력이 마비된 사람 같기도 하고, 사과라고 하는데도 그 사과가 진심인 것을 떠나서 그 사안에 대해서 공감하는 능력이 조금이라도 있는지가 의심스러우니까. 그냥 읽는다는 느낌도 들고.

김 사람 자체가 욕망이 말라붙어서 딱지가 졌어, 그 딱지가 정치를 하고 있는 것 같아. 보통 사람들도 욕망이 있지만, 그게 세련된 형태로 다듬어져 있거나, 타협하거나, 사람들과 소통을 하면서 조절하거나 하잖아. 이 사람은 그 욕망이 고스란히 지 혼자 굳어서 딱지가 져서 그것만 남아 있는 사람 같아, 병이지. 나는 김영삼보다 더 수준 낮은 대통령은 다시는 등장하지 않을 줄 알았어. 상상할 수 없을 줄 알았는데 나왔네.(웃음) 김영삼은 무능하니까 IMF 오는 동안 아무것도 안 함으로써 욕먹었잖아. 그런데 이명박은 적극적으로 불러들이는 것 같아.

지 YS 같은 경우는 정확하게 반응하는 것들이 몇 가지 있잖아, DJ라든지. 왜 그러는지는 알 것 같으니까.

김 예측 가능하긴 하지. DJ 콤플렉스로 평생을 살았고, 언론노출증으로 평생을 살았고, 과대망상으로 평생을 살았잖아. 몇 가지 코드로 말하면 답이 나와. 그러니까 위기가 오는데도 아무것도 모르니까 가만히 있었잖아. MB는 위기가 오면 자기가 아는 방식이 하나밖에 없으니까 택도 없는 하나의 방식으로 거기에 대처하다 보니까 위기를 더 증폭시켜. 수습하는 것이 아니고 위기를 증폭시키는 재주가 있어. 리스크 앰플리파이어라고 불러줘야 돼.(웃음) 한겨레 정치부 기자가 가끔 '청계천은 잘했는데, 왜 지금은 소통을 하려고 하지 않냐?'고 쓰거든. 주장이 '김영삼도 잘한 게 있고, 밉다고 몰려가서 욕하지 마라. 언론인은 중립을 지켜야 한다'는 거 같은데, 내가 보기에는 굉장히 구시대적인 언론관이야. 그 행동 하나를 떼어놓고 사람을 판단할 수 없는 거거든. 시대상황과 맥락을 통해서 사람을 파악해야 되는 것이기 때문에 그 사람이 조금 잘한 게 있다고 해서 그것을 떼어내서 굳이 칭찬할 필요는 없는 거야. 그 사람이 조금 잘하는 것은 그 사람이 크게 못하는 것에 다 묻히기 때문에 중요한 것은 이 시대에 크게 못하는 것이 얼마나 치명적인가를 시대 속에서 통시적으로 바라봐야지. 잘한 게 있는 것은 전혀 중요하지가 않아. 그런 식의 중립주의자들, 절차주의자들은 다 필요 없어. 찌질해.(웃음) 따지고 보면 손석희 씨도 중립주의자잖아. 그게 그 양반의 방송관이기 때문에 뭐라고 할 수는 없지만, 아쉽기는 해.

지 교묘하게 진보의 편이지 않나? 우리 사회가 워낙 몰상식해서 그런지는 몰라도.(웃음)

김 그것을 캐치할 정도의 사람들은 이미 판결이 난 사람들이기 때문에 할 말 없어. 방송이라는 게 멍하게 있는 사람을 우리 편으로 만들 수 있는 도구인데, 아깝다 이거지. 나는 안 시켜줘서 그런 것을 못하는 거고.(웃음)

지 진보진영이 전혀 대안이 못되고 있잖아. 민주당도 마찬가지고. 얼마 전에 민주당 가서 안 되는 이유에 대해서 충고해주고 왔던 것 같은데.

김 감정이입이 안 되는 집단이잖아. 잠정 지지자, 과거 지지자, 지지 유보자들의 정서 밑바닥에는 배신자라는 게 있는 것 같아. 기대를 저버렸고, 소위 노무현 지지자들 측에서 보면 노무현을 배신했고, 지역구도를 벗어나겠다고 하는 자신들의 약속을 배신했고, 배신을 엄청 많이 했지. 사실은 손학규조차 배신자잖아, 정동영도 내부 일정 집단에서는 배신자로 취급되고. 대가리를 이루는 사람들의 정체성도 대선 때 나갔다가 들어왔다가 합쳤다가 깨졌다가 붙었다가 하는 것도 수없는 배신의 반복이거든. 기본적으로 과거 지지자들, 잠정 지지자, 지지 유보자들이 사실은 민주당이라고 하는 정치 실체로부터 배신당했다는 정서가 확실하게 있는 것 같아. 그러니까 누굴 내세워도 신뢰가 안 가는 거야, 감정이입도 안 되고. 그렇게 배신한 자로 취급당하는 것을 직관적으로 체감하기 때문에 스스로도 위축이 되어 있어. 그러니까 이 인간들이 간지가 안 나. 멋대가리가 없고, 찌질한 거지. 간지가 안 나는데 누가 지지해. 유시민을 지지했던 것이 유시민의 생김새 때문에 지지를 했나, 그 사람의 발언과 논리에 간지가 나서 그렇거든, 물론 생김새는 간지가 안 나지.(웃음)

상담은 사람이 가지고 있는 자정능력을 신뢰해주어 존중하는 것

지 〈한겨레신문〉 esc 면을 통해서 상담코너인 '그까이꺼 아나토미'를 맡아 했는데, 이미지가 남한테 조언하는 이미지는 아니잖아. 어쩌다가 그걸 하게 된 거야?

김 일이 커진 거지. 몇 년 전에 어떤 자리에서 잡지 기자들과 만나서 이런저런 얘기하다가 잡지에는 상담코너가 있잖아, 그것을 씹었어. "니네 왜 사기를 치냐, '좋은 게 좋은 거고, 다 잘 될 거야' 하는 것이 상담의 대부분인데, 거짓말 아니냐, 나는 무례하다고 본다, 니네가 조심조심 상담하는 태도 자체가 질문자에 대한 무례라고 본다, 왜 그렇게 생각하냐 하면 그렇게 조심하고 다독거리고 어르고 하는 것은 상대방의 고민을 엄살, 옹알이하는 것이라고 보고, 조금만 잘못하면 크게 다칠 불완전한 영혼으로 대하는 거거든. 그러니까 그 사람들이 삶의 특정 국면에서 고민이 생겼다고 하더라도 실제로 상담해주는 사람보다 특별하게 하자가 있는 것은 아니다. 그 사람 자체가 가지고 있는 자정능력, 문제해결 능력이 있다. 그것을 기본적으로 신뢰해주고, 사실을 있는 그대로 말해주는 것이 상대에 대한 제대로 된 존중이다", 뭐 이런 얘기를 해줬더니 '그럼 니가 해봐라' 이렇게 된 거야.(웃음)

지 그게 고경태 기자였나?

김 그때는 여성잡지였어. 니가 해봐라, 그래서 잘난 척했는데 안 할 수가 없잖아. 어쩌다 한두 번만 하려고 있는데, 점점 일이 커져서 자꾸자꾸 늘어나게 된 거지.

지 야매 상담가라고 강조하잖아. 어떻게 보면 슬쩍 책임회피를 하는 것일 수도 있는데 이미 《건투를 빈다》가 수만 권이 나갔으니 야매라고 말하기는 어려운 것 아닌가?

김 야매라고 하는 것은 실제 정신분석의 교육을 받았거나, 심리학 서적을 탐독했다거나 훈련을 받은 사람은 아니라는 거지. 과연 내가 하는 상담이 보편성을 획득했느냐에 대해서 검증받은 바가 없다는 것이고, 누구나 인정할 만한 방법론이나 훈련된 기법을 사용하느냐 하면 그건 아니라는 거지. 내가 하는 상담은 철저히 내가 생긴 대로 살아왔던 과거의 경험, 성공과 실패와 기쁨과 슬픔, 그런 경험에 비추어봤을 때 이렇게 하면 맞지 않겠느냐는 나의 일방적인 주장이거든. 그게 완전하고 보편적이라고 주장할 수가 없는 거잖아. 나는 그렇게 믿는다는 거지.

지 조금 전에 얘기한 것처럼 몇 만 권이 팔렸고, 리뷰에서 공감하고 치유받았다는 사람들은 많은 것으로 봐서 검증이 된 부분이 있는 건데.

김 상담받은 사람들이 도움이 됐다고 하면 일종의 엉터리 검증이 됐다고 봐야지.(웃음) 정통 검증은 아니고.

지 "다른 사람들이 상대방의 고민을 엄살로 보고, 불안정한 영혼으로 대한다"고 했는데, 총수가 상담자를 찌질이로 보는 것이 아니냐는 의견도 있잖아.

김 그건 사실대로 말하는 거지.(웃음) 고민 좀 있다고 해서 어린애 취급하면 안 된다는 거야. 상담을 할 때 상대방은 나보다 훨씬 취약하고 열등하고 불안전한 존재로 상정한 다음에 하는 것이 아니고, '내가 조금만 잘못해도 이 사람은 자살하지 않을까'라고 지레짐작을 하면 안 된다는 거지. 내가 정말 그렇게 생각하는 사람들은 그렇게 상담하지 않아. 일반적인 상담이 기만적이라고 생각하는 게, 상담해주는 사람이 의뢰인에게 실제로는 그렇게 생각하지 않으면서 말은 되게 조심스럽고 우아하고 정제되게 한다고. 나는 그게 무례라고 생각한다는 거지. 그 사람이 찌질하게 행동했으면 찌질하다고 말해줘도 그 사람이 스스로 '나는 찌질했구나' 하고 충격을 흡수하고, 거기서 나름대로 껍질을 깰 자기 치유능력이 있단 말이야. 찌질하면 찌질하다고 말을 해줘야 된다고. 다칠까봐 조심스럽게 하는 것은 애들 다루듯 하는 거거든, 그러면 안 된다는 거지. 나는 그 사람이 감당해야 될 몫이라고 생각하고, 내 맘대로 말하는 거지.(웃음)

지 정혜신 박사는 예전에 총수를 YS하고 비교했잖아. 자기 자존감이라는 측면에서. 두 사람의 결정적인 차이는 균형감각이라는 거였고. 그것을 잡는 것이 쉽지 않을 것 같은데, 예전에는 50여 개 국가를 여행했던 경험을 얘기했지만, 그 이후에도 가끔 뜨거워졌던 것을 보면 여행만은 아니었던 것 같기도 하고.

김 타고난 기질적인 것 같기도 해. 그냥 수학 잘하는 사람도 있듯이. 잘난 척하려는 게 아니라 설명할 방법이 없어서 그렇기도 한데, 운 좋게도 그런 부분의 균형감각을 타고났나보지. 그 이후에 중고등학교 시절이나 여행을 하면서 다듬어졌을 수도 있고.

지 맨날 책을 보면서 '정치적으로 올바른 태도를 가져야지' 해도 잘 안 되는 수가 있잖아.

김 그러니까 기질이라는 거지. 철저하게 기질이라고 봐. 학습되어서 논리적으로, 이성적으로 정치적 올바름을 찾아갈 수는 있지만 한계가 있다고 봐.

지 그럼 운명론 비슷하게 받아들일 수도 있잖아. 기질적으로 안 되는 사람들은 안 된다는 거고.

김 나는 그렇다고 생각해. 훈련할 수도 있고 흉내낼 수도 있지만, 사람이 자기 바닥이 드러나는 순간에는 자기 기질대로 가는 거지. 가령 연애 같은 것 할 때 자기 바닥대로 간다고. 연애하는 데 둘밖에 모르는 상황이고, 감정의 바닥을 드러내면서 싸우거나, 질투하거나, 더 많은 사랑을 얻고자 하면 감정의 바닥이 드러나잖아. 치졸하기도 하고. 그때 드러나는 것이 진짜 자기지. 그 후에 세운 학습된 이론으로는 대개의 경우에 대처할 수는 있으나 바닥의 상황에서는 자기 기질대로 하게 되어 있다고.

지 상담에는 일관된 코드가 있잖아. '우선 니가 행복할 때가 언제인지 알아라. 그리고 기회비용은 니가 감수하는 거다. 그거 감수하지 않으려니까 문제가 되는 거다'라는 건데, 그 두 가지 코드로 모든 상담을 적절하게 이끌고, 위로를 주는 게 놀랍더라고.(웃음)

김 하하하. 내가 시대의 상담가도 아니고, 뭐 아는 게 많겠어? 내 삶의 기준이 되었던 원칙 몇 가지를 가지고 얘기하는 거지. 원칙이라는 게 많을 수가 없잖아. 원칙 몇 가지가 그런 건데 그것을 기준으로 두고 어떤 사안을 판단하면 대부분의 문제가 해결되지 않아도, 많은 문제를 해결할 수 있다고 봐. 문제가 다 해결될 수는 없다고 생각하고. 내 문제도 해결이 안 되는데.(웃음) 하지만 문제를 대하는 태도는 결정할 수 있는 거거든. 문제 자체를 해결해준다기보다는 그 문제를 어떻게 대해야 되는가, 그 태도에 대해서 말하고 싶다 이거지.

지 그게 대단히 원칙적인 거니까 중요한 문제들을 건드리고 있는 것 같은데, 하지만 상담하는 사람 역시 자기가 잘못하는 것을 알지만 위로받고 싶어서 하는 것일 수도 있잖아. 물론 그 코드를 깨고 싶다고 하긴 한 거지만. 사안별로는 좀 친절하게 얘기할 수도 있을 것 같은데.

김 상담의 기능 중 하나가 답을 몰라서가 아니라 동의를 얻고 싶고, 격려를 얻고 싶고, 이해를 구하고 싶고, 그래서 하는 경우도 많이 있단 말이지. 나는 기본적으로 사람이 아주 어리고, 예를 들어 10대가 '내가 대학을 원하는 데를 못 갔는데, 내가 하찮은 사람처럼 느껴져요'라고 하면 다독거려주겠어. 그런데 그게 아니라 이미 성인이 되어서 비슷한 얘기를 한다면 못 다독거려주겠다는 거지.(웃음)

실수를 통해 배울 수 있는 기회를 빼앗는 것은 삶을 박탈하는 것

지 늘 얘기하는 거지만, 한국 사람들이 30대, 40대가 되어도 성인이 되지 못하는 구조가 있잖아. 그렇게 생각하면 더 불쌍한 거잖아, 애들은 변할 수 있는 가능성이나 있지.(웃음)

김 그것을 다 구조의 탓이나 사회의 탓으로 돌려서는 안 된다는 거지. 물론 그것이 큰 함수이기도 하고, 애초에 어른이 되기 힘들도록 사회구조가 타이트하게 짜여 있긴 한데, 그게 모든 것의 핑계가 될 수 없다는 거지. 어쨌든 고민상담을 하면서 가장 놀라웠던 점은 뭐냐 하면 사람들이 자기가 언제 행복한지 모른다는 것이었어. 하고 싶다고 다할 수는 없지만, 나는 내가 뭘 하고 싶은지, 그리고 내가 언제 기분이 좋고 행복한지 굉장히 쉽게 파악이 되거든. 그렇다고 해서 그렇게만 행동할 수 없다는 것은 아는데, 내가 언제 행복한지, 내가 뭘 하고 싶은지는 거의 고민이 필요 없을 정도로 직관적으로 파악이 돼. 내가 아라파트를 만나고 싶어했던 것이 대단한 사색과 자료조사와 시대적인 고민을 하고 탄생한 욕망이 아니라고. 그냥 아라파트를 만나고 싶은 거야. 그런데 자세히 들여다보면 소위 소수자 집단의 우두머리, 어쨌든 핍박받는 소수민족이었으니까 핍박받는 우두머리한테 나도 모르는 관심, 혹은 애정, 호기심이 가는 거야. 어릴 때는 그게 뭔지 잘 몰랐어. 나이가 들고 보니 그랬던 것 같아. 알렉산더에 대해서는 궁금하지 않다고. 미국 대통령에 대해서는 궁금하지는 않아. 사실은 정복당하는 것이 자연스러울 정도로 약자의 입장이고, 소수자의 입장인데, 어쨌든 그 저항조직에서 우두머리를 하고 있는 자의 자질이나 특성이나 '어떻게 하다가 저렇게 됐을까?' 하는 데 대한 자연스런 호기심이 생겼던 것 같아. 그게 직관적인 거지.

지 그리고 막상 배낭여행 가서 아라파트의 집 앞에 갔다가 '만날 필요는 없겠다'고 생각하고 돌아왔잖아.(웃음)

김 그게 이런 것 하고 통하는 것 같아. 성철 스님이 옛날에 자기를 만나려면 3000배를 하라고 시켰어. 물리적, 육체적으로 존나 힘들거든. 3000배를 하는 놈들 중 대부분은 3000배쯤 하다 보면 어느 순간 들어서 '내가 굳이 성철 스님을 만나지 않아도 되겠다'고 생각해서 3000배만 하고 그냥 가는 사람이 많대.(웃음) 그런 경우인 거지. 내가 어릴 때부터 사하라를 가보고 싶었어, 단순한 호기심이야. 어느 날 〈리더스다이제스트〉를 보는데, 어떤 커플이 사하라를 6개월 동안 도보로 여행했다는 거야. 그것을 읽는 순간 '굉장히 멋있다, 나도 사하라를 한번 가봐야지', 이런 생각을 가졌어. 그래서 20대에 배낭여행을 하다가 사하라를 갔어. 사하라에서 모래가 시작되는 데서 한 시간 동안 걸었어, 다 똑같더라고. '다 모래네. 내가 이것을 6개월 동안 봐야 하나' 이런 생각도 들고, 그렇다고 내가 자연을 정복하거나 인간의 한계를 시험하러 간 것도 아니니까. 그냥 사하라가 궁금했던 거지.

지 모래는 모래내에 가서 봐도 될 것 같으니까.(웃음)

김 쓸데없는 소리 하지 말고.(웃음) 어쨌든 사하라를 한 시간 보는 순간 나머지 호기심이 사라졌던 것처럼 아라파트 집 앞에 갔더니 아라파트가 안 궁금해진 것과 똑같은 거지. 어쨌든 그렇게 직관적이고 나한테는 자연스럽게 내가 뭐가 하고 싶은지, 그것을 하면 왜 즐거운지 자연스럽게 나한테는 몸에 와닿는데, 자기가 언제 행복한지를 몰라서 끊임없이 나한테 질문을 하는 사람들을 보면서 많은 생각을 했어. 자기가 헬스클럽을 다니는데, 힘들다는 거야. "꼭 이렇게까지 해야 되나요? 헬스클럽 가야 하나요?", 이런 질문을 던지는 거야. 골때리는 질문이거든.(웃음) '나는 언제 행복한가요? 제발 대신 말해주세요' 하고 비슷한 거야. 선택과 비용의 이야기이기도 한데, 자기가 이 시간을 들여서 그런 비용을 지불하고 자기 몸이 단단해지는 것으로 행복을 얻던가, 그런 시간 대신 배가 나오더라도 정서적으로 만족해서 행복을 얻던가, 여기에서 취사선택을 하고 자기 행복을 찾아가야 되는데, 기본적으로 선택을 하지 않고 자기가 언제 행복한지에 대한 감이 없으니까 나한테 물어보는 거야. 이 세상에 누가 그것을 대답해줄 수 있냐고. 어릴 때부터 선택을 부모들이 대신해주다보니까 그렇게 된 거지.

지 시험도 사지선다형으로 치렀잖아.

김 우리나라 부모들 교육이 잘못되고, 크게 각성해야 된다고 생각하는 게 이런 거야. 애들을 조지고 있다고 생각하는 것이 부모들은 대부분 어릴 때부터 선택을 대신해준다고. 왜냐하면 최소한의 기회비용으로 최선의 선택만 하게 하려고 하는 거야, '내가 다 해봤는데 이게 제일 좋아'라고 애들 대신 선택해줘. 그래서 대학생들 수강신청도 대신해주고, 직장도 대신 선택해주고, 결혼상대도 대신 선택해주는 거야. 그렇게 해주고 나서 부모가 할 일을 다했다고 생각해. 성공으로 가는 최단거리를 닦아줬다고 생각하거든. 이게 정말 바보 같고 위험한 생각인 게, 사람은 절대 그런 식으로 배울 수가 없고, 공짜로 배울 수가 없다고. 자기가 실수하거나 오류를 저지르고, 시행착오를 겪어가며, 선택해서 그 선택의 결과를 지가 맞이

해가면서 배울 수밖에 없는 거라고. '아, 이게 잘못됐구나' 하고 받아들여야 자기 것이 되는 거지. 그렇게 선택을 대신해서 서른 살을 만들어서 어떤 직장에 보냈어. 그 순간 얘는 내가 왜 여기 와 있는지 모르는 거야. 요즘 정신과에 그런 애들이 많이 찾아온다잖아. 좋은 학벌에 좋은 직장을 가지고 결혼했는데, 갑자기 무기력증에 빠진 거야. 걔네들한테 물어보면 '부모들이 하라고 해서 여기까지 왔는데, 내가 여기서 왜 이러고 있지?' 하는 생각이 든다는 거야. 한번도 자기가 선택해보지 않은 거지. 이제 니가 선택해서 나머지 삶을 살아보라는 건데, 어릴 때부터 30대까지 쌓인 훈련의 결과로 만들어진 자기 정체성이 있어야 되는데, 그게 없으니까 빈깡통이 돼서 서른 살이 되어도 이제 뭘 해야 될지 몰라서 주저앉아버린다는 거야. 그런 애들을 양산하고 있다니까.

지 총수가 얘기하는 게 자기가 원하는 게 뭔지 부딪쳐도 보고, 실수도 해보라는 거잖아. 그것도 김어준이니까 되는 부분도 있을 것 같고, 사회가 전체적으로 그렇지 못하다 보니까 예방주사 한 대 잘못 맞고 그것을 견딜 만한 체력이 안 되면 치명적인 병에 걸릴 수도 있는 거잖아.

김 누구나 그럴 수 있는 것은 아니지 않냐? 나는 누구나 그럴 수 있다고 생각해. 그런데 무섭고, 두렵고, 비용을 지불하기 싫은 거지. 무섭고 두려운 것은 사람에 따라 정도의 차이가 있을지 몰라도 무서움이 없는 사람은 없는 거거든. 그러니까 무섭고 두렵고 이뤄낼 수 없다고 단정하면 안 되고, 무섭지만 선택해보고, 거기서 상처도 받아보고, 지가 아물고, 다시 한 발 더 나가서 다른 선택을 해보고 이 과정을 겪을 수밖에 없다는 거야. 사람의 정신은 진화하지 않는다고 생각하거든. 몇 십만 년 전부터 정신의 진화는 멈췄어. 이미 호모 사피엔스 시절부터 그때 적합했던 사고패턴으로 지금도 산다고. 실제로 그런 연구결과도 많이 있지. 사고의 틀이나 프레임이 변하기에는 너무 빠른 속도로 변해온 거야. 일정 환경이 쭉 지속되어야 진화도 진행되는 건데, 정신이 진화할 시간이 없었어. 그러니까 애들을 가만히 놔두면 유인원 시대의 정서를 가진 인간에 불과해, 현재 시대에 안 맞는. 그것을 채우는 것은 이 시대에서 자기 경험으로 쌓아서 채울 수밖에 없잖아. 그 과정을 거치지 않게 하는 것은 애를 버리는 거라니까. 나는 그게 그 존재에 대한 예의가 아니고, 폭력이라고 생각해. 실수를 통해서 배울 기회를 박탈한다는 것은 존재에 대한 예의가 아냐. 그 애가 두 번 살 수 없는 거잖아. 애가 어린 시절부터 시작해서 실수를 통해서 배울 기회를 박탈한다는 것은 개 삶을 박탈하는 거라고 봐. 짧은 시간에 존나 많이 한 것 같은데.(웃음)

지 뭘 많이 해. 몇 분하지도 않았는데.

김 빨리 말했잖아.(웃음)

지 3배속으로 얘기한 것도 아니고.(웃음) 항상 자신만만하고, 두려운 것도 없는 것 같고, 뭔가 크게 원하는 것도 없어 보이는데, 총수가 두려워하는 것이 있어?

김 그게 별로 없는 게 문제지.

유한한 삶을 산다는 의식으로 하고 싶어하는 것에 도전해야

지 정혜신 박사도 그런 얘기했잖아. 그런 게 너무 없는 것도 일종의 병이라고.(웃음)

김 아무것도 없지는 않은데, 가지고 싶은 것은 대단히 사소하고, 자질구레한 것밖에 없어. 저거 가지고 싶다고 해봐야 대부분 몇 천 원짜리거나 몇 만 원짜리지. 나는 예를 들어서 아주 비싼 차를 갖고 싶다는 생각도 별로 없어.

지 그럼 지금 타고 있는 스쿠터가 소유물 중 제일 비싼 건가?

김 그렇지. 근데 저거 스쿠터 아니고 오토바이야, 내가 덩치가 커서 조그맣게 보이는 거지.(웃음)

지 저게 얼마나 하는데?

김 한 500~600 정도 하나?

지 그럼 존나 비싼 건데. 새거 산 거야?

김 아니 중고. 왜 그래, 좋은 거야. 간지나잖아. 간지가 안 나면 다 소용이 없어.(웃음) 내가 여행 중 돈을 다 털어서 보스 양복을 샀듯이 어떤 것이 꽂히면 지르는 성격인데, 물건에 대한 소유욕은 약한 것 같아. 그렇다고 해서 욕망이 없고, 욕구가 없는 것은 아닌데, 내가 어디 가고 싶다고 하면 가야 되고, 누굴 만나고 싶다면 만나야 되고, 얘기를 하고 싶으면 해야 되는데, 소유욕 부분은 좀 약한 것 같아. 그건 이런 거 하고도 관련이 있는 것 같아, 그러니까 내가 유한한 삶을 산다고 의식하고 살거든. 나는 죽는다는 거야, 죽는다는 것이 두렵다는 것이 아니라 내가 이렇게 해봐야 100년도 못 사니까 뽕을 뽑자는 생각이 있어. 그러니까 유한한 삶을 산다는 의식이 있기 때문에 기왕이면 그 속에서 뽕을 뽑아서 하고 싶은 것을 다 해보고, 가보고 싶은 곳을 다 가보고, 먹고 싶은 것을 다 먹어봐야 돼. 그런데 뭘 소유해서 영원히 가져갈 수는 없잖아, 집을 사서 집을 이고 갈 수도 없고.(웃음)

지 어떻게 보면 전형적인 네트워크형 인간인 것 같은데, 소유가 아니라 그때그때 접속만 할 수 있으면 된다는 거잖아. 상대적으로 진보라고 분류되는 사람들은 다른 소유욕은 몰라도 책, 음악 CD, DVD, 이런 것은 모으는 경우가 많은데.

김 내가 이 세상에 없어도 하등 하자가 없다, 문제없이 굴러갈 것이라고 생각하기 때문에 여기에 이름을 남겨야 되겠다는 생각도 없어. 나이 들면 그런 욕구가 강해진 대잖아, 이름을 남겨야 되겠다는. 그런 것도 전혀 없어.

지 그런데 이름이 알려졌잖아.(웃음)

김 어쩌다 보니 그렇게 된 건데, 복불복인 거지. 그게 결과인 거지, 목표는 아니었다고.

지 그게 목표인 사람은 더 힘들게 갈 것 같은데, 알려지는 게 목표인 사람들이 들을 때는 되게 화날 것 같은데.(웃음)

김 그게 우연히 되는 거라고 봐. 나는 모든 유명한 사람들이, 또는 돈을 많이 번 사람들이 자기가 얼마나 운이 좋은지 자각해야 된다고 봐. 그런 사람들이 특히 자기 의지로 뭔가 어떻게 했기 때문에 성공을 거뒀다고 생각하고, 《시크릿》이니 이런 책도 내잖아. '성공하는 몇 가지 방법'이라느니 처세술 책도 많이 내는데, 나는 굉장히 가소로운 짓이라고 봐. 그 시절에 그렇게 성공한 사람을 지금 와서 똑같이 하라고 해봐, 안 되잖아. 그 사람은 그렇게 해서 성공할 수 있었던 굉장히 복합적인 운과 때가 작용해준 거거든. 그러니까 나는 모든 성공한 사람들, 알려진 사람들은 10퍼센트의 능력과 90퍼센트의 운이 작용했다고 봐. 10퍼센트의 능력이라는 것도 그 운이 올 때까지 버티는 능력이지, 자기가 그 성공을 만들어낸 것은 아니라고 봐. 그래서 우리는 재수교를 믿어야 해.

지 '재수교'는 조영남 선생이 하는 얘기잖아.

김 나 역시 공감하거든.

변방의식, 자기비하 의식에서 벗어나야

지 총수는 잘 안 울 것 같은데 최근에 언제 울어봤어?

김 울 때도 있었어.

지 왜 울었어?

김 TV 보다가 운 적이 있는데, 이렇게 말하면 내가 남세스러운

데, 운 장면이 나름대로 의미가 있었거든. 구십 몇 년도였는데, 우리나라 가수들이 대거 평양에서 공연을 했어. 그리고 판문점에 돌아와 버스에서 내려서 전부 감정이 격해서 우는 거야, 가수 현미도 울고 있는 것을 PD가 찍었어. 그때까지는 나는 울거나 눈물이 나거나 그러지는 않았는데, PD가 현미한테 '왜 지금 눈물을 흘리십니까?'라고 했어. 그러니까 현미가 'PD님도 우시잖아요'라고 하는 거야. PD도 울고 있었던 거지. 그런데 그 말을 듣는 순간 갑자기 눈물이 나더라고. 하여튼 안쓰럽잖아. 남북이 갈라져서 이 지랄하고 있는 게, 본의 아니게 자신들의 의사와 상관없이 국제 정치역학 때문에 오랫동안 한 집단이 헤어져 있는데, 그게 어떤 동물적 정서를 자극하더라는 말이야. 그래서 TV를 보다가 운 게 십 몇 년 전에 한 번 있고, 그리고 감동적인 영화를 보면 울컥할 때가 있긴 있어. 또 월드컵 때 한 번 운적이 있는데, 박지성이 포르투갈 전에서 골을 넣고 히딩크한테 달려가서 폴짝 안겼잖아.

지　유명한 장면이지.

김　왜 그 장면을 보면 눈물이 나는지, "우리는 강팀이다"에서 썼지만, 그런 서러움이 있잖아. 변방민족 특유의 피해의식과 자기 비하 이런 것이 일순간에 해소되는 듯한 어떤 느낌, 마치 사이코드라마 하다가 어느 순간 갑자기 감정이 폭발해서 우는 것처럼. 사실 우리나라 사람들이 정신병을 앓고 있었거든. 그런 변방의식이라든가 자기 비하라든가 하는 것이 일종의 집단 정신병이라고 생각하는데, 20세기 내내 겪었던 역사나 기타 등등으로 인해서 그런 것일 텐데, 그것이 내 안에서 일순간에 해소되는 듯한 그런 느낌이었던 것 같

아. 나도 이 집단의 일원이니까 나한테도 차곡차곡 쌓여 있었을 질병 같은 마음이 터진 거지.

지 월드컵에 대한 입장은 좀 달랐지만, 그 부분은 동의하는 것이 4강 올라가기 전까지는 미친 듯이 열광하다가 지자마자 일제히 '결승에 올라가지 못한 게 다행스럽다'는 듯이 '이만하면 잘했다'는 분위기가 되는 게 놀랍더라고. 아니 4강전서부터 '과연 우리가 여기서 이기면 어떻게 해야 하지. 결승을 어떻게 맞이할까?'라고 결승에 올라갈까봐 당황스러워하는 것 같기도 하고.(웃음) 3~4위전은 관심도 없었잖아.

김 그래서 분하다고 썼잖아. 너무 패배를 잘 수습해서. 나는 오히려 이탈리아가 부러웠다고. 왜냐하면 이겨본 놈이기 때문에 또 이기지 못했다는 것에 대해서 분해하는 거거든. 한 번도 그 정도 레벨로 이겨보지 못했기 때문에 자기가 졌을 때 분해하지 않고 집단적으로 상처를 수습하는 쪽으로 간 거잖아. 4강 떨어졌을 때부터 갑자기 '괜찮다. 이만하면 잘했다'고 하는 거야, 나는 그게 분했거든. 져서 분한 게 아니고, 왜 이렇게 안 분해하는지 그게 분했다고. 며칠은 분한 느낌을 가져도 되잖아. 나는 죽을 때까지 결승에 한번 올라가는 것을 보고 싶은데, 그때 아니면 또 언제 볼 수 있겠어.

선택의 누적분이 자신이다

지 집단으로서의 약한 부분에 대해서 안타까움을 느끼고 있는 것 같은데, 개인적으로 대입낙방의 경험과 배낭여행 중 팔레스타인 버스에서 이스라엘 군인에게 검문을 당하던 경험, 쿠르드 난민 아이를 만나서 대화하고 울었던 것이 내가 약자로서의 감수성을 가지고 있구나 하는 것을 깨닫게 해줬다고 얘기한 적이 있잖아. 총수한테는 '정치적으로 올바른 쿨함'이랄까 그런 게 있는 것 같은데, 그게 잘못하면 나이가 들수록 우파 쪽으로 갈 가능성이 높은데, 그렇게 되지 않는 것을 보면 아까 말한 그 경험들이 컸던 것 같고, 그게 아직 총수를 정치적 올바름 쪽으로 붙잡아놓은 것 같은데.

김 좋은 얘기 같으니까 그렇다고 할게.(웃음)

지 질문이 더 길면 안 되잖아. 대답을 해줘야지.(웃음)

김 자기가 다 말해놓고 뭐.(웃음) 월드컵 때 소위 말해서 파시즘적인 색깔, 민족주의적인 색깔에 대한 경각심이 정교한 좌파 일각, 순정 좌파 일각에서 있었잖아. 그때 나는 '운동회 끝나고 해도 된다'고 했었고. 운동회 한참 뛰고 있는데, '우리 반 잘해라' 하고 응원하고 있는데, '우리학교 불우이웃이 릴레이 1등 한다고 없어지냐?'고 분노하는 거거든. 물론 릴레이 1등 한다고 불우이웃이 없어지지 않아. 하지만 그때는 그래야 되는 거거든, 그러고 나서 두 개가 따로 갈 수 있다는 거야. 그렇게 고양된 자존감으로 학급회의 때 결의해서 불우이웃에 대한 성금을 더 많이 낼 수도 있는 거라고. 불우이웃을 없애자고 사회모순에 대해 토론을 할 수도 있는 것이고. 이해는 가, 그러고 나서 잊어버리고, 학급회의 안 할까봐 그랬겠지. 하지만 이렇게 하고 나서 학급회의 하자고 해야지, 한참 뛰고 있는데, '릴레이 1등 한다고 불우이웃 없어지냐'고 타박해버리면 안 된다고 봐. 그리고 그 릴레이 하는 학생들한테 너는 학교가 조직한 대중선동운동에 현혹되어서 현안들을 다 잊고 3S 정책에 휩쓸리면 안 된다고 공격을 하면 안 된다고 봐. 그런 것 때문에 때로는 민족주의자라는 공격을 받아요. 황우석 때도 비슷한 얘기를 들었고. 내 성향은 그런 것과 관련이 있는 것 같아. 내 스스로 동물이라고 생각하는 것, 그리고 내가 여행을 다니면서 느꼈던 것이 내가 속한 집단에 어떻게 보면 정신병적인 지랄에 가까운 변방의식이나 자기 비하나 왜소한 자존감이 있다는 거였거든. 그게 굉장히 기분이 나쁘고, 이거 사실은 치료해야 된다고 생각해왔어. 그 지점이 자극되거나 하면 '우리 민족 최고야', 이런 것과 상관없이 다독거려주고 싶은 거지. 그거 아니라고.

지 얘기한 것처럼 이른바 진보진영에서는 총수가 두 번 오버를 했다고 평가하고 있잖아. 한 번은 월드컵 때고, 한 번은 황우석 사태 때라고 생각하는데, 황우석 사태 때는 왜 그렇게 뜨거웠던 거야.(웃음) 거기에 대해서 소위 황까와 황빠는 입장이 굉장히 달랐잖아, 팩트를 대하는 방식도 차이가 있었고.

김 왜 뜨거울 수밖에 없었냐고 하면, 나는 여러 가지로 황우석이 잘못했다고 생각해. 단 한 가지 황우석을 옹호하는 지점은 뭐냐 하면 황우석이 저지른 잘못 이외에 황우석이 저지르지 않은 잘못이거나 남의 책임인 부분까지 황우석이 뒤집어썼다는 거야. 거기서 여전히 부당한 지점이 있다고 생각해. 그 사람이 잘했던 부분도 분명히 있고, 그 사람이 잘했던 부분과 그 사람이 잘못하지 않은 부분에 대해서 해명한다고 해서 그 사람이 잘못한 부분이 줄어드는 것도 아니거든. 잘못한 부분은 없다고 주장하는 것도 아니고, 나는 죄가 있는데, 권력이 무서워서 비판하지 않는 것이 비겁한 만큼 명백하게 잘못하지 않는 부분이 있는데, 비난이 대세이기 때문에 그 부분을 옹호하지 않는 것도 비겁하다고 생각해. 황우석을 옹호하는 사람들의 대부분이 워낙 논리력도 딸리고, 정서적으로 우파고, 정치하지 않은 언어를 가지고 마치 교주를 모시듯 감성적으로 옹호했기 때문에 오히려 많은 부분에서 황우석을 깎아먹었어. 나처럼 생각하는 사람이 있었음에도 불구하고, 여기에 덤터기로 묶여서 비판받을까봐 말을 못하는 거야, 그래서 더 세게 말할 수밖에 없었다 이거지. 재판도 끝나고, 흥분도 가라앉고, 팩트도 클리어해지면 다른 평가가 있을 수도 있을 텐데, 그때는 오버하는 줄 알면서도 오버할 수밖에 없었어. 가만히 있으려고 하니까 너무 비겁한 것 같은 거야. 그렇다고 내가 소위 나를 예쁘게 봐줬던 사람들의 지지를 위해 입 다물고 있을 수도 없는 거잖아.(웃음) 나를 지지해주는 것은 고맙지만, 내가 그 사람들을 위해 존재하는 것은 아니니까.

지 담론의 영역에서는 상당한 상처를 받았잖아.

김 좆 됐지.(웃음) 저 새끼는 파시즘적인 성격도 강하고, 국가주의자고, 민족주의자고 이런 식의 비판을 많이 받았는데, 일일이 아니라고 말하기도 어렵고, 내가 황우석에 대해서 해명했던 것으로 인한 비용은 지불해야지. 어떻게 일일이 좇아다니면서 아니라고 얘기해.

지 상담을 하면서 본인으로서도 스스로에 대해서 많이 생각해봤던 것 같고, 업그레이드 된 부분도 있는 것 같은데, 어떤 부분이 그렇다고 생각해?

김 정리가 된 부분이 있는 것 같아. 예를 들어서 불륜에 대해서 어떤 여자가 질문을 했는데, '나 한 번도 그래 본 적이 없는데, 항상 모범적으로만 살았는데, 초등학교 동창을 다시 만나 사랑에 빠졌다. 그러나 나는 이혼하고 싶지도 않고, 이 남자도 만나고 싶다', 흔한 스토리지. 내가 술자리에서 만났으면 '그럼 들키지 마' 그랬을 거야.(웃음) 그런데 상담이잖아. 그럴 경우 '나는 어떻게 했을까?', 생각해보면 나는 만났을 것 같아. 그 여자도 자기는 만나고 싶은데, 나쁜 엄마, 정숙하지 못한 아내, 불륜한 여자, 이런 소리를 듣기 싫은 거야. 그 비용을 지불하기 싫은 거지. 뜨거운 사랑, 환희로운 일상 이런 것을 누리고 싶기는 한데, 비용을 지불하기는 싫은 거라. 이 여자의 상태에 나를 놓고 가만히 생각해보면 나는 만났을 것 같아. 그래서 '왜 만났을까?'를 스스로 생각해봤을 때 나온 답이 뭐냐 하면, 내가 그렇게 갑자기 나타난 초등학교 때의 여자를 만났다고 하면 '내가 욕먹을 각오를 하고 만나자'고 하면서 가능하면 들키지 않게 했겠으나, 설혹 나쁜 놈 소리를 듣더라도 나란 사람이 이때까지 해왔던 선택의 누적이다, 거기에는 변명의 여지가 없다, 사람은 자기가 선택한 것의 누적일 뿐, 그 선택에 대한 설명은 핑계고, 언제나 그 선택이 자기인 거라고 생각해. 무엇을 선택했을 때 보통은 '왜 그런 선택을 할 수밖에 없었냐?'고 하면 사연이 존나 길어. '어쩔 수가 없었고, 나는 원래 나쁜 놈이 아니고', 장황한 설명이 있는데 다 필요 없다는 거야. 그 선택이 자기야. 나는 내가 한 선택이 나인 것을 받아들인다고. 예를 들어서 황우석을 선택해서 욕을 먹었으면 반론하지 않고, 욕을 먹고 말아. 그 여자를 만난다고 선택을 했으면 그래서 내 결혼생활이 깨지거나, (그런 소리를 듣기는 싫으나) 바람둥이라고 욕을 해도 할 수 없다는 선택을 할 거거든. 상담을 하다가 그 잡다한 생각들을 정리해보자니 '결국 선택의 누적분이 자신'이라는 문장 하나가 나오더라는 거지. 그렇게 정리되는 데는 도움이 됐지. 나는 그렇게 살았을 뿐인데, 그것을 문장으로 정리한 건데, 써놓고 보니까 멋지기까지 해요.(웃음)

{ 연애에 있어서 남성성이 가진 미덕을 회복해야

지 가장 많은 상담이 사랑에 관한 것일 테고, 가정이나 직장의 문제 역시 일정하게 애정이나 기대가 깨지는 것에 관한 상담이잖아. 실제로 사람이 사랑할 때 자기의 바닥이 다 드러나는 거고, 평상시에는 상상도 하지 못했던 행동들을 자기가 하고 있는 경우도 많고.

김 이 세상에 연애할 때 찌질이가 안 되는 사람은 아무도 없어. 있다면 진짜 사랑이 아닌 거지.

지 총수는 어디선가 "낭만적인 연애의 시대는 끝났다"고 했는데, 사람들이 새로운 관계를 만드는 것을 두려워하는 것 같아. 마음을 열고 사랑하기에 여러 가지 두려움들이 많은 것 같고. 그래서 나쁜 남자, 나쁜 여자가 뜨는 것 같은데, 요즘 사람들에게는 '저 사람 나쁜지 알지만 치명적인 매력을 가지고 다가와서 어쩔 수 없었어'라는 스스로의 핑계가 필요한 것 같기도 하고. 그게 상대방에게 책임을 전가하는 한 가지 방식이라고 생각되기도 하는데, '내가 선택했다'기보다 '이 인간이 치명적으로 매력 있어'라면서 상대방에게 공을 넘기는 거지.

김 선택의 주도권을 상대방에게 줌으로써 책임을 회피한다. 어, 좀 예리했는데, 좋았어, 좋았어. 동의하는 바야. 내가 한 얘기로 해줘.(웃음) 성 역학에서 남녀의 관계가 뒤집어지거나 최소한 동등한 관계가 된다고 하면 굉장히 긍정적인데, 그러면서 치명적 피해도 있다고 생각해. 그게 뭐냐 하면 남성성의 소멸이야. 아까 유인원을 최초로 연구한 사람들이 다 여자들이고, 여자들이 그런 연구를 해낼 수 있었던 것은 철저히 여성적인 접근방식을 택했기 때문이라고 했잖아. 감정이입하고, 집단이 아니라 개체로 다루고. 그렇게 여성성의 장점이 있는 만큼 나는 남성성도 장점이 있다고 생각해. 지금까지의 남성성이라는 것이 사실은 보장된 가부장구조 아래에서 굉장히 폭력적으로 드러나서 그렇지, 남성성이라는 것도 여성성의 장점만큼이나 나름의 매력이 있는 거거든. 뭐라고 표현해야 되나, 과묵한 열정이라고 치자고. 혹은 세련된 돼지, 섬세한 곰이라고 표현하는데.(웃음)

지 곰이 원래 예민하고, 포악하잖아.(웃음)

김 시끄럽고.(웃음)

지 왜 얘기를 못하게 막아.(웃음)

김 그런 남성성의 매력도 실제로 있다고, 틀림없이. 그런데 성 역학이 해체되고 급속하게 남자들이 여성화되면서, 자기 권력을 잃고 찌질해지면서 뭘 모사하기 시작하냐 하면, 예를 들어서 연애할 때 과거에는 '이 남자가 저를 좋아하는 걸까요?'라고 하는 여자들의 질문이 많았어. 그런데 요즘에는 '저 여자가 나를 좋아하는 걸까요?'라고 하는 고민을 해. 과거의 남자들은 들이대는 것이 남자의 몫이라고 생각했어. 상처는 남자의 몫, 자존심은 여자의 몫이라고 생각한 거지. 우직하게 들이대는 것을 남성성의 특질이라고 생각하고, 재고하거나 우회하고 이런 것을 계집애 같은 것이라고 생각했단 말이야. 그로 인해서 상처를 안 받은 것이 아니라 상처를 받더라도 그게 남자의 몫이라고 생각했단 말이지. 나는 연애에 있어서 이 남성성이 가진 미덕이 있다고 생각해. 여자들한테 유리할 뿐만 아니라 남자한테도 한편으로 매력적인 거거든. 그게 무식하지 않고, 나름 세련된 건데, 자기 권력기반이 해체되면서 남자들이 여자들보다 훨씬 더 교활하게 간을 봐요. 밀고 당기기를 더 많이 해. 질문내용들을 보면 어처구니가 없어. 3개월 동안 손만 잡았는데, 더 이상 진도가 안 나간다는 거야. 아니 손을 잡아줬으면 여자는 그만큼 진도가 나가준 거지, 그 다음에는 지가 하면 되잖아. 그 다음에 내가 너를 댕겼다는 책임을 지기도 싫은 거지.

지 총수가 말하는 남자들의 거절불안심리도 있는 거잖아. 그나마 손잡던 관계가 깨지지 않을까 하는.

김 그런 연애의 공포는 태초 이래로 있었는데, 먼저 지르는 몫은 수컷이 담당했단 말이야. 그 리스크를 남자들이 감당하다가 이제는 내려놓고 간을 보는데, 애초 여성성이 가지고 있는 조심스러움의 차원이 아니라 얘네들이 원래 그런 종자들이 아니다 보니까 교활해지고 비열해지더라는 거야. 최근에 연애가 찌질해지는 것은 남자의 책임이 대부분이라고. 남자가 스스로 자기 위상을 불안해해서 먼저 떠나가, 상처받을까봐. 그러니까 낭만적인 연애의 시대는 끝났다는 거야. 이것은 여자들을 위해서도 빨리 회복해야 하는 거지. 그럴 수밖에 없는 것이 최근 20~30년 사이에 여성성을 찬양을 했어. 남성 지식인들을 포함해서 다 그랬지. 그게 정치적으로 올바른 거였으니까. 그런데 지들도 느껴, 뭔가 그러면서 칭송하기에 마땅한 여성성의 미덕이 있는가 하면, 반면 못지않은 남성성의 미덕도 있다고 말하고 싶은데, 그렇게 말하면 마초로 비쳐질까봐 말 못하고 있었던 거야. 그렇고, 그렇게 이론적이고 논리적인 지지를 받지 못하고 자라난, 게다가 급속도로 가부장이 해체되면서 자라난 20대들은 기댈 데가 없어. 먹물들은 입 다물고 있고, 얘네들은 기댈 데가 없어요. 그러니까 사회적으로 형성된 남성성이라는 이미지와 상이 없어졌어. 마초는 존나 무식하고, 폭력적인 면만 남아 있어서 남성성의 부정적인 면만이 영상미디어를 통해서 드러나고. 남성성이 가지는 미덕도 있잖아. 어떻게 없을 수가 있겠어.(웃음) 있는데, 그것에 대해서 말해주거나 그렇게 행동하라고 행동모델을 제시하거나 하는 것이 사회적으로 없다는 거지. 먹물들은 잘못 말하면 욕먹을까봐 입 다물고 있는 거고. 그래서 연애가 비리비리해지고 있어. 이것을 2, 30대 여자들이 느끼고 있다고. 요즘 남자들이 비리비리하다고.

지 "인문학적으로 각성한 마초, 이른바 네오마초가 가능하지 싶다"고 했는데, 이것은 마초 페미니스트와 같이 형용 모순되는 단어 아닌가? 김규항 선생이 '노력하는 마초'라고 했던 것과는 뭐가 다른 거야?

김 규항이 형이 마초라고 주장하지만, 한번도 마초라고 생각했던 적이 없기 때문에.(웃음)

지 총수가 생각하는 네오마초의 상이 있을 텐데, 구체적인 행동강령 같은 것이 있을 것 같은데.(웃음)

김 연애에 관해서 들이대는 것은 온전히 남자들의 몫이다, 그로 인해 발생할 리스크도 남자의 몫이다. 그리고 징징거리지 말아야 한다. 생각해서 10가지를 만들어볼게.(웃음)

지 흔히 보통 사람들이 강호동 하면 힘과 스캔들을 떠올리는 것처럼 김어준 하면 '여자가 많을 것'이라는 오해와 편견들이 있는 것 같은데.(웃음)

김 그게 왜 오해와 편견이야?(웃음)

지 아주 가까이서는 아니지만 몇 년 동안 지켜본 바로는 별로 없는 것 같아서.(웃음)

김 자기가 내 연애생활을 다 알 수가 없잖아.(웃음) 내 연애의 한 국면을 얘기해보면 이런 거야. 예를 들어 저 여자가 마음에 들었어, 처음 만나서 택시를 타게 됐어, 그러면 조금 어색하게 떨어져 있잖아. 그런데 나는 이 여자가 좋아, 그래서 만난 지 하루밖에 안 됐어도 손을 덥석 잡아, 항상 그런 게 아니고, 좋으면 그런다는 거지.(웃음)

지 김어준답지 않게 변명이 많은데.(웃음)

김 그러면 여자들이 손을 빼기도 하고, 깜짝 놀라기도 하고, '나를 쉽게 보는 것은 아니냐'고 기분 나빠하기도 하는데, 나는 그 모든 반응이 귀여워.(웃음) 놀라는 것도 귀엽고, 화내는 것도 귀엽고, 그로 인하여 혹여 발생할지 모르는 싸대기라든가, 이 여자가 나를 멀리한다든가, 주의한다든가, 경계한다든가 하는 비용을 지불한다는 거야. 그 다음날 내가 그 여자를 만나자고 하면 덥석 손도 잡혔는데, 금방 나가면 쉬워 보일까봐 바쁜 척도 하고, 늦게 나왔어. 나는 이 여자가 다섯 시간 늦게 나와도 상관이 없어, 짜증나거나 화나지 않아. 모든 게 귀여워. 그렇게 자기 작전을 짜고, 자기 전술을 구사하고, 자기 자존심을 지키려고 하는 것이 귀엽다고.(웃음)

지 아니, 다섯 시간을 기다린다고?

김 그동안 짜증내거나, '왜 안 나오지? 두 시간 있다가 가야지' 하지 않아. 나올 때까지 기다려. 카페 문 닫을 때까지.

좌우는 이념이 아니라 기질이야

지 그건 80년대 대학생 때 하던 짓이잖아.(웃음)

김 물론 요새 다섯 시간을 기다리게 하는 사람이 어디 있어? 핸드폰 다 때리는데, 핸드폰 나오기 전에는 그랬었다고. 연락이 없고, 상황이 안 돼도, 기다리는 거야. 문 닫을 때까지. 그래도 불만스럽지 않아. 왜냐하면 그렇게 해서 내 자존감에 상처를 입거나, 무시당했다는 생각이 들지 않기 때문이야. 물론 안 되는 경우도 있을 수 있지만, 내 경우에는 그렇게 하면 결국 한번도 사귀지 못하는 경우는 없더란 말이야, 이제 그런 돌쇠들이 사라졌다는 거지. 공포에 취약해진 세대 같아. 사실 좌니 우니 하는 것도 역사책을 덮고 생각해보면 미래를 알 수 없는 불완전한 인간이 불확실성이라는 공포에 어떻게 대처하느냐에 따라서 좌우가 갈린다고 나는 생각하거든. 우파적인 성향을 가진 사람은 자기 주변의 더 많은 자원을 끌어모으고, 지가 1등 해서 지가 살아남음으로써 해결하려고 해요. 그래서 얘네들은 그 공포를 대처하지 못하고, 빈하게 살거나 처지게 되면 그 사람 잘못이라고 생각해. 우파들의 공포대처법이라고 하는 것은 자기의 경쟁력을 높이고, 자기 주변의 자원을 끌어모아서 자기가 안심해서 공포를 이기려고 한다고. 우파의 핵심 키워드는 욕망이야, 욕망. 그래서 우파들은 보험을 들어. 그리고 좌파들은 그 공포들을 잘게 쪼개서 나눠서 해결하려고 해. 그래서 연대하고, 공적 부조로 문제를 해결하려고 해. 둘 다 똑같이 공포를 어떻게 해결할 것인가의 문제에 직면해서 그 문제를 어떻게 다루느냐의 태도에 따라 좌와 우가 나눠진다고 생각해. 좌는 그렇게 풀어, 좌는 가능하면 비교적 조그마한 자원이라도 비교적 균형 있게 나눠서, 연대해서 그 공포를 잘게 쪼개서 해결하려고 하거든. 나는 본질적으로는 좌우가 이념이 아니라 기질이라고 생각해. 그런 놈은 그렇게 되게 되어 있어.(웃음) 잠깐 좌파가 됐다가 뉴라이트가 된 사람들은 기질이 그런 거야. 반면 좌파들의 키워드는 염치야. 염치상 그렇게 하지는 못하겠거든. 그렇게 공포를 대처하는 큰 두 가지 방식이 있는데, 요즘 세대들의 큰 특징 중의 하나가 삶의 공포에 대해 스스로 맞서거나 직면해서 다루거나 하는 배짱도, 기질도, 방법도 부족하다는 거야.

그것은 우리나라 교육하고 관련이 있는 것 같아. 부모들이 계속 대신해서 선택해줬기 때문에 스스로도 그 선택의 피맛도 보고, 선택의 폐해도 입고, 선택의 성공과 실패를 스스로 겪어서 체득하고 쌓아서 공포하고 대면하는 법을 알아야 되는데, 공포하고 대면하는 법을 모르는 세대인 거지. 그러니까 요즘 사람들이 자꾸 우파로 가는 거야, 내 해석에 따르자면. 그래서 이명박이 욕망의 딱지라니까, 우파들은 개인이 해결해야 한다, 엘리트를 길러야 한다, 못난 놈들은 지 탓이다, 그런 식으로 자꾸 얘기하는 거잖아.

지 아까 기질 얘기했는데, 그러면 다섯 시간 동안 기다리는 것도 기질적인 거란 말인데.

김 그렇지. 그것은 기질적인 거고, 요즘 남자들이 심하게 간을 보는 것은 학습된 거지.

지 그 정도면 연애하면서도 별로 찌질한 짓을 안 했을 것 같은데.

김 내 기준으로는 격한 감정을 느끼는 거지. 나는 너무 기쁘거나, 너무 슬프거나, 너무 우울하거나 이런 게 거의 없거든. 감정이 항상 비슷비슷해.

지 그러면 사이코패스 아닌가?(웃음)

김 '좋다, 찡하다' 이런 정도지. '너무 좋아, 너무 싫어' 이런 것이 별로 없는데, 연애할 때만 '좋아 죽겠어' 이런 게 있지. 감정의 바닥을 드러내는 것은 연애밖에 없는 것 같아. 인류문명이 연애하다가 만들어진 거잖아. 남자가 여자한테 잘 보이려고 만든 게 대부분이야. 남자가 여자를 차지하기 위해서 전쟁도 하고, 재산도 모으고, 빌딩도 세우고, 소설도 쓰고 별 짓을 다하는 거지.(웃음)

지 널 위해 만들었어.(웃음)

김 물질문명의 대부분은 수컷이 암컷에게 잘 보이려고 하다가 부산물로 나온 거라고 생각해. 부산물 내지는 한탄, '이래도 날 안 좋아할 거야?' 하는 거지.(웃음) 나는 그렇게 생각해. 그래서 상담집에는 남의 얘기가 하나도 없어. 상담의 기법이라든가, 정신분석이라든가, 심리학 책을 읽어본 적이 없기 때문에. 사실 내 얘기만 하는 거야.

지 신해철 씨가 라디오로 상담하는 것을 들어본 적이 있어?

김 없어.

지 둘이 캐릭터가 닮은 것 같지만, 상담하는 방식이 다른 것이 신해철 씨는 의외로 상대방의 얘기를 끊지 않고 꼼꼼하게 들어주거든. 그런데 총수는 찌질한 얘기가 나오면 '졸라 찌질해' 하면서 바로바로 한마디 하는 스타일이잖아.(웃음)

김 나는 그 사람이 기본적으로 연예인이라고 생각해. 연예인 정체성으로 할 수밖에 없는 행동들이 있을 거라고 생각해. 자기가 세상의 시선에 신경 쓰지 않는다고 하는 태도조차 본능적으로 계산할 수밖에 없는 부분이 있을 거야. 연예인은 아무나 되는 게 아니라고. 나는 무대에 올라가서 그렇게 못하겠어. 그것도 기질인 건데, 그 기질 속에 사실은 자기가 연예인이고, 연예인이기 때문에 취해야 될 전략과 모든 것들이 녹아서 행동을 하니까, 그 사람이 싫다, 좋다, 옳다, 그르다는 게 아니라 그 부분을 한수 접고, 모든 행동을 곧이곧대로만 보지 않는다는 거지. 그 사람은 연예인이니까. 반면 진중권은 연예인이 아니지.

지 기질적인 게 크다고 생각하면 다른 사람을 변화시키기는 힘들다는 거잖아.

김 나는 사람들이 다른 사람들을 변화시킬 수 없다고 생각해. 남의 말을 듣고 변하는 사람은 없다고 생각해. 자기가 결국은 필요하고, 설득되고 그래야 움직이는 거지. 나는 누군가를 설득해서 성공한 적이 없는 것 같아. 느끼게 하거나, 또는 패는 수가 있지.(웃음) 패서 침묵하게 만들거나.

지 필요충분조건의 개념인 것 같은데. 시대적으로 많은 사람들의 의견이 합쳐져서 받아들여질 때쯤 됐을 때 누군가가 그것을 해석해주고, 그 의견이 다시 수렴되는 과정을 통해서 세상이 변하는 것 같아. 사회가 변하려면 필요조건만 가지고도 안 되고, 충분조건만 가지고도 안 되는 거지.

김 이해할 수 있을 때 이해하는 거니까.

지 그때 그런 애기를 강하게 해줄 세력이 부족하면 안 될 수도 있고. 자기가 별로 그렇게 생각 안 해본 문제에 대해서 많은 사람이 그렇게 얘기하면 '맞나보다' 이렇게 되잖아. 그게 헤게모니론일 수도 있고.

김 우리나라 사람들은 자기 취향이 없는 경우도 많고, 자기 견해라기보다는 언론에서 얘기한 것을 자기 견해라고 채택하는 경우도 많고.

진보도 잘 먹고 잘 살아서 다음 세대들의 롤 모델이 되어야

지 그래서 진보가 간지나야 된다고 총수는 말하는 거잖아.

김 내가 보기에는 진보가 잘 먹고 잘 살아야 돼. 다음 세대들은 앞의 세대를 보고 롤 모델을 찾아서 그중에서 폼이 나면 따라하는 거거든. 우리나라 진보가 채택한 게 잘못된 게 뭐냐 하면 도덕적이지만 못 먹고 못 살아. 엄청난 자기 희생이 필요한데, 누가 이것을 따라하냐고. 그러면 종교에 귀의해야지.(웃음) 내가 보기에 우리나라 진보집단이 선택하는 전략이라는 게 종교집단이 선택하는 전략하고 거의 유사해. 종교집단이라는 것이 죄의식을 먹고사는 단체잖아. 죄의식이 없으면 죽어. 진보진영이라는 게 끊임없이 죄의식을 자극해서 먹고사는 전략을 취하는데, 내가 죄인이 되어야 하냐고. 그래 가지고는 진보진영이 요즘 말로 프레임 전쟁에서 이길 수가 없어. 내가 좀 덜 착해도 부자가 되어서 기부 좀 많이 하면 되지 않느냐고 자기 합리화를 할 수 있는데, 누가 힘든 길을 가냐고. 예를 들어서 강남진보가 나와야 돼. 그래서 외제차 타고 잘 먹고 잘 사는데 '그래도 나 연대의식이 있다, 사회에 부채의식이 있다'는 사람이 등장하고 그런 사람들을 비난하지 말아야 한다니까. 그런 롤 모델들이 등장해야지. 예를 들어 미국이나 유럽에서 우파가 되는 것은 촌스러운 거라고 여겨지거든. 할리우드 스타들이 진보적인 발언을 굉장히 많이 해. 이게 쿨하다고 생각하는 거야. 부자들 중에서도 빌 게이츠 정도 되면 '세금 많이 내야 된다, 기부 많이 해야 한다'고 하잖아. 이게 롤 모델 중 하나가 되어야 힘을 가질 수가 있는 거라고 생각해. 그 사람을 프티 부르주아(부르주아 계급과 프롤레타리아 계급의 중간에 존재하며, 부르주아적 의식을 가진 계층을 가리킨다.-저자 주)라고 욕할 수도 있는데, 그러면 안 되는 거지.

지 일단은 오프라 윈프리 같은 사람의 지지를 받아야 대통령이 될 수 있는 거니까.

김 근본적인 죄의식을 가지고 다루려고 하는데, 그것은 종교운동밖에 안 돼. 멋지게 차려입고, 좋은 차 타고, 잘 먹고 잘 사는데 그 사람이 촛불집회도 하고, 기부금도 팍팍 내는 모습을 보여주면 되는 거야. 그 사람이 민주노동당 지지하고. 그러면 민주노동당을 지지하거나 골수 좌파라고 생각하는 사람들이 비판한다거나, '너는 프티 부르주아고, 기껏해야 자유주의자'라고 하면 그 정도도 수용 못하면서 무슨 세상을 바꾸냐고. 우파는 전쟁을 해서 죽이는데, 좌파들은 서로 연애를 하는 것 같아. '너 나한테 왜 그래? 어떻게 나한테 이럴 수가 있어' 하고.(웃음)

지 그러다가 연애하는 것처럼 상대방만 죽이잖아.(웃음)

김 대량살상이 안 되는 거지.(웃음) 그래서 나는 우파가 좋아. 좀 세련된 우파가 나오면 지지해줄 수도 있을 것 같아. 양식 있고, 세련된 우파가 나오면 지지해줄 의사가 있어. 정서적으로 그게 맞아. 다 죽이는 거지.(웃음) 그런데 백날 가봐야 우리나라에서는 안 나올 것 같아. 인문학적 소양도 있고, 염치도 있고, 양식도 있고, 자존심도 있는 우파가 나와서 그렇게 하면 좋을 것 같은데 안 나와. 원래 좌파는 절대로 사람들을 흥분시킬 수는 없어. 각성하게는 해도. 그런데 우파는 본능을 자극하기 때문에 사람을 흥분시킬 수가 있거든. 그러면 나는 열광적으로 흥분해줄 수 있는데, 그런 애들이 안 나와. 무식하고, 촌발 날리고, 자기밖에 모르는 우파들밖에 없는 거지.

지 좌파들이 박원순 변호사를 욕하는 것도 좀 그런 것 같아. 그 양반이 좌파라고 한 것도 아니고, 자기 활동을 하면서 자기보다 더 왼쪽에 있는 사람들과 연대를 하려는 노력을 많이 했었잖아.

김 못 먹고 못살며 지켜왔던 자기 영역이 침범당하는 것 같으니까 영역 싸움을 하는 거지. 다리 들고 오줌 싸는 거야. 자기 영역에다가.(웃음) 이해는 가지. 고생했잖아. 인간적으로 이해는 가.

지 그러면서 내가 정리했던 부분이 자기보다 오른쪽에서 부딪치면서 뭔가 하는 사람들은 존중해주고, 자기보다 왼쪽에서 싸우는 사람에 대해서는 존경과 함께 앞으로는 저쪽 방향으로 더 나가야 된다고 결심하는 것이 필요하다는 건데. 서로에 대해서 그런 감정적 연대가 있어야 뭔가 바뀌지, 서로를 나쁜 놈, 찌질이 취급해서는 아무것도 안 되잖아.

김 좌파들은 삶이 그랬기 때문에, 모두가 자기 삶을 벗어날 수는 없는 거잖아. 그 사람들도 그 사람들의 미덕이 있으니까 서로 봐주면서 살고, 이명박 정도만 까면 되잖아. 나는 이렇게 화목하게 살았으면 좋겠어.(웃음) 우파들이 유아적이라 기본적으로 공포를 가지고 있다고. 자기가 해결하지 않으면 안 된다고 생각하는 외로운 종자들이야. 그러니까 실제로는 불쌍하다고 봐야지. 사람이 나이도 먹고 하면 정신적으로 성숙해져야 하는데, 나이든 우파들 중에 정신적으로 성숙한 사람을 찾아봐. 없잖아.

지 그러니까 좌파는 못살아서 투덜거리는 사람이어야 되는데, 그렇지 않은 사람이 많이 나타나면 놀랄 것 같아. '좌파는 다 못살고, 능력 없고, 찌질이어야 되는데, 아니란 말이야' 하고.(웃음)

김 요즘 보면 우석훈과 변희재가 논쟁을 하던데, 사실 일부 386이 욕먹을 만하긴 한데, 변희재가 욕할 것은 아니지.(웃음)

지 욕할 수는 있는데, 내용이 좀 있었으면 하는 거지. 자기가 하는 공격의 대부분이 자기한테 그대로 적용이 되는 내용 같던데.

김 내 말이 그 말이야. 자기 객관화가 안 되는 것 같아.

지 요즘 고민 중에 '잘 죽어야겠다'는 것이 있다던데, 총수답지 않다는 생각을 했거든.

김 죽음에 대한 공포가 크거나 그런 것은 아니고, 어차피 죽긴 죽을 텐데, 죽은 다음에는 아무 상관도 안 해. 죽은 다음에는 비석이 높든 다 필요 없어. 죽은 다음에 무슨 상관이 있어. 그런데 민폐는 끼치고 싶지 않아. 예를 들어서 처참한 사고가 나서 팔다리 다 찢어지고 수습하기 어렵고 그러면 안 될 것 같아.

지   그런데 그거야말로 어쩔 수 없는 상황인 거잖아. 자기가 통제할 수 없는 상황인 거고.

김   그렇긴 한데, 수습하기 힘들게 죽으면 안 되겠다, 한 몸뚱이로 잘 죽어야겠다, 그리고 죽고 나면 어떻게 해야 될지를 지정해줘야겠다는 생각을 해. 나는 화장을 해서 수목장으로 하는 것이 괜찮겠더라고. 적당한 나무 밑에 심어달라는 것이 최근에 든 생각이야. 시체 수습이 불가할 정도로 죽으면 안 되겠다는 생각을 했어.

지   사고가 난 것을 어떻게 할 거야, 화물차가 날 덮치는데.(웃음)

김   잘 죽어야 된다고 생각하는 게 위대하게 죽자는 게 아니고 사고가 나서 죽어도 팔다리는 떨어지지 말자는 거지.(웃음)

지   그거 과도한 책임감 아냐?(웃음)

김   가능하면 그렇게 죽고 싶다니까.(웃음) 마지막으로 날 수습할 인간들은 가까운 사람들이기 때문에 민폐를 끼치고 싶지 않다니까. 기왕이면 상태 좋게 죽자는 거야.

지   자기를 다 드러내는 것 같으면서도 예측 가능하지 않은 인간 중 하나가 총수인데, 다 드러내는 것 같으면서도 안 보이는 구석이 있어.

김   자기 이해력이 부족한 거겠지.(웃음)

지   그건 아니지.(웃음)

김   나는 굉장히 일관되게 살아.

지 일관되게 살지 않는다는 게 아니고. 뭐 그게 김어준인 것 같기도 하지만.

김 자기 세계를 드러내고 잘 사는데, 나이가 들면서 생기는 생각일 수도 있잖아. 이제 생기는 머리카락보다 빠지는 머리카락이 더 많고. 이제 내가 죽는다, 어차피 한정된 삶을 사는 거니까 죽긴 죽는데, 그러면 죽을 때 잘 죽어야지. 왜냐하면 요즘 장례도 많이 치르다 보니까 상태 확인 불가능하게 죽으면 안 되겠다는 생각이 드는 거지.

지 갖다 붙이는 게 그렇게 어렵지는 않은 것 같은데. 그러면 오토바이는 어떻게 타?

김 그건 할 수 없는 거고.(웃음)

거대담론이 아니라 사소한 사적 분노로도 뉴스 가치가 있는 세상

지 딴지일보 2.0을 만든다면서 어떤 콘텐츠와 내용을 생각하고 있어?

김 준비 중인데, 자금이 준비가 안 돼서. 간단하게 만들면 모바일 베이스의 웹 미디어, 즉 모바일 미디어를 만들어보자는 생각인데. 이런 거야. 어떤 현장에 어떤 매체의 기자보다 가장 먼저 뛰어가는 사람은 우연히 그 옆에 있던 사람이잖아. 우연히 그 현장에 있던 사람이 모두 다 핸드폰을 들고 있어. 우연히 현장에 뛰어가는 사람이 핸드폰이라는 취재도구를 들고 있는데, 작년까지만 해도 촬영하고 보관할 수는 있어도 그것을 인터넷상에 공유하고 전송하려면 PC에 꽂아서 옮겨야 돼. 소위 풀 브라우징이 되고, 한국형 플랫폼이 만들어지고 나면 핸드폰에서 인터넷이 바로 된단 말이야. 촬영하고 보관하고 전송하고 공유하는 것이 한자리에서 바로 되는 거지. 일괄처리가. 나는 그럼으로 가능해질 미디어가 있다고 생각해. 마치 종이밖에 없을 때 인터넷 때문에 가능해질 미디어가 있었던 것처럼 언제나, 어느 누구나 찍고 리포터가 되고 보관하고 전송하고 공유하는 것이 핸드폰을 통해서 일괄적으로 처리되는 기능적인 변화가 사실은 미디어의 질적인 변화를 만들어낼 것이라고 생각해서 그런 미디어를 한번 짜보려고 하는데, 여기는 자본이 필요하고, 그 자금을 지금 한창 구하는 중이야.

지　요즘 인터넷 환경도 안 좋고, 아무래도 거기 담기는 내용 자체가 기득권이 싫어할 수 있는 내용일 것 같은데.

김　그럴 수도 있겠지. 하여튼 기본 콘셉트는 그거고, 지금은 자금조달 중. 2009년 여름에 오픈할 예정.

지　콘텐츠는 어떤 것으로 채우려고.

김　예를 들어서 과거 개똥녀 같은 경우 많은 사람이 봤지만, MBC 뉴스가 개똥녀 영상 자체로 될 수가 없어. 개똥녀의 영상 그 자체는 아무것도 아냐. 여자애가 지하철에 개를 데리고 탔는데, 똥을 안 치운 거야, 그게 30초밖에 안 돼. 영상도 조악하고. 그래서 MBC 9시 뉴스에 뜰 수가 없지만, 너무나 많은 사람들이 봤기 때문에 현상은 9시 뉴스의 소재가 됐잖아. 이게 뭘 말하느냐 하면 뉴스의 롱테일 효과라고 표현하는데, 공적 분노, 거대담론이 아니라 굉장히 사소한 사적 분노로도 뉴스 가치가 생긴다는 거야, 이 미디어의 특성하에서는. 가다가 우리 집 앞에 있는 주차장에서 두 칸을 차지하고 있는 차를 봤어. 이것을 찍어. "아니, 이렇게 몰지각한 사람이 어디 있습니까? 지금까지 신당동의 박이었습니다", 이게 9시 뉴스에는 될 수 없지만, 사적 분노를 자극한다면 미디어적 가치를 가지게 된다는 거지. 그게 전국적으로, 동시다발적으로 뉴스가 쌓이게 되면 그날의 하나의 역사가 되기도 하는 거고.

지 잘 운영이 되면 모여서 하나의 역사가 될 수 있는데, 잘못하면 명예훼손의 소지도 있고, 너무 자의적인 분노를 표출하는 쪽으로 나갈 수도 있잖아.

김 기술적인 필터링 작업은 있어야겠지. 초상권의 문제라든지, 개인정보 유출의 문제가 있을 수도 있는데, 문제가 없는 게 어딨나? 문제는 해결하라고 있는 거지.(웃음)

부부의 유일한 해법은 문제해결 능력을 공유해 공감할 수 있느냐에 달려 있어

지 조언한 것 중 결혼하기 전에는 배낭여행을 꼭 한번 같이 가보라고 하는 것이 공감이 가던데.

김 정말로 신뢰하는 결혼을 잘하는 비법인데, 그게 왜 그러냐 하면 실제로 내가 배낭여행을 하면서 돈이 없으니까 여행 가이드나 이런 것을 많이 했다고. 그런 것을 하면서 배낭여행을 오는 커플들을 무수히 많이 봤어. 그런데 희한하게도 10명 중 7명은 여행하다가 현장에서 헤어져. 헤어지는 메커니즘을 들여다보면, 예를 들자면 그날 밤에 어디로 떠나기로 했어. 낮에 백화점도 가고 돌아다녔어. 파리 북역에서 비엔나를 가려고 9시 반쯤 가면 되겠구나 하고 기차역으로 갔어. 그런데 비엔나로 가는 기차는 파리 동역에서 출발하는 거야. 이런 일은 흔히 발생할 수 있는데, 아무리 기다려도 기차가 안 와서 물어보니까 동역에서 출발을 하고 이미 기차는 떠났다는 거야. 자기가 한 번도 직면하지 못한 일이 벌어진 거지. 여기서 보통 남자들은 어떻게 대처를 하느냐 하면, 제일 먼저 남자가 하는 일 중 하나가 그 잘못을 여자한테 떠넘기는 거야. '니가 낮에 백화점에서 쇼핑을 너무 오래했다'고 하던지. 왜냐하면 이런 문제는 통상 남자가 해결하는 것으로 기대되고 있는데, 이런 문제에 직면해서 해결하지 못한다는 것이 무능하다는 방증이기 때문에 즉각적으로 자기 실수라는 것을 인정할 수가 없어. 거기까지 올 정도면 여자도 남자를 믿고, 남자들이 잘 났고 좋으니까 온 거거든. 그런데 기차 타는 문제 하나 해결하지 못하는 무능한 남자의 정체를 폭로당할 상황에 직면한 거잖아. 그래서 그 남자는 '나는 그렇게 못난 놈이 아니다'라는 얘기를 해야 돼. 그것부터 해결해야 된다고. 그러니까 핑계를 대. 설혹 그랬다고 한들 이 상황을 해결하는 데 무슨 도움이 되냐고. 여자는 훨씬 더 직관적이고, 본능적이라서 이 얘기를 하는 것이 이 문제를 해결하는 데, 도움이 안 된다는 것을 알아. 그런데 이 남자는 그게 답답한 거라. 그리고 사실 이런 문제는 자기가 한국에서 잘난 척하면서 자기 약점을 감추고 생활할 때는 드러나지 않아. 웬만한 문제는 돈으로 해결하거나, 친구가 해결하거나, 부모가 해결하거나, 자기 학벌로 해결하거나, 돈이 없으면 카드로 긁거나, 부모한테 달라고 하거나 하면 되잖아. 그런데 이것은 자기가 그동안 쌓았던 지식으로는 해결할 수 없는 종류의 문제인 거지. 자기가 공부를 많이 했든, 돈이 많든, 아버지가 재벌이든 무슨 상관이야. 이때 뭐가 드러나느냐 하면 이 사람의 타고난 문제해결 능력이 드러나. 어떤 사람은 아무 기차나 타고 아무 데나 가자고 해. 왜냐하면 기차에서 자면 되니까. 그 다음에 도착해서 아침에 나머지 문제를 해결하자는 것도 문제해결의 방법 중의 하나고. 역에서 자자고 하니 부랑아도 보이고, 역이라는 것이 밤이면 경찰이 셰퍼드 끌고 와서 나가라고 해. 무섭잖아. 모르는 길을 배낭 메고 걷자니 힘들기도 하고 무섭기도 하고. 어떤 사람은 나이트를 가자고 할 수도 있어. 정답이라는 게 없으니까. 어떤 사람은 공원으로 가서 노숙을 하자고 말할 수도 있고. 나 같으면 부랑아들을 모아서 화투를 쳐, 구석에서 화투를 가르쳐서 치면 시간이 금방 가. 이런 식으로 배낭여행을 하다 보면 그 이전에는 한 번도 겪어보지 못한 정답이 없는 문제에 계속 직면을 해. 어떤 날은 버스를 타는데, 버스를 타고 표를 사는 건지, 표를 사서 버스를 타는 건지, 아니면 정기권을 끊어야 되는지 잘 모르잖아. 그냥 올라가서 돈 내면 되겠거니 하고 탔는데, 현금을 안 받아, 그러면 그 작은 게 짜증이 되고, '그것도 몰랐냐'고 하면서 불화의 씨앗이 되고. 그렇게 해서 내려서 표를 사면 되는데, 마침 그 시간 때문에 뭔가를 놓쳤다, 이러면 불화가 되는 거야. 배낭여행이라는 것이 그 사소한 일의 연속이라고. 그 과정에서 여자가 그 남자의 바닥을 봐. 통상 열흘이 안 걸려.(웃음) '내가 알던 남자가 아니네, 이렇게 찌질인가' 이런 생각이 드는 거지. 물론 그 열의 일곱이 싸우고 나서 실제 다 헤어지냐 하면 그렇지는 않아. 돈도 다 합쳤고 외국이고 하니까 어려워. 그러면 한국에 가서 헤어지자고 하는 커플들이 많아. 같이 다니기는 하는데, 외면하면서 다니는 거지. 반면 열에 셋 정도는 더 좋아져. 예를 들어서 노숙하자고 답을 내놓는다고 치면 서로가 맞아야 되거든. 여자 입장에서 '그것도 재밌겠다'고 해야 코드가 맞는 거지. 여자가 '춥고, 눅눅하고' 이렇게 되면 해법이 안 돼. 남자가 해법이라고 제시한 것이 여자 입장에서도 해법이어야 둘이 화목하게 지낼 수가 있는데, 열에 셋은 이게 되는 거야. 남자가 문제해결 능력도 발휘할 뿐만 아니라 그렇게 발휘한 문제해결의 해법이 자기하고 코드가 맞는 거야. 이런 애들이 열에 셋 정도 있어. 나는 이게 결혼의 자연법칙이라고 봐. 30퍼센트. 결혼을 해보면 그 이전까지 겪어보지 못한 갈등에 직면하는 경우가 많아. 답이 없어. 예를 들어 고부간의 갈등이라고 해서 정답이 있는 것이 아니야. 엄마 앞에서는 엄마 편을 들고, 와이프 앞에서는 와이프 편을 들라고 하지만, 그것이 반드시 해법으로 통하는 것도 아냐. 서로 사기친다고 볼 수도 있는 거고. 이때는 배경도 필요 없고, 학벌도 필요 없고, 끼도 필요 없고, 생김새도 필요 없어. 그야말로 타고난 문제해결 능력이 공유되어서 공감할 수 있느냐, 이것만이 유일한 해법이거든. 실제 결혼을 해서 그렇게 될 수 있는 커플은 지극히 적다는 거야. 20~30퍼센트 정도밖에 안 되는 거지. 배낭여행을 한 달 정도 같이해서 괜찮은 커플이면 결혼해서도 잘살 확률이 꽤 높고, 배낭여행에서 안 될 커플이면 안 된다는 거야. 여행 갔다가 한국으로 돌아오면 이 관계가 봉합이 돼. 마치 결혼해서 맨날 부부싸움을 해도 다른 주변환경 때문에 봉합이 되듯이 돌아오고 나면 이만한 남자가 없고, 돈도 좀 있고, 학벌도 있고 하니까 관계가 슬슬 복원이 돼. 결혼하고 똑같은 갈등은 아니지만, 그전에는 겪어보지 못한 결혼과 비슷한 유사한 갈등, 학식으로 해결 안 되는 본능적 갈등을 해결하는 능력이 있느냐, 그리고 그 해법이 나하고 맞느냐를 압축적으로 테스트해보는 데는 돈이 별로 없는 상태에서는 한 달 정도 배낭여행을 하는 것이 최고라는 거야. 그걸 해보면 이 사람하고 결혼해도 괜찮을지가 딱 나와, 거의. 그래서 결혼하기 전에 최소한 2주 이상, 말이 잘 안 통하는 곳으로, 넉넉하지 않은 경비로 여행을 가보라는 거지. 그럼 그 사람의 바닥을 알 수 있어. 여자들보다 더 무서워하는 남자들이 많거든. 실제로 재미있는 게 내가 번지점프를 좋아해서 찾아다니는데, 세계에서 제일 높은 번지점프대가 의외로 스위스에 있어. 스위스의 라우터브루넨이라는 지역이 있는데, 거기에 가면 케이블카를 타고 올라가서 땅으로 떨어지는 번지대가 있어. 180미터야. 사람이 점으로 보여. 내가 거기서 몇 번 번지점프를 해봤는데, 마스터라는 사람한테 물어봤어. '남자가 잘 뛰어내리냐, 여자가 잘 뛰어내리냐?'고 했더니, 열 명이 있다고 하면 열 명 중 남자는 다섯 명이 번지점프를 하겠다고 선택을 하고, 여자는 한 명밖에 선택을 안 한대. 그런데 막상 올라오면 남자는 5명 중 못 뛰어내리는 사람이 반 정도 되고, 여자는 다 뛰어내린대.(웃음) 사실은 공포에 직면했을 때 그 공포를 다루는 게 여자가 훨씬 강하다고.

지 여자는 뛸 수 있겠다고 직관적으로 판단을 하면 되는데, 남자는 '아, 씨바 못 뛰어내리면 쪽팔린데' 해서 선택을 했다가 막상 올라가면 못 뛰는 거지.(웃음)

김 그렇지. 남자는 자기 공포에다가 남자다움, 폼 이런 것이 더해져서 그걸 선택한 거거든. 이것을 선택하지 않으면 남자답지 못하다는 비난을 받을까봐. 그런데 여자들은 선택하면서 이미 그게 걸러진 거야. 그러니까 선택을 한 여자들은 거의 다 뛰어내려. 막상 올라가서 못 뛰어내리는 것은 남자들이라는 거지.

MB는 항구적 정서불안을 메시아 판타지로 극복해

지 〈딴지일보〉 하면서 이런저런 유형의 협박이나 압력을 받았다고 하던데, 어떤 종류였어?

김 직접적인 것은 없었고. 초기에는 안티도 있고, 욕설 메일도 많이 오는데, 각별한 메일들이 와. 보통 욕은 '너 죽어라'고, 아니면 굉장히 논리적인 비판 이 양자가 있는데, 이런 것이 아니라 '당신은 이렇게이렇게 해서 무슨 법에 저촉되고', 이런 식으로 굉장히 담담하고 감정이 아니라 법적 처리를 하겠다는 식의 뉘앙스를 띠는 메일이 들어와. 이럴 때는 발신인이 모호해, 무슨 기사를 내리라는 것도 아냐. 아니면 집으로 갑자기 전화해서 욕하고, '너 그러다가 죽는다'고 욕하거나. 그렇게 자신을 밝히지 않는 경우는 무서워할 일이 없지. 그러면 '좆 까'라고 답장을 해. 그러면 답이 안 와, 아니면 전화가 오면 '우리 집으로 오세요'라고 하면 안 와.(웃음) 사실 대놓고 고소하기에는 아리까리한 매체였잖아. 새벽에 두세 시쯤 전화해서 이상한 소리 내고, '죽을래. 밤길 조심하라'고 하는 정도였지.

지 진중권 선생은 욕설 전화가 왔는데, 발신번호가 찍혀 있으면 그 번호로 다시 하더라고. 그러고 받을 때까지 전화하는데, 대부분 그쪽에서 먼저 끊는다고 하던데.(웃음)

김 그렇다니까.

지 요즘 사회 전반적으로 도처에 불안이 넘쳐흐르는데, 불안을 극복하기 위해서 어떻게 해야 한다고 생각해.

김 도를 닦아야 된다고 생각해.(웃음) MB 쪽이 특이한 게 얘네들이 가만히 보면 선거가 끝나지 않았어. 선거기간에만 하는 짓들이 있잖아. 서로 예각을 세우고 민감하게 상대방의 멘트에 대해서 반응하고, 상대방을 고소한다고 하고, 적대적 전시상황, 그런 게 선거기간이라는 말이야. 선거 끝나고 나면 이겼기 때문에 대충 뭉개고, 취하하고 넘어가요. 그런데 얘네는 전시상황이 계속 유지돼. 내가 볼 때는 항구적 정서불안 상태에 있어. 상대가 나를 공격할지도 모르고, 상대가 나의 약점을 찾아내서 공격할지도 모르기 때문에 방어만 하다가 적극적으로 아예 그렇게 말하거나 집어낼 놈들을 다 제거해버려야 되겠다, 발본색원을 해버려야 되겠다는 생각을 가진 것 같아. 기본적으로 그런 태도가 나오는 것은 지가 불안해서 그런 거거든. 항구적 정서불안 상태에 있다니까. 그래서 살도 안 찔 것 같아. 무슨 낙으로 사는지 모르겠어. 그러면서 그 모든 스트레스를 일종의 메시아 판타지로 극복하는 것 같아. '내가 대한민국을 구원하리라. 나중에 나눠주리라' 하는 과대망상으로 극복하는 것 같아.(웃음)

지 이번에 미네르바 구속되는 것을 보면서도 놀랐던 것이 검찰이 기소한 것까지는 그전에도 비슷한 일들이 있었으니 그렇다고 쳐도 판사가 구속적부심에서 기각할 줄 알았는데 안 하더라고.
김 법원 판사들이 직장인이라니까.

지 그 전에는 국가보안법 위반 혐의로 기소된 사안에 대해 기각하기도 했잖아.
김 점점 사회적 분위기가 그 사람들을 직장인으로 만들고 있는 거지. 이 사람들을 공평무사한 법정신의 화신으로 생각하면 안 돼. 애들 먹여 살려야 되고 각종 공과금 내야 하는 생활인인데, 생활인으로서의 위기감이 있잖아. 과거 10년 같은 경우에 자기 밥줄이 끊어질 정도로 정부압력을 받거나 눈치를 주지 않았거든. 이제는 그런 생계 차원의, 생활인 차원의 공포가 생긴 거야. 사실 기자들이 보수화된 것도 생활인 차원의 공포가 생겨서 그런 거잖아. '내가 이렇게 해서 밥줄 끊기는 것이 아니냐' 하는 식의 개인 차원의 검열을 만들어냈다고. 판사들도 그런 면에서는 직장인이야. 우파들이 사실은 자기들이 원래 적자생존의 공포 속에 있는 사람들이기 때문에 목줄을 잡는 것을 잘한다고. '여기를 잡으면 무서울 걸', 이런 것을 잘한다고.

지　우파들이야말로 자기 밥그릇 투쟁은 철저하게 하잖아. 그러면서 파업하면 흔히 밥그릇 싸움이라는 공격을 하고 있고.

김　우파들은 밥그릇 싸움 안 하지, 다 몰아가지고 자기네들끼리 먹지.(웃음) 좌파들이니까 밥그릇 싸움을 하는 거야. 나눠먹으려고 하니까. 우파들은 밥그릇 차지한 사람들을 다 쫓아내고 지들만 먹는데, 밥그릇 싸움을 할 필요가 있나. 걔네들은 자기 밥그릇에 남들이 숟가락 얹는 것을 견디지 못해. 아예 철저히 제거해버려. 좌파들은 밥그릇 싸움 해야지, 내가 숟가락질 안 하는데 밥 떠주나, 내가 숟가락 안 올려놓는데도 떠줄 때만 그것을 밥그릇 싸움이라고 공격할 수 있는 거지. 먹여주지도 않을 것들이 밥그릇 싸움이라고 할 자격이 없지.

지　인터넷 악플 같은 것에 대해서는 어떻게 생각해. 정부, 여당에서는 사이버 모독죄나 실명제 같은 것을 정착시키려고 노력하고 있는데.

김　나는 기본적으로 이렇게 생각해. 내가 국민학교 4학년 때 선생 중에서 교실에서 하루 동안 욕을 한마디라도 한 사람들은 칠판에 이름을 적게 만들었어. 바른말 생활화라는 것이 캐치프레이즈였던 것 같아. 그래서 욕을 한마디만 하면 이름이 적혀서 이름이 적힌 애들은 청소를 해야 돼. 그러니까 교실 안에서는 욕을 안 해. 물론 밖에 나가면 점점 욕을 더하지. 그 억압으로 인해서. 그러면 바른말 쓰는 패턴이나 사고가 정착이 되느냐 하면 그게 아니거든, 전혀 아냐. 사실 욕의 기능이 있어. 다른 말로는 표현할 수 없고, 전달할 수 없는 감정이나 정서를 표현하는 욕의 역할이라는 것이 있어. 욕이 없으면 그 감정이 해소가 안 돼. 그러면 욕을 무조건 없애서는 안 되는 거야. 욕은 언제 문제가 되냐 하면, 욕은 잘못 사용할 때 문제가 되는 거야. 욕에 관한 것은 없애라고 할 것이 아니라 욕을 언제 해도 되고, 언제 하면 안 되는지 그 구분을 하는 방법을 길러주는 것이 욕에 대한 교육이라고 봐. 친구들하고 아무리 심한 욕을 해도 그 욕이 통용되는 분위기와 공간과 상황이 있다고. 어릴 때는 잘 몰라, 그런데 어릴 때 잘못 욕했다가 졸라 얻어터지고, 처음 욕을 배운 애는 상황에 안 맞는 심한 욕을 많이 한다고. 그러다가 얻어터지고, 욕도 먹고, 핀잔도 먹어가면서 배워가는 거야. 이때는 욕을 해도 되고, 이때는 하지 말아야 되고. 그러면서 언제 욕을 써야 되는지를 알게 되는 건데, 내가 보기에는 그게 욕에 대한 교육이라고. 지금 인터넷 악플이라는 것은 인터넷이라는 현상 자체가 생긴 지 10년밖에 안 되기 때문에 우리 모두 어린애들이라고. 언제 욕을 해도 되고, 언제 해도 안 되는지에 대해 사회적 규칙이 마련되어 있지 않아. 점점 만들어져가고 있는 거지. 이것은 그런 비용과 시행착오를 겪어갈 수밖에 없는 거라고. 지금 소위 정부의 악플정책이라는 것은 선생님이 욕을 한마디도 하지 말라는 것과 같은 거거든. 그렇게 해서 해소될 수 없거니와 막을 수도 없고, 지구상에 욕을 없앨 수 없는 것처럼 해법이 안 나온다는 거야. 해법은 결국 우리가 비용도 치러가면서 '이렇게까지는 해서 안 되고, 여기까지는 용인될 수 있고, 이 분위기에서는 욕설이 가능하고, 이 부분은 비판이고' 이런 것을 구분할 수 있는 지성을 길러내고, 문화적으로 습득해가는 수밖에 없어. 그 과정을 건너뛰어서 욕설이 없는 것이 좋은 인터넷이라고 하는 것은 착각일 뿐만 아니라 그런 세상은 오지 않는다는 거지.

지 지금 상황을 거칠게 요약하면 노무현과 이명박 개인은 다른 인물일지 모르겠지만, 무심코 그랬든, 소신이었든, 아니면 무능했든 간에 노무현이 뿌린 포르말린에 오염된 환경 속에서 괴물이 탄생한 거잖아. 아무것도 해결하지 못하면서 보수들의 약만 바짝 올려놓아서 이 사람들이 독을 품고 날뛰고 있는 것이고. 그런데 그 괴물은 무섭지만, 누가 보기에도 괴물이라 사람들이 저항을 하고 있고, 파시즘을 하고 싶으나 능력이 부족해서 못하는 상태인데, 다음 번에 들어설 정권은 말끔하게 성형수술까지 한 괴물이 들어서서 파시즘도 할 수 있을 것 같은데, 지금 상황에 대해 총수는 어떻게 판단해. 파시즘을 우려하는 사람도 있고, 이미 파시즘으로 돌아가기에는 우리 사회의 진보가 많이 이루어졌다고 보는 시각도 있는데.

김 이미 지금 파시즘이라고 하기는 뭐한데, 내가 보기에 지가 듣고 싶지 않은 얘기는 듣지 않는 무한권력을 누리는 게 절대군주라고 생각하는데, 이명박은 그렇게 되고 싶은 거야. 듣고 싶지 않은 이야기는 듣고 싶지 않을 완벽한 상황을 짜고 싶은 거거든. 그게 사실 파시즘인 거지, 실제로 그리로 가고 있다고 생각해. 그래서 그렇게 될 거냐, 그렇게 될 수는 없지.(웃음) 설혹 잠시 입을 다문다고 하더라도 내가 보기에 이명박이 임기가 2년 정도, 1년 정도 남기고 레임덕이 오는 순간 좆 될 거라고 봐. 역대 어떤 대통령보다 갈기갈기 찢겨서 효시되지 않을까 생각해. 노무현만 하더라도 끝까지 남아서 정치적 지지자가 되는 사람들이 있어. 이명박은 그게 없다고. 나는 그것을 자기가 스스로 모른다고 생각해. 자기가 그렇게 될 줄 알면 그렇게 못하는데, 예수 바로 밑에 자기가 가 있다고 생각하는 것 같아.

지 재미있는 꿈 중 하나가 지적으로 통쾌한 호스트바를 만드는 거라고 했잖아. 진지하게 계획을 하고 있는 거야?(웃음)

김 진지하게 생각을 하고 있다니까. 그 호스트바는 어떤 거냐 하면 약 30평에서 40평 정도에서 일반 음식점 허가를 받아서 요식업 등록을 한 다음 여기서 술을 팔고, 작남들이 앉아서 술을 같이 먹어주는데, 이 사람들은 꽃미남도 아니고 대부분 30대 중반에서 40대 후반까지 굉장히 인문학적 소양이 높고, 다만 불친절하고, 그러나 구라는 세고, 그런 사람들이 옆에 앉아서 여자들의 수다도 받아주고, 타박도 해가며, 통쾌한 술자리를 마련해주는 거지. 여자들의 성적 스트레스를 풀어줄 수 없으나 정서적 스트레스를 풀어줄 수 있는 똥배 호스트바를 구상 중인데, 아직 물주가 안 나타났어. 나는 될 것 같아. '음행매개는 하지 않는다. 안에서 하지 마시오'라고 크게 써놔야지.(웃음)

지 올해 특별한 계획은 없어?

김 아까 얘기했던 것처럼 동물 얘기에 꽂혀서 그거 모아서 책 내려고 계획하고 있지. 한 오륙 개월 걸리겠지. 하여튼 유인원 얘기랑 악어나 상어랑 호랑이, 고양이과 동물, 맹금류, 북극곰 등에 대해서 관심이 많아. 곤충에도 다소 관심이 가고.

지 마지막으로 해주실 말씀은?

김 없어.

재미와 휴머니티의 조합을 추구하는 방송의 연금술사

김영희

● 1960년 부산에서 태어남. 서울대학교 국어국문학과 졸업. 1986년 문화방송 입사. 〈21세기 위원회 - 칭찬합시다〉 프로그램의 인기를 통해 '쌀집 아저씨' 라는 애칭을 얻고, 스타 PD의 대명사가 됨. 〈느낌표 - 책책책 책을 읽읍시다〉 코너를 통해 전국적인 독서 열풍을 불러 일으켰으나, 특정 책에 대한 쏠림 현상을 심화시킨다는 비난도 받음. 같은 프로그램의 〈눈을 떠요〉, 〈아시아 아시아〉, 〈일요일 일요일 밤에 - 이경규의 몰래 카메라〉, 〈양심 냉장고〉, 〈이경규가 간다〉 등의 숱한 히트작을 통해 공익 버라이어티라는 장르의 창조자이자 개척자가 됨. 2008년 9월부터 2009년 11월까지 제22대 한국PD연합회장을 역임했고, 2009년 12월부터 다시 〈일요일 일요일 밤에〉에 참여해 프로그램의 부활을 꿈꾸고 있음.

“

오락방송이 이럴 수도있나, 이런반응들이었거든요. 내가 왜 그런 생각을 했냐 하면 60분 동안 처음부터 끝까지 웃기기만 한다면 너무 공허한 것이다, 그래서 좀 웃지만 그래도 PD가 전할 수 있는 메시지 하나 정도는 담을 수 있지 않나, 그런 얘기 재밌게 하면 되지 않나, 하는 생각을 하고 시작을 했죠. 그게 <양심냉장고>로 얻어걸리고, <칭찬합시다>로 얻어걸리고, 그렇게 한 10년 한 거죠. 공익적 오락 프로그램이라고 해서 새로운 장르가 만들어지고, 요즘 유행하는 <1박 2일>, <패밀리가 떴다>, 이런 것도 사실은 공익적 의미를 가미하려고 애쓰지 않습니까? 그런 것을 보면 새로운 시도를 했다고 생각하는데, 그래도 하다못해 코미디, 전적으로 웃기기 위한 장르인 코미디라 할지라도 사회풍자를 담고, 인간적인 페이소스를 담으면 사람들이 더 좋아하지 않습니까? 그런 것처럼 버라이어티 프로그램에서도 그런 인간적인 면을 담아주는 것이 대한민국 시청자들한테 훨씬 더 어필할 수 있다고 하는 것이 경험적으로 얻은 결론입니다.

”

김영희

● 이명박 정부의 방송장악 시나리오는 더 빠른 속도로 진행되고 있다. 광우병과 관련된 프로그램을 제작한 〈PD 수첩〉을 촛불시위의 배후로 주목해 고발함으로써 비판적 언론에 재갈을 물리고 있으며, 광우병을 다룬 EBS 〈지식채널 ⓔ〉의 김진혁 PD, 정치인들을 풍자하는 프로그램인 YTN 〈돌발영상〉 임장혁 팀장을 타부서로 전출시키는 일 같은 것들이 계속 발생하고 있다. KBS의 경우 군사정권 이후 처음으로 공권력을 방송국에 투입하면서까지 정연주 사장의 해임을 관철시켰고, YTN 구본홍 사장의 취임에 반대해 출근저지 투쟁을 벌여온 노조원 6명을 해임했다. 2000년대 들어 처음으로 해직기자라는 말이 등장했으며, 80년 전두환 정권 이후 28년만의 기자 대량 해직사태라고 한다.

이명박 정부의 방송장악의 배후로 많은 이들은 최시중 방송통신위원장을 꼽고 있다. 대선 때도 이명박 대통령의 당선에 큰 역할을 했던 그가 방송통신위원회를 맡는 것은 부적절하다며 그의 해임을 주장하는 사람들이 많음에도 이 정권은 요지부동이며, '방송장악 시도를 중단하라'고 말하는 사람들의 우려를 이명박 대통령은 '오해'라는 단 한마디로 일축했다. 이런 시점에서 22대 한국 PD협회장에 당선된 김영희 PD를 만나 권력의 방송장악 시도에 맞서 방송제작의 자율성과 독립성을 어떻게 지켜나갈지, 어떤 일을 계획하고 있는지, 방송에 대해서 어떻게 생각하는지에 대해 들어보았다.

김영희 회장은 정부의 방송장악 시도에 대해 "상부의 몇 명을 교체한다거나 일부 구성원들의 인사조치로 인해서 방송을 장악할 수 있다고 생각하는 것 자체가 난센스"라고 말하면서 "이미 최근 10년간 지속적으로 이루어온 구조적인 부분이 있기 때문에 방송내용에서는 그들이 원하는 쪽으로 심하게 휘어지는 모습은 보이지 않을 것"이라는 낙천적인 견해를 밝혔다.

중견 PD에 대한 재교육을 강조한 김영희 회장은 1984년 MBC에 입사해서 교통질서 지키기 캠페인인 〈이경규가 간다〉, 〈칭찬합시다〉, 〈느낌표 – 책책책 책을 읽읍시다〉, 〈이경규의 몰래카메라〉, 외국인 노동자 가족 상봉 프로젝트인 〈아시아 아시아〉 등으로 재미와 공익을 같이 잡는 방송이 뭔가를 보여준 바 있다.

'쌀집 아저씨'라는 애칭으로 웬만한 스타 연예인 못지않은 인기를 누리게 했던 〈칭찬합시다〉로 1999년 한국방송대상에서 대상을 받은 바 있는 김영희 PD는 1996년 대통령, 국무총리, 건설교통부장관 표창, 서울시 감사패, 1999년 서울언론인클럽언론상, 백상예술대상작품상, 방송대상 대상, 2004 시청자가 뽑은 MBC 최고 프로그램 〈느낌표〉 등 50개가 넘는 상을 받은 상복이 많은 PD이기도 하다. 이는 많은 시청자들에게 재미와 감동을 준 데 대한 당연한 대가일 것이다. 인터뷰는 2008년 9월 30일 목동 방송회관 15층에 있는 PD연합회 사무실에서 2시간 가량에 걸쳐 이루어졌다.

재미와 휴머니티의 조합을 추구하는 방송의 연금술사

현재는 언론민주화의 완전한 정착을 위한 진통을 겪는 과정 중

지승호(이하 **지**) 어려운 상황에서 힘든 일을 맡으셨는데요. 최근 들어 〈PD 수첩〉에 대한 고발, EBS 〈지식채널 ⓔ〉 김진혁 PD의 타부서로의 전출, YTN 〈돌발영상〉 담당 PD의 타부서로의 발령 및 노조원들에 대한 형사고발, KBS 〈시사투나잇〉 폐지 논란 등이 있었는데요. 이런 일들이 계속된다면 미디어나 사회감시 프로그램의 존속마저 위태로울 것 같은데요.

김영희(이하 **김**) 벌어져서는 안 되는 일들이 벌어지고 있죠. 그것에 어떻게 대응하고 고쳐나갈 것인가를 생각해야 되는데요. 글쎄요, 지금으로서는 좋은 방법이 없는 것 같은데 좋은 방법이 있으면 좀 가르쳐주시죠.(웃음)

지 YTN, KBS 사장 선임을 둘러싸고도 낙하산이니, 권력에 의한 언론장악이니 하는 우려를 나타내는 사람들도 많습니다. 그런데 이명박 대통령은 민주당 정세균 대표와의 만남에서 '오해'라는 말로 일축했는데요. 양측의 시각차가 큰 것 같습니다.

김 시각차가 물론 있는데요. 일단 권력을 손에 넣어두려고 하는 집단 쪽에서는 표면적으로는 최대한 법과 원칙의 테두리 안에서 일을 벌이려고 하고 있을 테고요. 그것에 저항하는 세력들은 법의 테두리 밖에서 저항할 수밖에 없죠. 그래서 일반 시민들이나 국민들이 볼 때 법적인 정당성은 저들에게 있는 것 같은 그런 전략에 넘어가지 않는 신중한 접근이 필요하다는 생각이 듭니다.

지 많은 분들이 절차적 민주화가 어느 정도 이루어지고, 시대가 바뀌었기 때문에 한나라당이 집권하더라도 크게 바뀌는 것은 없을 것이라고 생각했었는데요. 그게 안이한 생각이었던 것 같고요, 생각보다 훨씬 더 심각한 상황인 것 같습니다. 방송이라는 것을 장악하기에는 그동안 내부 구성원들이 해놓은 장치들이 있기 때문에 힘들 것이라는 예상도 있지만, 실제로 저렇게 밀어붙일 때 속수무책인 부분도 없잖아 있는 것 같은데요.

김 심각한 상황이긴 하죠. 속수무책인 부분도 있지만 일단 결론부터 말씀드리자면 상부의 몇 명을 교체한다거나 일부 구성원들의 인사조치로 인해서 방송을 장악할 수 있다고 생각하는 것 자체가 난센스라고 봅니다. 그런 시도에 의해서 자신들의 의도가 어느 정도 관철이 된다고 하더라도 이미 최근 10년간 지속적으로 이루어온 구조적인 부분이 있기 때문에 방송내용에서는 그들이 원하는 쪽으로 심하게 휘어지는 그런 모습은 보이지 않을 겁니다. 전 그런 낙관적인 생각을 하고 있고요. 다만 상징적인 의미에서 상층부 수장의 교체라든지 인사 교체라든지 이런 것들이 이루어졌을 때 그것의 부당함을 알리는 노력, 국민들이나 일반인들에게 알리는 노력은 상당히 중요한 의미를 가진다고 보죠. 그렇지만 그것이 바뀌었다고 해서 순식간에, 졸지에 방송내용, 언론내용이 쉽게 바뀌지는 않을 것이라고 생각합니다.

지 그런 믿음을 어느 정도 가지고 있고, 또 갖고 싶기도 한데요. 사실 보이는 여러 가지를 볼 때 우려가 되는 것은 사실입니다. 얼마 전 KBS 뉴스에서 불교계 집회에 관한 뉴스를 보도하면서 '어청수 경찰청장 사퇴하라'라는 구호가 담긴 피켓을 흐릿하게 내보내지 않았는데요. 그런 것들이 권력에 대해 너무 지나치게 조심스러운 태도를 보이는 것이 아니냐고 우려하는 거죠.

김 그것도 극히 일부 현상이라고 보는 거죠. 저는 과도적인 형태일 것이라고 보고요. 한두 사람의 노력으로 방송이나 언론 전체 내용이 경도되거나 심하게 왜곡될 수는 없다고 봅니다. 그리고 그런 시도들이 계속될 때는 반드시 국민적인 저항이 있을 것이라고 생각합니다. 언론이라는 것이 일부 집단에 의해서 장악되고, 좌지우지되고 하는 시대는 이미 지난 것 아닙니까? 그런 시도 자체, 또는 그런 기도 자체가 사실 우스운 거죠. 그리고 이제 정권이 교체되고, 야당과 여당이 서로 교체되고 이러한 국민적인 경험이 없기 때문에 나올 수 있는 거친 상황일 수도 있는데요. 사실 이런 것들도 언론민주화의 완전한 정착을 위한 진통을 겪는 과정이라고 봅니다. 그냥 정착이 아니라 완전한 정착을 말하는 건데요. 우리는 정착되었다고 믿고 있었는데, 그게 지금 흔들리는 것 아닙니까? 사실은 더 완전한 정착을 위해서는 이것도 거쳐야 할 꼭 필요한 기간이 아닌가, 저는 그렇게 봅니다. 결코 거꾸로 돌아갈 수는 없는 거고, 분명히 왔다 갔다 하다가 마치 증권처럼 조정기간을 거쳐서 다시 좋은 쪽으로 나갈 수 있을 거라고 생각합니다.

지 경향신문과의 인터뷰에서 "이명박 대통령을 다시 만나면 자본논리에 매몰된 미디어 정책의 문제점을 꼭 말씀드릴 생각이다"라고 말씀하셨는데요. 어떤 내용을 말씀하시려고 하셨습니까?

김 지금 산업적인 측면만 강조를 하고 있지 않습니까? 경제논리에 의해서 방송도 방송산업, 방송통신산업이라는 말을 많이 쓰거든요. 그래서 미디어 정책에서 정신적인 문화정책은 많이 소외시되고, 경제적-산업적인 측면에서 과감한 투자, 융합, 이런 것만 강조하고 있습니다. 이번에 발표한 문광부의 신성장동력 몇 개년 계획, 방송통신위원회의 무슨 발전계획, 이런 것에 나타난 그들의 세부계획을 살펴봐도 사실은 그것이 방송발전을 위한 것인지 통신에 융합된 산업의 발전인 것인지, 그거는 누가 봐도 후자에 치우쳐 있다는 것을 알 수 있거든요. 사실 방송이라는 것은 문화적인 측면이 더 강하다고 보입니다. 기계나 기술에 투자하는 것은 기본이 되어야겠지만, 사실은 기계나 기술을 넘어서 사람에게 투자해야 되는 건데요. 사람에 대한 투자는 거의 나와 있지 않습니다. 그래서 인재를 육성하겠다는 얘기들은 양쪽에 다 들어 있는데, 인재육성이라는 것이 방송산업에 초기 진입하려는 인재들, 학생들이나 관심 있는 초기

진입자들에 대한 인재육성이지, 기존의 한류의 주역이고, 프로그램이나 방송의 주역인 10년차 이상의 PD들, 그야말로 그 사람들이 만든 콘텐츠가 한류 돌풍도 일으키고, 그야말로 대한민국 사회를 들었다 놨다 할 수 있는 그런 PD들에 대한 재교육에는 관심이 없습니다. 그런 PD들의 재교육이라든지 그런 PD들의 질을 높이는 것에 대해서는 전혀 언급이 없거든요. 방송문화나 방송 콘텐츠의 질적인 업그레이드를 위한 그런 정책은 볼 수 없는데요. 그래서 그런 쪽을 강화해야 된다고 말씀드리고 싶습니다.

지　외국의 경우에도 구조조정을 하는 것이 길게 보니까 좋은 것이 아니라는 연구결과가 나오고 있다고 하던데요. 사람들의 노하우 같은 것이 쌓일 여지가 없으니까요. PD협회에서도 "PD 재교육 시스템을 구축하겠다"고 하셨는데요. 내용들은 어떤 게 있습니까?

김　2008년도 이 시점이 되니까 일반 국민들이나 사회여론이 PD의 중요성을 인식하기 시작한 것 같아요. 기자들의 영향력을 뛰어넘는 PD들의 영역이 있다는 것을 일반인들이 인식하기 시작했습니다. 이 시점에서는 적어도 기자들에 대한 재교육 시스템으로 기자들에 대한 사회적인 관심과 지원 시스템이 존재해오고 있는 반면 PD들에 대해서는 그런 관심과 지원 시스템이 제로에 가까웠거든요. 이 시점에서는 PD들에 대해서 적어도 기자들에 대한 지원 정도의 수준만큼은 빠른 시일 내에 지원이 되어야 된다는 생각이고요. PD 한 사람이 만든 60분짜리 프로그램 하나가 사회를 들썩들썩하게 하지 않습니까? 그 프로가 이쪽으로 가면 사회가 이쪽으로 가고, 저쪽으로 가면 저쪽으로 가고, 이 정도로 영향력이 커져 있는데요.

제가 〈느낌표〉라는 것을 하면서 경험한 바도 있지만, '책을 읽읍시다' 하니까 전국에 독서열풍이 불더란 말입니다. 그걸 떠나서 어린이 도서관이 없다, 도서관을 짓자고 해서, 기적의 도서관이라고 하는 도서관을 짓기 시작하니까 전국 지자체에서 도서관을 만들자는 열풍이 일어났어요. 그리고 그 다음, 다음 두 번의 총선기간을 거치는 동안에 모든 출마자들의 공약에 도서관을 짓자는 얘기가 100퍼센트 들어갔습니다. 그 정도로 PD 한 사람의 생각이 사회에 끼치는 영향이 큰데, 기존 PD들의 안목을 높여주고, 경제관이라든지 사회관, 저널리즘에 대한 균형감각을 갖춰줄 수 있고, 창의력을 개발할 수 있는 교육적인 시스템 지원이 필요하다고 생각합니다. 그런 것을 하기 위해서 PD연합회가 조사해보니까 대한민국에는 그런 교육기관이 전무합니다. 그래서 사단법인을 하나 설립을 해서 PD 교육원, PD 스쿨, 이런 것을 설립해서 교육을 체계적이고 전문적으로 시키면 좋겠다는 생각을 했습니다. 사실 PD 교육이라는 것이 다른 언론인들 교육하는 것과 달라서 강의실에 들어가서 보고 끝나는 것이 아니고, PD 교육은 일단 건물이나 환경 자체가 미래 지향적이고 최첨단의 그런 환경에서 교육을 받아야 합니다. PD가 교육을 받으러 건물에 들어갔는데, 그 건물 자체가 영감을 불러일으키고, 건물의 외형도 창의력, 상상력을 자극하는 그런 공간이 되어야 하고요. 들어가서 앉는 강의실 같은 공간도 분명히 그런 공간이 되어야 한다는 거죠. 그래야 한류도 일으키고, 방송의 질도 업그레이드된다고 보는데요. 그래서 초기 투자가 좀 들어가야 된다고 보고, '강의실 몇 개만 확보하면 되는 게 아니고, 국가적, 기업적, 사회적인 지원 이런 게 좀 필요하다'는 얘기들을 하고 다니고 있습니다. 사업법인을 설립해서 초기에 좀 지원을 받아서 멋진 환경을 만들어놓으면 그 다음부터는 기존 방송사들의 PD들을 재교육시키고, 드라마 PD, 예능 PD, 시사교양 PD로 나누고, 10년차 PD, 15년차 PD로도 세부적으로 나눠서 그 시기에, 그 장르에 필요한 전문적이고 세부적인 교육을 시키면 좋겠다는 생각인데요. 지금 말씀드리고 다니면 많은 사람들이 100퍼센트 공감을 합니다. 어떤 방법으로 지원이 될지는 모르겠는데, 말씀을 드리면 다들 공감들을 하시는데요. 국가적으로도 시급한 문제라는 생각이 듭니다.

지 한국적인 상황이기도 한 것 같은데요. 외국 같으면 방송보다 신문이 더 신뢰를 받고 있지 않습니까? 한국의 경우 PD 저널리즘이라고 해서 신뢰감도 크고, 영향력도 큰 편인데요. 한미 FTA라든가, 광우병 사태라든가 이런 데서 시사 프로그램이 여론을 돌려놓는 큰 역할을 하는 것도 많이 봤습니다. 방송 프로그램의 큰 영향력을 실감했는데요. 정치적으로 민감한 사안의 경우 반대쪽에서는 이것을 통제해야겠다고 생각하고, PD 저널리즘에 대한 공격을 하고 있지 않습니까? 게이트 키핑(기자나 편집자와 같은 뉴스 결정권자가 뉴스를 취사선택하는 일이나 그런 과정—저자 주)이 안 된다는 비판도 하고 있고요.

김 그건 장단점이 있는 것 같아요. 스크리닝이 된다고 해서 그 품질이 고품질이 나오는지에 대해서는 누구도 장담할 수 없는 것 같습니다. 그리고 방송매체는 신문매체와 달라서 굉장히 감성적인 매체기 때문에 감성적인 매체를 다루는 PD들에게 지면을 다루는 기자들의 객관성을 요구한다는 자체가 무리가 있는 거죠. 그러면 솔직히 컬러방송을 하면 안 되는 거죠. 흑백방송을 해야 되는 겁니다.

빨간색 옷 입히면 안 되는 것 아닙니까? 그러면 자극적이잖아요.(웃음) 그러면 흑백방송을 하라는 건데요. 그것은 말이 안 되는 소리고요. 방송매체의 특성을 고려해서 요구사항도 나와야 되는 것이고요. 방송매체라는 것은 사실 지극히 감상적이고 주관적인 매체이고, 말이나 영상으로 표현하는 것이기 때문에 지극히 주관적으로 받아들일 수밖에 없습니다. PD가 똑같은 얘기를 해도 받아들이는 사람에 따라서, 받아들이는 사람의 입장에 따라서 다르게 받아들일 수가 있는 거거든요. 그것을 다르게 받아들이지 못하도록 PD가 프로그램을 만들었을 때는 좀 문제가 있죠. 이 프로그램을 봤는데, 모두가 '답이 이거다'라고만 생각하게 만든다면 그것은 안 되는 거죠. 그렇지 않고 단 10~20퍼센트라도 '이것은 이걸 얘기한 것이 아니고, 이걸 얘기한 것 같다'는 생각이 든다면 방송매체의 특성을 고려했을 때는 가능한 얘기라는 겁니다.

지 PD들의 경우 회사에 소속이 되어 있으면 업무가 과도하긴 하지만, 어느 정도의 안정된 수입을 보장받을 수 있는데요. 많은 작가들의 경우 과도한 업무를 수행하면서도 비정규직의 불안한 마음을 가지고 일할 수밖에 없지 않습니까? 얼마 전 모 라디오방송국의 막내 작가가 투신자살을 한 경우도 있는데요. 이유는 확실하게 알 수는 없겠지만, 미래에 대한 불안감도 한 원인이었을 것 같습니다. 그런데 PD 역할도 중요하지만, 작가도 굉장히 큰 역할을 하지 않습니까? 그분들이 지속적이고 안정적으로 일을 하려면 어느 정도 보상이 있어야 할 텐데요. 물론 프리랜서 PD들의 경우도 마찬가지일 거고요.

김 프리랜서들 얘기를 하자면 복잡해지는데요. 그들도 경력에 따라서 차등대우를 받죠. 작가의 경우도 특급이나 일급대우를 받는 사람들은 PD들보다 많이 받습니다. 갓 시작한 사람이라든지 경력이 쌓여가고 있는 사람들은 상대적으로 상당히 열악한 환경에서 일을 하게 되는데요. 사실 그것을 보전해줄 필요가 있죠. 최저생계비라는 것이 사회적으로 있지 않습니까? 그것에도 못 미치는 경우가 있는 것으로 알고 있는데요. 그 정도는 보전해줘야 한다고 생각합니다. 그렇지만 그 이후에 경쟁에 의해서 돈을 더 받을 수 있다, 그것은 사실은 경쟁의 논리를 이길 수 있는 다른 논리가 만들어져야 할 것 같은데요. 그게 지금 있나 하는 것은 잘 모르겠어요. 만들어야 되는데, 어려운 문제죠.

지 영화계하고도 비슷한데요. 애정과 자부심으로 버티고 일하면서 '나도 나중에 감독이 돼서 내 영화를 만들겠다'는 꿈을 가지고 버티지 않습니까? 그런데 그렇게 될 확률이 굉장히 낮고요. 스태프 일을 하다가 나이 들어서 생계를 위해서 그만두게 되면 그 사람이 갖고 있는 암묵지暗默知 같은 것들이 날아가버리지 않습니까? 그런 것이 모이면 큰 사회적 손실이 되는 걸 텐데요.

김 이미 그런 방향으로 가고 있는 것 같은데요. 궁극적으로는 외국처럼 PD들도 프리랜서가 돼서 능력에 따라서 고수입을 올리는 PD들이 있고, 먹고살기 힘든 PD도 나오고요. 그런 체제가 오게 되지 않을까 하는 우려도 있어요. 모 드라마 작가 같은 경우는 한 회 대본이 웬만한 사람 1년 연봉 아닙니까? 잘나가는 사람들은 그런 정도의 명성과 수입을 얻게 되는데, 이미 일부 PD들은 독립제작사를 차려서 고수입을 올리고 있죠. 외형적으로는 그렇게 고수입을 올리고 있는데요. 하여튼 방송간의 경쟁이 치열해지면서 거기에 종사하는 모든 직종, PD를 포함해서 작가나 연기자 등 모든 직종간의 경쟁도 반드시 치열해지는 쪽으로 가지 않을까 그렇게 우려하고 있습니다.

모든 방송의 판단기준은 반드시 국민이 되어야

지 방송의 공익적인 측면이 있을 텐데요. 지금 방송 경쟁력 향상이라는 명목으로 공영방송의 민영화를 시도하고 있지 않습니까? 그것과 맞물리는 부분이 있는 것 같은데요.

김 맞물리죠. 우리나라 같은 경우는 특이한 경우라고 보이는데요. 민영화할 수도 없고, 안 할 수도 없는 상황인 것 같아요. 그런 상황인데, 내가 보기에는 국민들이나 시청자들에게 유익한 쪽, 도움이 되는 체제는 공영방송이 아닌가 그렇게 생각합니다. 방송의 전파는 국가나 국민의 것이라고 하지 않습니까? 소유가 그들의 것이기 때문에 모든 방송의 판단기준은 반드시 국민이 되어야 합니다. 국민들에게 어떤 체제가 도움이 될 것인가, 하면 저는 공영방송이 도움이 될 거라고 생각을 해요. 그렇다면 경제적인 면, 산업적인 면 이런 것을 떠나서 그쪽으로 정책개발을 해야 되는 게 아닌가 생각합니다. 민영화가 되면 돈 많이 버는 사람은 많이 벌고, 외형도 커지고, 파이도 커지겠죠. 그런데 문제는 그 방송의 질이나 내용이 과연 시청자들에게 정말 도움이 되는 쪽으로 갈 것인가, 그럴 경우 좀더 우려스러운 쪽이 민영 쪽이라고 생각하거든요. 지금 이상한 체제가 유지되고 있지만, 그래도 이것을 다듬어서 국제적으로도, 세계적으로도 유례없는 방송환경을 만들어주는 것이 한국적인 언론, 방송정책이 아닐까 그런 생각을 해요.

지 민영화를 하자는 사람의 논리 중 하나는 눈에 띄는 이익을 내라는 걸 텐데요. 방송의 공익적인 측면이라는 게 사람들에게 꼭 필요한 프로그램에 대해 이익이 안 나더라도 지원할 수 있는 제도 같은 것이 포함될 것 같습니다. 미국의 경우에도 대체로 상업방송으로 넘어갔지만, PBS 같은 공영방송이 시청자들에게 신뢰를 주는 고급 프로그램들을 제작하고 있는데요. 보수주의자들은 '좌파적인 방송이다'라고 하거나, 효율성을 얘기하면서 지원예산을 깎아야 된다고 주장하고 있지 않습니까?

김 그러니까 한국적인 방송정책을 만들어내는 것이 중요한 것 같아요. 아까 말씀하신 것처럼 구조를 슬림화하고, 효율을 극대화하고 그런 것만이 경영의 최고 덕목이 아니라는 것이 증명이 되고 있지 않습니까? 그럴 수도 있고, 안 그럴 수도 있는데요. 방송의 민영화도 분명히 장점이 있죠. 장점이 있지만, 공영방송의 단점에도 불구하고 공영방송이 지니는 장점은 분명히 있는 거거든요. 그러니까 한국적인 상황을 고려해서 잘 만들어가야 되지 않을까 싶습니다. 단순히 민영화 논리에 의해서 1공영 다민영 체제로 가야 한다고 주장하는 것은 지금의 상황을 전혀 고려하지 않는, 국민의 이익을 고려하지 않는 그런 정치라는 생각이 듭니다.

지 MBC 같은 경우에는 내부에 공영방송을 추구하는 구성원들의 의지들이 있어 왔지 않습니까? 〈PD 수첩〉을 계기로 그런 기운이 더 크게 일어나고 있는 것 같은데, 어떻습니까?

김 내가 PD협회장이 된 다음에 사람들이 저한테 얘기를 많이 해요. 니네 MBC 구성원들의 의견을 수렴해봤느냐, 니네 구성원들도 사실은 민영화를 원하고 있는지 어떻게 알겠느냐, 일부 노조나 기자들 등 일부 구성원들의 의견이 민영화 반대일 수도 있지 않느냐, 그런 얘기를 하더라고요. 실제로 얘기를 들어보고 다니면 PD들 중에서도 일부는 민영화를 찬성하는 부류도 있어요. 또 일부는 민영화는 극히 위험하다는 얘기들을 하고 다니고요. 제가 보기에는 MBC나 KBS나 방만한 경영이라든지, 비효율적인 구조, 이런 것들은 좀 자체적으로도 정비할 필요가 있습니다. 그것은 공영이냐 민영이냐를 떠나서 그런 노력이 좀 있어야 될 것 같고요. 그것이 수반되고 나면 사실 더 중요한 게 뭐냐 하면 방송사들의 재정, 수입구조를 안정화시켜 주는 것, 그게 부가적으로 더 필요한 게 아닌가 생각합니다. 제가 조금 전에도 누구하고 얘기하고 왔는데, 지상파 방송이 내년부터는 적자가 날 수밖에 없어요. 광고시장은 파이가 한정되어 있는데, 케이블 TV가 마켓 셰어를 많이 차지하게 되니까 지상파는 쪼그라들 수밖에 없는데요. 그런데 내부 제작비는 상승하거든요. 이미 상승할 대로 상승해 있고요. 그러면 이제는 수익을 낼 수 있는 구조가 이 체제하에서는 거의 불가능하다는 얘기거든요. 황금알을 낳는 시장이니, 니네 방송사 돈 많이 버는데, 니네가 다 해야지, 이런 얘기들은 옛날 말이 된 거죠. 지금은 국가적으로도 방송정책을 수익이나 재정구조를 안정화시키는 쪽으로 새로 개발돼야 합니다. 그리고 거기에 경쟁력 개념이 도입이 되든 뭐 하든 개발하면서 나올 얘기고 그런 것이 오히려 선행되어야 될 문제가 아닌가, 그렇지 않다면 방송의 질을 향상시키기는 굉장히 힘들다는 생각이 들어요. 서로 경쟁에 몰입한 나머지, 위해폭력성, 선정성 등 위험한 것이 굉장히 많지 않습니까? 그런 저질경쟁으로 돌입할 가능성이 많은 거죠. 그러면 피해는 고스란히 시청자들, 국민들에게 돌아갈 것이고, 그렇기 때문에 방송정책을 하루 빨리 개발해서 수익구조를 안정시켜줘야 된다는 겁니다. 방송사 내부의 수익구조를 한번 들여다보라는 겁니다. 거짓말이 아니고, 실제로 제작비가 상승하면서 원가가 높아지고, 광고수입은 줄어들고, 광고 수주율이 옛날에 90퍼센트를 웃돌던 것이 지금은 60퍼센트도 안 된단 말이죠. 그렇다면 어떻게 먹고 살라는 겁니까? 프로그램 질을 낮출 수밖에 없는 것이고, 그러면 피해는 시청자에게 가고 이런 악순환이 계속될 수밖에 없는 건데요. 그걸 해결해야죠. 그것을 해결하기 위해서 민영화 논리를 들고 나오는 경우가 많은데, 그것은 아니라는 겁니다. 민영화로 경쟁을 더 시키면 프로그램 질이 높아지는 게 아니라 원가가 절감되고, 질은 떨어지는 경쟁에 들어갈 수밖에 없다는 겁니다.

지 이미 그런 일들이 벌어지고 있지 않습니까? 방송사 입장에서는 위험부담을 줄이려고 외주제작사에 프로그램을 맡기고, 그 회사들이 스타 몇 명을 불러다가 버라이어티 프로그램을 만들고 있는데요.

김 그렇죠. 지금 그러고 있죠. 그런데 이게 노골적으로 민영화되어서 민영체제로 들어가면 엄청나게 달라질 겁니다. 제작비용? 연예인만 캐스팅해서 세트 하나 지어서 연예인들 농담 따먹기만 하려고 할 것이고요. 예를 들어서 다큐멘터리 2~3년 짜리 공들여서, 수억 원씩 들여서 만드는 것은 절대 못합니다. 2~3000만 원 들여서 다큐멘터리 흉내내는 것만 나올 겁니다. 〈차마고도〉, 〈실크로드〉 같은 것은 절대 안 나옵니다. 그러니까 자꾸 민영화 논리만 들고 나와서 되는 게 아니라는 거죠.

방송장악, 권력의 입김은 유치한 발상

지 대통령에게 "권력이 방송제작의 자율성과 독립성을 침해하면 안 되는지에 관해서도 충분히 설명하겠다"는 말씀도 하시지 않았습니까? 권력 입장에서는 분명히 그런 유혹을 받기 쉬운데, 나중에 부메랑으로 돌아올 수도 있지 않습니까?

김 그럼요. 이게 단기적으로는 물론 효과가 있을지는 모르겠는데요. 부메랑 얘기하신 것처럼 반드시 부메랑으로 돌아옵니다. 시청자들이 그런 것을 받아들일 수 있는 의식수준은 넘어서 있다고 봐야 되는 거죠. 의식수준은 100이 되어 있는데, 그것을 70 수준으로 돌려서 방송을 장악하느니, 권력의 입김을 넣겠다느니 하는 것은 우스운 일입니다. 만약에 그렇게 했다가 정권이 교체되면 어떻게 합니까? 그러면 또 다시 그렇게 할 겁니까? 그러면 국민들은 얼마나 웃겠습니까? 그거를 보고 콧방귀도 안 뀔 수준 정도는 국민들이 된 거죠. 그런 정말 유치한 발상은 안 하는 것이 좋을 것 같아요. 어차피 돌고 돌아서 다시 와서 한 대 맞고, 또 어찌 하면 한 대 맞고 이런 주고받기밖에는 되지 않을 텐데요. 그야말로 방송은 중립적이고, 공정하게 정권에 관계없이 내버려둬야 되지 않나 싶어요. 그것을 이제는 국민들도 받아들일 의식이 된 그런 수준에는 왔다고 생각하고요. 언론에 의해서 방송에 의해서 정책이나 노선을 정당하게 평가받는 것이 좋다, 그리고 언론도 객관적으로 균형감 있게 그런 것을 판단해줄 필요가 있다고 생각합니다. 정권에 관계없이.

지 한나라당이나 이명박 정권의 입장에서는 '이전 정부에서도 방송에 개입하지 않았냐?'고 항변하고 있는데요. 사실 정도의 차이는 있지만, 전혀 개입을 시도하지 않았던 것은 아니지 않습니까? 노무현 정권 때도 KBS 사장을 선임할 때 잡음이 있었고요.

김 제일 바보 같은 사람들, 제일 어리석은 사람들이 '너도 옛날에 그거 했잖아, 그래서 나도 한다'고 얘기하는 사람이라고 생각해요. 그것은 그거고요. 민주당이나 과거 열린우리당이 자기 사람 앉혔다는 것에 대한 논리는 따로 있을 수가 있어요. 예를 들면 그 전에 지속되어오던 반민주적인 행태에 대한 반작용으로서 이루어졌다든지 하는 논리가 있을 수 있는데요. 저는 그런 논리를 펴는 것이 아니고요. 과거에 잘못됐더라도 그것을 답습해서는 안 된다는 거죠. '니네들도 그랬으니까 나도 그런다'는 얘기는 하지 말아야 합니다.

지 아까 말씀하시기를 진짜 고민을 하고 거듭나기 위한 어떤 과정일 수도 있다고 하셨는데요. 이런 문제도 포함될 것 같습니다. 정권과 상관없이 방송의 독립성을 확보할 수 있는 방안 같은 것도 이번 기회에 마련이 되었으면 하는데요.

김 그런데 현재로서는 국가 기간방송의 사장 선임문제라든지, 또는 MBC 사장을 선임하는 방식에 있어서 정치색이 배제될 수 있는 방법이 없습니다. 그건 아시죠? 9명인가의 이사 중에서 몇 명은 대통령이 임명하고 이런 거잖아요. 이러니까 정치색이 배제될 수가 없거든요. 그러니까 사장 선임방식에 대한 재논의가 필요하다고 생각합니다. 언론이 언론으로서 중립을 지키고, 가운데 길을 가려면 선임하는 방식 자체가 정치권이 개입할 수 없는 그런 장치를 마련해야지, 지금 같은 위원회를 두고 이사회를 둬서 이사회가 다수결에 의해서 사장을 선임한다고 하면 반드시 정권을 잡은 쪽이 개입을 하지 않겠습니까? 순수한 의도를 가지고 정권이 그 장치를 새롭게 마련하지 않는다면 정치색은 배제될 수가 없습니다. 배제되어야 함이 마땅함에도 불구하고, 절대로 배제될 수가 없다고 생각합니다.

지 그런 문제도 문제지만, 당장 급한 문제는 정부의 방송장악을 저지하기 위한 투쟁일 텐데요. 어떤 방법을 생각하고 계십니까?

김 일단은 새로운 아이디어를 좀 동원해서 지금 잘못 나가고 있는 언론정책이라든지, 잘못 행해진 조치 이런 것들에 대해서는 의사표시를 해야 하는데, 그것이 새로운 방법이었으면 좋겠다는 생각을 하고요. 예능 출신 딴따라 PD라서 그런지 일반적으로 토론회를 열고 세미나를 열고 이렇게 해서 의제를 설정해서 정책을 개발하고, 또는 논리를 개발하고 이런 것, 길거리에 나가서 주먹 쥐고 데모하고, 머리띠를 매고 기자회견을 하고, 이런 것 말고 다른 게 없을까, 한 번을 하더라도 좀더 국민들에게 효과적으로 전달할 수 있는 방법, 그래서 여론을 형성해서 잘못 나가고 있는 것은 방향을 좀 바뀠으면 좋겠다는 생각을 하고 있습니다. 기존의 외부단체, 외곽단체들과 연계를 하거나 이런 것들은 계속해야죠, 하면서 새로운 방법들을 찾고 싶다는 생각입니다.

PD 재교육 시스템 구축을 위해 매진 중

지 PD협회장으로서 앞으로 어떤 일들을 해나가실 계획입니까?

김 제가 얘기한 것처럼 지상파 경력 PD들을 재교육하는 교육기관을 설립을 해서 한국 방송의 질을 높이고 싶은데요. 사회적인 지원체제를 도입하는 것들이 상당히 힘들더라고요. 그래서 주무부서장들, 국회의원들 이런 사람들을 만나고 다니면서 여론을 환기시키고 있는데, 아까 얘기한 것처럼 잘될 것 같다는 생각이 들고요. 두 번째로는 지역방송이나 종교방송을 살리고 싶습니다. 지역에 내려가보시면 알겠지만, 환경이 너무 열악합니다. 콘텐츠도 대부분 중앙에서 받아서 틀고, 어차피 제작비가 많이 투입이 되지 않기 때문에 중앙에 비해서 질이 많이 떨어집니다. 하지만 상식적으로 생각해보면 지역방송이 필요하다는 것은 너무나 당연한 일 아닙니까? 지역의 상황이나 지역 분위기를 표현하고, 전달하고, 지역에 맞는 의견을 수렴하는 것은 지역방송밖에 할 수 없거든요. 중앙에서는 절대 할 수 없습니다. 그러니까 지역방송을 살려야 되는 것이 맞거든요. 선진국의 척도가 무엇이겠습니까? 지역 균형발전 이런 거 얘기하잖아요. 방송도 마찬가지거든요. 지역방송이 지역방송 나름대로 색깔을 가지고, 활성화되어야 진정한 방송의 선진화라고 할 수 있거든요. 지금 코바코(한국방송광고공사—저자 주) 체제로 해서 민영 미디어랩(방송광고 판매 대행사—저자 주)을 도입하고 그러면 지역방송이 굉장히 문제가 많이 될 텐데요. 지역방송이 제대로 활성화될 수 있고, 색깔을 찾는 데 좀더 주력할 생각입니다. 지역이 살아야 대한민국이 삽니다. 진정으로 살게 되는 거죠. 외형만 잘 살고 이런 것이 아니고요. 지역을 살려야 됩니다. 경제도 살려야 되고, 방송도 살려야 되고. 저는 그래서 PD연합회장이 되기도 전에 지역을 다녔어요. 9월에 임기가 시작되는데, 7월 말에 당선이 되고부터 지역을 다녔는데요. 8월에 전라북도, 경상남도, 부산 이런 지부들을 다니면서 PD들을 만나서 얘기 듣고, 밤새서 술도 마시고 왔는데요. 지역은 무조건 살아야 됩니다. 지역도 경제논리로 처단할 수는 없습니다.

지　최근 서울시민의 30퍼센트 이상이 1년에 책을 한 권도 읽지 않는다는 조사결과가 발표됐습니다. 사람들이 그렇게 책을 읽지 않는 데는 TV의 영향도 있을 텐데요.

김　제가 〈느낌표—책을 읽읍시다〉를 할 때도 조사를 했는데, 1년에 평균 두어 권 정도 읽는다고 나왔던 것 같아요.

지　〈느낌표〉에서 추천도서를 선정해서 발표하지 않았습니까? 그것이 폭발적인 판매를 기록하면서 찬반양론이 있었는데요. 출판계 사람들한테 상처도 많이 받으셨을 것 같은데요.

김　많이 받았죠.(웃음) 사실 〈느낌표—책을 읽읍시다〉가 끝나고 나니까 출판계의 많은 사람들이 '〈느낌표〉가 끝나고 나니까 〈느낌표〉가 잘했다는 생각이 든다'고 했어요. 반대하던 사람조차도. 그 당시에는 〈느낌표〉가 추천하거나 〈느낌표〉가 포커스를 두는 책들만 주목을 받는 줄 알았는데, 사실 지나고 나니까 출판시장 전체가 주목을 받았던 셈인 거죠. 그런데 그 당시에는 이쪽으로 쏠리는 것 같으니까 소외된 출판계 사람들이 불만의 소리를 많이 냈던 것 같은데요. 사실은 그 당시에도 그랬지만, 유사 이래로 대한민국 국민들이 책에 그렇게 많은 관심을 가진 것은 처음이었다고 얘기하더라고요. 출판문화연구소에서 조사한 바로는 그랬다고 하던데요. 그 정도로 열풍이 불었습니다. 그 얘기를 잘해주신 게 뭐냐 하면, 방송이 가지는 속성이 바로 그겁니다. 방송은요, 깊이가 없어요. 깊이가 없는 게 방송입니다. 그게 단점이지만, 무지한 장점이거든요. '책을 읽읍시다'를 하면서 제가 방송에 대한 생각이랄지 철학 이런 것이 정리가 됐는데, 그게 뭐냐 하면 '너무 깊이 들어가지 마라, 들어갈 시간도 없고, 들어갈 방법도 없다'는 겁니다. 좀 깊이 들어가기 위해서는 다른 매체를 이용해야 된다는 거죠. 책이라든지, 신문이라든지, 잡지라든지, 인터넷이라든지 그걸로 깊이 들어가야죠. 방송은 60분, 120분 이러면 끝나는데, 거기서 무슨 깊이 있는 이야기를 하겠습니까? 그러면서 방송이라는 것은 굉장히 즉흥적입니다. 그것도 장단점이 있는데, 방송 제작자들은 그 즉흥성과 매체의 깊이가 없다는 것을 인식을 하고, 염두에 두고 제작을 해야 됩니다. 혼자 논문 쓰면 안 된다는 거죠.(웃음)

지 출판계 분들은 순결주의 같은 것이 있는 것 같아서 '책은 진지한 건데, 왜 저렇게 가볍게 다루지'라고 생각을 했던 것도 같은데, 지금 생각해보면 우선 베스트셀러라도 읽어야 다른 책들을 찾아 읽을 생각을 하지 않겠습니까?

김 그럼요.

지 〈느낌표〉가 없었다면 지금 불온서적으로 뽑힌 《지상의 숟가락 하나》 같은 책을 대중들이 그렇게 많이 읽었겠습니까? 나머지 선정도서들도 국방부 기준으로는 불온한 서적이 많았고요.(웃음) 소위 국방부의 불온서적 목록을 보시면서 어떤 생각이 드셨습니까?

김 너무 웃기는 얘기죠. 제가 다시 〈느낌표〉를 만들어서 불온서적 목록을 작성해가지고, '여러분 이 책은 읽지 마세요' 하는 방송을 했으면 좋겠어요.(웃음)

지 연례행사로 터지는 연예기획사와 PD 간의 상납-유착문제에 대해서는 어떻게 생각하십니까? 예전보다는 기획사의 힘이 세져서 그런 행위들이 많이 없어졌을 것이라고 생각했는데요. 그것을 자정하기 위한 PD들의 노력은 어떤 게 있나요?

김 선언적인 행동이 필요한 것이 아니고, 구조적인 장치가 반드시 마련이 되어야 되는데요. 예를 들어서 5년 전에 이런 일이 일어났을 때는 윤리강령을 제정한다든지 해서 선언적인 행동으로 그쳤습니다. 저는 이런 일이 다시는 일어나지 않으려면 구조적인 뒷받침이 있어야겠다는 생각을 합니다. 그렇지만 그런 것들이 PD의 제작 자율성, 독립성과 맞물려 있기 때문에 굉장히 신중한 접근이 필요하다고 생각하고요. 예를 들어서 음악 프로그램 하나를 만들더라도 PD의 독창성, 창의성 이런 것이 중요한 것이기 때문에, 투표에 의해서 선정해서 방송제작을 한다는 것은 있을 수 없는 일이죠. 왜냐하면 PD의 창의성이 발휘가 되어야 프로그램이 빛날 수 있기 때문에 그런 것들을 훼손하지 않는 범위 내에서 제작사나 스타들과의 유착고리를 끊을 수 있는 그런 방법은 굉장히 주도면밀하게 검토를 해서 만들어야 합니다. 만들어야 한다고 말하는 것은 쉽지만, 실제로 그렇게 아주 세밀한 부분까지 검토해서 만드는 것은 굉장히 어렵거든요. 제가 예능PD를 해왔기 때문에 잘 알고 있는데요. 지금으로서는 각 방송사 차원에서 TF팀을 꾸려서 기간을 두고 연구에 연구를 거듭해서 PD의 제작 자율성을 침해하지 않는 범위 내에서 구조적인 변화를 이끌어내야 이런 게 순환반복되는 일이 없어지지 않을 거라고 생각합니다. 그렇다고 해서 PD들의 캐스팅권을 제약한다거나 하면 안 되고요. 이게 PD의 창의력하고 맞물려 있는 거거든요. 예를 들어 이 PD는 이 가수의 노래가 딱 마음에 와서 닿은 거예요. 이 사람을 캐스팅해서 노래 이미지에 맞는 연출을 해서 방송하고 싶은데, 고리를 끊는다고 해서 캐스팅위원회를 따로 둬서 캐스팅은 캐스팅위원회에서 하는 겁니다. 거기서 10명의 목록을 줘요. 그런데 자기가 정말 하고 싶고, 영감이 떠오르는 가수는 거기에 포함이 되어 있지 않은 거예요. 그러면 그 프로가 어떻게 되겠어요? 이 PD는 만들고 싶지는 않을 거예요, 자기의 능력을 적극적으로 발휘할 수 없게 되는 거죠. 그저 그런 프로가 되어버리는 겁니다. 그러면 연결고리와 유착고리는 끊어졌을지 모르지만, 프로그램의 질은 낮아졌기 때문에 그 피해는 시청자들에게 가는 거거든요. 시청자들은 정말 멋있는 음악과 영상을 봐야 되는데, 그저 그런 영상만 보게 되는 거죠. 그것을 아주 면밀하게 검토를 해서 침해하지 않는 범위 내에서 유착관계도 조절할 수 있는 그런 방법은 분명히 있을 것입니다. 그것은 연구가 필요하다는 거고요.

지 방송이라는 것이 특수한 면이 있기 때문에 영화처럼 예술이기도 하고, 산업이기도 한 건데요. 영화도 감독이 쓰고 싶은 배우가 있는데, 캐스팅위원회를 만들어서 하게 되면 감독의 창의성을 제한하게 될 것 같기도 합니다.

김 그것은 절대 안 될 겁니다. 그러면 PD라는 직종을 하고 싶어 하는 사람도 별로 없겠죠.(웃음)

지 그런 얘기가 주기적으로 나오는 것도 권력이 방송을 길들이기 위해 그런 도덕적 사건들을 터뜨리지 않느냐는 시각들도 없지 않아 있는데요.

김 그런 의도가 다분히 보이죠. 왜냐하면 그동안 대부분 5년 주기로 사건들이 터졌는데, 그때마다 정권이 교체되는 시기와 맞물려서 국민들의 주위를 환기시킨다든가 여론을 잠깐 돌린다든가 그런 용도로 쓰인 경향들이 있는 것 같기도 합니다. 그런 주장을 하는 사람들과 시기가 묘하게 일치하는 경향이 있는데, 어쨌든 그런 나쁜 유착관계는 바람직하지 않죠. 그래서도 안 되고요. 그래서 그렇게 할 수 없도록 장치를 마련해야 된다는 그런 얘기죠.

{ 재미와 휴머니티의 조합, 모든 프로젝트의 관건

지 〈칭찬합시다〉라는 프로그램을 통해 쌀집 아저씨라는 애칭을 얻을 정도였는데요. PD로서 대중스타에 가까운 인지도를 얻으신 적도 있으신데요. 그런 것이 부담스러웠던 적은 없으신가요?

김 부담스러운 부분이 있죠. 한참 얼굴이 알려지고, 〈칭찬합시다〉, 〈느낌표〉 초창기 이럴 때는 어디 나가서 밥 먹기도 불편할 정도로 알아보고, 사인해달라고 하고요. 특히 대학생들 이런 사람들은 사진 찍자고도 하고요. 그래서 불편했는데, 사실은 그것보다는 보람이 더 많아요. 개인적으로 사인을 해준다고 해서 보람이 있는 것이 아니고, PD라는 직종에 대해서 일반인들의 인식을 보편화시킨 것 같아요. PD가 이런 일을 하는 사람들이고, 사회적으로 굉장히 중요한 일을 하는 사람이라는 인식을 심어줬다는 거고요. 〈느낌표〉라든가 〈칭찬합시다〉는 좋은 이미지를 가지고 있어서 PD들 전체도 좋은 이미지를 가지게 된 게 아닌가 하는 그런 부분들이 굉장히 보람이 있죠.

지 외국에서도 찾기 힘든 특수한 프로그램이었던 것 같은데요. 보통 따뜻한 프로그램은 재미가 없는 경우가 많지 않습니까? 〈인간극장〉 같은 경우는 감동적이지만, 대중적인 파급력이 크지는 않은 것 같은데요. 따뜻하면서도 재미있는 프로그램을 만드셔서 성공하신 건데요. 처음에 어떻게 기획하셨습니까?

김 제가 그런 프로그램을 처음 한 것이 이경규의 〈양심냉장고〉였거든요. 교통 정지선을 지키는 프로그램을 만들었는데요. 그때 제가 그 아이디어를 내니까 모든 스태프가 반대했어요. 스태프들, 작가진들, 굉장히 경력도 화려하고, 베테랑 작가들도 많았는데요. 모두가 반대했습니다. 그래서 그 사람들을 설득하는데도 몇 달이 걸렸습니다. 그 사람들은 이게 방송이 되면 창피하다는 거예요. 아무도 보지 않는다는 겁니다. 시청 흡인력이 없다는 거죠. 시커만 밤에 자동차 지나가는 것만 보이고, 신호등이나 보이고, 화면이 화려하지도 않고, 연예인이 등장해서 재미있게 하는 것도 아니고, 그저 차가 지나가는 거잖아요. 사실 그래서 한동안은 내가 설득을 당했죠. 제가 주장하다가 너무들 반대를 하니까 그들 주장이 맞나 보다 생각했었는데요.(웃음) 결국 그들을 설득하고, 그 다음에 이경규 씨한테 마지막에 얘기를 했었는데요. 이경규조차도 '나 못한다'고 반대를 하더라고요. 밤새도록 술 먹으면서 설득해서 방송을 했는데요. 첫회에 새벽 4시에 장애인이 나타나서 찍히고, 편집해서 처음 방송을 했는데, 대박이 났죠. 누구도 장담하지 않았던 대박이 나서 온 매스컴이 떠들썩했습니다. 한국 방송 이렇게 가야 된다, 오락방송이 이럴 수도 있나, 이런 반응들이었거든요.(웃음) 내가 왜 그런 생각을 했냐 하면 60분 동안 처음부터 끝까지 웃기기만 한다면 너무 공허한 것이다, 그래서 좀 웃지만 그래도 PD가 전할 수 있는 메시지 하나 정도는 담을 수 있지 않나, 그런 얘기 재밌게 하면 되지 않나, 하는 생각을 하고 시작을 했죠. 그게 〈양심냉장고〉로 얻어걸리고, 〈칭찬합시다〉로 얻어걸리고, 〈느낌표〉로 얻어걸리고, 그렇게 한 10년 한 거죠. 10년 잘해먹었는데요.(웃음) 그러면서 다른 방송들도 비슷한 유형의 방송들을 만들고, 공익적 오락 프로그램이라고 해서 새로운 장르가 만들어지고, 요즘 유행하는 〈무한도전〉, 〈1박 2일〉, 〈패밀리가 떴다〉, 이런 것도 사실은 공익적 의미를 가미하려고 애쓰지 않습니까? 그런 것을 보면 새로운 시도를 했다고 생각하는데, 그래도 하다못해 코미디, 전적으로 웃기기 위한 장르인 코미디라 할지라도 사회풍자를 담고, 인간적인 페이소스(파토스라고 부르기도 하며, 감정적인 흥분 이외에 열정, 정열 등을 뜻한다–저자 주)를 담으면 사람들이 더 좋아하지 않습니까? 그런 것처럼 버라이어티 프로그램에서도 그런 인간적인 면을 담아주는 것이 대한민국 시청자들한테 훨씬 더 어필할 수 있다고 하는 것이 경험적으로 얻은 결론입니다.

지 사회운동을 하시는 분들처럼 진지하게 접근하는 것도 필요하겠지만, 메시지를 전달하는 방법에서는 그런 방법을 많이 배울 필요도 있다는 생각이 듭니다. 재밌는 것을 툭 던져준 다음 슬쩍 감동을 주면 생각보다 메시지도 클 텐데, 강의받는 것처럼 긴장해서 듣고 있다 보면 메시지도 잘 와닿지 않고, 조금만 자기 입맛에 안 맞으면 거부감을 가지게 되지 않습니까?

김 허를 찔러야 되는 거죠. 제가 시민단체나 NGO들의 강의요청을 받아서 가끔 가서 얘기하다 보면 사람들이 너무 좋아합니다. 재미라는 것에 대한 가치, 그것을 확실히 심어주고 오거든요. '재미라는 것은 무시되어야 될 가치가 아니다. 내가 생각하기에는 휴머니티와 거의 동등한 가치가 재미다. 인간은 재미라는 가치가 없으면 행동하지 않는다'는 식으로 재미라는 가치의 중요성에 대해서 얘기를 해주고 옵니다. 우리나라 사람들은 실컷 울고 났는데도 재미있다고 합니다. 감동을 받고 울었는데도 재밌다고 하고, 깔깔거리고 웃어도 재밌다고 합니다. 재미라는 가치는 한국 사람에게는 정말 없어서는 안 되는 가치거든요. 그러니까 재미에 대해서 함부로 생각하지 마라, 재미와 휴머니티를 어떻게 배합을 하는가, 그것이 모든 프로젝트의 관건이라고 얘기합니다.

지 그런 의미에서 오락성과 공익성 8:2 전략은 좋았던 전략인 것 같습니다. 사실 요즘 사람들은 계몽을 굉장히 싫어하지 않습니까? 그런 사람들에게 접근하기 위해서는 어떤 방법이 필요하다고 생각하십니까?

김 거부감이 더 심해진 것 같긴 합니다. 요즘은 방송도 그렇고, 사회세태도 그렇고, 이제는 다시 반작용이 시작되어야 하는 게 아닐까 하는 생각을 합니다. 조금은 더 진지해질 필요가 있는 것 같아요. 내가 1996년도에 〈양심냉장고〉를 시작할 때는 진지한 것에 대한 반작용으로 재미를 치고 나온 거거든요. 그래서 재밌는 것에 진지함을 한두 번 담아도 신선한, 그래서 모든 사회세태가 그렇게 가는 쪽으로 왔는데요. 지금은 오히려 모든 세대가 모든 분야에서 그것을 받아들이다 보니까 오히려 가벼움의 시대가 되어버렸고, 너무 가벼워졌습니다. 그래서 내가 프로그램에 복귀하게 되면 이제는 모든 사안에 대해 좀더 진지하게 접근을 할 필요가 있지 않나 하는 생각을 합니다. 그렇다고 재미를 가볍게 여기는 것은 아니지만, 이제는 재미에 대한 반작용으로서의 진지함에 무게를 좀 둬야 된다고 생각합니다. 요즘 방송 프로그램을 보면 너무 경박하다든지, 붕 떠 있는 느낌이 들거든요. 그래서 그것을 좀 가라앉혀야 되겠다는 그런 생각이 좀 듭니다.

지 말씀 듣고 보니까 예전만큼 메시지나 공익성이 강하지는 않지만, 그래도 한동안의 웃고 즐기자는 분위기보다는 다른 흐름이 오고 있는 것 같기도 합니다. 〈패밀리가 떴다〉, 〈1박 2일〉, 〈무릎팍 도사〉 이런 홍미 위주의 예능 프로를 보더라도 자연친화적인 부분도 있고, 기존의 토크 프로그램보다는 좀더 진지하게 접근하는 것 같은데요. 말씀하시는 것처럼 그런 흐름이 조금씩은 나타나고 있다고 보시는 겁니까?

김 저도 그렇게 생각합니다. 그러니까 확실히 한쪽만 정답인 경우는 없는 것 같아요. 이쪽으로 치우친다 싶으면 반대쪽으로 오는 것 같고, 좋은 면을 찾아가고 있는 것 아닌가 하는 생각이 듭니다.

지 방송에 복귀하시면 어떤 프로그램을 하실 겁니까? 그 전에 구상은 했지만 실천은 못했거나 앞으로 만드시고 싶은 TV 프로그램은 있으신가요?

김 저는 토크 프로그램을 하고 싶어요. 정말 재미있으면서 인간에 대해서, 자신에 대해서 돌아볼 수 있는 토크 프로그램을 하나 만들고 싶어요. 아울러서 할 수 있다면 다큐멘터리 같은 것을 재미있게, 새로운 형식으로 만들어본다면 좋을 것 같은데요. 나이도 있고 그러니까 마지막으로 장식을 하고 떠나야 하지 않을까 하는 생각을 합니다. 정말 인간적인, 그러면서도 배꼽 잡을 수 있는 것을 만들 수 있을 것 같거든요.

지 노동문제 같은 것도 방송 같은 데서 말랑말랑하되, 나름대로 진지함을 갖고 접근할 수 있는 프로그램도 만드실 수 있을 것 같은데요.

김 말씀드린 대로 방송매체는 절대로 논문 쓰는 매체가 아니지만, 그런 것을 재미있게 만들 수는 있겠죠.

지 어떤 일이든 스스로 경험해본다는 게 중요한 것 같습니다. 박철 씨 같은 경우 자신이 연예인 노조를 해보니까 내가 노동자인 부분이 있다는 것을 인식한 것 같습니다. 그래서 자신이 다니는 헬스클럽의 트레이너들이 파업을 할 때 회사 측을 찾아가서 '빨리 해결해라. 저 사람들 나름대로의 고충이 있을 것 아니냐, 잘 해결되면 내가 이 헬스클럽의 모델을 공짜로 서주겠다'고 했다더라고요. 자신이 그런 인식을 가지게 되는 계기가 필요할 것 같은데, 공중파 방송이 자연스럽게, 부드럽게 그런 메시지를 심어줄 수 있는 요소가 많을 것 같거든요. 마음속으로는 더불어 살고 싶은 마음이 다 있지 않겠습니까?

김 TV는요, 절대적으로 사람 얘기를 해야 됩니다. 사람 이야기를 하지 않으면 먹히지 않습니다. 사람 이야기를 진지하게 해야 됩니다. 그게 논문을 쓰라는 얘기가 아니고, 진지하게 접근할수록 웃기기가 쉬워요. 진지하게 접근할수록 재미있게 만들기가 쉽습니다. 진지하게 안 하고, 재밌게만 만들려고 하니까 그걸 못 만드는 겁니다. 재미도 없고요. 사람에 대해 진지하게 들어가면 무조건 재밌게 만들 수 있습니다. 사람 얘기를 해야 되는 게 방송인데, 그런 면에서 성역 없는 토크쇼, 대상도 성역이 없고, 아이템도 성역이 없는 토크쇼를 하면 좋을 것 같아요.

지 기존의 토크 프로그램에서 나오는 인물들이 재밌기는 하지만, 틀이 한정되어 있고, 사람이 바뀌어도 그분들이 사는 게 비슷하다 보니까 비슷한 얘기에 눈물을 흘리다 보니까 식상해진 면이 있는 것 같은데요. 〈무릎팍 도사〉 같은 것을 보면 신선하긴 한데, 그것보다 훨씬 더 다양한 사람들의 이야기를 할 수 있지 않겠습니까?

김 그렇죠. 훨씬 다양한 사람들의 얘기가 있죠.

지 그런 프로들이 없었는데, 내년을 기대하겠습니다.(웃음)

김 하하하. 감사합니다.

모든 사안에 대해 대화해나가면서 행동에 옮겨야

지 〈느낌표〉의 장기기증 캠페인 〈눈을 떠요〉에 이명박 전 서울시장이 출연한 것을 계기로 두 사람의 친분이 싹텄다고 하던데요.

김 친분이 좀 있었죠.

지 대통령이 되고 나서 그분이 좀 변했다고 생각하십니까?

김 거기에 대해서는 생각해본 바가 없어요. 저는 정치적이지도 않고, 항간에 얘기하는 것처럼 진보적이지도 않고, 색깔로 말하면 아무 색도 없는 사람이거든요. 오로지 방송 프로그램을 만드는 게 제일 좋고, 그것만 생각하던 사람이 갑자기 이런 위치에 와서 갑자기 여러 가지 생각을 하게 된 거죠. 저도 어리둥절한 부분이 많은데요. 이명박 대통령이 시장 시절에 한두 번 만났고 그래서 관심은 가지만, 대통령이 됐다고 해서 주시하고 이런 것은 아니었고요. 시민들이 일반적으로 기대할 수 있는 수준의 기대만 했던 거죠. 경제를 잘 살린다든지, 추진력이 좋으니까 개혁을 해도 상당한 개혁을 할 것이라는 일반적인 기대가 있었는데, 그것들이 많이 삐걱거리고 하니까 실망한 부분들이 있고요. 여전히 기대하는 부분도 있고요. 진보적이고, 정치적이고, 보수랑 이런 것하고 저하고 관계가 없는 것 같아요. PD연합회라는 것도 실은 진보적일 수도 있고, 보수적일 수도 있는 거죠. 진보단체가 아니잖아요. 각 구성원들의 생각에 의해서 결정이 되는 것이고, 또는 결정적인 언론정책이 잘못되었다면 거기에 반대하는 목소리가 진보적일 수 있고, 보수적일 수 있는 거지, 단체 자체가 어떤 성향을 띠는 것은 아니지 않습니까?

지 진보와 보수가 같이 모여서 대화하고 의견을 조율해나가야 될 텐데요. 곳간에서 인심난다고, 성격은 보수가 좋을 수도 있지 않습니까?(웃음)

김 어떤 사람들은 절더러 정치적이라고 얘기하는데요. 저는 싸워도 얘기를 해야 된다는 생각을 합니다. 싸워도 얘기를 해야지, 철천지원수가 돼서 평생 안 볼 것처럼 싸우잖아요.

지 제대로 싸워야 차이점을 알 수가 있겠죠. 그래야 서로 조율도 할 수 있고요.

김 저는 무조건 만나서 얘기를 해야 된다는 주의입니다. 어떤 경우든지 만나서 얘기를 하고, 얘기가 깨지든 성사가 되든 무조건 만나야 되고, 저는 한번 만나서는 안 되고 계속 만나야 된다고 생각하고요. 그 다음에 싸우더라도 죽기 살기로 싸우는 것은 아니라고 봐요. 한번에 결판날 수 있는 게 아니잖아요. 그래서 하여튼 장기적으로 모든 사안에 대처해서 길게 보고 대화를 해나가면서 한편으로는 행동을 해나가야 된다고, 항상 그렇게 생각을 하고 그렇게 할 생각입니다. 어디서 돌 맞을 얘긴지는 모르겠지만…….(웃음)

지 경제적, 사회적 계급으로 보면 PD는 기득권에 가까운 계층 아닙니까? 그럼에도 불구하고 '세상 살아가는 데 이 정도는 얘기해야 되지 않나?'는 활동을 한다는 면에서 건전보수라고 볼 수도 있을 것 같은데요.

김 그러게 말입니다. 자신의 사회적인 지위는 프롤레타리아가 아니면서 그런 일들을 해야만 하고, 언론이라는 직업을 가지고 있기 때문에 굉장히 이중적인 딜레마에 빠지죠. 저도 몇 개 시민단체에서 활동을 하고 있는데요. 사실은 시민운동가, 활동가들은 굉장히 열악한 환경에서 일하지 않습니까? 그런데 PD들이나 언론인들은 상대적으로 굉장히 부르주아적인 입장에서 뭘 하고 있고요. 굉장히 이중적이죠. 자칫 잘못하면 위선적이 될 수밖에 없습니다. 그건 정말 조심해야 됩니다. 내가 대학생 시절에 고민하던 그런 것으로 돌아가서 정말 정신을 바짝 차리고 하지 않으면 나중에 위선적이 될 수 있다고 생각합니다. 어제도 어떤 단체모임에 갔다 왔는데, 술 마시면서 그런 생각이 들더라고요. 내가 이들과 동조를 하면서 진정하게 이들과 한 패거리가 될 수 있는가 하는 생각이 좀 들더라고요.

지 몇몇 PD들을 보면 대학생들이 처음 사회에 대한 문제를 접할 때의 순수함 같은 것을 가지고 있는 것 같은데요. 일정한 시점을 지나면서 많은 언론인들이 자본에 의해 흡수된 것 같은데, PD들이 그런 마음을 가지고 있을 수 있는 동력은 뭐라고 보십니까?

김 글쎄요. 저는 지켜야 된다고 보고요. 초심을 잃지 않는다는 것, 그게 굉장히 중요하지만, 그것을 어떻게 해서 그 사람들이 지킬 수 있었는가는 오히려 PD 집단의 속성에서 찾아야 된다고 봅니다. 아까 얘기한 것처럼 기자나 다른 언론의 구조는 스크리닝을 거치고, 게이트 키핑(기자나 편집자와 같은 뉴스 결정권한을 가진 사람이 뉴스를 선택하는 일이나 그 과정을 가리킨다—저자 주)을 하면서 그 사람들간에 교류가 일어나고 생각이 섞이게 되거든요. 그러면서 그것이 희석이 되고, 생각이 조금씩 변화하게 되는데, PD 집단은 그런 것이 약하지 않았습니까? PD 집단의 속성이 원래 생각을 간직할 수 있게 만들어주는 그런 구조를 가지고 있지 않은가 하는 생각이 듭니다.

지 아이템도 스스로 선택을 할 수 있고요.

김 독립적으로 개체적으로 놔두는 속성들, 그런 것들이 그것을 보존할 수 있게 해주는 것이 아닌가 하는 생각이 듭니다. 그것도 사실은 좀 순진한 생각이고요. 좀 바꿔야 된다고 보는 거죠. 공중에 대한, 다중에 대한 영향력이 상당히 클 수 있기 때문에, 그것도 조정을 해나가야 되지 않을까 하는 생각을 합니다. 그리고 그것을 조정하되 그런 의식을 한번 다시 생각해볼 수 있는 재교육 시스템이 그래서 필요합니다.

지 PD를 하시면서 제일 보람 있었다고 생각하시는 일은 어떤 건가요?

김 보람 있었던 것은 되게 많은데…….(웃음) 아시아 이주노동자를 가족과 만나게 해줬는데, 첫 방송에서 방글라데시에서 온 젊은 이가 한국에서 노동을 하는데 7년 동안 집에도 못 가고 불법체류를 하며 정말 비인간적인 대우를 받아가면서 컨테이너 박스의 반도 안 되는 공간에서 둘이서 생활을 하며 살고 있는 모습을 국민들에게 보여줬는데요. 오락 프로그램에서는 처음 보여준 거죠. 그 전에 다른 프로그램에서는 좀 보여줬을지는 모르겠지만, 개그맨들이 오락 프로그램에서 그런 장면을 처음으로 보여주고, 그들이 왜 부당한 대우를 받으면서 있을 수밖에 없는가, 그것은 그들의 가족 때문이다, 그래서 그들의 가족을 불러다가 서프라이즈하게 만나게 해주고, 서로 부둥켜안고 울지 않았습니까? 시청자들도 그것을 보면서 울고. 첫 방송 때 엄청난 반향을 불러일으켰는데요. 국회의장부터 해서 국회의원들이 '뭘 도와주면 되느냐?'는 문의전화가 왔을 정도였는데요. 결국에는 4개월만에 법을 개정했죠. 외국인 노동자들의 처우가 조금은 개선되었습니다. 물론 지금도 완전히 개선된 것은 아니지만, 그로 인해서 법이 개정되면서 처우가 조금은 개선되고, 아울러서 외국인 노동자들을 보는 국민적인 시각이 인간적으로 바뀌었다는 것, 그게 제일 보람이 있었던 것 같아요.

지 일단은 공포감을 가지는 가장 큰 이유가 모르기 때문일 텐데요. 나와 다른 사람에 대해서 갖는 무지 때문에 공포감을 가지지 않습니까?

김 그렇죠.

지 저 사람들도 우리랑 같이 가족도 있고, 가족을 살리기 위해서 일을 하는구나 하는 것을 눈으로 직접 보는 효과는 상당히 컸던 것 같습니다. 그것을 보고 나면 감동을 할 마음의 준비가 된 사람들이, 그 시청자일 수도 있을 사람들이 착취를 하기도 하고 그러지 않습니까?

김 무관심이죠. 무관심. 그리고 생소함, 그런 거였던 것 같아요. 개그맨들이 나와서 친근하게 보여주니까 그대로 와닿잖아요. 우리나라 사람들 속성이 정말 인정이 많지 않습니까?

지 얼굴 본 사람한테 모질게 못 대하는 면이 있죠.

김 인정이 있는 민족이기 때문에 정말 그렇게 되고요. 다민족사회, 멀티내셔널 이런 얘기 많이 하는데요. 하여튼 다민족사회에 대한 시선을 좀 바꾸면서 애정을 갖게 했던 것 같아요. 말씀드린 것처럼 〈아시아 아시아〉라는 코너가 개인적으로도 보람이 있었던 것 같습니다. 한번은 파키스탄에서 온 노동자 편을 제작을 하고 있는데, 이 사람이 병원에 있다가 죽었어요. 그랬는데 이 사람이 연고가 없잖아요. 제작진, PD들한테 전화 와서 '어떻게 하냐?'고 해서 장례를 MBC가 치뤄준다는 결정을 하고 우리가 삼일장을 치렀습니다. 제가 상주가 돼가지고 이화여대 병원을 장례식장으로 정해서 3일 동안 자리를 지켰는데요. 돌아가시기 전에 이미 그쪽 가족을 만나고 있었어요. 엄마를 데리고 오려고, 그런데 그 사이에 이 사람은 죽은 거예요. 그러니까 그 사이에 만나러 간 박수홍은 어떻게 하냐고요. '엄마한테 알려야 되냐? 난 못한다'고 국제전화를 하고 난리가 났습니다. 그래서 '어차피 아실 거니까 말씀드려라'고 했어요.

그리고 모셔와서 한국에서 장례를 치르고, 시신이라도 같이 비행기로 모시고 가야 될 것 아니냐, 그렇게 해서 어머니 모시고 와서 시신을 수습해서 유골을 가지고 돌아가는 것까지 방송을 했죠. 그것도 상당히 기억에 많이 남는 것 같아요. 그걸 보면서 시청자들이 생각을 많이 했던 것 같은데요. 인터넷에 올라온 댓글 같은 것을 보면 수천 개가 올라왔습니다. 한국에 와서 목숨까지 바치는 외국인 노동자들의 모습을 보고, 같은 인간으로서 반성을 많이 해야 된다는 그런 얘기는 많이 했던 것 같아요. 〈아시아 아시아〉라는 것이 저한테는 굉장히 보람 있었습니다.

지 상을 많이 받으신 PD로도 유명하신데요.

김 많이 받았죠. 대한민국 PD 중에서는 가장 많이 받았던 것 같아요.(웃음)

지 교통질서 지키기 캠페인인 〈이경규가 간다〉, 〈칭찬합시다〉, 〈느낌표 – 책을 읽읍시다〉, 외국인 노동자 가족 상봉 프로젝트인 〈아시아 아시아〉 등을 통해 재미와 공익을 같이 잡는 방송이 뭔가를 보여주셨고, 상도 많이 받으셨는데요. 어느 상이 가장 기억에 남으세요?

김 제일 좋았던 상은 99년도에 한국방송대상에서 대상을 받은 거예요. 대상이라고 하면 영어로 풀이하자면 '더 프로그램 오브 더 이어', 그래서 그 한해에 방송된 모든 방송에서 딱 하나를 꼽는 겁니다. 드라마를 뽑던, 보도를 뽑던 그중 하나를 꼽는 건데, 99년도에 〈칭찬합시다〉가 대상을 받았는데요. 예능 프로가 대상을 받은 것은 처음이었던 것 같아요. 그게 기억에 많이 남고요. 대통령상, 국무총리상, 백상예술대상 등 수십 개를 받았죠.

지 반대로 힘드셨을 때는 언제인가요?

김 힘들었다기보다 후회되었던 적이 한 번 있는데요. 지금 생각해도 너무 안타까운데, 기적의 도서관을 평양에 짓겠다고 발표를 하고 그냥 지었어야 되는데, 조심스럽게 하자고 해서 여러 가지 난관이 있을 테니까 여론을 물어서 여론을 등에 업고 짓자고 잔머리를 굴렸는데요.(웃음) 조사해보니까 반대가 나오는 거예요. 52:48이었거든요. 거의 박빙이었는데요. 이유를 들어보니까 '우리 동네도 없는데, 우리 동네부터 짓지, 평양에 짓냐', 그래서 반대라는 거예요. 너무 웃기는 이유잖아요. 말도 안 되는 이유인데, 그것을 무시하고 지었어야 되는데, 그러면 여론을 좀더 환기시키고, 6개월쯤 있다가 여론을 붊업시킨 다음에 다시 조사를 해서 하자고 했는데, 기회를 놓쳤어요.

지 해외봉사 나가고 하면 그런 얘기를 하잖습니까? '우리도 못 먹는 곳이 있는데 해외를 나가냐?' 고 하는데요. 그분들이 구조적인 문제에 대해서는 무관심하시고, 자기들한테 가야 할 것이 왜 안 가느냐에 대해서는 별로 관심이 없으시다가 그런 일 하는 사람들한테는 '우리도 없는데, 저기 가서 주고 있냐?' 고 하거든요.

김 아까 말한 그것과 똑같아요. 니네도 낙하산 인사 했는데, 우리는 하면 안 되냐고 하는 건데요. 말도 안 되는 논리거든요. 하여간 거기서 깜빡 속았어요. 반대가 더 많이 나올 줄은 몰랐거든요.(웃음)

방송도 권력, 권력을 가진 사람은 휘두를 때 조심해야

지 김 PD님의 방송관이란 게 있다면 어떤 게 있을까요?

김 아까 말씀드린 것처럼 방송은 굉장히 감성적인 매체이기 때문에 그게 장점일 수도 있고, 단점일 수도 있습니다. 그래서 제작에 조심할 필요가 있다, 그리고 노선으로 얘기하자면 딱 중간을 유지해야 된다는 생각입니다. 그리고 재미와 휴머니티를 잊어서는 안 된다, 재미와 휴머니티가 있는 중립 그 정도. 휴머니티와 재미가 있는 중립 그 정도인 것 같습니다.

지 〈몰래카메라〉 같은 경우는 인기도 대단했지만, 비난도 많지 않았습니까?

김 그랬죠. 예를 들면 연예인들의 인격을 시험한다거나 이런 것은 하면 안 되죠. 다른 방송국에서 그걸 따라하면서 시청자들을 굉장히 불편하게 만들더라고요. 연예인들의 인격을 시험하고, 인간성을 드러내게 하더라고요. 여자를 두고 도망하게 한다든지, 나중에 밝혀지면 연예인은 무지하게 쪽팔리잖아요. 인간적인 수치감도 들고. 내용을 분석해보시면 아시겠지만, 우리 〈몰래카메라〉는 절대 그런 것을 안 했거든요. 연예인은 공인이기 때문에 몰래카메라에 노출될 수는 있으나, 그들의 인격이나 인간성을 시험해서는 안 된다는 원칙이 있었어요. 그런데 타방송사에서는 그런 것을 안 지키더라고요. 그래서 결국에는 우리가 먼저 막을 내렸어요. 너무 부작용이 심해서 우리가 원조임에도 불구하고 1년 6개월 하다가 끝내버렸잖아요. 그런데 타방송사에서는 1년인가 2년 더 하더라고요. 아무리 오락이지만, 너무 심하다는 생각이 들었어요. 저는 〈몰래카메라〉를 하면서 그런 것은 항변을 하고 다녔습니다. 우리는 안 그런다고요. 그렇다고 저쪽을 비난할 수는 없고요. 그러니까 저는 그런 얘기만 하고 다닌 거예요. 인간성을 시험하고 드러나게 해서는 안 된다.

지 '공익 버라이어티'라고 이름 붙이셨는데, 프로그램들의 사회적 반향이 너무 커서 부담스러웠을 것 같기도 한데요. 같이 뭘 하자는 사람도 많았을 것이고, 몰래카메라 같은 기법들을 사용하는 사람들도 너무 많아졌고요. 다른 면에서도 영향력이 컸기 때문에 권력이라는 비판도 있었을 텐데요.

김 방송이나 이쪽이 권력이죠. 방송이라는 것이 문화권력이고 이렇게 될 수 있으니까 사실 그런 비판은 당연히 나올 수가 있는 겁니다. 권력을 가진 사람들이 휘두를 때 조심해야 되는 거죠. 잡은 쪽에서 그것을 놓는다고 놓을 수 있는 것은 아니고요. 그것을 잡고 있는 것은 사실이니까 그것을 겸손하게 모두를 위한 쪽으로 써야겠다는 마음 정도를 가지면 되지 않을까요? 그것을 휘두르거나 잘못하면 연예 비리사건이 터지고 그런 겁니다. 유치하게 그거 휘두르고 그러면 안 되죠.

지 올해 특별한 계획은 있으십니까?

김 올해는 전국 PD들이 한번 모여서 단합대회를 한번 해볼까 생각 중입니다. 굉장히 유치한 발상일 수도 있는데요. PD들이 굉장히 모이기 힘들거든요. 얼굴도 한번 보고, 술 한 잔 하고, 체육대회를 하든지, 서로 의견교환도 좀 하고요. 친목도 도모하고 그럼으로써 PD들끼리 좀 단합된 모습을 연출해볼까 그런 생각을 합니다. 옛날 방식이지만 모여서, 서로 얼굴 한번 맞대는 것이 중요하지 않습니까? 그동안은 지역과 중앙 간의 교류가 갈수록 뜸해졌던 것 같아요. 그래서 한번쯤은 모일 필요가 있지 않을까 싶고요. 그런 것을 추진해보고 싶습니다.

남북 언론교류, 가시적인 성과 기대하지 말고 계속 만나야

지 9월 24일 6·15남북언론분과위원회 대표단 회담에 참가하셨지 않습니까? 거기서 김정일 국방위원장 와병설에 대한 한국 언론의 보도에 대해서 북한 측에서 불만을 토로했다고 하던데요.

김 그랬죠. 전혀 사실 무근이고, 일고의 가치도 없다고 그러는데, 거기서 그들과 얘기해봐야 소용이 없는 것 같아서 듣고만 왔죠. 남북 언론문제는 가시적으로 나타날 것은 없다고 봅니다. 빠른 시일 내에 드러날 것은 없지만, 그래도 계속 만날 필요는 있다는 생각이고요.

지 남한의 시각으로 볼 때는 북한에도 언론이 존재하느냐 하는 생각을 할 수 있을 텐데요.

김 언론은 분명히 존재하죠. 비록 한 가지지만.(웃음) 그들은 오히려 우리한테 여론이 어떻게 다양할 수 있는가를 의아해하더라고요. 어떻게 국민들이 여러 가지 생각을 가질 수 있는가를 이해를 못해요. 저는 그런 생각을 한다는 것에 깜짝 놀랐고요. 6월인가 금강산에서 한 번 더 만났었는데, 술자리에서 얘기를 하다가 그쪽의 편집국장인가 그 양반이 '어떻게 국민들의 생각이 여러 가지가 있을 수 있는가?' 하면서 깜짝 놀라더라고요. 그걸 보고 저는 깜짝 놀랐죠.(웃음) '확실히 여기는 단합된 의견을 가지고 사는 사회이구나. 다른 의견이 용납이 되지 않는구나' 하는 것을 느꼈습니다. 그들의 언론의 색깔은 한 가지라는 거죠. 그래도 그것은 언론이라는 거고요. 그렇지만 아마 드러나지 않은 곳에서는 여러 가지 목소리가 있을 수 있다는 생각을 합니다.

지 그런 차이가 있는 상황에서 남북한 언론교류는 어떻게 이루어져야 한다고 보십니까?

김 가시적인 성과를 기대하지 말고, 일단은 계속 만나야 됩니다. 성과가 없는데 왜 만나냐고 다그치면 명분이 없어지거든요. 그것과 상관없이 만나야 돼요. 만나는 과정에서 아마 조그만 돌파구라도 보이지 않을까, 그래서 서로 기사를 교류한다든지 하는 것을 계속 해야죠. 그쪽에서 우리한테 주는 기사는 가치가 별로 없는 기사들이죠. 그럼에도 불구하고 지금 몇 편의 기사가 넘어온 것으로 알고 있거든요. 그런 식으로라도 일단 돌파구를 마련하고, 남측 언론본부가 독점적인 지위를 이용해서 그들의 기사나 동정을 특종을 하는 한이 있어도, 채널이 남측 언론본부 하나로 통일되는 한이 있어도 북한 동정이나 상황에 대한 특종 같은 것은 필요하다고 생각합니다. 자꾸 만나다 보니까 그들이 남쪽 언론본부를 인정하는 발언들을 자꾸 하더라고요. 관계가 계속 커지는 것을 보니까 가능성은 충분히 있는 것 같아요.

지 당장 통일이 되지 않더라도 교류는 계속 늘어날 텐데요. 그 사람들이 어떤 생각을 하는지 계속 보여주는 것도 필요할 것 같습니다. 얼마나 다른지 알아야 대처할 수도 있을 거고요.

김 그럼요. 그들은 간단히 얘기해서 남의 눈을 굉장히 두려워하는 것 같아요. 주위 사람들의 눈. 이런 게 나가면 북한 사람들이 보면 별로 안 좋긴 할 텐데……. 하여튼 주위를 많이 의식을 하는 것 같아요.

지 어렵기도 하고, 두렵기도 할 텐데요. 자기들 입장에서는 전혀 이해가 가지 않는 면이 많을 테니까요.

김 그렇겠죠.

지 안티조선 운동에 대해서는 어떻게 생각하십니까?

김 안티조선 운동은 있을 수 있죠. 안티한겨레가 있을 수 있는 것처럼요. 다양한 의견이 공존할 수 있는 것 아닙니까? 저는 있을 수 있다고 보고요. 광고불매운동이라든지, 한겨레나 경향 안티 이런 것도 있을 수 있고요. 언론의 자유가 보장된 나라 아닙니까? 그리고 표현의 자유가 보장되어 있고요. 헌법대로 하는 것이 당연한 것 아닙니까?

지 마지막으로 한 말씀 해주십시오.

김 너무나 꼼꼼하게 질문을 하셔서 얘기를 다 한 것 같습니다.(웃음) 좀 길게 보고 힘들더라도 웃으면서 즐겁게 살아야죠. 즐겁게 하는 거지, 머. 근데 포기하는 것은 아닌 것 같아요. 포기하지는 말아야 할 것 같아요. 포기하지만 말고, 뚜벅뚜벅, 천천히, 길게 가다가 보면 조정기간도 거치면서 발전되어가는 것 아니겠습니까?

다양성을 인정하라고 고언하는 인생 여정의 동반자

김혜남

● 1959년 서울에서 태어남. 고려대학교 의과대학 졸업. 국립서울정신분원에서 12년간 정신분석 전문의로 일함. 현재 김혜남 신경정신과의원 원장. 경희대학교, 인제대학교, 성균관대학교 의과대학 외래교수. 국내 최초로 심리학의 관점에서 30대를 분석한 《서른 살이 심리학에게 묻다》를 펴내 자신을 직시하지 못하고, '내 인생이 왜 이렇게 안 풀리고, 꼬이나?' 하면서 고민하고 방황하는 많은 30대에게 길을 제시하고, 위로와 희망을 줌. 《나는 정말 너를 사랑하는 걸까?》, 《어른으로 산다는 것》, 《왜 나만 우울한 걸까?》, 《서른 살이 심리학에게 묻다》 등의 저서를 펴냄으로서 정신분석학의 대중화(?)에 공헌. 2006년 한국정신분석학회 학술상 수상.

"부족한 것이 자기에 대한 확신 같아요. 모든 것들에 있어서 너무 큰 것을 바라다 보니까 그런 것 같은데요. 사실은 실패도 할 수 있고요. 인생이란 내가 가봐야 되는 것인데, 내가 갔을 때 이 길이 맞다는 확신이 있고, 이 길로 가야지 성공을 한다는 보장이 있어야 움직이겠다는 거거든요. 실패를 극도로 두려워하는 겁니다. 실패를 했을 때 자기가 대처할 수 있는 방법도 없고, 실패는 곧 타락이고, 다시 일어날 수 없는 것이고, 그러고 보니까 우리가 애들 가르치는 것하고 똑같은 것 같아요. 한번 떨어지면 다시 못 올라간다고 가르치는 것하고 똑같은 거죠. 사실은 그 사고방식이 애들한테 많이 뿌리박혀 있는 것 같아요. 인생은 결과가 아니고, 과정인데 말이죠."

김혜남

● 심리학에서 특별한 이름이 없는 무명의 나이인 30대에 주목해서 그들의 삶과 일, 사랑, 인간관계에 관한 심리학적 통찰을 해낸 《서른 살이 심리학에게 묻다》(갤리온)는 40만에 가까운 독자들의 사랑을 받았다. 그만큼 좌절과 절망의 늪에 빠진 30대들이 많았다는 반증일 것이다. 이 책을 읽은 독자들은 심리치유를 받은 듯한 경험을 했다고 말한다. 이 책을 통해 대한민국 서른 살 젊은 이들의 멘토로 떠오른 김혜남은 정신분석 전문의로 1959년 서울에서 태어나서 고려대학교 의과대학을 졸업하고, 국립서울정신병원에서 12년간 정신분석 전문의로 일했고, 현재 경희의대, 성균관의대, 인제의대 외래교수, 서울의대 초빙교수, 나누리병원 정신분석 연구소 소장으로 활동하고 있다.

저서로는 《어른으로 산다는 것》, 《나는 정말 너를 사랑하는 걸까?》, 《서른 살이 심리학에게 묻다》, 《심리학이 서른 살에게 답하다》 등이 있다.

김혜남은 '당신은 언제나 옳다, 그러니 거침없이 세상으로 나아가라. 당신은 지금도 좌절과 절망의 늪에 빠져 있는지 모른다. 하지만 누구나 스스로 치유할 수 있는 힘을 가지고 있다. 그러니 그 놀라운 힘을 믿고 앞으로 나아가라. 겁날 게 뭐 있는가. 아직 서른밖에 안 된 당신은 뭐든지 할 수 있다' 라고 말하면서 30대에게 이렇게 충고한다.

"당신이 한 살이라도 젊었을 때 무언가에 미쳐 보는 경험을 해보라. 그것이 일이든, 취미이든 인생에 의미를 부여할 수 있는 일에 당신을 던져보라. 미치도록 무엇엔가 열중했던 경험이 훗날 무엇에든 도전하고 성취할 수 있도록 당신을 도와줄 것이다. 또한 살아 있음의 환희를 당신에게 안겨줄 것이다."

오늘의 30대, 굉장히 의존적이고 연약하며 상처를 잘 받아

지승호(이하 **지**) "서른이라는 나이는 심리학에서 특별한 이름이 없는 무명의 나이이다"고 하셨는데, 서른 살에 주목해서 책을 내게 된 특별한 이유는 있으신가요?

김혜남(이하 **김**) 제 아들도 지금 20대 중반이고요. 걔네들 친구들을 봐도 그렇고, 환자들을 봐도 그렇고, 후기 청소년기에 해야 될 고민이나 갈등들을 20대 후반, 30대 전후로 해서 하고 있는 사람들을 많이 보게 됩니다. 청소년기가 연장이 되고, 분리독립의 시기가 늦어지면서 그렇게 된 건데요. 옛날에는 서른 살이 어른이 되는 공통적인 시기였거든요. 요즘에는 서른 살에 어떤 일들이 일어나는지 생각해보고 싶고, 공부해보고 싶어서 관심을 가지게 됐죠.

지 상담을 하기 위해서, 책을 내기 위해서, 또는 책을 내고 나서 많은 30대들을 만나보셨을 텐데요. 지금의 30대들은 예전의 30대와는 다른 어떤 특성을 가지고 있다고 생각하십니까?

김 저희 때는 서른 살이 넘으면 바로 아줌마, 아저씨 반열에 들어갔잖아요. 요즘에는 노총각, 노처녀 하면 서른세 살을 전후로 한다고 하더라고요. 일단은 저희 때는 책임감이라든지 자기 인생에 대해서 고민할 것이 많지는 않았습니다. 어떤 길을 잡고 꾸준히 달려가는 시기였다면, 요즘 서른 살은 마치 사춘기 방황을 다시 하는 것 같은 그런 느낌들을 많이 받았습니다. 그 다음에 독립적이고 개인주의적이고 이렇지만, 실제로 속을 보면 굉장히 의존적이고, 연약하고, 상처를 굉장히 잘 받는 특성들을 발견하게 된 것 같습니다.

지 물론 극단적인 사례겠지만, 라디오 상담에서 그날 처음 만나서 '이 여자가 나를 좋아하는지 아닌지 알 수가 없다'고 상담을 요청하는 사람이 있었는데, 거기에 대해서 '너무 조급하게 생각하는 것 같다'고 했더니 그분이 화를 냈다면서요.(웃음) 어떻게 보면 요즘 사람들이 인내하지 못하고, 바로바로 결과를 얻고자 하는 세태를 반영한 것 같기도 합니다. 예전같이 삐삐도 없고, 핸드폰도 없던 시절에는 편지를 보내서 '어디서 기다릴게' 하고 올지 안 올지도 모르는데 하루 종일 기다리던 시절도 있었지 않습니까?

김 예전에는 작업에 들어가서 기다리고, 서로 가까워지는 시기를 거치고, 좋아하고, 그러다가 사랑으로 발전하는 시기들을 거쳤는데요. 요즘에는 그렇지 않은 것 같아요. 저도 깜짝 놀랐습니다. '오늘 만나서 어떻게 상대방의 마음을 아냐?'고 했더니 '좋으면 좋은 거고, 싫으면 싫은 거 아니냐?'고 하더라고요.(웃음) 사람들이 상처받기를 극도로 꺼려하는 것 같아요. 자기는 좋아하는데, 상대방이 싫어할 경우에 상처받을까봐 아예 단칼에 Yes냐, No냐, 흑백논리에 따라서 관계를 맺는 것 같습니다. 싫으면 그만두라는 거죠. 요즘 말로 쿨한 건데요. 어떻게 보면 굉장히 자아가 약한 사람이라고 볼 수 있는 거죠.

지 사람의 감정이라는 것이 그때 만났을 때는 좋았는데, 시간이 지나면 그 사람의 나쁜 면도 보이고, 그러다 보면 관계라는 게 재정립될 수도 있을 텐데요. 요즘 30대가 그런 것을 잘 못 견딘다는 건가요?

김 30대뿐만 아니고, 아래로 내려갈수록 더 심해지는데요. All or None이거든요. 100퍼센트 흑이 아니면 100퍼센트 백을 원합니다. 중간 회색빛이 없고요. 그게 미성숙한 사람의 특성인데요. 일종의 경계성이나 자기애성 인격장애 이런 건데, 사람한테 뭔가 좋은 점을 발견하면 그 사람을 굉장히 이상화해서, '저 사람은 꿈에서 만나던 나의 짝', 이러다가 조금이라도 실망스러운 점을 발견하면 디밸류에이션(devaluation, 평가절하)에 들어가는 거죠. 실망하고, 떠나가고. 그런데 혼자 있는 것을 못 견뎌서 끝없이 사랑을 추구하고, 대상을 추구하거든요. 계속 기대했다가 실망하고 이런 것을 반복하다 보면 굉장히 공허해집니다. 나중에는 그것에 대한 방어로 감성적인 애착을 갖고 않고, 쿨하게 즐기는 것으로 나가게 되는 거죠.

지 젊은 사람들이 그런 감정을 잘 안 드러내려고 하고, 사랑하다가 헤어졌더라도 헤어진 것 자체에 대해서 힘들어한다기보다는 "헤어진 것에 대해서 쿨하지 못하고 힘들어하는 감정을 더 못 견디는 것 같다"고 책에 쓰셨지 않습니까? 그런 감정을 드러내지 않는 것을 좋은 태도라고 생각하는 것 같은데요.

김 감정적인 것, 감정적으로 상처받고 약한 것을 자기가 패배한 것이고, 남들한테 자기 약점을 드러내는 것이라고 생각하는 것 같습니다. 그것하고 똑같은 말이 미국 드라마 〈섹스 & 시티〉에서 "나는 사랑에 빠진 내 모습이 너무나 사랑스러워"라고 하는 건데요. 사랑에 빠진 감정이 아니라 사랑에 빠진 자기 모습을 마치 영화를 보듯이 즐기는 거거든요. 헤어져도 쿨하게 그것을 이겨나가는 자기 모습을 봐야 되는데, 질질 짜고 울고 있는 자기 모습을 견디기 힘들어하는 거죠.

지 과거의 상처를 잊지 못하거나 그것을 인정하지 못해서 힘든 사람들이 많은 것 같은데요. 과거의 아픈 상처를 굳이 다시 끄집어내서 기억해야 하는 이유는 뭔가요? 과거의 자신과 잘 대면하는 법이 있을 텐데요.

김 그게 제가 하는 일인데요. 우리 마음속에는 상처받은 아이들이 하나씩 있다고 저희들은 생각하거든요. 어렸을 때 큰 충격에 의해서 고착되어버리고, 거기서 더 이상 자라지 못한 아이가 있을 경우에 그 아이의 시선으로 세상을 보게 됩니다. 어렸을 때 엄마가 지나치게 간섭하거나, 아버지가 지나치게 혹독하게 대해서 아버지를 굉장히 무서워하거나 갈등했을 경우에 거기서 더 이상 발달을 못하게 됩니다. 커서 몸은 어른이 됐는데, 그 아이의 사고방식과 그 아이의 경험으로 세상을 이해하거든요. 사람들은 원래 그런 사람들이고, 나는 약한 아이고, 여기서 방어를 하게 되는데, 실은 적을 알아야지 전쟁에서 적을 이길 수 있듯이 '아, 내가 이래서 끝없이 사랑을 추구하고, 외로움을 못 견디는구나. 그래서 사람을 만나면 아이디얼라이즈(idealize, 이상화하다)했다가 실망을 하는 것을 반복하는구나' 하는 것을 깨달아야 되는 거죠. 이것을 알게 되면 그것을 고칠 수 있는 힘이 생기거든요. 그 감정들이 풀어져 나오는 과정을 거치는 것이 시간이 많이 걸리지만, 그것을 거쳐야 거기서 해방되고, '그래, 엄마, 아버지도 똑같은 인간이었지' 하면서 과거를 떠나보내는 작업을 할 수 있게 됩니다. 과거를 기억해서 거기에 매달리는 작업이 아니고, 기억하고 이해한 다음에 떠나보내는 작업인데요. 사실은 이것은 누구나 할 수도 없고, 할 필요도 없는 겁니다. 상처가 너무 커서 항상 고통이 있는 사람들이 여건이 되면 하는 것이고, 안 그런 사람들은 자기가 죽을 때까지 나름대로 웬 만큼씩 극복을 해나가니까 반드시 모든 사람들이 받을 필요는 없지만, 어떤 문제가 지나치게 반복될 때는 그 문제 안으로 들어가봐야 하는 거죠.

{ 커뮤니케이션을 하는 방법을 찾아야

지 책을 보면 자기 과거를 치유하고, 부모로부터 받은 상처를 용서하는 과정이 필요하다고 생각되는 것이 그것을 이해하지 못하면 자기 자식과의 관계에서도 반복되지 않습니까? 자기도 모르게 아이한테 상처를 주는 거고요. 자기가 살아온 과정이나 연애하는 과정보다 아이를 키울 때 훨씬 더 많은 인내가 필요할 수도 있을 텐데요.

김 그렇죠. 늘 대를 이어서 반복되죠.

지 그렇게 인내심이 없는 사람들이 결혼을 하게 되면 아이들 세대는 더 불행해지고, 그 아이들은 더 큰 상처들을 가지고 살아갈 수밖에 없을 텐데요.

김 그게 그것을 끊는 작업이거든요. 아버지가 술 먹고 엄마를 때리는 것을 본 아이가 '나는 절대로 술 안 먹어'라고 결심하지만, 커서 술 먹고 아이를 때리는 것을 반복을 하게 되는 경우가 많죠. 참을성이 굉장히 없고, 금방 포기하고, 요즘에는 중고등학교 때 공부할 때 한 문제 가지고, 밤새서 낑낑 대면 선생님한테 혼나잖아요. 모르면 당장 포기하고, 다음 문제로 넘어가라고 하는데요. 그것부터 가르치기 때문에 애들이 뭘 하나를 붙잡고 물고 늘어지는 것들을 못하는 것 같아요. 요즘 레지던트들 트레이닝시킬 때 보면 애들이 빠릿빠릿하고 시키는 것은 잘하는데, '니가 알아서 해봐', 이러면 잘 못하더라고요. 혼자서 뭔가 하는 것을 굉장히 두려워하고, 자신 없어 하는 것 같아요.

지 컴퓨터도 리셋을 하면 다시 시작되고, 게임도 그렇지 않습니까? 요즘은 관계라든지 이런 것에 대해서도 좀더 가볍게 생각하는 경향들이 있는 것 같습니다.

김 저희 때는 의국에 들어가면 점심시간에 모여 앉아서 기타를 치거나, 포커나 고스톱을 쳤거든요. 요즘에는 의국에 들어가면 벽

보고 컴퓨터를 하거나 핸드폰을 만지작거리고 있는데요. 같이 모여서 노는 것을 잘 못하더라고요. 혼자만의 세계에 있으면서 고립된 섬 같아요. 들어가면 등밖에 안 보이는 분위기니까요.

지 남극 세종기지에서도 예전에는 일과 끝나면 같이 모여서 소주도 먹고 고기를 구워먹고 했었는데, 요즘은 인터넷이 되니까 거기서도 시간이 나면 자기 방에서 컴퓨터로 메일 보내고, 채팅을 한다고 하더라고요.

김 문제는 사람들이 커뮤니케이션을 더 원하고 있거든요. 그런데 커뮤니케이션을 하는 방법을 모르고, 상처받을까봐 두려워하고, 그러다 보니까 점점 더 인터넷에 빠져들게 되죠. 거기는 즉각적인 답이 오는 데니까요.

예술과 같은 승화의 통로를 찾아야

지 선생님 책을 읽다 보면 책을 읽는 거지만, 내 얘기를 듣고 상담해주는 것 같은 느낌을 받게 되거든요. 선생님 책이 많은 분들에게 읽힌 이후로 30대의 심리에 대해서 얘기하는 책들도 많아진 것 같은데요. 심리학 저서의 범람을 약간 우려하시는 인터뷰를 본 것 같습니다.

김 정신분석이론이 무분별하게 적용되면서 많은 문제를 낳았다고 보거든요. 아는 게 병이고, 모르는 게 약이라고 대충 살아가면 되는데, 너무 심각한 것도 문제거든요.(웃음) 저도 책을 쓰긴 했지만, 잘못 이해한 사람들이 욕망의 즉각적인 충족이 마치 행복인 것처럼 생각하는 경향도 있습니다. 정신분석이론에서는 내가 나의 감정을 자유롭게 표현하는 것이 마치 내가 해방되는 것 같고, 자유를 찾는 것처럼 잘못 이해되면서 욕망들이 당연하게 여겨지게 되고, 욕망의 추구가 아주 자연스럽게 느껴지게 되면서 많은 문제들이 생겼죠. 이를테면 피해자 증후군같이 '나는 고통받았으니까 그래도 돼' 하는 사회적인 분위기가 생기는 것도 상당히 우려스럽거든요.

지 가령 육아 관련책을 보고 모든 사람들이 똑같은 방식으로 아이를 대한다면 얼마나 끔찍스러울 것인가 하는 우려도 생길 수 있는데요. 한동안 자기 계발서라고 할까요, 노력하면 다 된다는 듯한 내용들의 책이 많이 나왔다가 요즘 들어서서는 좀더 구체적인 자기 얘기가 담긴 책들이 팔리고 있는데요. 사람들이 답을 못 찾으니까 책에서 답을 찾으려고 하는 것 같습니다.

김 그렇죠. 책에서 답을 찾는데, 자기 계발서 읽으면 그대로 되나요? 3일이면 다 잊어버리고, 본모습으로 돌아가는데요. 그러다 보니까 거기서 실망한 사람들이 '그렇다면 내 문제를 찾아보자'고 하는데, 사실 이것도 책 가지고는 안 되는 거거든요. 오히려 자칫 잘못하면 더 미로를 헤맬 수가 있고, 부작용이 나타날 수도 있습니다. 제가 보기에는 답을 찾는 일은 죽을 때까지 진자운동처럼 왔다 갔다 하지 않을까 생각합니다. 한번 심리 쪽으로 왔다가 사회적인 쪽으로 갔다가 그러면서 답을 찾아가지 않을까 하는 생각이 드는데요. 이것도 하나의 유행처럼 왔다 갔다 할 것 같은데, 제가 작년에 잘못된 유행을 만들지 않았나 하는 생각도 듭니다.(웃음)

지 어떤 점에서 그런 생각이 드셨나요? 피드백도 많이 받으셨을 텐데, 이런 식으로 받아들여지는 것은 내 의도가 아니었다는 생각도 드셨던 것 같은데요.

김 모든 것을 너무 병적화시키는 거죠. 정상적으로 모든 사람들은 문제가 조금씩 있는데, 잘못 읽으면 조그만 문제도 큰 문제처럼 받아들이고, 자기 문제를 심각하게 생각할 수 있는 여지도 있겠다는 생각이 들었어요. 저는 가급적 그렇게 쓰지 않으려고 노력했는데, 다른 책들 보면 조그만 문제도 병으로 진단하고, 심각한 문제처럼 겁을 준다든지 이런 것들이 좀 많거든요.

지 인터넷이나 이런 데 보면 표현들도 독해지고, 비평이라는 이름으로 다른 사람에게 독한 얘기를 하는 것을 솔직함이라고 포장하는 경우도 있는 것 같거든요. 막장드라마 논란이 있었던 〈아내의 유혹〉 주요 캐릭터에 대해서 정신과적 진단을 하셨더라고요. 신애리 같은 경우 '답이 없다'고 하셨는데요. 인터넷에서 댓글 쓰는 사람들을 보면 비슷한 수준의 사람들이 굉장히 많은 것 같거든요.(웃음)

김 제가 댓글 가지고 뭐라고 했더니 우리 딸이 "초딩들 얘기 가지고 무슨 신경을 써? 거기 앉아서 쓰는 애들은 다 초딩들이야"라고 하더라고요.

지 그런 댓글을 쓴 사람들을 잡고 봤더니 대학교수라든지 사회적으로 멀쩡한 직업을 가진 사람들도 많았거든요. 사실 초딩들은 그냥 단순한 욕설을 쓸 뿐인 것 같고요. 진짜 사람들에게 상처를 주는 글을 쓰는 사람들은 어른들인 것 같습니다. 이념을 투사한다든지, 구체적인 묘사들이 있는 경우는 그렇더라고요.

김 저도 제 책의 평을 하나 보니까 '저질'이라고 하는데, 같은 의산데 그렇게 평을 쓴 사람이 있더라고요. 책이 나오기도 전인데요. 읽어보지도 않고 그렇게 쓴 거잖아요. 이 사람은 뭔가 자기가 우위에 있다는 것을 증명하고 싶은가 보다, 그렇게 생각을 했었어요. 지킬 박사와 하이드의 세계처럼, 만약에 대학교수님이 그랬다면 평상시에 억눌렸던 자기의 공격성이나 이런 것들을 이런 쪽을 통해서 대리충족시키는 거죠. 영국에서 축구가 유행하는 것과 비슷한 거겠죠.

지 자기 스스로 억눌린 것을 해소할 수 있는 여러 가지 사회적 장치가 있어야 될 텐데요. 그래서 "어른들이야말로 판타지가 필요하다"고 하셨는데, 오히려 사회가 제약을 많이 가하지 않습니까? 예술작품은 그런 것을 대리만족시켜줄 수 있는 출구가 될 텐데요. 현실에서는 그런 것을 표현한 만화나 영화까지 공격을 하지 않습니까?

김 출구를 자꾸 만들어줘야 그쪽으로 해소가 되지, 안 그러면 인터넷으로 숨어버리거든요. 그러면 오히려 더 왜곡되고, 꼬이게 되고, 공격성만 나타나게 됩니다. 승화라는 출구를 못 찾는데, 사실은 판타지라는 것들이 굉장히 필요하죠. 어른들이 꿈을 꾸지 못하고, 상상력이 결여되고, 점점 틀에 묶여가고 이러면 사실 아이들까지 메말라져 가거든요. 예술은 그것들을 풀어놓을 수 있는 아주 건강한 통로인데, 우리나라의 높으신 분들이 아직은 겁이 많아서 그런 것 같아요.(웃음) 문화적으로 그런 출구가 많아지면 인터넷은 좀 죽을 겁니다. 그런데 그런 출구가 없으니까, 물은 흐르게 되어 있으니까 인터넷을 찾게 되고, 혼자서 방에 들어가서 화면을 대하는 거겠죠.

지 영화나 문학의 사례를 이용해서 설명을 많이 하시는데요. 예술작품이 어떻게 보면 자기를 억압하는 것에 대한 긍정적인 방어기제를 만들어준다는 의미로 많이 인용하시는 것 같습니다. 조금 전에 '승화'도 말씀하셨지만, '상징화'나 이런 것을 통해서 자기가 가진 고민들을 예술작품을 보면서 이해하고, 해소할 수도 있는 것 같은데요.

김 이게 상호작용인데요. 예술작품이 관객들에게 대리만족을 주고, 대리방출을 시키고, 관객들의 그런 성향이 예술작품을 만들고 그러는데요. 우리나라 드라마는 완전히 병이죠. 제가 인터뷰할 때 얘기했는데, 그것은 신문에 안 났지만, "드라마가 문제가 아니고, 작가들이 문제다. 작가들을 다 갈아치우든지 해야 된다"고 했거든요.(웃음) 그런데 그것들을 재밌다고 보는 사람들도 문제죠.

지 막장드라마라고 욕하면서도 독한 캐릭터가 나오고, 특이한 설정들이 나와야 사람들이 보지 않습니까?

김 그게 왜 그러냐 하면 그 작가들이 사람의 심리를 교묘하게 끌어들이는 특성이 있어요. 약간의 히스테리컬하고 그런 사람들이 사람한테 관심을 끌어들이듯이 그런 드라마가 사람들의 심리를 묘하게 자극하는 면이 있거든요. 욕하면서도 봐요. 왜냐하면 그런 것들이 사람들의 내부에 있고, 감각적으로 자극시키기 때문에 욕하면서도 한번 보기 시작하면 계속 보는 거죠.

혼자 있는 시간을 통해 정체성을 회복해야

지 사이코드라마나 이런 것들이 역할에 몰입되고, 역할을 바꿔 봄으로써 상대방의 입장을 이해하고 그러면서 치유가 되는 경우들이 있는데요. 예술을 통해서 그럴 수도 있을 것 같은데요. 여러 배역의 입장에 자기를 대입시켜보고, 각각의 입장들에 대해서 생각할 수 있는 여지도 있을 것 같고요. 그런데 요즘 사람들은 영화가 좀 이해하기 힘들면 짜증부터 내지 않습니까?(웃음)

김 그렇죠. 감각적인 것에만 치중하지, 제가 보기에 요즘의 문제가 혼자서 소화하는 시간이 없다는 것이거든요. 밥 먹고 소화시키는 시간이 필요한 것처럼 뇌도 자극이 계속 들어온다면 그 자극들을 승화시켜서 나름대로 정리하고 이해하는 시간이 필요합니다. 그런데 요즘에는 감각이 과부하되거든요. 하루 종일 뭔가를 받아들이고, 밤중에는 번쩍번쩍하고, 빠른 음악, 빠른 불빛 이런 것들이 왔다 갔다 하고, 이러다 보니까 사실 사고기능이 많이 떨어지는 게 아닌가 하는 생각을 합니다. 저는 그게 많이 우려되는데요. 꼭 혼자 있는 시간을 가지라고 하고 싶어요. 저희 환자들, 정신분열증을 갖고 있는 환자들도 예후를 결정짓는 데 큰 요소가 되는 것이 그것인데요. 혼자 있는 시간을 하루 두 시간 이상 주라고 하거든요. 너무 지나치게 간섭을 하고, 도와준답시고 계속 같이하면 오히려 뇌가 감당을 못합니다. 그것처럼 일반인들도 마찬가지로 뇌가 휴식할 수 있는 시간이 필요해요. 끝없이 자극이 들어오니까요. 그러면 감각적인 것들은 발달할지 몰라도 사고기능이 많이 뒤떨어지게 되는 것 같습니다. 제가 연구해보고 싶은 것도 이렇게 뇌가 쉴 새 없이 감각을 받아들였을 때 우리의 사고기능이 어떻게 변화하는가에 대한 것인데, 우리가 중요하게 연구해볼 주제라고 생각합니다.

지 말씀하신 것처럼 요즘 워낙 세상이 바쁘게 돌아가는데다가 잠깐 버스에 있는 시간도 창밖을 본다든지 하는 게 아니라 핸드폰으로 DMB를 본다든지, 게임을 한다든지 하게 되거든요. 그런 것들이 선생님이 말씀하신 것처럼 자기에 대해서 생각해볼 수 있는 시간들을 빼앗고 있는 것 같거든요.

김 그렇죠. 여태까지 내가 경험했던 것들을 소화시킬 수 있는 시간들을 빼앗아가는 것이기 때문에. 그런데 사람들의 감각은 점점 강한 것을 원하거든요. 점점 센 것을 원하니까 목소리도 세지고, 모든 게 세질 수밖에 없습니다.

지 그러다 보니까 과거의 경험으로부터 배울 생각도 안 하고, 현재만이 유일한 시간인 것처럼 생각하고요. 어른들도 없어져서 어른들의 얘기를 고리타분한 얘기로 받아들이거나, 나이가 들었다는 것 자체를 열등함으로 받아들이는 것 같은데요. TV도 10대 후반, 20대 초반의 아이돌 스타 중심이 되어버렸습니다. 그 친구들도 결국 나이가 들 거고, 그런 상황에서 뭔가 쌓여가는 것이 없이 휘발되어버리는 듯한 느낌인데요. 그러면 사람들이 나이가 들면서 점점 소외감을 느낄 수밖에 없을 것 같습니다.

김 시간의 연속성이 없어져버리는 건데요. 우리한테 중요한 것이 역사성인데, '나는 어디서 흘러왔고, 어디로 가고, 앞으로 어떻게 흘러갈 것이다, 내가 죽은 다음에도 계속 이것은 연결되고, 이어질 것이다'라고 하는 역사성이 우리의 정체성을 결정하는 데 굉장히 중요한데요. 요즘에는 명멸하는 불빛처럼 반짝반짝 그때그때 역사성을 상실해버리고 마는 것 같습니다. 역사성을 잃어버리게 되면 사람이 굉장히 공허해지죠. 자기에 대한 중심이나 이런 게 없어지게 되고, 그러면 사실 우울해질 수밖에 없거든요. 그렇게 되면 미래에는 젊은 사람들이 나이 든 많은 우울증 환자들을 부양해야 되는 상황에 빠지게 되는데요. 제가 보기에는 지금이 과도기지, 결국 사람들이 중심을 잡지 않을까 하는 생각이 듭니다. 지금 테크놀로지가 막 발달하고, 정신없이 돌아가면서 휘몰아치는 상황이라 그런데요. 사람들은 이것보다 더 극한 상황에서도 그런 것들을 고쳐왔고 그랬잖아요. 그리고 이런 것들을 고치려는 움직임들이 책이나 방송이나 사람들 사이에서 나타나는 것이 아닌가 하는 생각을 합니다. 제 책이 베스트셀러가 되리라고는 생각도 못했거든요. 사람들이 이 책에 대해서 위로를 받았다, 위안을 받았다고 하는 것을 보면서 '아, 시대적인 흐름이나 요구하고, 내 생각하고 시기가 적절하게 맞아떨어졌구나' 이런 생각이 들었습니다. 사람들이 이제 뭔가 쉬고, 생각을 하고 이런 게 필요하다는 시대적 요구가 올라오는 시기에 우연한 기회에 제 책이 나와서 관심을 끈 것 같아요. 이전에 나왔으면 안 팔렸을 것 같습니다.

지 독자들의 반응을 보면서 가장 보람 있다고 생각하신 부분은 어떤 겁니까?

김 저는 책을 좋아하고 책을 많이 읽지만, 책을 읽고 자기의 진로를 바꿨다, 이런 것은 생각도 못했거든요. 책은 읽고 집어치우고, 그 다음에 어떤 남은 여운 같은 것들이 있으면 그것이 내 안에 축적이 되어가는 것이라고 생각했는데요. 책을 읽고 마치 치료를 받은 것 같은 효과를 받았다는 리뷰들을 쭉 보면서 '책의 힘이라는 것이 굉장히 크구나, 내가 이런 책을 쓰기를 잘했구나' 하는 것들을 느꼈습니다. '내가 마흔이 넘었는데, 내가 10년 전에 이 책을 읽었으면 이렇게까지 되지는 않았을 것'이라는 독자 서평을 보면서 사람들이 그만큼 자기를 위로해주는 사람, 자기 마음을 알아주는 사람을 절실히 원하고 있고, 그런 사람들의 말을 듣고 싶어하는 것 같아요. 책을 통해서라도요. 다른 사람들이 똑같은 말을 다른 책에서도 다 했을 텐데, 왜 이 책에 사람들이 열광을 했을까 하고 생각을 해봤는데요. 제가 아무래도 정신분석을 하니까 사람들하고 소통을 하고 얘기를 하듯이 책을 썼거든요. 왜냐하면 제가 겪지 못했던 시대의 일들이니까요. 저는 의사로서 일만 했던 사람이기 때문에 책을 쓸 때 '환자가 이런 고민을 가지고 왔을 때 이렇게 대답을 해줘야지' 이런 식으로 면담하듯이 쓰자는 생각으로 책을 썼습니다. 그게 독자들한테 내 마음을 이해해주고, 받아주고, 알아주는 듯한 느낌을 주면서 마음에 다가가지 않았을까 하는 생각이 듭니다.

지 아까도 말씀드린 것처럼 책을 읽으면서 대화하는 듯한 느낌이 있었는데요. 오랫동안 상담을 하시면서 많은 대화를 나누셨지 않습니까? "경청이야말로 가장 좋은 대화법이다"라고 하셨는데요.

잘 듣는다는 게 생각보다 어렵지 않습니까? 그냥 듣고 있으면 상대는 성의 없이 듣고 있다는 것을 다 알고 있을 것 같고요. 상대방에게 공감을 하면서 충분히 이해한다는 느낌도 줘야 될 텐데요.

김 한 시간에 환자 한 명 보는 것이 환자를 한 시간에 열 명 보는 것보다 더 힘듭니다. 차라리 제가 떠드는 게 낫지, 몇 마디 말 안 하고, 가만히 앉아서 듣는 것이 훨씬 더 힘들어요.

지 사람을 상대하는 직업들이 직업병처럼 정신적인 문제가 생길 수 있다는 말도 있는데요. 흔히 인독이 오른다는 말도 있지 않습니까? 일로 인한 스트레스는 어떻게 푸십니까?

김 저는 주로 빈둥거려요. 시간 나면 누워서 음악 들으면서 뒹굴뒹굴 거리면서 지구를 등에 지고 이 생각 저 생각하는 것이 취미예요.(웃음) 어떨 때는 정말 소설보다 더 소설 같고, 영화보다 더 영화 같은 기막힌 얘기들을 환자들이 쏟아놓고 갈 때가 있거든요. 그럴 때면 가고 난 다음에 이 방안의 숨 막힐 듯한 공기가 몇 시간 동안 지속돼요. 그때는 방안에서 뱅뱅뱅뱅 돌죠. 한숨 쉬면서 돌다가 보면 몇 시간 후에 회복이 됩니다.

지 정신과적 문제가 생기는 사람들은 흔히 착한 사람들일 경우가 많은데요. 뭐가 잘못되면 나한테 문제가 있어서 그런 일이 생겼다고 생각하는 경향이 많은 것 같은데요. 자기반성을 하지 않는 사람들은 그런 문제가 생길 확률도 낮지 않습니까? 그 사람 자체가 자기반성을 하고, 인격적으로 되고, 주위 사람들이 편하게 되는 것은 좋지만, 사회 전체가 경쟁적이고, 빠르게 움직이는 상황에서 자기

반성을 한다는 것은 그 사람이 도태된다는 얘기와 같을 수도 있지 않습니까? 선생님 사례 중에서 어떤 분이 정신과적 치료를 받고 가족들과 사이도 좋아졌는데, 결국 자살을 한 경우도 있었는데요. 그 부인이 장례를 치르자마자 고맙다는 전화를 하셨다지만, 의사로서 굉장히 힘드셨을 것 같아요.

김 그렇죠. 정신과 의사한테 가장 힘든 부분은 환자가 자살하는 건데요. 근데 그 부인이 정말 굉장히 고맙더라고요. 장례식을 치르고 오면서 전화를 했어요. 선생님한테 알려줘야 될 것 같다고. 제가 아무 말도 못하니까 '2년이라는 시간을 하느님이 우리한테 선물로 준 시간'이라고 얘기를 하는데요. 모르겠어요. 사람이 죽고 사는 것은 제 소관은 아닌 것 같아요. 그 환자가 계속 피해망상과 환청에 시달리면서 앞으로 30년을 가족들이 골병이 들고, 병이 들고, 부인도 완전히 불행한 삶을 사는 것이 옳은 것이었는지, 그 환자가 2년 동안은 굉장히 행복했지만, 인간적인 좌절을 겪으면서 그렇게 하는 것이 옳은 것이었는지, 그것은 제 소관이 아니기 때문에……. 제가 조금 더 천천히 했었으면 하는 후회는 있어요. 그때만 해도 저로서는 제가 최선을 다해서 치료를 한다고 생각했었기 때문에……. 정신과 의사가 신은 아니니까요. 사람의 목숨까지 어떻게 할 수 있는 것은 아닌 것 같아요.

최고가 아니면 실패라는 잘못된 교육, 다양성과 실패한 사람을 껴안는 사회가 되어야

지 책에 피터팬 신드롬(성년이 되어도 어른들의 사회에 적응할 수 없는 '어른아이' 같은 남성들이 나타내는 심리적인 증후군을 가리킨다—저자 주), 마마보이, 마마걸, 히키고모리(일본 사회의 병리현상 중 하나로 외부와 접촉을 끊고 방에 틀어박혀 지내는 20대를 가리키는 말이다—저자 주) 이런 말들이 많이 나오는데요. 그만큼 어른이 되지 못한 성인들이 많다는 것 아닙니까? 그게 사회문제화된 것 같은데요. 사회적 해결책이라고 할까요, 그런 게 어떤 게 있을까요? 사회가 복잡해지면 어쩔 수 없이 생기는 부분인 것 같기도 하고요.

김 사회가 복잡해지고 발달해서 어쩔 수 없이 생기는 것이 아니고요. 사회가 복잡해지고 발달하면서 사람들의 욕심이 더 커졌기 때문이죠. 사실은 부모들이 아이들한테 최고가 아니면 실패라고 가르쳤었거든요. 복잡한 세상에서 어떻게 각자 서로 위치를 차지하고, 자기 역할과 자기 능력에 만족하고, 서로 관계를 맺으면서 행복하게 사는 것을 가르쳐준 것이 아니고, 성공하고 최고가 되지 않으면 실패라는 것을 가르쳐줬기 때문에 이 아이들이 조금만 실패하면 숨어버리거든요. 사실은 사회적인 문제죠. 우리나라는 1등부터 꼴등까지 줄을 세우잖아요. 내가 그 줄의 어디에 들어가는지를 파악해야 되기 때문에 힘들죠. 그런 사회적인 분위기를 고쳐야 되지 않을까 싶어요. 다양성을 인정하고, 실패한 사람들도 껴안을 수 있는 사회가 되어야 할 것 같습니다. 우리나라 애들은 장애인이 지나가면 쳐다보고 욕하고 그러거든요.

지 스탠리 큐브릭의 영화 〈시계태엽 오렌지〉에서도 노숙자를 이유 없이 두들겨 패는 인상적인 장면이 나오는데요. 자기도 언제든지 장애인이나 노숙자 또는 사회적 약자가 될 수도 있지 않습니까? 약한 것은 나쁘다는 것을 교육받아왔기 때문일 텐데요.

김 약한 것은 나쁜 것이고, 약한 모습을 보면 자기의 약한 모습이 투영되니까 그것을 없애버려야 된다고 생각하는 거죠. 자기도 저렇게 될지 모른다는 두려움을 갖고 있기 때문인데요. 환자들이 공통적으로 하는 얘기가 초등학교 때 공부를 못하면 '너, 그렇게 공부 못하면 길거리에서 청소하는 사람밖에 안 돼'라는 식으로 부모가 얘기했다고 하는데요. 청소를 하는 사람이 나보다 더 행복할 수도 있잖아요. 아이들에게 그런 것이 실패자라고 가르치게 되면 그런 사람을 보거나 하면 실패자로 보거든요. 자기가 그렇게 될 수도 있는데, 그러면 자기도 낙오자가 되고 실패자가 되는 거니까요.

지 "과거의 속물근성이 욕망에서 출발했다면 현대사회의 속물근성은 불안에 기초하고 있다"고 하셨는데, 이것이 더 위험한 것 아닐까요? 차라리 욕망 같은 경우 '그 욕망은 위험할 수 있다. 그 욕망을 추구하다 보면 다른 것을 잃을 수도 있다'고 하면 소통이 될 수도 있을 텐데요. 불안하면 꽤 많은 것들을 가지고도 강박적으로 더 가지려고 하게 될 텐데요.

김 순식간에 모두 잃을 수 있는 가능성이 커졌기 때문이죠. 항상 잃을 가능성이 있고, 모든 것이 무로 돌아갈 수 있으니까요. 실은 다음에 준비하는 책이 공포에 관한 것이거든요. 현대사회를 지배하는 주된 정서가 공포기 때문이에요. 정치도 공포를 통해서 사람들을 통치하고, 사실은 경제도 불안을 자극해서 물건을 팔고, 교육도 공포를 통해서 아이들을 공부시키고, 전반적으로 지배당하고 통제당하고, 감시당하면서 뒤떨어질지도 모른다는 공포가 현대사회를 지배하는 정서 같습니다. 불안해지면 사람들은 죽자 살자 노력하거든요. 행복이라든지 인간적이라든지 이런 것에 눈을 돌릴 수도 없고, 옆 사람을 돌아볼 여유도 없고, 오직 자기밖에 안 보이거든요. 욕망은 승화시킬 수도 있고, 퍼져나갈 수도 있고요. 욕망이 남들 보기에 좋지 않으면 다른 멋진 욕망으로 바꿀 수도 있고, 척이라도 할 수 있는데, 불안은 옆에 있는 사람을 못 봐요. 자기밖에 못 보고, 오로지 그 세계에서 살아남는 것, 서바이벌이 문제가 되는 거거든요. 성공이 문제가 아니고 생존이 문제가 되는 거죠. 그래서 더 절박한 거고요.

지 말씀하신 것처럼 상품을 파는 것도 공포를 이용하는 건데요. '니가 이것을 가지지 못하면 이 사회의 일원으로 인정받을 수 없어' 하는. 애들이 명품을 사는 것도 그 그룹에서 소외되기 때문일 텐데요. 그게 굉장히 공허하지 않습니까? 명품을 사기 위해서 범죄를 저지르는 경우도 있고요. 얼마 전에 TV에서 〈스펀지〉 프로그램을 보니까 허영심 때문에 자기 아버지를 정신병원에 가두고, 아버지 카드로 수천만 원을 썼다가 경찰에 체포된 경우도 있더라고요.
김 재밌는 게 제가 강남에 사니까 제 아들의 선배들이나 친구들이 소위 말하는 재벌 집 아이들이 많아요. 걔가 와서 하는 소리가 '그 형들은 하루에 몇 백만 원씩 쓰기도 하고 그러는데, 다 신경정신과 다니는 거 있지'라고 하더라고요. 공허하니까요. 자기가 아무리 돈을 쓰고, 명품으로 치장하고, 외제차를 몇 대씩 굴린다고 해도 자기가 자기 내부에서 충족이 안 되니까 공허하거든요, 우울하고. 그러니까 병원 다니면서 신경안정제를 먹고 그러는데요. 물질적인 것으로 충족시키려고 하는데, 자기는 그것만 없으면 아무것도 안 되는 사람이 되어버리니까요.

지 그런 모든 공포를 극복하는 것이 쉽지는 않을 텐데요. 그러기 위해서 노력을 할 필요는 있을 텐데요. 어떤 게 있을까요?

김 다음 책에서 하려고 하는데요. 그건 심사숙고하고 공부를 많이 해야 될 것 같아요. 그래서 다음 책은 이런 부드러운 책이 아니고, 딱딱한 책이 될 것 같습니다.

집단의 문제를 개인화시키는 것은 우리 사회가 안고 있는 큰 병폐

지 TV를 봐도 그렇고, 현대사회가 화려하고, 자율성이 많이 보장되어 있는 것 같은데요. 〈꽃보다 남자〉 같은 걸 봐도 저렇게 살면 너무 행복할 것 같다 싶은데, 그런 사람들이 현실에서는 굉장히 공허함을 느끼는 경우가 많다는 얘기를 하신 건데요. "현대사회는 그 어느 때보다 개인의 자율성이 보장되고 풍요로우며 화려함이 넘치는 사회이다. 그러나 겉으로 보이는 것과는 달리 사람들은 오히려 막연한 불안과 박탈감에 시달린다. 왜냐하면 자율성의 극대화에는 모든 것을 개인이 혼자 결정하고 그 책임 또한 혼자 져야 한다는 뜻이 내포되어 있기 때문이다. 더구나 연일 매스컴에 오르내리는 스타들의 화려한 삶에 비해 우리의 생활은 한없이 초라하다"는 글을 쓰셨는데, 그런 것 때문에 대중문화의 스타들을 우상화하고 부러워하다가 그 사람이 실수했을 경우 과도하게 공격적으로 반응하는 이중성이 나타나는 경우도 있는 것 같습니다. 부러움이 어느 순간 증오로 나타난다든지.

김 부러움이 어느 순간 증오로 나타나죠. 거기에서 희열을 느끼는 경우도 있고요.

지 그러다가 사람들이 최진실 씨가 자살했을 때 많은 충격을 받았는데요. 일부 386들은 우리 시대의 실패가 아니냐고 자조적으로 분석하기도 했습니다. 가난을 극복하고 부와 명예를 거머쥔 최진실 씨의 자살을 자신들의 실패로 해석한 사람들도 있는 것 같거든요.

김 제가 보기에 우리나라 사람들의 문제가 어떤 한 집단에서의 문제를 개인화시키는 것이 큰 문제라고 생각되거든요. 최진실은 최진실 개인의 인생사가 있고, 개인의 문제가 있고, 그래서 그렇게 된 거라고 봐야죠. 그런 사람들은 외국에도 숱하게 많습니다. 우리나라 사람들은 일반화를 시켜요. 동시대에서 같은 꿈을 꾸고, 같은 목적을 향해서 갔다면 마치 한덩어리처럼, 한 개인처럼 느껴서 똑같은 문제라고 느끼거든요. 제가 보기에는 개인적인 문제지, 시대적인 문제는 아닌데요. 단지 최진실이 연예인이 아니고, 다른 쪽에서 성공했다가 그렇게 자살했다면 그렇게 생각하지 않았을 겁니다. 많은 사람들한테 보여지는 사람이니까 그렇게 받아들여졌는데, 제가 보기에 노무현 전 대통령 서거 후에 확 모였는데, 마치 한 분의 문제를 자기네들의 똑같은 문제로 받아들여서 집단화시키는 것도 큰 문제거든요. 정치도 그래서 한덩어리로 움직이잖아요. 목숨 걸고 싸우고 그러는데, 집단적으로 움직이는 것은 굉장히 큰 문제가 아닌가 하는 생각입니다. 제 개인적인 생각이긴 한데, 최진실 같은 문제는 얼마든지 있죠. 외국에도 있고, 매릴린 먼로는 안 그랬나요?

·

지 조금 전에 노 전 대통령 말씀하셨는데요. 정치적인 입장의 차이에 따라서 반응이 극단적이지 않습니까? 정치에 관심이 비교적 없는 20대들 사이에서도 '우리 아버지도 아닌데, 내가 왜 고아가 된 느낌이지?'라고 얘기하는 사람들이 있는 반면에 극단적인 폄하도 있거든요. 그룹별로 죽음에 대해 생각하는 것이 극단적인 것 같습니다.

김 노무현 전 대통령 얘기는 하지 말라고 했는데.(웃음) 우리나라 사람들이 굉장히 다이내믹한데요. 제 최종적인 꿈은 우리나라 민족성에 대해서 정신분석학적인 접근을 하는 겁니다. 그것은 10년 후에나 가능할 것 같아요. 자아가 약한 사람들은 뭔가 공통점이 있으면 집단을 이뤄서 한덩어리가 되고 거기서 리더가 있을 경우는 굉장한 힘을 발휘해요. 그래서 사실 한강의 기적도 일어났고, 올림픽이나 월드컵도 성공적으로 치러낸 거죠. 그런데 그것 끝나고 나면 완전히 뿔뿔이 흩어져서 치고 박고 뭐하고 엉망이 되어버리고 이런 면도 있는데, 불안하고 이럴 때 하나로 묶는 공통점이 있을 때는 확 움직이거든요. 온 국민이 줄서서 금을 갖다 내는 나라는 우리나라밖에 없거든요. 그때는 정말 진심으로 냈거든요. 지금 우리나라 젊은 사람들이 자기네들을 이끌 수 있는 정상적인 권위를 굉장히 그리워하고 있다는 것이고, 아버지의 역할을 그리워하고 있는 것 같습니다. 노무현 전 대통령이 그런 역할들을 상징적으로 떠맡으면서 사람들이 슬퍼하고 추모하지 않았나 생각합니다. 그런데 이 집단심리에서 자신들의 아버지 이미지를 한 사람에게 투사시키면 이 집단은 굉장히 편해지거든요. 모든 책임에서 자유로워지기 때문인데요. 이 집단이 굉장히 공격적으로 될 수도 있고, 파괴적이 될 수도 있어요. 히틀러 집단도 마찬가지였거든요. 모든 것을 히틀러에게 투사시키면서 자기네들은 자유로워지니까 모든 행동이 가능해지는 거거든요. 집단심리가 자칫 잘못하면 위험하게 갈 수가 있는데, 그래서 저는 집단에 들어가는 것이 극도로 두려워요. 왜냐하면 이성을 마비시킬 수 있거든요. 판단력이나 책임감은 외부의 딴 사람에게 맡겨둘 수가 있고요.

지 그래서 몇 년 전부터는 정치적 입장을 떠나서 상대방의 입장을 포용할 수 있는 중간파들이 어떤 역할을 하지 못하면 분열과 대립, 갈등이 극에 달할 것이라고 생각한 사람들이 있었는데요. 지금이 그런 것 같습니다. 어느 쪽도 상대방을 설득시키지 못하는 상황이 된 것 같은데요. 어차피 같이 살아가야 될 국민들이기 때문에 그 증오심을 해소하는 것이 필요할 텐데요.

김 제가 보기에는 우리나라 사람들은 생각이 비슷하면 한 진영으로 묶어버리거든요. 개개인이 판단을 하는 것이 아니고, 집단적으로 움직이기 때문에 문제가 되는 것 같습니다. 예를 들어 노사모를 욕하게 되면 나 개인을 욕하는 것과 똑같은 것이 되기 때문에 굉장한 반응이 일어납니다. 다른 쪽에서도 이명박 대통령을 욕하게 되면 마치 나를 욕하는 것 같은 느낌을 받거든요. 나는 우리나라 사람들이 개인적으로 결정하고, 개인적으로 판단하고, 개인적으로 의사를 표현하는 훈련을 받았으면 좋겠어요. 우리나라 사람들은 떼로 움직이잖아요. 아줌마 부대, 오빠 부대, 언니 부대 이런 식으로 움직이지, 혼자서 움직이지 못하거든요. 일단은 그래서 내가 그 사람의 입장이 되어 봐야지, 우리가 저 사람의 입장이 되려고 하면 이것은 감정이 부딪쳐버려요. 우리로 들어가게 되면 이 힘은 굉장하기 때문이죠. 그래서 '나하고 생각이 비슷한 사람도 나하고 다를 수도 있다', 이런 다양성을 인정해야 되는 사회가 되어야 한다는 그런 생각이 들고요. 그 다음에 우리 사회는 어른이 없어요. 어른이 없는 게 가장 큰 불행인 것 같아요. 어른을 만들지 못하는 사회죠. 적당한 권위를 인정하지 않는 그런 문제들이 옛날부터 있었던 것 같아요. 이순신 장군도 감옥에 보내고, 유배시키잖아요.(웃음) 누가 올라가면 떨어뜨려야 되거든요. 그게 아버지에 대한 양가감정(어떤 대상, 사람, 생각 따위에 대하여 동시에 대조적인 감정을 지니거나, 감정이 이랬다저랬다 하는 등 논리적으로 서로 어긋나는 표상의 결합에서 오는 혼란스러운 감정을 가리킨다—저자 주)에서 기원하는 것 같은데, 이것을 중재시킬 수 있는 부드러운 카리스마를 가진 사람, 믿고 신뢰할 수 있는 권위가 나타나야 되는데, 사실은 그런 것이 조금만 나타나게 되면 다른 진영에서 물고 늘어지고, 파괴시켜버리니까 살아남지 못하게 되는 거죠.

자극을 추구하는 언론의 무책임

지　분명히 권위 있게 얘기해줄 수 있는 원로들도 계실 텐데요. 언론에서 각 정파를 대표해서 독한 말들을 하는 사람들의 얘기만 인용하고, 비중 있게 다뤄주다 보니까 '왜 우리는 제대로 된 원로가 없을까? 나이 들면 퇴보하는 거야?'라는 생각이 들고, 닭이 먼저인지 달걀이 먼저인지 모르겠지만, 이러다 보니까 점점 더 나이 든 사람들에 대해서 권위를 인정하지 않게 되고, 이런 악순환이 계속되는 것 같거든요.

김　제가 보기에는 언론의 책임이 큰 것 같아요. 언론은 자극적이어야 사람들이 보니까 항상 자극을 찾아다니거든요. 책임감을 가지고 중도적이고, 뭔가 끌고 갈 수 있는 사명감도 있어야 되는데…… 재밌는 게 자살에 대한 보도도 그래요. 최진실이 죽었다, 안재환이 죽었다, 누가 죽었다고 하면 센세이셔널하게 보도하거든요. 그러면 모방자살이 확 뒤따르거든요. 자기가 쓴 글에 대해서 책임감이 있어야 되고, 국민들에게 어떤 영향을 주는지 자각해야 됩니다. 재밌는 게 미국 시카고에 있는 신문사가 1년 동안 파업을 했더니 자살률이 반으로 떨어졌다고 하더라고요. 저는 요새 뉴스도 안 보는데 웬 고함을 그렇게 지르고, 웬 말들을 그렇게 강하게들 하는지, 마치 그거 보면 당장 전쟁이라도 일어나는 것 같고, 나라가 쑥대밭이 될 것 같은데, 우리는 잘살고 있잖아요. 그런데 마치 당장 무슨 일이 일어날 것 같은 분위기를 조성하니까요. 그런데 그러지 않으면 사람들이 안 본다면서요.(웃음)

지 드라마 시청률 탓을 하는 방송사 관계자들하고 똑같은 얘기가 될 텐데요. '사람들이 보니까 기사를 그렇게 쓸 수밖에 없지 않냐'고 하고, 사람들이 또 그 기사에 영향을 받는 것일 텐데요. 흔히 정치인은 자기 죽은 얘기만 빼고 신문에 나오는 자신에 대한 모든 얘기가 좋다고 생각하기 때문에 독하게 얘기하는 걸 텐데, 그것을 걸러내기 쉽지 않은 것 같습니다.

김 사실 우리나라가 근대화되고 식민지에서 해방되고 한국 전쟁을 겪은 지가 얼마 안 되거든요. 그러면서도 우리나라 뿌리가 워낙 깊기 때문에 제자리를 찾아갈 수 있지 않을까 이런 생각을 합니다. 그러는 중에 여러 사람들이 조금씩조금씩 노력을 해야 되겠죠. 그런 노력들이 쌓이고, 한들이 풀리면서 나아지지 않을까 생각합니다. 한 많은 사람들이 많기 때문에.

자신에 대한 확신을 잃어버린 세대

지 30대가 새로운 일을 시작하기 굉장히 유리한 조건들을 갖고 있다고 하셨잖아요.

김 사실은 빨리 시작하면 빨리 시작할수록 좋죠.(웃음) 사람들이 흔히 30대가 되면 너무 늦었다고 자포자기하거든요. 30대는 어정쩡하고, 젊은 것도 아니고, 연륜이 있는 것도 아니고 경험이 있는 것도 아니기 때문에 할 수 있는 것이 아무것도 없다는 얘기들을 참 많이 해요. 저는 항상 반문하거든요. '그렇게 생각하지 말고, 아직은 젊고, 그래서 20대만큼은 아니지만, 젊음의 열정은 아직 남아 있고, 그렇지만 현실을 알기 시작하고 자기 위치를 알기 시작하고, 적절한 판단을 내릴 수 있는 그런 장점이 많은 나이로 볼 수 있지, 왜 단점만 보냐'는 거죠. 그렇게 생각하면 40대건 50대건 모든 나이는 다시 시작할 수 있는 나이거든요. 오히려 30대는 그렇게 생각하면 더 가능성이 많은 나이인데, 너무 쉽게 포기하는 것 같아요.

지 저도 30대에 시작해서 어느 정도 자리를 잡은 사람들을 많이 알고 있는데요. 지금 30대한테 그런 사람들을 모델 삼아서 시작하라고 하기에 상황이 더 나빠진 것 같다는 생각이 들기도 하고요. 쉽지 않은 것은 사실이지 않습니까?

김 쉽지 않겠지만, 성공한 사람이라고 해서 계속 성공만 해온 것은 아니거든요. 중간에 보셨겠지만, 대부분 실패를 반복하다가 성공을 하는데요. 요즘 사람들은 너무 생각이 많아서 실패를 통해서 성공으로 가는 그 길을 가는 것들을 두려워하거든요. 한번에 성공의 가도를 가야 된다고 생각하니까요. 너무 생각이 많아서 움직이지를 못하고, 마비가 되어버리는 경우도 많고요. 요즘 상황은 나쁜데, 상황이야 더 나쁜 적도 많았죠. 그렇지만 일단은 움직여야 되거든요. 안 되면 말면 되잖아요. 그런데 안 움직이면 정말 아무것도 안 되거든요. 일단 움직였다가 아니다 싶어도 그동안에 움직였던 경험이 분명히 자산이 됩니다. 그래서 '일단은 움직여라, 뭘 해도 하고, 자기가 하고 싶은 것 주변에서라도 머물러라, 그렇게 열심히 하면 누군가의 눈에 띌 거고, 기회는 다가올 것이고, 그 기회는 준비된 자한테만 오는 거고, 준비된 자만 잡을 수 있다'고 애기합니다. 안철수 씨도 〈무릎팍 도사〉에 나와서 그런 얘기를 했잖아요. 아무것도 준비 안 하고 있던 사람은 기회가 와도 그것이 기회인지도 모르는 거죠.

지 하루만에 여자의 마음을 확인하고 싶어하는 것처럼 확신을 가져야만 일을 진행할 수 있다는 건데요. 김어준식 표현으로 하자면 '돌쇠가 없어졌다'는 것 아닙니까? 여자한테 대시를 했다가도 아니다 싶으면 금방 포기하고요. 일을 하는 데 있어서도 '나는 이게 좋아, 이게 되든 말든 난 한 10년은 이걸 할 거야'라고 하는 뚝심이 많이 없어진 것 같은데요.

김 부족한 것이 자기에 대한 확신 같아요. 모든 것들에 있어서 너무 큰 것을 바라다 보니까 그런 것 같은데요. 사실은 실패도 할 수 있고요. 인생이란 내가 가봐야 되는 것인데, 내가 갔을 때 이 길이 맞다는 확신이 있고, 이 길로 가야지 성공을 한다는 보장이 있어야 움직이겠다는 거거든요. 실패를 극도로 두려워하는 겁니다. 실패를 했을 때 자기가 대처할 수 있는 방법도 없고, 실패는 곧 타락이고, 다시 일어날 수 없는 것이고, 그러고 보니까 우리가 애들 가르치는 것하고 똑같은 것 같아요. 한번 떨어지면 다시 못 올라간다고 가르치는 것하고 똑같은 거죠. 사실은 그 사고방식이 애들한테 많이 뿌리박혀 있는 것 같아요. 인생은 결과가 아니고, 과정인데 말이죠.

지 젊은 사람들을 보고 따라갈 수 있는 롤 모델이 많이 부족하다는 생각도 듭니다. 요즘 안철수 박사가 〈무릎팍 도사〉에 나오니까 새로운 사람을 만난 것처럼 열광하는데요. 그런 사람들을 찾아서 보여주고, 조명해주는 일도 필요한 것 같습니다.

김 아버지가 없어서 그래요. 아버지의 부재 시대라서. 아버지는 그냥 돈 버는 기계고, 집에서 소외당하는, 엄마가 아이들을 다 움켜쥐고 로드매니저처럼 굴거든요. 저는 기러기 아빠처럼 이해 안 되는 것이 없어요. 사춘기의 아이들과 뿔뿔이 흩어져서 살고, 한쪽이 일방적으로 희생하는 것이 가족이 아니거든요, 같이 어려움을 이겨나가는 것이 가족이지. 세상에 40, 50대 되는 아빠들이 라면 끓여 먹고, 자장면 시켜 먹고, 의사들도 돈이 없어서 밤에 응급실 당직을 하고 있거든요. 그러다가 일찍 죽고, 애들은 딴나라 애들이 되고, 그렇게 됐을 때 그 아이들이 아버지에 대해서 고마워하느냐 하면 그게 아니거든요. 오히려 아버지는 자기를 더 힘들게 했던 무능한 아버지라고 기억합니다. 아버지가 가치관이라든지 이런 것을 심어줘야 되는데, 아이들한테 흔들려 다니게 되면 힘들어지죠. 아이들은 아버지가 없어지면 굉장히 공허해지고, 인생의 무게중심이 없어지니까 아버지들이 제자리를 찾아야 됩니다.

지 말씀하셨다시피 자기는 굉장히 외로운 시간을 보내고, 돈 버느라고 고생을 하는데요. 그게 가족들도 오히려 원망을 할 수 있는 선택인데요. 그런 선택을 하는 것은 남자는 이래야 된다는 책임감 때문인 것 같은데요.

김 대부분 부부 사이에 문제가 있는 경우가 많아요. 알게 모르게 그것을 그런 식으로 해결하는 경우가 많더라고요. 물론 안 그런 경우도 있지만요. 부부가 사이가 좋으면 같이 해결을 해요. 부부가 뭔가 문제가 있을 때는 그런 식으로 떨어져 있으면서 해결을 하려고 하는 거죠.

지 자식교육이라는 것은 부차적인 이유고, 두 사람의 관계를 떨어져 있으면서 봉합해보려는 걸 텐데, 대체로 사이가 더 안 좋아지지 않습니까?

김 그렇죠. 사실 고부간의 갈등도 들어가보면 부부간의 문제거든요. 부부간의 사이가 좋으면 고부간의 갈등도 해결하거든요.

지• 특별한 계획은 없으신가요?

김 아니요. 그때그때 제가 할 수 있는 일들을 하면서 사는 거죠. 제 건강이 허락하는 한.

지 건강은 좀 어떠세요?

김 제가 어저께 병원을 갔다 왔는데요. 칭찬받고 왔어요.(웃음) 제 병이 좋아지는 병은 아니고, 계속 진행하는 병인데요. 진행이 어느 선에서 멈춘 지가 몇 년 됐거든요. 처음에 예상했을 때는 지금쯤이면 약을 굉장한 강한 것으로 바꾸고 부작용도 걱정해야 될 시기인데, 증상이 어느 정도 진행된 상태에서 멈춘 것이 몇 년째 되거든요. 오히려 더 좋아진다고 해요. 생각해보니까 책을 쓰는 것이 제 병의 진행이 멈추는 데 도움이 된 것 같아요. 즐겁게 몰두하고, 집중을 하는 것이 내 뇌에서 도파민을 생성시키면서 제 병의 진행을 방지하는 것 같다는 생각이 들어서 더 열심히 공부하고, 더 열심히 써야겠다는 생각이 듭니다.

지 저도 인터뷰하면서 바쁘신 분들을 많이 보는데요. '저 많은 일들을 어떻게 다 해내지?'라는 생각이 들게끔 하는 분들이 많거든요. 나중에 보니까 그게 몰입의 힘이라는 생각이 들던데요. 시험 때 오히려 집중력이 생겨서 다른 책도 읽고 싶어하고, 하고 싶은 일들도 많지만, 시험 끝나면 오히려 퍼지게 되거든요. 자기가 뭔가를 집중하는 상태가 될 때 더 많은 일을 할 수 있는 것 같더라고요. 그래서 젊은 사람들에게 "당신이 한 살이라도 젊었을 때 무언가에 미쳐보는 경험을 해보라. 그것이 일이든, 취미이든 인생에 의미를 부여할 수 있는 일에 당신을 던져보라. 미치도록 무엇엔가 열중했던 경험이 훗날 무엇에든 도전하고 성취할 수 있도록 당신을 도와줄 것이다. 또한 살아 있음의 환희를 당신에게 안겨줄 것이다"라고도 충고하고 계신데요.

김 몰입은 제 병의 진행도 더디게 해주는데요. 제 병으로는 이런 책을 못 쓰거든요, 피곤하면 안 되기 때문에. 조금만 뭘 해도 금방 피곤해지거든요. 그런데 오히려 제가 책을 쓰기 시작하면 눈이 반짝 거려져요. 평상시에는 눈이 반쯤 감겨 다니거든요.(웃음)

지 《심리학이 30대에게 답하다》는 전작과 달리 구체적인 메시지를 전하셨는데요.

김 제가 제일 싫어하는 '뭘 해라' 하는 투죠.(웃음) 정신분석에서도 답은 가르쳐주지 않는데, 대부분의 독자들이 '그래서 어쩌란 말이냐? 알겠는데 뭘 어떻게 하라는 말이냐?'라는 독자 서평이 많이 올라오는 것을 보고, 요즘 젊은 사람들한테는 구체적으로 뭘 하라는 말이 필요한가 보구나 하는 생각을 했어요.

지 두 책이 반응의 차이는 있습니까?

김 실망했다는 사람도 많아요.(웃음) 왜냐하면 단편적이고, 쉽게 쉽게 나가니까 제가 고민한 기색이 별로 안 보인다는 평도 있고요. 전편보다 낫다, 정말 도움이 되었다고 하는 분들도 계세요. 한 4:1 정도인 것 같아요.

지 구체적으로 자신에 대해서 뭔가 고민하고 답을 찾아가고 있는 과정의 사람이 보면 뭔가 시너지 효과를 얻을 수 있을 것 같은데요. 막연하게 '이 책이 답을 주겠지' 하는 사람한테는 실망스러울 수도 있을 것 같습니다.

김 그렇죠. 답은 자기 안에 있는 것 같아요. 저도 책을 다섯 권씩이나 썼지만, 아직도 답을 찾아 헤매고 있는데요.

지 연애에 관한 책도 쓰셨는데, 요즘 사람들이 거절당하는 것에 대한 두려움 때문에 연애를 잘 하지 못하는데요. 연애를 하다가 헤어지고 이런 것들이 굉장히 고통스럽지만, 그런 과정을 통해서 관계에 대해서도 생각해보고, 자기가 어떤 사람인지에 생각해보는 계기가 될 것 같은데요. 연애를 한다는 것만큼 자기 바닥을 보여주는 일도 드물지 않습니까?

김 남한테 자기를 여는 작업이죠.

지 자기가 이렇게 찌질한지에 대해서도 그때 처음으로 알게 되는 경우가 많고요.(웃음) 사람들이 점점 누군가를 사랑하는 것이 힘들어지는 것 같습니다. 관계가 깨지고 이랬을 때의 상처를 예전보다 더 치유하기 힘들어진 것 같기도 하고요.

김 사실은 치유법을 모르고, 치유할 수 있다는 경험도 잘 못하고요. 어렸을 때부터 애들끼리 부대끼면서 놀고 서로 관계를 맺고 그래야 되는데요. 이것보다도 엄마에 의해서 학원을 가고, 학원에서 일괄적으로 만나서 거기서 노는 친구, 여기서 노는 친구가 다르고, 형제도 한둘밖에 안 낳잖아요. 요즘 애들은 화투치기를 못하더라고요. 인원수가 안 맞으니까.(웃음) 우리 때만 해도 한 집에 네다섯 명 되니까 명절 때도 고스톱 같은 것을 하고 놀았는데요. 요즘은 혼자서 엄마와 아버지와의 컨트롤과 감시하에서 생활하다 보니 그런 것 같아요.

지 연애를 잘하기 위해서는 어떤 노력들이 필요하다고 생각합니다.

김 연애를 잘하기 위해서는 일단 자기를 던져봐야죠.

개인이 문화를 만들고 문화가 개인에게 영향을 주는 상호관계를 갖고 있어

지 미성숙한 사람들은 연애하다가 깨졌을 때 굉장히 폭력적으로 해결하지 않습니까? 그러다 보니 여자들의 경우 그런 두려움들이 클 것 같습니다. 그래서 사람을 사귀기 힘든 면도 있을 것 같은데요.

김 그런데 그런 사람들은 어느 사회나 어느 시대나 다 있었거든요. 신문에 안 났다뿐이지, 그렇지 않은 사람들이 훨씬 더 많거든요. 연애할 수 있는 남자들의 수가 100만이라면, 그중에서 신문에 나는 사람들은 한두 명이거든요. 너무 나쁜 것만 보다 보니까 사람들이 겁을 집어먹는데요. 얼마 전에 아랍에서도 자기 청혼을 거절했다고 여자 얼굴에다가 염산을 뿌린 경우도 있었고요. 헨리 8세인가 미국 영화 보면 여자들 목을 딱딱 꺾어서 나뭇가지 부러뜨리듯이 죽이는 사람이 있는데 실제 인물이라고 하거든요. 어느 사회나 그런 사람이 있어요. 그런데 남자는 다 위험할 수 있다고 일반화시키는데, 그런 것은 아니거든요. 사실 안 위험하고, 좋은 남자들이 훨씬 많은데, 아주 극소수의 사람을 전부인 것처럼 부각시키는 것도 문제죠.

지 강호순 사건이나 이런 게 났을 때 언론에서 선정적으로 부각시키는 것이 문제인 것 같기도 한데요. 그런 사건이 좀더 많이 일어나는 사회가 있고, 그런 것을 떠나서도 한국이 여성에 대해서 좀더 폭력적인 범죄의 비율이 높은 것은 사실이지 않습니까? 한국 남자들이 그런 면에서는 미성숙한 편인 것 같기도 한데요.

김 미성숙하면서 사실은 여자를 여태까지 동등한 인간으로 대우를 안 했었죠. 여자는 함부로 해도 된다는 사회적인 분위기도 있었고요. 아랍 국가에서 여자들에게 폭력이 더 많았던 것처럼 그런 사회적인 분위기도 있었던 것 같아요. 한국 남자들이 가부장적인 데서 그 위치로 내려오지 않으려고 하니까 그런 것도 있을 거고요. 제가 보기에는 개인의 문제는 문화의 문제하고 맞물리기 때문에, 개인이 문화를 만들고 문화가 개인한테 영향을 주는 상호관계가 있죠.

지 영화나 책을 통해서 인격적으로 성숙해진다든지, 카타르시스를 느끼는 경우도 많은 것 같은데요. 문화수용자로서 그런 것들을 어떻게 받아들이는 것이 정신적인 성숙에 도움이 된다고 생각하십니까?

김 일단은 영화나 책을 보고, 제가 아까 자기만의 시간을 가지라고 했는데요. 그것을 생각해볼 수 있고, 혼자서 곱씹어볼 수 있는 시간을 갖는 게 필요합니다. 사실은 저희 환자들처럼 책 많이 읽는 사람들이 없어요. 상당히 다독인데, 끊임없이 책에서 뭘 찾거든요. 그러면서 그냥 자꾸 실망하고, 자꾸 실망하고, 자꾸 실망하기만 하지, 하나하나 행간의 의미를 이해한다든지 그것을 소화시켜서 자기 것으로 만든다든지 하는 시간을 가지는 게 아니라 끝없이 보고 말거든요. 영화도 그냥 보고 말고요. 사실 제가 영화평을 쓰기 시작하면서 책을 쓰기 시작했는데, 저는 영화를 볼 때 한번은 일단 아무 생각 없이 보고요. 저 영화가 정말 좋다, 뭔가가 있다고 하면 두 번째로 보고, 그러고 나서도 즉시 글을 쓰지는 못해요. 혼자서 그 영화 생각을 계속 하다가 뭔가가 나오기 시작하면 맞다고 하고 글을 쓰는데요. 그게 한 열흘 정도 걸립니다. 자극이 내부로 들어와서 자기 것이 되는 시간이 필요한데, 그 시간이 되기 전에 다른 영화가 계속 들어오거든요. 그러면 소화가 안 되고, 감각적인 영상으로 끝나고 마는 거죠. 일단은 너무 많이 안 읽고, 안 봐도 되니까 보고 생각하고 보고 사고하고 이런 시간을 좀 갖는 것이 필요하지 않나 생각합니다. 그 다음에 행간을 읽으려는 노력을 자꾸 해야 될 것 같아요. 말 그대로가 아니고, 어떤 장면이나 대사의 뒤에 흐르는 맥락이나 이런 것들을 좀 읽는 노력을 했으면 합니다.

지 각자의 역할에 대해서도 생각하고, 평을 쓰고 나면 그 평에 대해서 서로 소통할 수 있는 기회들이 있을 테니까요. 독서회를 한다든지, 인터넷에 서평을 올린다든지 하는 방법도 있을 거고요.

김 아, 저렇게도 볼 수 있구나 하는 생각을 할 수 있죠.

지 마지막으로 해주실 말씀은 없으십니까?

김 바쁘신데 와주셔서 감사합니다. 저는 가급적이면 조용히 살기를 원합니다.(웃음)

20대의 혁명을 꿈꾸는 현실주의자

우석훈

● 1968년 서울에서 태어남. 연세대 경영학과를 졸업했고, 프랑스 파리 10대학에서 생태경제학을 공부. 이제는 보통 명사화된 저서 《88만 원 세대》를 통해 세대론과 경제학을 결합시켰고, 생태적인 관점으로 경제학을 얘기하는 생태경제학 시리즈 등 한국 경제 대안 시리즈 12권의 완간을 앞두고 있음. 한국의 녹색당을 꿈꾸던 초록정치연대 정책실장을 역임. 현대그룹에서 일했고, 김대중 정권 시절 총리실, 국무조정실 등에서 일한 바 있으며, UN 기후변화협약 기술이전 전문가그룹 위원을 지낸 바 있음. 기업, 정부, 국제단체, NGO 활동 등의 다양한 경험을 바탕으로 우리가 꼭 알아야 될 불편한 내용들을 경제학적 관점에서 쏟아내고 있는 그에 책에 대해 '공포 경제학'이라 부르는 사람들도 있음.

"

내년 지방선거까지는 진보신당이나 민주노동당이나 본인들은 약진하겠다고 얘기하겠지만, 별일 안 벌어질 거예요. 막말로 민주노동당이나 진보신당이 당장 집권하겠다고 하면 제가 먼저 말릴 거예요. 왜냐하면 준비가 하나도 안되어 있기 때문에 이 사람들이 집권하면 우리나라 큰일나거든요. 한국이라는 것은 대통령이 되어서 뭘 준비하는 시스템이 아니고, 대통령이 되기 위한 준비를 해서 그 사람들이 들어가서 통치하는 수밖에 없는 그런 시스템이거든요. 대통령이 된 후의 프로그램이 없는 사람은 대통령이 되어서는 안된다고 생각합니다. 이명박도 그래서 안 됐다고 생각하거든요. 선거만 준비했지, 후속 프로그램을 준비한 게 아무것도 없잖아요. '되면 어떻게 할 것이냐?', 이 논의를 하는 것이 제일 빠른 준비일 것이라고 생각합니다.

"

우석훈

● 사람들은 어려워질수록, 아니 어렵다는 생각이 들수록 경제라는 화두에 집착한다. 경제라는 것은 사람들의 삶과 더욱 밀접한 영역임에도 불구하고, 숫자 장난이나 규모의 경제에 압도당해서 큰 거짓말들에 속고는 한다. 이런 상황에서 사회과학자들은 자기 목소리를 내기 힘든 상황이 되었고, 아무도 그들의 목소리에 귀를 기울이지 않고 있다. 10년 전에는 나름 명맥을 유지하고, 나름의 아젠다를 만들 수 있었던 사회과학 진영은 대중들에게 외면을 받고 있다.

어떤 문학가에게 했던 찬사를 빌리자면 경제학자인 우석훈과 장하준은 한국 사회에 내린 벼락 같은 축복이었다. 우석훈은 사회과학 르네상스를 꿈꾸며, 수많은 질문들을 한국 사회에 던지고 있다. 최초의 세대론이라고 할 수 있는 《88만 원 세대》를 통해 20대 문제를 제기했고, 최근에는 그 후속편 격인 《혁명은 이렇게 조용히》를 통해 우리 사회의 조용한 혁명 가능성에 대해서 얘기하고 있다.

그리고 대안경제학 시리즈 12권의 완성을 앞두고 있는데, 생태경제학 시리즈를 통해 생태적 인식과 교육의 필요성을 강조하고 있다. 그 시리즈의 첫 권 《생태요괴전》은 프랑켄슈타인, 드라큘라 등의 비유를 통해 아이들에게 생태경제학에 대해 쉽게 설명하고 있다. 《88만 원 세대》 이상의 공력이 들어간 이 책을 통해 많은 아이들이 생태적 인식을 가졌으면 좋겠는데, 아쉽게도 이런 책의 판매는 지지부진한 편이다.

인터뷰는 2009년 9월에 이루어졌다.

20대의 혁명을 꿈꾸는 현실주의자

10대까지는 사회화되고, 20대가 되면 탈사회화가 되는 기이한 현상이 벌어지고 있어

지승호(이하 **지**) 《88만 원 세대》가 나온 이후 20대 운동들의 조직을 위해 고심을 하셨던 것으로 알고 있는데요. 어떤 성과가 있었습니까?

우석훈(이하 **우**) 공식적인 성과를 얘기하기는 어렵고요. 당사자 운동으로 20대 운동을 하려는 하나의 점에 해당하는 사람들은 등장했다고 볼 수 있을 것 같아요. 사회적으로 20대 운동에 대한 시각 같은 경우는 환기가 된 건데, 그것을 집중된 에너지로 바꾸는 것은 아직도 진행형이고요. 가능할 것이냐, 아니냐를 생각해보면 가능은 할 수 있을 것이라고 생각할 수 있는 그만큼인 것 같아요.

지 이른바 386세대와 지금의 20대 사이의 정서적 갈등이 상당히 있는 것으로 보이는데요. 그 책이 그 갈등을 증폭시킨 것이 아니냐고 생각하는 사람들도 있거든요. 386이 20대의 앞길을 가로막는다고 주장하는 사람들이 《88만 원 세대》의 내용을 논리적 근거로 삼는 경우도 있고요.

우 50대인 유신세대까지 해서 삼각관계 같은 것이 있다고 봐야 되거든요. 이웃된 세대들 사이에서 갈등이 생기는 건데, 어떻게 보면 유신세대들인 50대가 뒤로 숨은 거죠. 지금 20대하고 386이 부딪히는 것은 당연한 일인데, 그 위에 국회의원들이나 장관들, 이른바 한국의 지배자라고 하는 사람들과의 관계가 성립이 안 된 거니까 논쟁이 더 이루어져야될 거라고 생각합니다. 제가 보기에 386세대도 너무한 거죠. 해준 것도 없이 욕만 잔뜩 해대는데, 내가 20대 같으면 욕을 더했을 것 같아요.(웃음)

지 김용민 시사평론가 등이 지금의 20대에 대해서 공격적으로 평하기도 하고, 거기에 대해 20대들이 반발하는 부분이 있는 것 같거든요.

우 20대 전체로 볼 때 반발의 강도가 강하냐 하면 제가 볼 때는 별 반발도 없었던 것 같아요. 일단 그런 논쟁이 있었던 것을 아는 20대는 1퍼센트 미만이라고요. 그러니까 사실은 아무 일도 안 벌어진 거죠.

지 일부 386들은 20대는 포기하고, 10대에게 기대를 걸자고 말하고 있는데, 그런 점에 대해서는 어떻게 생각하십니까?

우 10대에게 기대할 수는 있는데요. 그 기대가 현실이 되기 위해서는 역시 기성세대들이 뭔가 양보하고 그런 게 있어야 되거든요. 짝사랑이잖아요. 그렇다면 출판기금에 돈을 내놓는다거나 10대를 위한 독서기금을 만들자든지 이런 후속작업이나 물질적인 지원의 움직임이 있어야 되는데, 아무것도 없잖아요. 그러니까 사실은 10대에 대한 기대가 386 내에서도 굉장히 적은 거라서 전체적으로 보면 뜨거웠다고 말하기도 어렵고, 결국 아무 일도 안 벌어진 셈이죠.(웃음) 사회적인 스케일로 볼 때는 사실은 20대가 어렵다는 것을 알았던 것 외에는 진짜 아무 일도 벌어지지 않았다고 보는 것이 객관적이지 않을까 싶은데요.

지 10대들이 촛불집회에도 나오고, 연대하려는 모습들이 조금씩은 보이는데요. 현재의 10대가 움직이고 있는 양상을 보이는데, 그것에 대해 386세대들이 '우리가 자식을 잘 키웠다'고 호도하는 부분도 있는 것 같습니다.(웃음) 제가 보기에는 그것보다는 절망의 끝에서 뭔가가 나오고 있는 거라는 생각이 드는데요. 경쟁이 자신들을 결코 구원해주지 않는다는 깨달음을 얻은 게 아닌가 하는 생각이 드는 거죠. 20대의 경우 스스로 스펙경쟁을 한다든지 타이틀을 만들어서 개인적으로 문제를 해결해야 된다고 생각하는 반면 지금의 10대들은 절망적인 상황이 좀더 오래갔기 때문에 그렇게 나타난 것 아닌가 하는 생각도 들거든요.

우 어떻게 보면 20대는 아직 생리권을 위협받는 상태는 아닌데요. 지금 10대들은 잠도 12시에 자고, 새벽에 일어나야 되잖아요. 최근의 변화가 10대까지 내려가서 생리권 자체가 위협받는 상황이거든요. 그러니까 물리적으로도 절실하다고 봐야 될 것 같고요. 그 다음에 20대는 학부제 이후의 변화일 것 같은데요. 과라는 단위가 없어지면서 소속감이나 또래그룹이라는 것이 완전히 사라졌거든요. 반면에 10대는 아직도 학교 내에서 반 단위로 많이 움직이거든요. 그러니까 동료그룹이나 친구라는 개념이 있는데, 대학을 들어오면서 그런 게 사라지거든요. 20대는 친구가 없는 존재고, 10대는 아직도 친구가 남아 있는 존재인 거죠. 어떻게 보면 사회화는 10대까지 되고, 20대가 되면 탈사회화가 되는 기이한 현상이 벌어지는 거죠. 보통 10대 때는 사회화가 덜됐다가 20대가 되면 사회화가 되는데, 그것이 역전되는 그런 탈사회화 과정 같은 게 있지 않나 하는 생각이 듭니다.

법치가 문제가 아니라 염치가 문제가 되는 시대

지 두 전직 대통령이 올해 돌아가셨는데요. 어떤 생각이 드셨나요?

우 기분이 더럽죠. 사실은 타살 같은 느낌이 드는 죽음들이니까요. 한국은 속도라는 측면에서는 동아시아 내에서도 따라올 나라가 없고, 전직 대통령의 사망사건도 어떻게 보면 변화의 속도 같은 거라고 볼 수 있잖아요. 시대의 비극이죠. '죽는 것 외에는 선택이 없었을까?'라고 생각해볼 때, 아마 저라도 상황이 그랬으면 죽었을 것 같더라고요. 한국이라는 그런 시스템 이전에 이것을 하나의 폐쇄회로라고 생각한다면 여기는 대통령이 된다고 해도 살 수가 없는 그런 출구 없는 골목이라고 할까요.

지 노무현 전 대통령의 죽음과 김대중 전 대통령의 죽음 이후 굉장한 추모의 열기가 있었습니다. 그러나 얼마 지나지 않아 이명박 정부의 지지율이 50퍼센트가 넘어설 정도의 현상이 나타났었는데요. 이런 현상을 이해하기 쉽지는 않아 보입니다.

우 그러니까 안타까운 죽음이기는 한데요. 길을 열려는 노력 없이는 길이 안 열리는 상황이라고 볼 수 있을 것 같아요. 한국의 지배층이 있다고 할 때 지배층이 공고해지는 흐름이 피지배층이 대안을 찾거나 길을 여는 속도보다 더 빠르다고 봐야죠. 어떻게 보면 일본식 자민당 장기집권 50년짜리 체계를 한국 지배층은 시도하고 기획할 텐데, 그것을 막으려는 또 다른 힘은 등장을 하지 못한 것이고, 그런 상태에서 지배층 힘이 훨씬 더 강하고, 공고한 것이라고 봅니다. 지금은 거기에 대해 조그만 균열도 못 내는 거잖아요. 예전에는 새로운 지배층이 들어오는 것을 막으려는 힘이 있었는데, 현재로서는 그것이 초토화된 상태라고 봐야죠. 사람들이 공통의 언어를 못 찾아서 얘기를 못하는 거잖아요. 공통의 언어가 이미 있다면 가능하면 활용하는 것이 좋다고 생각하고요. 버라이어티 쇼들은 제가 보려고 해도 적응이 안 돼요. 그것은 포기하고 드라마는 적응이 되니까 개개의 전략이 있을 텐데요. 문화에 좋은 문화가 있고, 나쁜 문화가 있고, 고급문화가 있고, 하위문화가 있다고 생각하는 것도 전략적으로는 좋은 생각이 아닌 것 같아요. 희곡을 만들었던 몰리에르 같은 사람들이 고상한 얘기만 한 것은 아니거든요. 그렇게 하면서 희곡이라는 장르가 생긴 거잖아요.

지 이 정권 들어서 소송제일주의로 나가는 것 같은데요. 노동운동을 그런 방식으로 탄압했던 것처럼 사회적 변화 요구를 그런 식으로 탄압해나가는 것 같은데요.

우 어떻게 보면 혼동의 시기인데요. 제자백가의 시기에 여러 가지 사상들이 유행을 했잖아요. 어쨌든 동양에서 통치이념으로 가장 오래간 것이 공자거든요. 묵가같이 더 용서와 평화를 강조했던 것도 있는데요. 그렇게 보면 통치라는 것이 가지고 있는 기본요소에서 덕의 역할이라든가 대의명분, 이런 것들이 위기에 빠진 거죠. 법이 앞으로 나오는 사회는 좋은 사회가 아니거든요. 미국도 변호사 사회가 되었을 때 사회 전반적으로 가장 위기에 처해졌습니다. 범죄도 제일 많았고, 살인도 제일 많았고요. 법으로 법을 지킬 수 있다고 생각하는 자체가 좋은 생각은 아닌 것 같아요. 법은 있는 줄도 모르고 살았던 태평성대가 요순시대잖아요. 우리는 요순시대와 정반대로 살고 있는 거죠.

지 그런데 더 큰 문제는 자기들은 법을 안 지키면서 남들 보고 지키라고 하니까 문제인 건데요. 박원순 변호사의 경우도 희망제작소에 대해 국정원에서 부당한 압력을 넣는다고 생각하니까 항의표시를 한 건데, 그것을 가지고 무려 국가가 원고가 되어서 명예훼손 소송을 걸지 않습니까?

우 법치가 문제가 아니고 염치가 문제가 되는 시대겠죠. 통치라는 말이 좋은 말은 아닌데, 통치대상으로만 보더라도 이렇게까지는 안 할 거예요. 그런데 조작의 대상으로 보는 거잖아요. 그런 점에서는 파시즘이 갖고 있는 협박과 조작, 공갈 이런 증상들이 드러나는 거고요. 이것은 더 강화되겠죠.

지 이런 흐름을 변화시킬 수는 없을까요?

우 정치 자체가 가지고 있는 다이내믹이 있다고 하면 지금 현재의 정치권에서는 변화의 흐름을 찾지 못할 거예요. 우리가 이미 알고 있고, 지금 현재의 식탁에 올라 있는 메뉴는 사람들에게 전혀 기대를 줄 수 없는 상황인 것 같습니다. 밥상을 다시 차려야 되는 순간이 온 것이 아닌가 하는 생각도 가지고 있는데요. 익숙하지 않았지만, 우리가 같이 가야 될 사람들에 대해서 다시 한 번 생각해봐야 할 것 같고요. 새로운 흐름들을 준비해야 되는 순간이 온 것 같다는 생각이 듭니다. 지금의 정치권에서는 민주당 계열이든, 진보정당이든 민주노동당이든 그 내부의 힘만으로 변화를 추동할 수 있는 흐름이 전혀 보이지 않고요. 그런 흐름이 2, 3년 내에는 없을 것 같다는 생각이 듭니다. 그렇다면 유일한 방법은 외부충격에 의한 건데요. 지난 몇 년 동안 현재의 정치권에 있는 사람들이 외부충격을 잘 이해하거나, 잘 소화하거나 활용하지 못한다는 것을 확인한 거잖아요. 내부에서 변화하기 어려운 이유죠. 변화가 온다고 하더라도 현재의 정치권 내에서는 아닐 것이라는 것이 제 생각입니다.

지 강준만, 김규항, 고종석, 홍기빈 선생과 함께 진중권 지키기 성명을 내셨잖아요. 지금 학교에서 좌파 성향의 학자들을 배제하는 것에 대해 어떻게 대처해야 한다고 생각하십니까?

우 대처할 방안은 없죠. 진중권 개인만이 아니고, 여러 학교에서 동시다발적으로 벌어지고 있는데요. 생각보다 강력하고, 집요한 듯합니다. 정치보복을 떠나서 문화장악 같은 거라고 봐요. 한나라당 흐름에 비껴서면 아예 배제시켜버리는 거죠. 승진을 못하는 것이 아니라 쫓아내는 것이고, 연구기금이나 연구비 지원 같은 것을 포기해야 되는 거죠. 특정계층에 대한 파시즘적인 배제가 반이명박이라고 생각되는 사람한테 집중되는 거라고 봅니다. 그 이후로는 한나라당 천하로 가는 거겠죠. 그리고 아직까지 조직적인 저항이 있는 것도 아니고, 개인의 문제로 치환시키는 흐름이 있는 거 같아요.

독재자는 이미 등장했고, 장기집권 체제도 갖추어져

지 이명박 정권의 경제정책에 대해서는 어떻게 생각하십니까?

우 경제생활이나 시장에 비해서 여유가 없는 거고요. 그런데서 허용될 수 있는 범위를 좁힌다는 것은 국민경제로 생각해볼 때 안 좋은 거죠. 이런 식의 정책이 21세기에서 잘 돌아갈 것이냐고 생각하면 그렇지 않을 거라고 생각하고요. 황금알을 낳는 거위라고 배를 갈라서는 안 되잖아요. 지금의 한국의 침체가 그런 점에서는 더 악화될 것이고, 더욱 구조화되는 구조적 위기 같은 것을 만들고 있다고 생각합니다. 지금 이명박 정부는 그것을 더 강화시키고 있는 거죠. '하느님이 보기에 좋았더라' 하는 것은 다양한 의견을 말살시키는 파시즘 사회로 가는 걸 텐데요. 돈과 권력으로 다 설명될 수 있는 사회, 그것은 미개한 사회죠. 야만의 시대 같은 것으로 돌아가는 겁니다.

지 지금 사회를 파시즘으로 보느냐, 아니냐는 논란들이 있잖아요.

우 지금 한국은 파시즘 사회 맞고요. 공권력으로 죽이는 것에 대해서 항변하지 못하는 사회잖아요. 여아 성폭행 같은 것에는 전 국민적인 분노가 일어나잖아요. 화를 낼 대상을 찾기만 하면 그쪽으로 분출되지만, 정치적인 영역에서 분노를 표출할 길은 없는 거죠. 전형적인 파시즘 사회에서 나타나는 현상들입니다. 자체 폭행과 자체 제거가 횡행하는 거죠. 가정 단위에서도 폭압적으로 부모들이 해결하잖아요. 한국의 민주주의라고 하는 흔적은 찾아볼 수 없는 것 아닙니까? 극우파가 50퍼센트를 넘는다고 볼 수도 있고요. 그런 사람들이 늘어나고 있어요. 신문이나 언론도 마찬가지고요. 이것이 파시즘이 아니라고 할 수 없는 거죠. 대학을 보세요. 대학에서 대부분의 의견은 말살되죠. 학점 걸고서 다 죽이거든요. 파시즘이 아닌 사회는 대화나 타협 같은 것으로 합의를 도출해나가잖아요. 그런데 지금은 경제적으로 죽이는 거죠. 여기에 왜 폭력이 나오지 않느냐, 경제적으로 다 통제가 가능해지니까요. 촛불집회가 끝나고, 경찰력으로 장악하고, 이미 시장으로 통제하고 있잖아요. 굳이 그럴 필요가 없어서 그런 거죠. TV, 신문 등이 그것을 강화시키고 있고요. 독재자는 이미 등장을 했고, 장기집권 체제는 갖춰졌다고 봅니다. 어느 날 아침에 일어나서 파시즘이 생긴 것은 아니겠죠. 그렇게 얘기하면 한국은 이미 작년 가을, 겨울에 파시즘으로 넘어 갔다고 봐야 되는 거죠. 재보선 과정에서 보이는 것은 일시적인 반동일 가능성도 있습니다. 일상화된 파시즘 사회로 가고 있어요. 촛불집회라는 것이 파시즘이라는 프로그램에 대해서 마지막으로 집단적으로 저항을 했던 것인데, 그 동력이 사라져버린 것이고, 그 상태에서는 지역민이나 지역에 거주하는 사람들은 철저하게 소외되는 희생자가 되는 거죠.

지 "한국, 지금은 서정의 위기이다. 사랑하고 싶은데, 맛깔스럽게 사랑할 그 대상이 없고, 맛깔스럽게 사랑을 그려낼 서정이 없다. 이건 진짜 위기이다. 정 붙일 곳이 없는 사람들이, 좌파든 우파든 가리지 않고, 증오만 키우고 있는 중인 셈이다"라고 하신 적이 있으신데, 이 문제를 어떻게 해결할 수 있을까요?

우 결국은 경제제일주의 혹은 화폐주의 같은 게 한국을 먹어버린 거잖아요. 돈을 가진 사람은 지배에만 관심이 있을 것이고, 돈이 없는 사람들은 패배감과 증오감을 키우고 있는 거죠. 이런 상황에서는 감동할 수 있는 것을 만들어야 되는데, 쉽지는 않을 것 같고요. 빈 공간에는 징후만 남아 있는 거죠. 그 결과로 약자가 약자를 미워하는 거고요. 이런 상황에서 증오가 증폭되고 재생산되는 것이 아닌가 하는 생각을 합니다.

지 옴니버스 영화 황금시대와 관련된 대담에서 "선진국의 경우 사람들의 행위 중 돈으로 설명되는 부분은 50퍼센트 정도다. 그런데 한국은 90퍼센트 정도 설명할 수 있는 것 같다. 특히 40세 이상층은 99퍼센트 이상 설명된다. 그래서 후진국이다. 돈으로 설명되지 않는 사람들이 많은 사회가 좋은 사회고 그런 사람들도 먹고 살게 만들어주는 사회가 정의로운 사회라고 생각한다"라는 말씀도 하셨는데요. 이 흐름을 어떻게 바꿀 수 있다고 생각하십니까?

우 저는 사회과학 르네상스라고 생각하는 거죠. 국제적으로 다양한 관심을 가져야 되고요. 파리에 갔더니 거지들도 쇼펜하우어를 보던데요. 퐁피두센터에서는 겨울에 추운데 걸인들이 책을 보고 있어야 안 쫓아내니까 쇼펜하우어를 보고 있잖아요.(웃음) 사실은 문화나 지식도 마찬가지고, 생산동력 같은 것들도 마찬가지고, 프랑스에서는 개나 소나 사회과학을 하는데요. 철학이나 문학담론 등 여러 가지들이 다양하게 나오고 있는데, 국민소득 1만 달러에서 1만 5000달러 사이에서 많이 나오거든요. 요즘에는 역시 어떻게 해서든지 사회과학을 만들어내야 되고, 영화도 만들어내고, 음악도 만들어내야 할 것 같아요. 고전적인 답변이죠. 이를테면 사회과학의 경우 독자가 제가 보기에는 한국에서 2만 명쯤 되거든요. 그게 100만 정도 되어야 다음 단계에 넘어갈 수 있다고 생각합니다. 선진국이라는 것은 그런 나라인데요. 쉽지는 않아 보여요. 결국은 그 일이 벌어질 수밖에 없다고 생각하고요. 사람들이 왜 사회과학을 안 보는지는 좀 연구해봐야 할 것 같습니다.

토호의 나라가 되어가고 있어

지 토건국가라고 할 때 그런 흐름들이 한나라당이 잃어버린 10년이라고 말하는 그 시절에도 있었던 것 아닌가요?

우 10년 전부터 생겼던 일이 똑같이 벌어지고 있는 거거든요. 똑같은 일을 하는 건데, 속도가 좀 빨라지는 거죠. 그것은 반이명박과 아무 상관이 없는 겁니다. 민주당은 자기들이 토건이 아니라고 하지만, 그 시절에도 그런 흐름들은 계속된 거고요. 무등산에 케이블

카 설치, 이것도 다 민주당에서 나온 얘기입니다. 90년대 중후반에 했던 질문이 계속되고 있고요. 오래된 질문을 우리도 던져야 되는 것 같아요.

지 재개발 문제의 해법은 무엇이 있을까요? 골프장을 가진 건설업을 운영하는 깡패들의 두목이 이명박이라고 하셨는데요.

우 노무현은 지방토호들을 유혹하려고 했는데, 잘 안 됐죠. 그때는 그게 좀 어색하고 그랬는데, 이명박 대통령은 그게 자기의 옷인 겁니다. 딱 맞는 맞춤복인 거죠. 지방토호들이 건설업자들과 유착을 해서 토건을 강화시킨 거거든요. 그런 흐름들이 정권을 바꾼 거고, 어떻게 보면 이명박은 그 흐름을 잘 탄 거죠. 지금은 경제정책이니 산업정책은 다 사라지고 토호들의 나라가 된 겁니다. 반이명박이라는 형태만으로는 이런 흐름을 바꾸기 힘들고요. 다음 대통령도 서울 안에서 서울중심주의 가지고는 백전백패할 수밖에 없을 겁니다.

지 국민 스스로가 개발을 찬성하는 부분도 있지 않습니까?

우 재개발을 찬성하는 국민이 몇 퍼센트냐고 할 때 나머지 90퍼센트가 정서적으로 재개발을 찬성하잖아요. 재개발이 절대선인 상태에서는 용산 같은 일이 계속 될 수밖에 없습니다. 경찰이 죽이는 게 아니고, 우리가 죽이는 거라니까요. 아무리 얘기해봐야 안 되는 거죠. 이 시기에 자기가 무죄라고 생각할 수 있는 사람은 하나도 없는 겁니다. 정운찬 총리도 사람이 죽는 것에 대해서는 아무런 아픔도 못 느끼는 거라고요. 그런 나라는 살인이 일어나게 되는 거죠.

몇 놈 죽는 것에 대해서는 아무도 관심을 가지지 않는 거고요.

경계 밖에 있는 세력은 설 자리를 잃어

지 현 정부에서는 시민단체에 대한 지원도 많이 끊고 있잖아요.

우 시민단체 대부분이 어떻게 하면 올 겨울을 날지 걱정하고 있습니다. 어떻게 보면 시장의 폭력이 극도화되어 있을 때 경계 밖에 있는 세력이 설 자리가 없어지는 거죠. 시장 안으로 들어갔을 때 삶의 패턴이라는 것이 형성되는데요. 크든 작든 이렇게 살지 않겠다고 생각하는 사람들의 비중이 늘어날 수밖에 구조입니다. 모두가 무관심하면 아무런 변화도 없을 것이고요. 모두가 외치면 조금은 달라지겠죠. 온 국민이 부자가 안 되면 죽는다고 생각하는 나라에서는 살아가기 힘들어질 수밖에 없잖아요. 유럽이나 미국에서도 중서부 도시에 가면 좀 다르거든요. 그러니까 기부도 하고 사회적 활동도 하는 것 아닌가요?

지 이 정권에서 구체적인 압력이 있었나요?

우 다음에 얘기할게요. 너무 친한 사람들이 많이 걸려 있어서 얘기하기 힘들고요. 정부 프로젝트나 연구개발 이런 데서 문제가 생기는 거죠. 주변 사람들까지도 고통스러워해서 제가 시스템 밖으로 나온 겁니다.

지 12권의 경제 대장정 시리즈가 이제 거의 끝나갑니다. 이 시리즈가 한국 사회에 어떤 영향을 줬다고 생각하십니까?

우 질문을 던지는 것 정도까지는 한 것 같아요. 옵션을 제시하는 것이겠죠. 너무 오랫동안 한국은 질문도 안 해봤으니까 그런 가능성을 보여줬다고 생각합니다.

지 생태경제학에 관심이 많으신데요. 현 정권이 추진하고 있는 녹색성장이나 4대강 정비사업은 어떤 문제를 갖고 있습니까?

우 4대강은 못할 거예요. 거품빼기가 일어나려고 했었는데, 경제위기가 오면서 멈춘 거잖아요. 4대강 정비사업을 무리하게 밀어붙이면 여러 가지 후유증이 생길 겁니다. 이명박 정부, 한나라당이 정권을 내주게 된다면 그 사업의 후유증으로 정권을 내주게 될 것 같다는 거죠.

지 현재까지의 이명박 정권의 경제정책에 대해서 어떻게 평가하고 계십니까? 그리고 앞으로의 전망은 어떻게 보십니까? 비교적 20대의 지지를 많이 받고 대통령이 됐기 때문에 20대 실업문제만 해결하면 이명박 정권이 좋은 평가를 받을 것이라고 얘기하는 사람들도 있는데요.

우 20대 실업문제에 대한 이론적 틀이 이명박한테도 없고, 정운찬한테도 없거든요. 일반적으로 우파들이 생각하는 것은 게을러서 그렇다는 건데요. 그런 패러다임이 바뀌지 않을 겁니다. 그런 식으로 20대 문제를 풀기는 어려울 것이고, 정운찬 총리 같은 경우에도 경제운영의 기조를 바꾸기는 어려울 것이고, 약간의 튜닝 정도가 해볼 수 있는 전부거든요. 탈토건정책 정도는 어느 정도 기획을 해볼 수는 있을 텐데, 독자적으로 그것을 해야겠다고 생각할지, 그냥 버틸지 그것은 잘 모르겠습니다. 아무튼 급격한 정책기조 변화는 없을 겁니다. 말은 무성한데 지나보면 아무것도 바뀐 것이 없는 그런 정도가 되지 않을까 싶습니다.

지 우파가 통섭교육이나 이런 것을 가지고 한국예술종합대학을 공격했음에도 불구하고 그쪽에 내용이 없었던 것처럼 대선 때도 경제라는 패러다임을 가지고 집권을 했는데, 경제에 대해서 잘 모른다는 생각이 들거든요. 반대쪽의 진보진영에서도 그런 틀을 못 만들고 있지 않습니까? 진보진영이 정권을 잡고, 나라를 통치하려면 말과 돈을 다스려야 한다고 하셨는데요. 좌파의 경우 돈을 다스리는 데 미숙하다는 지적도 하셨습니다. 좌파 정권에 필요한 화폐이론은 어떤 것이 있다고 보십니까?

우 결국 이자율하고 통화량에 관한 것이 있을 거고요. 조금 더 급진적으로 본다면 지역화폐를 허용할 것이냐 하는 몇 가지 질문들이 있을 거거든요. 그런데 지금까지 좌파 내에서 화폐에 대한 고민이 사실 별로 없었어요. 유럽 같은 경우는 미셸 아글리에타 같은 사람들이 나서서 화폐에 대한 접근을 20년 가까이 했거든요. 그런 것이 이론적 배경이 되어서 EU 화폐통합을 할 때 찬성도 있고, 반대도 있었는데, 적극적으로 나선 경우거든요. 지금 이자율을 놓고 봐도 노무현 정권 이후 계속 이자율을 낮춰왔습니다. 저이자율을 계속한 건데, 이것을 어떻게 볼 것인지에 대한 논의가 전혀 없었어요. 사실 만약에 좌파가 정권을 가지게 된다고 하면 통화정책도 중요한 정책이거든요. 한국은행에서 어떻게 할 것이고, 통화정책을 어떻게 가져가야 될 것인지에 대한 결론을 차치하고라도 생각하는 틀이 전혀 없으니까 그런 빈 부분들을 채워나가는 노력이 필요하다는 거죠. 화폐라는 것은 하나의 예이고요, 사실 정책이라는 것은 디테일이 승부를 좌우하거든요. 이를테면 부유세나 복지 같은 큰 얘기만 있지, 디테일은 해본 적이 없는데요. 총체적인 대안을 만들려면 그런 디테일에 대한 논의나 훈련 같은 것이 필요하고, 그런 것을 공부하고, 고민하는 사람들이 많아져야 될 것 같습니다.

지 프레시안 괴짜 학자 토론회에서 마지막 질문이 '대통령이 된다면 뭘 하겠냐?' 였는데요. '나를 한국은행장으로 임명하겠다'라고 답하지 않으셨습니까?(웃음) 덧붙여서 그동안 한국은행장이 잘했다면 어느 정도 경제는 좋아졌을 것이라고 말씀하셨습니다. 어떤 의미였습니까?

우 지금 토건국가라는 말을 쓰는데요. 그것의 한 절반은 통화정책에서 오는 거거든요. 버블을 만드는 과정이었으니까요. 버블을 가장 효과적으로 잡을 수 있는 것은 결국 이자율이거든요. 통화량, 이자율 그렇게 해서 필요한 생산적인 부분에는 돈이 들어가게 하고, 그렇지 않은 투기적 요소는 잡고, 이런 식의 일들을 했어야 하는데, 한국 같은 경우는 성장률 하나로 다 한 거잖아요. 독자적인 통화정책이라는 것이 없었던 거죠. 오랫동안 인플레이션 정책 정도는 전두환 이후 중요한 정책이었는데, 이명박 정권이 최근 들어서 한국은행을 계속 약화시키고 있는 중이거든요. 인플레이션에 대해서도 그것까지 놔버리면 한국 경제 자체가 굉장히 나빠질 거라고요. 그런 점에서는 금융은 나쁘다고 다 얘기하잖아요. 그런데 있는 것을 어떻게 하겠어요?(웃음) 돈을 이겨본 정권은 없거든요. 돈을 제어할 수는 있지만, 돈을 무슨 수로 없앨 건지 생각해보면, 만약에 좌파 정권이 온다고 해도 그 정권은 혁명으로 오는 것이 아니기 때문에 화폐를 그냥 두고 가는 수밖에 없거든요. 원화를 강하게 할 건지 약하게 할 건지, 이자율은 어떻게 할 건지에 대한 설명틀이 있어야 될 거잖아요. 그런데 이를테면 좌파라고 얘기해놓고서는 이자 얘기를 할 때는 케인즈를 그냥 갖다 쓰면 그게 뭐냐는 거죠. 한국적인 상황에서 조금 디테일한 고민들이 있어야 되고, 저는 그런 면에서는 정운찬 총리가 온 것이 좋든, 싫든 정책의 시대가 열리는 거거든요. 그런데 그 흐름이 그냥 뒤로 가지는 않을 겁니다. 정책을 계속 고민하는 것이 계속 필요하다고 생각하는 거죠. 그런데 한두 명이 할 수 있는 것은 아니니까 답을 못 찾더라도 질문을 계속해야 된다고 생각합니다.

한국의 20대, 겁에 질려 있어

지 “별의 별 20대를 다 만나보았다”고 하셨는데, 지금 20대의 특징은 뭐라고 생각하십니까? 그 전 세대의 20대와 어떤 차이가 있다고 생각하십니까?

우 제일 큰 것은 겁에 질려 있다는 건데요. 지난 20년을 보면 40대들이 20대 때는 그렇게 겁에 질려 있지 않았거든요. 90년대 학번이 20대가 됐을 때는 소주 마시는 것도 칵테일로 이기겠다, 옷도 다 바꾸고, 다양성을 추구했거든요. 그런 90년대 학번이 서태지를 지지했을 때 겁에 질렸던 것은 아닌 것 같습니다. 그런데 지금 20대는 쫄아 있는 게 당장 눈에 띄는 특징인 것 같아요. 어떤 친구들은 할 수 있다고 앞에서는 얘기하지만, '너 진짜 자신 있냐?'고 하면 뒤에서는 그렇지 않다고 얘기하거든요.(웃음) 그러니까 '넌 할 수 있어' 이런 책이 팔리는거죠. 자기가 할 수 있다고 생각하면 그런 책은 볼 필요가 없잖아요.

지 20대 저자들도 많아져야 된다고 말씀하셨는데요. 아직도 20대가 책을 내기는 굉장히 힘든 것 같습니다. 20대뿐만 아니라 기존에 검증되지 않은 필자가 책을 내기는 어려운 상황인 것 같습니다.

우 그런 점에서는 기금 같은 것도 필요하고, 정책적 지원도 필요합니다. 일본의 20대들이 내는 책의 수준은 그리 높지 않거든요. 그래도 새로운 것이 나왔다고 생각해서 많이 읽어줍니다. 20대가 내는 책이나 20대를 욕하는 것은 괜찮은데, 국민들이 안 보고 욕하거든요. 그게 제일 어려운건데, 시장이 그렇다면 그것을 정책적인 것으로 보완시키려는 노력이 있어야겠죠.

지 《88만 원 세대》가 일본에도 번역이 되었는데요. 일본 쪽의 반응은 어떤가요?

우 일본에서는 이를테면 정신 안 차리면 한국처럼 된다는 정치적 메시지로 많이 활용하는 것 같아요.(웃음) 〈아사히〉에 크게 인터뷰가 나간 적이 있는데요. 물어보니까 정권 바뀔 때 자민당을 계속 두면 이렇게 된다고 하는 정치적인 메시지를 가지고 해석했다고 들었거든요. 한국에서는 정치적인 의미로는 많이 해석이 안 됐는데,

일본은 훨씬 더 정치적으로 받아들인 것 같아요.

지 요즘 20대 젊은이들이 일본하고 좀 차이가 있나요?

우 미묘하게 차이가 좀 있는데, 한국은 지역사회나 지역경제라는 게 완전히 무너졌잖아요. 일본은 아직 지역사회가 튼튼하게 버티고 있어서 동경에 있는 사람들을 제외하면 지방에 있는 20대들은 경제가 어려워도 그렇게까지 고통받지 않거든요. 그런데 한국은 전후방이 따로 없잖아요. 일본의 경우 지방에 있는 20대는 큰 문제가 없거든요. 반면 한국은 전후방 없는 전면전 같다는 생각이 듭니다.

지 "사회운동이 없이 세상이 좋아질 것이라는 거, 나는 잘 안 믿는다"고 하셨는데요. 20대 사회운동이 어떤 형태로 살아날 거라고 보십니까? 《혁명은 이렇게 조용히》라는 책이 얼마 전에 나왔는데요. 20대 운동이 어떤 것이든 조직을 갖추고 회원 1만 명을 만들 수 있다면 혁명적인 변화가 일어날 것이라고 하셨는데, 가능성은 있어 보이나요?

우 저는 2~3년 내에 가능할 것이라고 생각하고요. 언제나 실제로 물리적인 고통을 받는 것과 인식의 변화가 오는 순간이 차이가 나게 되어 있거든요. 지금 굉장히 힘든데, 힘든 물리적 변화에 따른 인식변화가 진행되지 않는 거잖아요. 그런데 앞으로도 나아질 일이 없기 때문에 고통을 받다가 보면 절망 속에 어떤 흐름들이 나오겠죠. 한국에 혁명은 없어도 난은 계속 있었던 나라거든요. 청년의 난 이런 것이 생길지도 모르죠.(웃음)

20대, 저항의 주체로서 자체 세력화가 필요해

지 '무장10대론'도 얘기하셨는데, 프랑스처럼 그런 시위가 보편적인 것은 아니지 않습니까?(웃음)

우 프랑스도 보편적이지는 않은데, 큰 사건이 벌어질 때 사회 전체가 전부 움직이는 때가 오는 거죠. 한국도 4·19 때 고등학생들이 움직였잖아요.

지 어떻게 보면 10년에 한 번씩은 큰 저항을 했던 것 같은데요. 1987년 이후에는 절차적 민주주의가 완성됐다고 생각해서인지 정치권에 대한 저항이나 경각심 같은 것이 줄어들지 않았나 하는 생각이 들거든요.

우 어떻게 보면 이명박 정권에서 가장 크게 고통을 받은 사람들이 지금 20대거든요. 이게 2, 3년 누적이 되면 결국 폭발할 거라고 보고요. 이명박 시대의 1차 피해자들이 20대거든요. 변화가 처음 시작된다면 제가 보기에는 20대에서 시작될 것이라고 보는 겁니다.

지 보편적인 주장인지 어떤지 모르겠지만, 블로그의 리플을 보면 '386 당신들이 변화의 흐름을 막고 있기 때문에 당신들이 없어져야 새로운 변화가 일어날 수 있고, 우리 20대 운동이 살아날 수 있다'고 말하는 사람들도 있거든요.

우 40대들은 50대한테 치인 세대잖아요. 유신세대와 386 사이에도 부각이 안 돼서 그렇지, 오히려 그 싸움이 더 큰 싸움이거든요. 어떻게 보면 한나라당과 민주당의 싸움이 우리나라 정치의 본진 싸움이라면 그게 50대와 40대의 싸움이거든요. 그러니까 20대는 누구랑 손을 잡는 것도 한 전략인데, 제가 보기에는 자체 세력화가 필요한 것 같아요.

지 어떻게 보면 개혁의 본질 중의 하나가 50대가 40대로 교체되는 과정이었던 것 같기도 한데요.

우 제 주장은 싸워서 가져가라, 책도 많이 내고, 영화도 많이 찍고, 국회의원도 하고 해서 가져가라는 겁니다.(웃음) 지금 스펙을 준비하기 위해서, 모두가 다 취직준비만 해서는 가져갈 길이 없잖아요. 고전적인 얘긴데, 역사는 용기 있는 자의 것이라는 거죠.

지 지금 어떻게 보면 적개심의 방향이랄까 이런 것이 잘못된 것 같기도 하고, 그런 얘기가 먹히는 면도 있는 것 같거든요. 변희재의 '진중권 부류의 386이 우리 앞길을 가로막는다'는 식의 주장 같은 게. 물론 일부 386의 행태에 대해서는 저 역시 비판적으로 생각하고 있습니다. 하지만 소위 '88만 원 세대 담론'이라는 것이 386세대에 대한 지나친 폄하와 적개심으로 이어진 것 같다는 지적도 있는데요.

우 변희재는 20대가 아니잖아요.(웃음) 제가 보기에 20대의 매력은 자기 말고는 남은 다 틀렸다고 하는 거거든요. 앙팡테리블이라고 하면, 누구나 다 틀렸다고 얘기하는 거잖아요. 저는 386과의 충돌도 나쁘게는 안 봐요. 그런데 너를 어렵게 하는 구조는 숨은 것도 많고, 그러니까 다 화를 내고 뽀개라고 하는 건데요.(웃음) 386이 잘한 것도 별로 없잖아요. 현 시점에서 크게 할 말이 없다고 생각하거

든요. 10년을 울궈먹었으면 많이 울궈먹은 건데, 이제 지겹잖아요.(웃음)

대통령이 된 후에 프로그램이 없는 사람은 대통령이 되어서는 안 돼

지 노회찬 전 의원에 대한 기대와 애정이 아주 크신 것 같습니다. 《이상한 나라의 인민노련》이라는 책도 준비 중인 것으로 알고 있습니다. 거창하게 홍보할 계획도 하고 계신 것 같고요.

우 일단 80년대에 구좌파의 로망이라는 것을 이 시대에 다시 한번 끄집어내보고 싶었던 것이 하나의 동기고요. 또 하나는 역사 쪽 공부를 더 하려고 해요. 그러다 보니까 가까운 현대사부터 시작해서 작업을 해보려고 하는 거고요. 지금 소위 좌파라고 할 수 있는 사람들이 한국에서 2퍼센트밖에 안 되잖아요. 그런데 진짜 2퍼센트밖에 안 되냐고 하면 그것보다는 더 될 것 같으니까 인민노련을 고민할 수 있는 사람들을 한번 모아보자는 거죠.

지 어떻게 보면 서울시장 선거 같은 무대에서 노회찬이라는 대중성이 강한 정치인을 통해서 진보신당이 가진 얘기를 해볼 수 있다고 생각했는데요. 노무현 전 대통령이 돌아가시면서 그 직후에 소위 친노무현 쪽 사람들의 지지가 높게 나오다 보니까 상황이 좀 복잡해진 것 같은데요.

우 내년 지방선거까지는 진보신당이나 민주노동당이나 본인들은 약진하겠다고 얘기하겠지만, 별일 안 벌어질 거예요. 안 벌어질 것이고, 내부에서 자기들이 했던 얘기들이 국민한테 안 먹히고, 계속 마이너로 밀리는가에 대해서 생각해보고, 그것을 극복하기 위한 준비들이 필요할 것이라고 생각합니다. 막말로 민주노동당이나 진보신당이 당장 집권하겠다고 하면 제가 먼저 말릴 거예요.(웃음) 왜냐하면 준비가 하나도 안 되어 있기 때문에 이 사람들이 집권하면 우리나라 큰일나거든요.(웃음) 한국이라는 것은 대통령이 되어서 뭘 준비하는 시스템이 아니고, 대통령이 되기 위한 준비를 해서 그 사람들이 들어가서 통치하는 수밖에 없는 그런 시스템이거든요. 대통령이 된 후의 프로그램이 없는 사람은 대통령이 되어서는 안 된다고 생각합니다. 이명박도 그래서 안 됐다고 생각하거든요. 선거만 준비했지, 후속 프로그램을 준비한 게 아무것도 없잖아요. 그것은 한나라당한테도 유효하고, 노무현 정권한테도 유효하지만, 진보 계열에도 유효한 얘기라고 생각하거든요. '되면 어떻게 할 것이냐?', 이 논의를 하는 것이 제일 빠른 준비일 것이라고 생각합니다. 짧게 보면 정치공학이 먹히지만, 5년이나 10년 단위로 보면 정치공학이 움직일 공간이 별로 없어요.

지 결과적으로 노무현 정권이나 이명박 정권이 정권을 잡는 데까지는 굉장히 유능했지만, 정권을 잡은 이후를 보면 경제정책이나 이런 면에서 내용이 없거나 부족했지 않나 싶은데요. 진보신당이나 민주노동당 같은 진보정당이 정권을 잡아도 마찬가지 현상이 벌어질 텐데, 어떤 식으로 준비해나가야 된다고 생각하십니까?

우 시뮬레이션 같은 것을 많이 해봐야겠죠. 사회적 논쟁이나 사회적 문제를 안티로 바라보는 것이 아니고, 만약에 집권을 했다면 어떤 것을 할 것이냐, 그런 식의 집단적인 고민 같은 것을 몇 년은 해봐야 된다고 생각하거든요. 섀도캐비닛 같은 것도 만들어볼 수 있는 거잖아요. 돈 드는 거 아니니까. 미국 같은 경우 그렇게 하거든요. 야당 시절 섀도캐비닛 같은 것을 운용하다가 정권을 잡으면 그런 식으로 다 들어가는 거잖아요.

지 한국이 보면 몇 개월 단위로 큰 사건이 벌어지고, 엄청나게 빨리 변화하는 것 같지만, 교육문제 같은 것을 봐도 그렇고, 국민의 40퍼센트가 한나라당을 지지하는 공고한 구조도 그렇고, 오히려 10년 단위로 보면 변하는 게 없다는 생각도 들거든요. 단기적으로 보면 엄청난 사건도 많고, 빨리 변하는 것 같지만 결코 그렇지 않은 거죠. 상위 10퍼센트는 몰라도 한나라당이 집권하면 더 어려워질 계층이 계속 찍어주는 건데, 이런 상황을 변화시킬 방법은 없을까요?

우 요술지팡이 같은 것은 없을 거고요. 결국은 사람의 마음을 사는 수밖에 없거든요. 그런 면에서는 정책하고, 여유, 매력 같은 것을 생각해볼 수밖에 없죠. 한나라당을 평생 지지했던 사람들이 이번에는 아닌 것 같다는 생각이 들게 해야 되거든요. 일본이 그렇게 바뀌었거든요. 태어나서 지금까지 자민당만 찍었던 할아버지들이 이번에 투표를 바꾼 거잖아요. 거의 두 배 가까이 차이가 난 거거든요. 그러니까 그것은 실제 변화도 그렇게 오지만, 정책도 그렇게 되니까 바꿀 수 있는 겁니다. 미국은 2퍼센트로 바꾼 거거든요. 그러니까 집권을 했는데 오바마가 못하잖아요. 한나라당 30퍼센트는 버리고 간다는 생각이 과연 옳은 것이냐, 그 사람들도 설득하고 대화를 해야 되지 않느냐는 겁니다. 제가 요즘 언론에 불만인 것이 일본에 굉장히 혁명적인 변화들이 일어나고 있습니다. 그것을 소개만 해줘도 될 것 같은데, 조중동은 물론이고, 한겨레, 경향조차 일본의 상황에 대한 보도를 하지 않거든요.

지 앞으로 정치를 어떻게 할지 모르겠지만, 미국이나 일본이 큰 변화를 겪지 않았습니까? 미국은 흑인·대통령이 나왔고, 일본도 자민당 50년 정권을 종식시켰는데요. 오히려 한국만 반대의 흐름이 생긴 것 같은데요. 이번에 《혁명은 이렇게 조용히》를 쓰시면서 일본 생각도 많이 하셨을 것 같거든요. 일본도 조용히 뭔가 벌어지다가 투표로 확 바뀌었는데요. 한국에서 조용한 혁명의 씨앗이 어떤 것이 있다고 생각하십니까?

우 어떻게 보면 80년대와 비교하면 대학생들이 가장 많이 바뀐 거거든요. 그러니까 운동진영에서 대학생들이 떠나간 거죠. 그리고 그 자리를 채울 수 있는 것이 없잖아요. 결국은 나머지 사람들이 비슷비슷할 거라고 치면 대학생들이 움직일 수 있는 조건을 만들어야 되는 것 같아요. 여성진영도 이미 10년 전에 움직였잖아요. 더 나올 패가 20대밖에 없고, 20대에서 그나마 자유롭게 움직일 수 있는 것은 대학생밖에 없는데요. 지금 좌파는 대학생들을 버리고 가잖아요. 싸가지 없다고 하고.(웃음) 이게 논리적인 것 아닌가요? 방법은 모르겠지만, 거기에 마음을 사고 움직이고 변화를 할 수 있게 뭘 해야 되는 것은 너무 명확한 거죠.

지 우측통행의 경제적 효과 같은 것은 생각해보셨습니까?(웃음)

우 개뻥이라고 생각합니다.(웃음) 할 것은 없고, 그런 거나 한번 해보자고 생각한 거죠.

지 정부에서는 경제적 효과가 있다고 선전하지 않습니까? 어떤 분들은 '우파우파 하더니 통행도 우측으로 하라고 하냐?'고 비아냥거리거든요.(웃음)

우 조작으로 통치를 하는 것이 어느 정도 먹힐 수 있는 것인지에 대한 시뮬레이션 같은 거라고 생각해요. 70년 이상 했던 좌측통행도 바꿀 수 있다면 모든 것을 할 수 있다고 생각하겠죠.(웃음)

지 그래서 사람들이 가운데로 다니더라고요. 일종의 생체실험 같은 거라고 생각하시는군요.(웃음) 수업할 기회를 10년 동안 주지 않았다는 표현을 하신 적도 있으신 것 같은데요.

우 머, 할 수 없죠.

지 지금까지 공부하신 것을 책이나 강의를 통해서 많이 전달하시고 계신데요. 학교에서 그런 기회가 많이 주어지지 않는 것에 대해서 속상해하시는 것 같은데요.

우 그런 생각을 했었죠.(웃음)

지 실력이 있고, 열심히 소통하려는 사람들에게 기회가 주어지지 않는다는 것은 사회적 손실 같기도 합니다.

우 그런데 그것은 좌파, 우파 문제가 아니고 대학이라는 공간을 어떻게 생각하느냐, 직업으로 생각하느냐, 아니면 사회적 기능을 가진 기관으로 볼 것이냐 하는 건데요. 저한테 일단 정책을 해보라고 하면 사교육은 어떻게 할지 생각을 해봤고, 방법도 좀 보여요. 그런데 대학개혁은 잘 모르겠어요. 아마 군대개혁이 대학개혁보다 쉬울 거예요.

지 책 쓰는 것 말고, 다른 특별한 계획은 없으십니까?

우 일단 다 쓸 때까지는 특별하게 큰일은 안 벌일 생각이고요. 쓰고 나면 좀 쉬려고 합니다.(웃음) 그런데 하여간 대학생들이나 학계에서 하는 일들은 그만 좀 하고 싶고요. 진짜 일반 국민들하고 하는 교양 프로그램이나, 공공 도서관 같은 데서 조그만 강의를 맡는다거나 그야말로 더 바닥으로 내려가서 사람들을 보고, 연구하고 그런 일을 하면 어떨까 하는 생각이 좀 있어요.

지 블로그 같은 경우 생각을 정리하는 면이 좀 있고, 그러다 보니까 감정적으로 약간 격앙되어 있을 때 감상적인 상태에서 쓰시는 글도 있을 텐데요. 거기에 대해서 공격적인 댓글도 좀 달리는 것 같습니다.

우 말 그대로 드래프트니까요. 작업가설들을 쓰는 거죠. 이를테면 데이터를 보거나 그건 뒤의 일이고, 이런 가설들을 세우고, 그냥 연습장으로 쓰는 거예요. 말 그대로 임시 연습장이죠.(웃음)

지 리플들 중에서 도움이 되는 부분도 있는 건가요?

우 거의 없죠. 작업과정 자체가 새로 공부를 시작하려고 하거나 책 작업 같은 것을 하는 사람들한테는 도움을 주는 거니까요. 작업

패턴 같은 것들은 맞아서가 아니고, 이렇게 하는 방식이 있다고 생각하면, 장단점을 생각해보고 자기 것을 만드는 데 도움이 될 거 아니에요?

역사의 진보에는 희생이 따라

지 마지막으로 해주실 말씀은 없으신가요?

우 하여간 당분간은 다 죽었다고 생각해야 될 것 같아요.(웃음) 살다 보면 바닥이라고 생각하는 순간이 있을 텐데, 지금이 그 바닥은 아닐 거거든요. 지금 조급하게 마음을 먹으면 진짜로 삶의 최악을 만나게 될 텐데요. 덕목 하나를 얘기하면 지금은 침착함이 제일 중요한 때 같아요. 증오는 아무도 도와주지 못하고, 개인도 못 도와주거든요. 침착하게, 명랑하게 지내려고 하고, 전체적으로 다들 조금씩 움직이면 해법이 나오는 순간이 오지 않을까 하는 생각을 합니다.

지 저항에는 어느 정도의 폭력이 수반될 수밖에 없다고 하셨는데요. 방화까지는 곤란하지만, 유리창을 깬다거나 돌을 던진다거나 할 수는 있지 않을까라고 하셨는데요. 지금은 그렇게 하는 분들이 굉장히 많은 고통을 당하지 않습니까? 촛불 때 나갔다가 고통을 당하는 분들도 많고요. 그런 분들에게 어떤 말씀을 해줄 수 있으신가요?

우 결국 역사는 누군가의 희생 없이는 좋아지지 않거든요. 한국 역사가 더러운 것은 친일파가 독립군들의 싹을 자르면서 선 나라잖아요. 개떡 같은 전통이 있는 건데, 한번은 역사에서 고통받은 사람들이 앞에 나와서 웃는 전환을 만드는 일을 해야겠죠. 한국은 친일파가 친미파가 된 배신자들의 나라잖아요. 언젠가는 그것이 바뀌어야 된다고 생각해요. 지금은 우리가 토호라고 부르지만, 20년 전에는 졸부라고 불렀잖아요. 졸부의 자식들이 좋은 대학 등을 다 먹고 있는 거잖아요. 정의는 어디로 갔느냐는 거죠. 정의는 지금 길바닥에서 고통받고 있고, 헌법은 닭장차에 끌려가는 나라인 거죠.(웃음)

지 안티 영웅으로서의 이명박의 능력에 대해서 높이 평가하셨는데요. 항간에는 이명박 요정설 같은 것도 있지 않습니까?(웃음) 우리를 시험에 들게 함으로써 근본적인 변화를 추동할 수 있게 만든다는 거죠. 이명박에 대한 정서적 혐오감을 가진 사람들이 30대 여성들을 중심으로 많은 것 같은데요. 이런 현 대통령의 캐릭터가 다음 대선에서 변수가 될 수 있다고 생각하십니까?

우 충분조건하고 필요조건을 얘기하면, 안티 영웅은 필요조건은 되거든요. 국민들 입장에서 어떤 집단이 '재네가 이 나라를 운영할 수 있을 것 같다'고 보기 전에는 충분조건이 성립되지 않거든요. 그러니까 '난 저 새끼는 싫은데, 너도 싫어'라고 하면 아무 변화도 일어나지 않는 거죠.(웃음)

지 대안이 보이지 않으면 투표를 안 하는 경향이 생기겠죠.

우 국민의 절반 정도가 '나는 이명박이 싫지만, 민주당 너도 싫어', 이런 상태잖아요. 어떻게 보면 한국이라는 나라가 무주공산인 거죠. 거대한 경제 시스템이 하나 있는데, 잘 끌고 나갈 수 있는 사람들이 나타나면 주인은 언제든지 바뀔 수 있는 겁니다.

지 촛불집회 과정만 보면 진보신당이 현장에서는 집권당 수준의 인기를 누렸지 않습니까?

우 그런데 호스트라는 표현을 쓰면, 그 후에 진보신당은 그것을 호스트할 수 있는 준비와 마음이 안 갖춰져 있는 거죠. 그래서 좌파한테 더 우정과 환대라는 개념이 필요하다는 생각이 들고요.

지 분명히 보면 좌파라는 것은 뭔가 사회를 변화시키기 위해서 공격적으로 얘기할 필요도 있지만, 인간에 대한 애정이 바탕이 되어야 할 것 같은데요.

우 인간에 대한 애정까지는 아니더라도 최소한의 에티켓 정도는 가져야죠.(웃음)

지 좌파가 우정과 환대의 개념을 가지기 위해서는 어떻게 해야 될까요?

우 집권이 가능하다고 생각하는 순간 우정과 환대가 생길 거예요.(웃음) 어차피 우리는 안 될 건데라고 생각하면 스트레스나 풀게 되거든요. 될지도 모른다고 생각하는 순간에 바뀌겠죠. 인간의 속까지 보는 것은 슬픈 일이거든요. 착한 사람이 되거나 선한 사람이 되거나 똑똑한 사람이 되기는 어렵지만, 우정과 환대를 보이기는 훨씬 쉬운 거 아닙니까?

지 시간을 내주셔서 감사합니다.

신자유주의 물결을 거스르며 사민주의를 제안하는 경제학계의 이단아

장하준

● 1963년에 태어남. 서울대학교 경제학과를 졸업했고, 케임브리지 대학교에서 박사학위를 수료. 현재 케임브리지 대학에서 개발정치경제학 강의를 하고 있으며, 2002년 출간된 《사다리 걷어차기》로 2003년 뮈르달상을 수상. 그 외의 연구성과와 저서로 인해 2005년 레온티에프상 수상. 이미 몇 년 전부터 세계적인 경제학자로 주목받고 있는 장하준은 상대적으로 조국에서 외면당하고 있는데, 혹자들은 한국인 최초로 노벨 경제학상을 수상하게 될지도 모른다고 수군거리고 있음. 그의 저서 《나쁜 사마리아인들》을 국방부에서는 금서로 지정하기도 했고, 좌우를 막론하고 그의 이론에 대해 불편해하는 구석이 있음. 세계은행, 아시아개발은행, 유럽투자은행의 자문을 맡고 있는 장하준의 이론은 제3세계 국가들의 경제정책 결정에 결정적인 영향을 주고 있기도 함.

개인적으로는 지금 나와있는 대안중에서는 수정자본주의가 제일 맞다고 생각해요. 다른 대안에 대해서 열린 마음을 갖고있긴 한데, 현재 제가 보기에는 확실한 대안이 없어요. 긍정적인 입장에서 그래도 이런 것을 추구하는 것이 낫지 않겠느냐고 해서 하는 얘기들이 복지국가 확대라든지, 금융규제 강화 등을 이야기 하게 되는거죠. 좋은 예가 19세기 말에 수정주의 바람이 불었을 때 스웨덴 사회당은 변방에 있는 정당이어서 도리어 더 실용주의적으로 나갔죠. 변방에 있기 때문에 더 실용주의적으로 사유재산 국유화, 생산수단 국유화 같은것을 포기하고 재벌들하고 타협하자고 나왔던 것이고, 독일 같은경우는 비스마르크가 복지국가를 만들었어요. 그런식으로 구체적으로 어떤 대안을 놓고 어떤 식으로 추구하느냐에 따라서 결과가 많이 달라질 수 있는거지요. 제가 보기에는 최소한 현재는 구체적인 대안으로서 존재할 수 있는것은 수정자본주의, 복지국가의 바탕을 둔 유럽식의 사민주의이에요.

장하준

〈시사in〉 이종태 기자는 기사를 통해 장하준 교수에 대해 이렇게 표현했다.

"케임브리지 대학 교수이고 뮈르달상과 레온티에프상 등을 수상하는 바람에 국내에서는 '세계적 경제학자' 라는 약간 '낯 뜨거운' 호칭으로 불리고 있다. 그러나 영국의 유력매체인 〈가디언〉에서도 그를 폴 크루그먼, 아마티야르 센, 조지프 스티글리츠 등 노벨 경제학상 수상자와 함께 '최근의 위대한 경제학자' (great latter day economists) 대열에 올리고 있는 것을 보면 아주 어색한 호칭은 아닌 듯하다."

2003년 그가 받은 뮈르달상은 유럽정치진보학회에서 수여하는 상으로 신고전파 경제학의 대안을 제시한 경제학자, 지난 1년간 출간된 도서 중 가장 뛰어난 경제학 도서에게 수여되는 상이다. 그리고 2005년에 수상한 레온티에프상은 경제학의 지평을 넓힌 경제학자에게 주는 상이다.

그에게 뮈르달상을 안겨준 명저 《사다리 걷어차기》는 선진국들이 후진국들에게 강요하는 정책과 제도가 과거 자신들이 경제발전 과정에서 채택했던 정책이나 제도와 얼마나 거리가 먼 것인지, 따라서 후진국들에 대한 그들의 '설교'가 얼마나 위선적인 경우가 많은지를 보여주는 책이다. 그러나 그의 메시지는 한국 사회에서 제대로 받아들여지지 않고 있다. 국방부는 군인들이 읽어서는 안 될 23권의 불온문서 중의 하나로 그의 책 《나쁜 사마리아인들》을 선정했고, 노무현 정부에서 장관을 지낸 그 정권의 핵심 브레인 중 한 분은 자신의 저서를 통해 '장하준 교수의 주장이 정책으로 반영하기에는 비현실적' 이라는 논지의 주장을 하기도 했다.

그러나 장하준 교수의 책을 모두 통독하고, 인터뷰를 하기 위해 장하준 교수에 관한 자료를 충분히 읽어서 그의 주장 자체를 – 그것이 옳든 그르든 간에 – 어느 정도는 이해하고 있다고 생각하는 내 입장에서 볼 때 그의 주장은 장하준의 주장에 대해 표피적인 이해조차 못하고 있다는 생각이 들었다.

그렇게 장하준 교수의 주장은 진영을 떠나서 무시되고 있다. 그러나 대중들은 불온문서로 선정된 그의 책 《나쁜 사마리아인들》을 수십만 명이 구매해서 정독을 하고 있다. 이런 아이러니한 상황에서 다시 한 번 장하준 교수를 만나 그의 주장을 들어보았다. 인터뷰는 2009년 4월 8일 조선호텔 커피숍에서 약 2시간에 걸쳐 이루어졌다.

신자유주의 물결을 거스르며 사민주의를 제안하는 경제학계의 이단아

내 역할은 처방이 아니라 화두와 대안 제시

지승호(이하 **지**) 이번에 오셔서 작심을 하시고 강연을 하시는 것 같은데요.(웃음)

장하준(이하 **장**) 아니, 그런 건 아니에요. 보통 1년에 한 번씩 오거든요. 대개 여름에 오는데, 올해는 여름에 올 사정이 안 돼서요. 저야 괜찮지만, 애들은 한 번 한국에 왔다 갔다 하고 안 하고 하는 것이 한국말 유지하는 데 큰 차이가 나기 때문에 그러면 봄에라도 가자고 해서 왔어요. 그렇게 작심하고 한 것은 아니고, 옛날부터 약속했던 것들 하며, 새로 몇 개 생긴 것들을 하려고 했는데요. 처음에 왔다고 인터뷰 한두 개 하다 보니까 우루루 요청이 들어왔고 하다 보니까 보기에는 마음먹고 뛰는 것처럼 보였는데 꼭 그런 것은 아

닙니다.

지 거절을 잘 못하는 성격이신 것 같기도 합니다. 그 전에서부터 찾으시는 분들도 많았고요.

장 저야 얘기 들어주겠다고 하면 시간이 허락하는 한 어디든지 가는 타입이니까요.(웃음) 이번에는 한나라당도 가고 해서 사람들이 확대해석하는 것 같습니다.

지 그 전에 민주당도 만나셨고, 지난 6일에 한나라당 주최의 강연에도 참여하지 않았습니까? 분위기는 어떻든가요?

장 옛날에도 정당 같은 데서 안 한 것은 아닌데, 이번만큼 많이 부르지는 않았죠. 다른 때 오면 정당이나 국회에서 하나 정도 할 때도 있고, 안 할 때도 있었어요. 확실히 정치권에서 관심이 높아진 것 같고요. 다른 것은 옛날하고 비슷하죠. 대학강연이라든가 언론 인터뷰라든가 이런 것들은 비슷해요.

지 정당 관련 강연을 하면 뉴스에서 많이 회자되어서 그런 것 같습니다. 아무래도 신자유주의라는 것에 대해서 정치권에서도 회의를 갖기 시작하면서 그렇게 된 것 같은데요. 강연해보시니까 어떻든가요? 질문한 의원들을 봐서는 그다지 소통이 잘된 것 같지는 않던데요.

장 민주당에서는 아침 먹으면서 잠깐 얘기하고 토론 중심으로 되어 있어서 사실 대화를 많이 했어요. 제 얘기는 일부러 줄여서 30분 정도만 하고, 그 후 1시간 가까이 대화를 했고요. 한나라당은 포맷 자체가 강연회다 보니까 제가 나가서 1시간 좀 넘게 강연을 한 것 같아요. 토론자라고 해서 의원 두 명과 기자 한 분이 나와서 발언을 했는데, 그것도 좀 길어지고 해서 결국 나중에 방청석 전체를 대상으로 한 질문은 시간이 없어 아주 간단한 것 한두 개만 받고 말았거든요. 말하자면 특별히 한나라당 측에서 소통을 막은 것은 아니지만, 결과적으로 포맷이 다르다 보니까 형태가 달라졌죠.

지 언론에서는 한나라당이 변한 거냐, 아니면 변하는 제스처를 취하는 거냐는 시각으로 갈라졌고요. 한나라당 내부에서도 정두언 의원이나 임태희 정책위원장 같은 경우 얘기를 긍정적으로 들으려는 것 같더라고요. 일각에서는 반대되는 얘기를 하기도 하고요.

장 한나라당이 전체주의 정당도 아니고, 안에 여러 가지 목소리가 있죠. 그동안 신자유주의 목소리가 우세했던 건데요. 이번에 보니까 공개적인 것도 있고, 그 전후에 얘기한 것도 있고, 한나라당에서도 다양한 목소리가 나오는 것 같아요. 강연하다 보면 청중의 반응이 나오잖아요. 그러니까 어떤 부분은 별로 공감 안 하는 부분도 있고, 어떤 부분은 공감하는 부분도 있고, 사실 옛날부터도 그랬죠. 제가 어느 당의 구미에 딱 맞는 얘기를 하는 사람이 아니잖아요. 이번에는 의외로 더 반응이 좋았던 것 같아요.

지 어떤 면에서는 선생님 얘기에 대해서 우파나 좌파나 다 불편해하는데요. 요즘 세계적인 경제학자라는 얘기가 나오니까 자기가 좋아하는 부분만 받아들이는 경향도 있지 않습니까? 한나라당에서는 성장주의만 받아들이고요.(웃음)

장 그건 옛날에 제가 덜 유명할 때부터 그랬죠. 그것은 제가 어떻게 통제할 수 있는 것도 아닌데요. 저로 말하자면 제품을 생산하는 건데, 예를 들어 대장장이가 칼을 만들었을 때 그 칼을 가지고 강도짓을 할 수도 있고, 나라를 위해 사용해서 영웅이 될 수도 있고, 단순히 사냥해서 자기 생계를 유지할 수도 있는 그런 건데, 제가 생산한 것을 남들이 어떻게 쓰는가까지 제가 생각하긴 힘든 것 같아요. 책임을 아예 안 지겠다는 뜻은 아니지만, 일일이 그런 것을 생각해서 발언을 한다면 그건 정치인이지, 학자는 아니잖아요. 저는 정책을 연구하는 학자로서 그런 발언을 하는 것이지, 정치인으로서 하는 것은 아니니까요.

지 만약에 그걸 잘못 받아들여서 정책에 투영한다든지 하면 학자로서 그건 잘못 받아들였다는 발언을 해야 하지 않습니까? 애프터서비스를 해줘야 될 것 같은데요.(웃음)

장 그런 문제는 있죠. 지금까지 제가 한 얘기가 받아들여진 게 없으니까 아직 그런 고민까지 할 필요는 없겠지만, 혹시 어느 부분이라도 받아들여지게 되면 그런 것은 얘기해야겠죠. 사실 그렇죠. 제가 하는 것이 말하자면 화두를 던지고, 그것에서 생각해볼 어떤 이론적인 쟁점이라든가 역사적인 사실 아니면 최근 심층적인 연구를 통해서 증거를 제시하는 그런 거니까요. 사실 제가 이런 것을 해야 된다고 얘기하더라도 밑도 끝도 없이 그 얘기만 하는 것이 아니라 이런 이유에서 나는 이런 것을 해야 된다고 생각하는데, 어느 나라를 보면 이렇게 하고 있고, 옛날에 어떤 나라는 이렇게 했고, 이런 얘기를 하니까 정책을 입안하는 사람들이 그것을 보면서 취사선택을 할 수 있겠죠. 처방만 내릴 경우 그걸로 해서 잘못되면 '저 선수 때문에 잘못됐다'는 말을 듣는 것이 당연하지만, 저는 말하자면 '이런 목적으로 정책을 쓰려고 할 때 이런 상황이라면 이런 게 좋다', 될 수 있으면 이런 식으로 얘기를 하니까 그것을 쓰는 사람들이 잘 판단을 해서 사용하시겠죠. 약도 그렇잖아요. 12세 이하의 어린이는 먹이지 말고, 심장병이 있는 사람은 조심하고, 그런 것을 붙여놓았으니까 그런 것을 잘 안 읽고, 집어먹어서 탈이 나면 소비자의 책임이 큰 거고요. 그런 것을 안 붙이고 '이렇게 하면 만사가 다 해결된다'고 말하면 생산자 내지는 판매자의 문제가 더 큰 거겠죠.

{ 김영삼, 김대중, 노무현, 이명박 정부는 정도의 차이만 있을 뿐 모두 신자유주의 노선 추구해

지 미국발 금융위기로 인해 신자유주의에 대한 회의가 전 세계적으로 일어나고 있습니다. 미국 대통령 오바마의 당선도 그런 의미가 있는 것으로 보이는데요. 선생님은 오바마 당선의 의미를 무엇으로 보십니까? 변화를 시도하고 있지만, 쉽지 않을 거라는 견해도 만만치 않은데요.

장 첫 번째로 고려할 사항은 부시가 워낙 극단적인 신자유주의를 추구하니까 그렇게 보였지만, 사실 오바마라는 사람이 태생적으로 대단한 좌파 이런 것은 아니거든요. 그것은 정치성향뿐만이 아니라 예를 들어서 '누구하고 연줄이 닿느냐'는 문제도 있을 거고요. 당선이 됐을 때 주변에서 '이런 때 괜히 좌파라고 이름난 사람들을 쓰면 시장이 패닉상태에 빠지니까 쓰면 안 된다'는 얘기들도 했을 겁니다. 그런 것을 종합해서 뽑은 것이겠지만, 진용을 갖추고 보니까 이 사람들이 신자유주의 노선을 추진했던 핵심인물들이라는 말이죠. 80년대 초에 미국 통화주의, 인플레를 잡는다고 고금리 정책을 썼던 당시 연방준비위원회 위원장이었던 폴 볼커를 경제회복자문위원회(ERAB) 위원장에 임명했고요. 클린턴 때 세계은행 수석 경제학자를 하다가 나중에 재무장관을 하면서 우리나라를 포함해서 온 세계를 돌아다니면서 금융자유화를 하라고 돌아다닌 서머스라든가, 지금 재무장관을 하는 가이트너라는 사람도 일부 해석은 서머스가 자기가 다시 하기 그러니까 꼭두각시로 세운 거라고 하는 그런 정도의 인물인데요. 월스트리트 출신에다가 IMF에서도 일했고, 지금 오바마의 비서실장이라고 하는 람 이매뉴얼은 미국에서 공식적으로 월스트리트 헌금을 가장 많이 받은 정치인입니다. 그런 사람들 데려다놓으니 획기적인 정책이 안 나오는 거죠. 어떻게 하면 과거체제를 유지하면서 뭘 해볼까 하는 사람들이니까요.

지 그러면 사실 지금 이명박 정권에서 중용되고 있는 사람들이 예전 정권부터 중용된 경우가 많지 않습니까? 그거하고 비슷한 결과를 초래할 수도 있겠네요. 한계가 있는 사람들이 정책을 만들어 간다는 것이…….

장 그렇죠. 제가 보기에는 기본적으로 정도 차이는 있지만, 김영삼, 김대중, 노무현, 이명박 정부가 모두 신자유주의 노선을 추구했다고 보거든요. 물론 조금 덜하고 더하고, 분야에 따라서는 어디는 그런 게 아니고, 정권마다 조금의 차이는 있지만, 기본적으로는 그렇거든요. 그러니까 말하자면 같은 인물들이 또 하니 새로울 것이 없는 거죠.

지 그걸 보면 미국도 마찬가지고, 유럽도 신자유주의가 이대로는 안 된다는 문제의식은 가지고 있는 것 같은데, 지금 한국의 정권을 보면 오히려 거꾸로 가고 있는 것 같아요. 옛날에 명, 청 교체기에 국제관계의 현실을 보지 않고, 청나라를 오랑캐라고 하고, 우리를 오히려 소중화라고 생각했던 교조주의와 비슷한 것 같습니다. 한나라당의 한 의원도 그렇게 말했지 않습니까? 미국이 바뀐다고 해서 우리가 신자유주의를 포기할 수는 없는 것이 아니냐고. 그런 신념 같은 것을 가지고 있는 것 같은데요.

장 그렇죠. 남미에 가면 그런 표현이 있습니다. 교황보다 더 가톨릭 신앙심이 깊다고. 원래 주변부 이념가들이 본산지 이념가들보다 더 강하게 믿거든요. 그러니까 미국 같은 나라 보세요. 시장자유가 어떻고, 균형재정이 어떻고 하다가 급하니까 당장 안면몰수하잖아요. 우리나라 금융위기 때는 (IMF를 통해서지만) 와서 재정적자 내지 말고 흑자 내라고 했었던 얘기들을 자기들이 다 뒤집고 있거든요. 중심부와 주변부의 차이겠죠. 그런데 여러 가지 반응이 있습니다. 자기가 믿던 신조가 궤멸됐을 때 그런 식으로 반응한 사람들이 있잖아요. 종교적인 방식으로 얘기하자면 '지금 우리가 시련을 받고 있으니까 더 열심히 기도해야 된다'고 하는 사람도 있고, 또 어떤 사람은 '이건 진짜 잘못된 것 같다'고 버리는 사람도 있을 거고요. 또 어떤 사람은 '일부는 잘못됐지만, 그래도 기본적으로는 이게 맞으니까 내부에서 개혁을 해보자'고 하는 사람도 있을 거고요. 어떤 사람은 '알고 싶지 않다, 나는 신경 쓰지 않겠다'고 반응을 하는 사람도 있겠죠. 모든 사람이 한 가지 방식으로 반응하는 것은 아니겠죠.

지 "민주당은 신자유주의적인 정책, 금융시장 자유화와 개방을 무리하게 추진한 데 대해 그 책임을 인정해야 한다"는 말씀도 하셨잖아요.

장 그럼요.

지 지난 정권의 정책을 비판하지 않고, 현 정권의 정책만 비판하는 것은 옳지 않다는 얘기로 보입니다.

장 그렇죠. 민주당이 말발이 안 서는 것이 그건데요. 뭐라고 비판하면 한나라당이 치고 나오는 것이 '이건 당신들이 하던 건데, 당신들이 시작한 건데'라고 하거든요. 굳이 따지자면 그때보다 조금 더 세게 한다든가 이런 것이 없는 것은 아니지만 기본적으로 노선은 같거든요. 그러니까 민주당으로서는 말을 할 수 없는 거죠. 제가 거기서도 그런 얘기를 했어요. 케임브리지대에서 교수를 했던 유명한 경제학자 케인즈가 토론회에 나가서 무슨 주장을 했는데, 그게 케인즈가 2~3년 전에 주장했던 것과 반대된다고 해서 비판을 받은 적이 있습니다. 정확히 어떤 내용인지는 모르겠는데, 상대방이 옳다구나 하고 "당신 옛날에 하던 얘기와 다르지 않냐?"고 하니까 케인즈의 답변이 "글쎄요, 나는 세상이 바뀌거나 새로운 사실이 발견되어서 내 이론에 문제가 있다고 생각하면 내 의견을 바꾸는데, 당신은 어떻게 하느냐?"라는 얘기를 했습니다.(웃음) 말하자면 잘못 생각했으면 입장을 바꿀 수는 있죠. 그렇지만 고해성사는 해야 되는 것 아니냐는 겁니다. '우리가 옛날에는 이렇게 했는데, 잘못된 것 같다', 그것을 안 하고 뭐라고 비판하면 한나라당에서 '너희가 하던 것을 받아서 조금 빨리 추진하는 건데 웬 잔소리가 이렇게 많냐?'고 하니까 말빨이 안 서는 거죠.

격차가 나는데 FTA를 맺어서 잘된 나라 없어

지 현 정부에서 추진하고 있는 MB 악법이라는 것도 그렇고요. 금융규제 완화, 금산분리 완화, 금융시장 선진화 추진 등이 이미 미국에서도 실패했다고 평가받고 있는 이른바 미국식 모델인데요.

장 그렇죠. 방송법 같은 것은 제가 잘 모르겠지만, 금융 같은 것도 지금 아니라고 뒤늦게 부인하고 있지만, 기본적으로는 80년대부터 시작된 미국 신자유주의식 금융자유화 모델인데요. 99년에 투자은행-상업은행 분리법을 없애는 게 결정적인 분수령이었는데, 그것을 답습한 거거든요. 그래서 리먼 브라더스가 망하기 몇 주 전까지도 산업은행이 그것 사겠다고 왔다 갔다 했는데요. 기본적으로 그 모델을 따르겠다는 거거든요. 지금 당국자들은 말을 돌려서 그래도 우리는 규제를 더 하면서 하겠다고 하는데요. 예를 들어 헤지 펀드(국제증권 및 외환시장에 투자해 단기이익을 올리는 민간 투자기금을 가리킨다—저자 주) 같은 것을 자유화하면, 헤지 펀드는 규제를 안 받기 때문에 성공하는 건데, 그것을 규제하면 만드는 의미가 없거든요. 결국 헤지 펀드를 허용하겠다고 하는 것은 규제를 하겠다고 해놓고 규제를 안 하겠다는 얘긴데, 이미 지금 문제가 되고 있는 것 아닙니까? 저는 지지하지 않지만, 설사 금융자유화를 지지하는 입장이라고 하더라도 다시 한 번 돌아볼 때가 된 거죠. 지금 사실 판을 벌이려고 해도 이미 그런 식으로 한번 뒤집어지면서 국제금융의 틀이 바뀔 수가 있다고요. 말로만 나온 거지만, 결과적으로 헤지 펀드가 얼마나 규제가 되냐, 조세도피처 문제는 어떻게 할 것이냐, BIS 자본비율은 어떻게 해야 되냐, 신용평가기관은 어떻게 해야 되냐, 이런 온갖 문제들이 있는데요. 아무리 그것이 하고 싶더라도 그런 윤곽이 드러날 때까지 가만히 놔둬야 되는 것 아닌가요? 너무 성급한 것 같아서 걱정이죠.

지 산업은행이 리먼 브라더스를 인수하려고 하지 않았습니까? 리먼 브라더스가 파산한 이후에도 민유성 산업은행장은 '리먼 브라더스를 인수했을 경우 파산까지는 이르지 않았을 것'이라는 발언을 했는데요.

장 그러니까요.

지 지금 정책을 운영하는 분들이 결과가 나쁜 쪽으로 나타나더라도 잘 인정하지 않는 것 같습니다. 이런 인식의 배경에는 무엇이 있다고 생각하십니까?

장 글쎄 그런 것이 반박을 할 수도 없는 게, 이미 일어나버린 일인데, 다르게 했으면 잘 했었을 것이라고 우기면 어떻게 반박을 하겠습니까? 타임머신을 타고 과거로 가거나, 가상현실로 해서 시뮬레이션을 할 수 있는 일도 아니고요. 그것은 말하자면 우기는 거지, 제대로 된 논의라고 할 수가 없죠.

지 친일파 논쟁 같은 것을 봐도 예전 같으면 그런 얘기가 나오면 곤혹스러워하거나, 후손으로서 사과를 했는데요. 요즘은 오히려 '그때 안 그런 사람이 있냐?' 이런 식으로 나오니까 논의가 안 되는데, 그거하고 비슷하다는 생각이 듭니다.

장 그렇죠. 하여튼 논쟁 자체가 다 문제죠. 한쪽에서는 현실을 무시한 도덕성만 요구하는 것이고, 한쪽에서는 잘못한 것이 있는데도 아니라고 우기는 거고요. 논쟁 자체도 굉장히 비생산적으로 되는데요. 제가 민음사에서 토론할 때 이런 말을 한 적 있거든요. '박정희라는 사람이 단순한 친일파가 아니다, 남로당도 하고, 사회운동도 하고, 나름대로 민족주의적인 부분도 있다.' 그 사람으로 대표되는 것처럼 그 시대에는 친일파부터 공산당까지 다 한 몸에 섞여 있는 거거든요. 말하자면 비판하는 쪽도 그런 것을 인식하고, 예를 들어 창씨개명을 시킬 때 왜 만주로 도망가지 않았느냐, 이런 식으로 비판하지 말아야 하고요. 받아들이는 쪽에서도 '그래, 항상 상황논리로 모든 것을 정당화할 수 없고, 분명히 그때 이름 안 바꾸고 반항을 하고, 박해받고 고생한 사람들도 있는데, 우리 조상들은 타협했으니까 그것은 잘못됐다'는 것을 인정해야 해요. 항상 양쪽이 다 극단론으로 몰아가니까 그런 결과가 자꾸 나오는 것 같아요. 신자유주의에 대한 논의도 마찬가지죠. 그러니까 신자유주의라는 것을 비판하지만, 그게 굉장히 잘못된 체제라고 하더라도 거기에서 얘기하는 경제성장이 중요하다든가 하는 등의 가치는 일부 동조를 할 수 있거든요. 그런데 그것을 부정하기 위해 모든 것을 부정할 수는 없어요. 사실 문제는 말로만 성장주의지, 성장에 도움을 주는 주의는 아닌데요. 나쁜 주의라고 하더라도 건질 점도 있는 거고요. 그런데 반대쪽은 그야말로 골수 신자유주의자 아니면 다 망하는 것처럼 하는데요. 제가 거기에 대해서 비애를 느낀 게 노무현 정권 때 이정우 교수님이 부탁하셔서 대통령 정책기획위원회에 이름을 올려놨었는데요. 외국에 있으니까 회의참석도 못하고, 자료 주는 거나 받아보고 그랬는데요. 한미 FTA(자유무역협정) 시작하고 나서 보내준 자료에 말하자면 '한미 FTA 안 하면 우리 망한다'고 하면서 말하자면 '북한이나 쿠바같이 될 수는 없다', 이런 얘기를 하더라고요. 그래서 제가 그 위원회에 그때 이메일 답장을 딱 한 번 했어요. '이렇게 해서는 안 된다, 나는 반대고 거기 많은 분들이 찬성을 한다고 생각하지만, 어떻게 우리나라가 되고 싶어도 쿠바나 북한같이 되냐, 말도 안 되는 논리 펴지 말라', 그런 식으로 이메일을 한 적이 있거든요. 물론 표현은 좀 부드럽게 해서 보냈지만요.

지 선생님은 15등 되는 학생이 5등이라고 착각하고 1등 그룹에 가면 못 알아들을 뿐만 아니라 성적이 더 떨어질 수도 있다는 말씀을 하셨지 않습니까? 어떤 분들은 '우리는 선진국을 바라보고 있는데, 왜 중진국 얘기를 하고 있냐. 왜 그렇게 자신이 없냐?'고 비판을 하지 않습니까?

장 그렇죠. 저는 객관적 기준을 지표로 얘기하는 거죠. 말하자면 우리나라가 많이 발전한 것 같지만, 미국이나 유럽하고 비할 때 우리가 잘한다고 하는 제조업 생산성도 그 나라의 절반이 안 되니까요. 그러면 제가 보기에 15등이라고 보는 게 맞다고요. EU 같은 데서 말하자면 상대적으로 볼 때 우리 정도 수준이 되는 EU 초기 가입시의 아일랜드나 스페인이죠. 사실 스페인은 우리보다 훨씬 잘 살았죠. 그런 나라들이 성공할 수 있었던 것은 그냥 자유무역만 한 것이 아니라 거기에 가입을 함으로써 EU에서 결속기금이라고 해서 뒤떨어진 나라에 돈을 대줘요. 길을 닦아주고, 공단도 조성해주고, 다국적 기업이 거기 들어간다고 하면 금전적인 도움 대신에 그런 것을 깔아서 투자환경을 만들어주는 거죠. 그런 식으로 다 돈을 받았기 때문에 끌어올려진 거지, 예를 들어 우리나라가 미국이나 유럽하고 하는 FTA를 그런 식으로라도 하면 (저는 결국 그렇게 되면 우리나라는 이등지역으로 전락한다고 생각하지만) 그래도 얘기가 되는데, 그게 아니거든요. 세상에 그런 식으로 격차가 나는데 자유무역만 맺어서 잘된 나라는 없습니다.

지 한미 FTA를 비준 안 하는 게 유리한 거라는 말씀을 하셨는데요. 지금 정치권은 그렇게 할 의사가 없는 것 같은데요. 정부 입장에서는 한미 FTA를 해야 일자리도 늘어나고, 우리가 잘 살게 된다는 광고를 하고 있지 않습니까?

장 일자리 몇 개 늘어나고 소득이 얼마 늘어나고 이런 게 말하자면 실현될지 안 될지도 모르는 가정을 가지고 뽑아낸 거고요. 같은 모델로 해서 뽑아낸 결과도 다 다르고, 특히 노무현 정부가 초반에 GDP 2퍼센트에 해당하는 소득증대효과가 있다고 하는 게 1년에 2퍼센트가 아니거든요. 잘못 알고 계신 분이 많은데, 그런 모델은 10년을 보고 돌리는데요. 10년에 2퍼센트라고 하면 1년에 0.2퍼센트 성장이 안 된다는 얘기예요. 그게 시원치 않으니까 나중에 이상한 가정을 집어넣어서 외부에서 자극받아서 생산성이 자동적으로 1퍼센트 증가한다, 이런 식으로 해가지고 돌린 모델에서 나온 것이 6퍼센트거든요. 다른 사람들이 같은 자료를 가지고 조금 가정을 다르게 해서 돌리면 거의 소득증대 효과가 없다는 것이 나오니까 그 숫자는 전혀 근거가 없는 것이라고는 할 수 없지만, 우리가 흔히 생각하는 것처럼 내일 기온이 21도라는 식으로 확실한 숫자가 아니죠. 문제는 또 그게 그 10년만 얘기한 거지, 장기적으로 보면 그런 선진국들과 우리가 FTA를 맺으면 산업구조가 지금 구조로 고착이 되거든요. 떨어지는 것은 더 이상 잡을 수가 없다고요.

지 다른 나라와 맺은 협정을 파기하는 것은 외교적 문제가 될 수 있다고 얘기하지 않습니까?

장 조약비준을 안 해서 협정이 파기된 것이 어디 한두 번인가요? 예를 들어 미국만 해도 1944년에 소위 브레튼 우즈 회담을 해서 IMF하고 세계은행을 만들고, 1946년에 무역질서를 새로 만들어야 된다고 해서 쿠바 아바나에서 회담을 했습니다. 아바나 결의를 해서 지금 WTO와 거의 유사한 국제무역기구(ITO)를 만들기로 결의했습니다. 그런데 미국 의회에서 그것을 비준해주지 않았습니다. 한 나라와 한 것도 아니고, 수십 개의 나라와 결의한 것을 비준을 안 해서 결국은 기구가 제대로 못 생기고, GATT는 조약을 가지고 국제무역을 운영한 거고요. 그게 부족하다고 해서 WTO를 1995년에 만든 건데, 국제조약을 의회에서 비준을 안 하는 게 뭐 그렇게 큰 문제입니까? 예를 들어서 꼭 비준을 해야 된다면 의회 비준안이라는 것이 의미가 없죠. 안 해줄 수도 있으니까 의회비준이 의미가 있는 것이고, 바로 그것이 국민의 주권인데, 그것을 외국하고 했으니까 꼭 해야 된다고 하는 것은 말이 안 되는 얘기죠. 민주국가에서 있을 수가 없는 얘기죠.

지 한국은 한미 FTA 국회비준을 서두르고 있고, 미국에서는 재협상을 해야 된다는 얘기가 나오고 있습니다. 이것을 들어 FTA 찬성론자들은 '그것 봐라. 그만큼 잘한 협상이니까 미국이 재협상을 하자고 하지 않냐?'는 얘기를 하고 있는데요.

장 그것은 착각이에요. 미국이 모든 분야에서 재협상을 하자고 하나요? 자기네가 상대적으로 조금 더 얻을 수 있는데 못 얻었다든가 하는 분야를 재협상하자고 하는 거죠. 쇠고기, 자동차같이 로비가 센 분야에서 다시 협상하자고 하는 것이지요. 지금 보세요, 우리가 깨질 데가 금융인데요. 한미 FTA 하면 파생상품 들어와서 통제가 되지 않습니다. 그리고 지적재산권, 국가투자자 소송제, 기계공업 등의 중소기업, 농업분야, 그런 것은 재협상하자고 안 하잖아요. 얻을 만큼 얻었다고 생각하니까요. 그것을 놓고 협상을 잘해서 저쪽에서 재협상을 하자고 한다는 것은 말하자면 힘센 놈이 와서 원래 50개 갖게 되어 있는 것을 윽박질러서 80개 가져가놓고, 다시 또한 10개쯤 더 가지려고 오는 것인데, 그게 우리가 잘해서 그것을 빼앗으러 오는 건가요?

파생상품으로 노벨상 받은 사람도 파생상품으로 망해

지 '파생금융상품의 거래'를 금지하자는 주장을 하셨는데, 그 위험성을 누구도 예측할 수 없다는 이유를 드셨고요. 파생금융상품을 연구해서 노벨상까지 받은 사람조차 투자했다가 망했다는 얘기도 하셨지 않습니까?

장 투자를 한 정도가 아니라 그 사람들은 그런 파생상품 펀드를 운영했습니다. 투자를 한 정도가 아니죠. 자기들이 만든 파생상품 가격 예측모델로 노벨상을 받았는데, 그 사람들은 그것을 가지고 장사를 한 거예요. 순진하게 돈을 투자한 것이 아니라 자기들이 사업을 한 겁니다. 1997년에 미국 사람 머튼하고 캐나다 사람 숄즈 두 사람이 노벨상을 탔는데요. 그 이유가 파생상품 예측모델을 잘 만들어서 준 거거든요. 그 사람 둘이 사업을 하던 소위 롱텀 캐피털 매니지먼트라고 하는 펀드가 1998년에 망해서 미국 금융시장이 완전히 뒤집히게 생겼으니까 미국연방준비위원회, 중앙은행에서 채권은행 12개를 불러모아서 강제로 채권출자로 전환시켰다고요. 그래서 그것을 구했는데, 그 이후 1999년에 숄즈라는 교수가 재기를 해서 PGNA라고 다른 펀드를 만들었어요. 그런데 그게 작년 가을에 또 망했습니다. 펀드인데, 환매중지거든요. 공식적으로 파산은 아니지만, 망한 거죠. 한 번은 원숭이도 나무에서 떨어진다고 노벨상 수상자도 틀릴 수 있겠지만, 저는 사실 그것도 말이 안 된다고 생각하거든요. 그 사람들이 단순히 노벨상 수상자가 아니라 파생상품을 가지고 상을 받은 사람들인데, 한 번은 봐준다고 해도 두 번을 실패한다는 것은 아무도 예측할 수 없다는 거거든요. 그렇게 우리가 통제할 수도 없는 복잡한 괴물을 만들어놓고, 그것을 어떻게 하겠다는 겁니까? 아예 시스템 자체를 뒤집어가지고 기본적으로 못하게 하고, 진짜로 아주 위험성이 낮다든가, 국민경제에 대해 큰 도움이 된다는 것을 보여주지 않는 한 허가를 하지 말자는 거죠. 이런 얘기 하면 극단적이라고 하지만, 의약품도 다 허가받아야 되고, 자동차나 전기제품들도 다 안전기준이 있는 거잖아요.

지 금융시장이 불안하다고 얘기하는데, 오히려 현 대통령은 투자의 적기라고 얘기하고 있지 않습니까? 주식투자에 카드거래까지 허용하는 쪽으로 추진하는 것 같은데요. 그러면 외상으로 소도 잡아먹는 한국인의 특성으로 볼 때 금융의 불안정성이 훨씬 더 커지지 않겠습니까?

장 그렇죠. 걱정스러운 얘기들인데요. 그런 말을 하는 분들 입장에서는 어떻게든 돈을 돌려야 경제가 돌아가는 게 아닌가 얘기하는 건데요. 투자한 사람들이 뭔가 잘못됐을 경우 나라에서 책임져줄 길도 없거든요. 하다못해 유럽 같으면 복지제도라도 잘되어 있으니까 사람들이 굶어죽지는 않겠지만, 주식시장에 돈 넣었다가 망한 사람이 얼만데, 그런 사람들이 또 한 번 삐끗하면 정말 인생이 망가지는 거 아닙니까? 이미 망가진 사람들이 많지만요. 너무 낙관적으로 보는 것 같아요.

지 뭔가 해야 된다는 강박이 있는 것은 이해하는데요. 노무현 정권 시절에도 소프트웨어, 게임산업을 육성하다 보니까 바다이야기 같은 것이 성행하면서 정권의 발목을 잡았지 않습니까? 그것과 비슷한 상황 같은데요.

장 뭐든지 새로 하다 보면 옥석 구분이 힘든 면도 있는데요. 솔직히 주식시장, 이것은 신산업이 아니잖아요. 이미 300~400년 동안 자본주의의 역사를 거치면서 어떤 식으로 해가지고, 어떻게 규제완화를 하고, 어떻게 하면 문제가 생기는지, 이미 다 봐왔는데요. 보면 매번 그런 붐이 일어날 때마다 '이번은 다르다'는 얘기가 꼭 나오거든요. 영국의 유명했던 1720년 남해주식회사 거품을 보면 남미, 북미 식민지와 무역독점권을 이야기하는데, 사실 남미는 자기들 식민지도 아니어서 영국 정부가 무역 독점권을 줘봤자잖아요. 물론 영국 측면에서 보면 독점이지만, 스페인하고 해서 뜯기는 것도 생각해야 하잖아요. 그런 식으로 해가지고 식민지를 개척하니까 돈이 엄청 벌릴 거고, 어디에 몇 명을 이주시켜서 정착지를 만들고, 이런 말도 안 되는 계획들을 해서 거품이 일어난 거죠. 지난 1990년대 말에 닷컴 버블이라고 하는 것들은 인터넷이 나와서 기존의 경제법칙이 다 갈린다고 했는데, 그렇지 않았잖아요. 항상 그런 핑계가 있거든요. 풀어놓으면 그런 식으로 해서 그런 얘기가 돌면서 사람들이 또 실수를 하게 된다는 말이죠.

지 정태인 교수도 금융투기시장에서 한꺼번에 빠져나와야 된다는 얘기를 하셨고요. 주식투자하는 사람들을 보면 돈이 많은 사람뿐만 아니라 민주노총에 소속되어 있는 정규직 노동자들이 하는 경우들도 있거든요. 그러다 보니까 자기들도 거기에 돈이 들어가 있기 때문에 이걸 살려야 된다, 대안이 뭐가 있냐고 주장하는데요. 거기에 대해서 반대의견을 내기가 굉장히 힘든 것 같습니다. 아까 선생님도 과격한 주장으로 사람들이 본다는 말씀을 하셨지 않습니까?

장 글쎄요. 그것은 정말 단견인 게 지금 바로 그런 민노당 당원,

민주노총 조합원 자신들을 포함해서 그런 치고 빠지고 하는 단기주주들이 많기 때문에 기업들이 자꾸 단기주의 경영에 압력을 받고, 그런 과정에서 자꾸 비정규직이 늘어나고, 정규직도 고용이 불안해지는 거거든요. 그러니까 더 큰 그림을 보면 자기들이 노동자 계급의 삶을 어렵게 하는 데 일조하는 거죠.

미국식 선별적 복지가 아니라 유럽식 보편적 복지를 만들어야

지 애들이 학교에서 경쟁을 할 때 경쟁을 하지 않는 다른 방법을 찾는 것이 아니라 내가 공부를 열심히 해서 나라도 잘살아보자는 선택을 하기 때문에 경쟁이 없어지지 않는 걸 텐데요. 이것도 같은 경우 같습니다.

장 사회 분위기 자체가 신자유주의 내지는 옛날 자유주의도 그렇고, 기본적으로 모든 것이 개인의 책임이라는 겁니다. 못사는 사람은 게으르거나 능력이 없어서 그런 것이고, 잘사는 사람은 잘나서 잘사는 것이라는 식이죠. 물론 능력 있고, 열심히 하는 사람이 잘사는 게 맞지만, 실제 세상을 보면 그런 게 아니잖아요. 지금 우리나라 교육이 문제되는 것도 돈이 있어서 과외하는 애들은 좋은 학교 가고, 돈이 없으면 못 가는 것이 뻔히 보이는데, 그런 사회에서 경쟁이 공정하다는 것을 사람들이 과연 받아들일까요? 예를 들어 조선시대 때는 중인의 자식은 과거도 못 보고 하는 구조적인 제약이 있었잖아요. 기회균등을 줬으니까 그 다음에는 개인의 책임이라고 하지만, 지금 상황은 처음에 한 놈은 경기출전도 못하게 하고, 한 놈은 경기출전하게 해놓은 상황에서 출전이 금지된 사람을 출전하게 해주는 것은 기회균등이죠. 그렇지만 출전해서 나갔더니 자기는 출발점에서 뛰고, 상대방은 50미터 지점에서 뛰고 해서 100미터 1등을 한 사람한테 상 준다는 거거든요. 그런 식으로 구조적인 게 있는 거죠. 전원을 평등하게 하려고 하면 공산주의가 되는 거지만, 어느 정도는 구조적인 불평등을 해소해줘야 진정한 경쟁이라는 것도 이루어지는 건데요. 이데올로기로 개인이 잘해서 잘하면 된다고 하거든요. 처세술, 이런 책들이 유행을 하는 것이 그런 이유인데요. '니가 너를 바꾸면, 너는 잘살게 된다'고 하는데, 그런 것에 너무 빠져버리면 사회의식이 없게 되는 거죠. 잘되면 내가 잘해서 그런 거고, 잘못되면 내가 잘못해서 그런 거니까 굳이 자기가 나서서 정책을 고쳐라, 제도를 고쳐라 이런 얘기를 할 필요가 없다고 느끼게 되는 거죠.

지 이번 한나라당에 강연하러 가셨을 때 어느 의원이 얘기하기도 했지만, '복지 시스템을 만들어놓으면 사람들이 일을 안 하게 될 것이다. 사람들에게는 자극이 필요하다'라는 인식이 팽배해 있지 않습니까?

장 그날은 시간이 없어서 그 얘기까지는 못했는데요. 간단히 말하면 그렇게 굶어죽는 위협이 무서우면 가난한 나라들이 더 경제성장이 빨라야 되잖아요. 아니 사실 가난한 나라 사람들은 게을러서 가난하다고 하는데, 그 사람들도 일을 열심히 합니다. 생산성이 낮아서 가난한 거거든요. 그런 식으로 굶어죽는 공포로 해서 일을 하게 만드는 것이 바람직한 사회는 아니죠. 물론 완전반대 극단으로 가서 협동농장을 만들어서 일하나 안 하나 똑같이 돈 받고 이런 것은 저는 반대하지만, 또 그 반대로 가서 '굶어죽을 위협을 받아야 이 놈들이 열심히 일하지'라고 생각하는 것도 문제죠.

지 사실 복지혜택을 입어야 될 만한 계층의 사람들도 그걸 도둑놈 심보라거나 떼를 쓴다고 생각하는 경향이 많은 것 같습니다.

장 기본적으로 문제가 뭐냐 하면 우리나라에서 복지라고 하면 자꾸 미국식의 복지, 전문용어로 선별적 복지라고 하는데, 자꾸 미국식 선별적 복지를 생각해서 그래요. 그것은 기본적으로 돈 있는 사람들한테 거둬다가 가난한 사람들에게 생계보조로 나눠주는 건데, 그런 복지는 문제가 있죠. 제가 얘기하는 복지는 유럽식의 보편적 복지예요. 누구나 다 세금을 많이 내고, 그 대신 누구나 그 혜택을 보는 거거든요. 돈 많은 사람은 세금을 더 많이 내고, 받는 혜택은 똑같은 건 아니지만 비슷하니까 상대적으로 보면 돈 많은 사람이 손해를 보는 거지만, 미국처럼 완전히 돈을 빼앗기는 체제가 아니죠. 그런 것을 잘해야 사람들이 모험심도 생겨서 직업 선택도 더 과감하게 하고, 기업 구조조정 같은 것도 상대적으로 덜 반대하게 되거든요. 유럽이 미국에 비해서 다른 면에서는 규제가 많으니까 자유무역을 더 반대할 것 같은데, 그 반대입니다. 유럽 사람들은 무역이 개방되어서 자기 일자리가 없어져도 상대적으로 신경을 덜 쓰죠. 누구나 자기 일자리가 없어지는 것을 좋아하지는 않습니다만 밥은 먹고 살 수 있고, 재기의 기회가 있거든요. 미국은 일자리가 없어지면 일단 의료보험부터 없어지잖아요. 그러니까 저항을 안 할 수가 없어요. 우리나라를 보면 기형적으로 의사, 변호사 선호현상, 그런 게 지난 10여 년 동안 더 강화되었는데요. 그게 고용이 불안하니까 그런 거고, 그 과정에서 엄청나게 잘못된 인적자원의 배분이 일어나고 있는 거고요. 좀 편해지니까 일을 덜 하는 효과가 모든 사람은 아니더라도 사람에 따라 있을 수 있겠죠. 그러나 그런 마이너스 효과에 비해서 다른 플러스 효과가 훨씬 크다고 보기 때문에 그런 얘기를 하는 거죠. 자꾸 그런 고정관념을 가지고 있어서 복지를 만들면 일 안 하고, 일 안 하면 게을러서 나라 망한다는 식으로 생각하니까 전근대적인 사고라고 할 수도 있죠.

지 경제 같은 경우에도 국민들한테 신뢰를 주는 것이 상당히 중요할 텐데요. 지금 정부의 경우 신뢰를 못 얻는 편 아닙니까? 그런 면에서 국민들을 화합시키고 통합시킬 필요가 있을 텐데, 한나라당이 그걸 할 수 있지 않겠느냐는 말씀을 하셨다고 신문에 났던데요.

장 제 생각에는 그래요. 복지제도 같은 것을 만들면, 보편적 복지라고 하면 누구나 다 덕을 보는 거지만, 아무래도 돈 많은 사람들이 상대적으로 덕을 덜 보게 되죠. 하지만 기본적으로 자기들의 이익을 대변한다고 생각하는 정당이 그런 것을 하면 저항이 덜하거든요. 그러니까 닉슨이니까 중공하고 수교했지, 소위 민주당의 진보적인 대통령이었으면 절대 못했죠. 공산당하고 내통한다는 얘기를 들었을 테니까요. 그런데 닉슨은 믿었거든요. 저 사람은 확실한 우파니까 공산당하고 수교하면 공산당과 타협하려고 하는 것이 아니라 미국의 국익을 위해서 하겠지, 도리어 우파 정당들이 그런 것을 하기가 정치적으로 쉽다고요. 제가 거기서도 얘기한 게 진정한 보수라면 복지국가 정도는 만들 줄 알아야 된다는 겁니다. 복지국가를 세계에서 최초로 만든 것이 누구입니까? 보수 정치인으로 유명한 비스마르크잖아요.

지 그런 면에서는 한나라당이 북한과의 교류도 유리한 점이 있을 것 같은데요. 좌빨이니 퍼주기니 하는 얘기는 덜할 테니까요.

장 그렇죠. 그런 약간은 역설적인 장점이지만, 그런 장점이 있기 때문에 보수정권으로서 도리어 그런 정당이 마음먹고 그런 일을 추진해주면 더 쉽게 추진되지 않겠나 하는 그런 얘기죠.

지 그런데 지금까지 1년이 넘게 지켜본 결과 그런 의지가 거의 없어보이는 게 문제인데요.

장 글쎄요. 지금까지는 그런데, 정부라는 것이 노선이 바뀔 수도 있으니까요. 루즈벨트 같은 경우에도 들어온 첫날부터 뉴딜을 하지는 않았잖아요. 처음에는 요트 타고 놀러다니고 그랬는데, 뭔가 하던 게 잘 안 되고, 상황이 안 좋아지고 그러면 다시 생각을 바꿀 수도 있는 거죠. 지금까지 그랬다고 해서 꼭 안 그런다는 건 아니죠. 예를 들어 노무현 정부도 상대적으로 복지 같은 것도 많이 얘기하다가 후반부에는 한미 FTA 이런 식으로 완전히 바뀐 거죠. 그런 식으로 바뀔 수도 있겠죠.

지 역설적인 얘긴데, 한미 FTA 같은 것도 우파 정부가 추진했으면 훨씬 더 저항이 컸을 텐데요. 노무현 정부가 추진하니까 반대할 만한 사람들조차 '뭔가 이유가 있겠지'라고 생각했던 측면이 있는 것 같습니다.

장 그렇죠. 그런 사람들이 있었죠.

규제는 성장촉진에 있어서 필요한 2차적인 요소

지 유동민 교수는 국가의 역할이 필요하다는 해법에 비판적 시각을 가지고 있는 것 같습니다. "국가는 중립적이지 않고 그 자체가 계급적이다. '시장 대 국가'의 논쟁구도에서 벗어나 '자본 대 공공성'으로 나아가야 한다"는 주장인데요.

장 저도 사실 그런 마르크스주의적 생각에 영향을 안 받은 것은 아니지만, 유동민 교수는 마르크스주의적 전통을 따르는 분이니까 그런 식으로 보는 게 당연하겠죠. 저도 국가의 계급성이라는 것에 대해서 부인하는 것은 아니에요. 그런데 제가 자꾸 국가의 역할, 국가의 역할이라고 얘기를 하는 게 좋으나 싫으나 국가라는 것이 기본적인 제도와 사회의 틀을 만들고 규제하는 기구인데, 그것을 통하지 않고 이룰 수 있는 사회적 변화라는 것이 별로 없다는 겁니다. 마르크스주의적인 답은 바로 사회주의 혁명을 해서 그 국가를 점령하고 노동자를 위한 정책을 쓰면 된다는 건데요. 논리적으로는 맞는 얘기입니다. 그러나 제 입장에서는 지금 상황에서는 현실적으로 가능하지도 않을 뿐더러 이루어진다고 해도 그것은 바람직하지 않은 결과로 나가기 쉬워요. 그나마 현실적으로 우리가 공공성 이런 문제를 생각할 때 가장 효과적으로 그런 것을 제고시킬 방법이 무엇이 있냐 하면 그래도 정부가 규제를 하는 거라고 생각합니다. 좋은 예로 우리나라에서 처음에 쓰레기 분리수거를 시민단체에서 하자고 했잖아요. 그래서 캠페인도 많이 하고 그랬는데, 성과는 미미했어요. 그런데 정부가 그것을 틀어쥐고 강제를 하는 순간 우리나라가 세계에서 쓰레기 분리수거를 제일 잘하는 나라가 됐습니다. 말하자면 그런 식으로 쓸 수 있다는 거죠. 진짜 노동자 계급 중심으로 보는 마르크스주의적 관점에서 보면 미미한 점이 많겠지만, 그거라도 하는 게 안 하는 것보다 낫다는 겁니다. 왜냐하면 그것의 대안이라는 것이 현실성이 없기 때문이지요.

지 지금 한나라당 쪽에서는 우리가 너무 규제가 많은 것이 문제가 된다고 주장하고 있지 않습니까? 규제라는 얘기가 뭔가 강압적이고 이런 분위기라 규제를 푼다고 하면 사람들이 좋은 쪽으로 생각하거든요.

장 역사적으로 그런 게 있어요. 예를 들어 우리나라에서 신자유주의를 별 거부반응 없이 받아들인 것도 사람들이 하도 독재에 시달려서 자유라는 것은 무조건 좋은 말이라는 의식이 있었거든요. 사실 거기서 말하는 자유라는 것이 계약의 자유, 좀더 속된 말로 하면 돈 벌 자유거든요. 그러니까 신자유주의는 그 정도까지는 안 가지만, 19세기의 고전적 자유주의를 보면 아동노동을 규제하자고 하는데, 거기에 대해서 계약의 자유를 침해한다고 하거든요. 한편으로 생각하면 애들은 밥 먹어야 되니까 일하고 싶어하고, 공장주들은 돈을 벌어야 되니까 쓰고 싶어서 서로 계약을 맺었는데, 그 사람들의 논리는 누가 이 애들을 잡아다가 노예로 공장에서 일을 하게 하기 전까지는 분명히 합리적인 계약이고, 받아들여져야 된다는 거거든요. 그렇게 생각하면 맞죠. 그런 식으로 용어의 역사적인 배경 때문에 사실 좋지 않은 용어인데, 좋게 들리는 경우도 있고, 좋은 용어인데, 좋지 않게 들리는 경우도 있습니다. 규제라는 것은 무조건 나쁜 것이라고 생각하는데, 좋은 규제도 많이 있습니다. 예를 들어 교통규칙도 규제잖아요. 차가 마음대로 못 다니게 하는 거니까요. 그럼 그 규제가 나쁜 규제입니까? 좋은 규제지요. 그런 식으로 사안별로 봐야 되고요. 두 번째로 우리나라가 규제가 많다는 것은 신화예요. 90년대 초 정도까지는 규제가 많은 나라였는데, 지금은 사실 그렇게 규제가 많은 나라가 아닙니다. 주식시장 같은 것도 세계적으로 규제가 약한 나라고, 노동시장도 그렇고요. 지금 예를 들어 한미 FTA 할 때 미국 민주당에서 해야 된다고 자꾸 압력받는 것이 한국 노동규제가 너무 약하니까 그것을 강화해야 된다, 그것을 지금대로 하게 하면 불공정 경쟁이라는 얘기가 나오거든요. 그런 식으로 우리나라의 규제가 결코 많은 것이 아니라고요. 그리고 더 생각해봐야 될 것은 규제가 전혀 관계가 없는 것이 아니고, 완전히 공산당 식으로 기업 자체를 못하게 한다든가 이런 규제가 아니고는 규제는 기본적으로 성장촉진에 있어서 2차적인 요소예요. 우리나라가 규제가 훨씬 많았던 70, 80, 90년대에 성장이 훨씬 빨랐잖아요.

지 이기주의자보다 독선주의자가 더 위험하다는 말씀을 하셨는데요. 사회적 대타협 얘기가 나와도 사람들이 과연 기득권층들과 타협이 될 것인가 하는 의구심을 가지고 있습니다. 미국에서 대규모 공적자금을 투입받은 AIG의 임원들이 거액의 보너스를 받아서 빈축을 샀는데요. 국민들이 화낼지 몰랐다는 얘기인데요. 그런 식으로 살아온 사람은 다른 사고를 하지 못하는 것 같다는 생각도 들던데, 그런 사람들과 타협을 할 수 있을까요?

장 그렇죠. 그것은 하루아침에 바뀔 수가 없는 겁니다. 장기적으로 봐야 될 것 같아요. 생각해보세요. 역사를 거슬러 올라가면 모든 나라가 독재였고, 모든 나라에서 남녀차별을 했고, 모든 나라에서 아동노동을 시켰거든요. 어떤 나라들은 어떻게어떻게 해서 그런 것들을 많이 없앴고, 어떤 나라들은 아직도 그게 많고요. 같은 선진국이더라도 스웨덴, 노르웨이, 핀란드 이런 데는 여권이 한국은 말할 것도 없고, 영국 같은 데 비해서도 엄청나게 발달해 있잖아요. 그러니까 그 나라에 사는 사람들이 어떻게 그것을 고치고 설득을 하고, 반대파를 잠재울 것은 잠재우고, 그렇게 하느냐 하는 노력에 따른 거니까요. 그냥 저 사람들이 저러니까 안 되는 것 아니냐 하면 할 일이 없죠. 그렇게 되면 폴 포트처럼 되는 거죠. 손 만져봐서 말랑말랑 하면 다 쏴죽이는 식이 되는 거죠.

지 유전무죄, 무전유죄 얘기도 나오지만, 사실 재벌총수들을 법정에 세우기도 하고, 짧게나마 감옥을 보낸 것도 많은 변화라고 볼 수 있을 것 같기도 합니다. 한 기업만 빼고요.(웃음)

장 그럼요. 옛날 같으면 상상할 수도 없는 일인데요. 최소한 그렇게 하면서 많은 사람들이 흡족하지 않을지 모르지만, 그런 행동들이 좋지 않은 행동이었다는 선례가 생기는 겁니다. 그런게 30~40년 계속되면 우리나라 기업가들의 행동 수준 자체가 달라지겠죠.

지 강수돌 교수는 《살림의 경제》에서 '사다리 걷어차기' 명제에 대해 "선진국이 자신의 발전을 위해 썼던 정책이나 제도를 더 이상 개발도상국들이 쓰지 못하게 가로막고 신자유주의적 경쟁만 요구하는 야비함을 비판하는 문제의식에 근본적인 문제가 있다. '너도 올라갔으니, 나도 올라가겠다'는 식은 참된 대안이 될 수 없다"고 지적했습니다. 진정한 대안은 '네가 올라간 곳이나 길이 잘못되었으므로 나는 전혀 다른 길을 찾겠다'고 해야 하는 것이라는 건데요. 그런 얘기에 대해서는 어떻게 생각하십니까? 생태주의적 관점에서의 비판인 셈인데요.

장 저는 그렇게 생각하거든요. 저는 강수돌 교수의 그 책을 읽어보지 않아서 뭐라고 할 수 없는데요. 하다못해 아까 얘기했던 유동민 교수는 어떤 얘기를 하는지 아는 사람인데, 강수돌 교수의 주장은 제가 잘 모르겠어요. 분명히 지금까지 해오던 방식의 성장이라는 것은 환경적으로 지탱 가능하지 않다는 것에는 저도 동의합니다. 그런데 그렇다면 대안이 뭐냐는 거예요. 대안이 제가 보기에는 두 가지 길이 있는데, 하나는 '그래, 이제 더 이상 산업화하지 말고, 있는 것을 가지고 사이좋게 나눠 가지고 잘 살자', 이런 주의가 될 수도 있고, 또 다른 하나는 경제발전을 하는 과정에서 될 수 있으면 환경친화적인 기술을 쓰도록 힘을 기울여서 발전된 경제를 이용해서 점점 환경친화적인 기술을 만드는 이런 방법이 있을 수 있거든요. 예를 들어 일본 같은 경우는 후자잖아요. 지금 중국하고 비교하면 국민소득 1달러를 생산하는데, 중국이 이산화탄소를 일본의 10배를 생산합니다. 그렇게 1:1로 비교하는 것이 문제가 있긴 하지만요. 지금 선진국은 있는 것을 잘 나누면 그래도 모든 사람이 그런대로 인간적으로 살 수 있지만 대부분의 후진국들은 그런 위치에 있지 않거든요. 후진국은 경제발전을 하지 말라는 얘기로 잘못 해석될 수 있기 때문에 그것을 경계하는 거죠. 우리나라에서는 경제성장을 그동안 너무 잘해왔기 때문에 경제성장에 대해서 너무 과소평가를 하는데, 지금 후진국들을 보면 인간적인 삶을 누릴 수 없는 사람들이 대부분이고, 그것을 그냥 잘 먹고 잘 사는 게 좋은 게 아니니까 포기하라고 하는 것이 옳은 것인지 모르겠습니다. 제가 잘 드는 예로 산업화가 되고, 경제성장을 하면서 여권이 신장됩니다. 전통 농업사회를 보면 겉으로는 조용한 것 같지만, 속으로는 여자들이 엄청나게 탄압을 받고 사는데요. 공장도 생기고 거기에 취직하면서 소득도 생기고 그러면서 여자들의 발언권이 점점 늘어나는 거거든요. 예를 들어 지금 성장하지 말고 사이좋게 있는 거 가지고 나눠먹고 살자고 하면 신장될 수 있는 여권도 신장이 안 되는 거잖아요. 간단한 얘기는 아닙니다만, 이것을 할 때 단순히 여기서 멈춰서자고 하기에는 못사는 나라들이 너무 많고요. 말하자면 성장이라는 것이 갑자기 기름이 터져서 나오는 성장이 아니라면 그 과정에서 기술력이라는 것이 계속 개발되니까 그것을 통해서 환경친화적인 성장모델을 만들 수도 있는 거죠. 강수돌 교수님이 정확히 어떤 식으로 말씀하셨는지는 모르겠는데요. 그걸 이분법적으로 봐서는 안 된다고 생각합니다.

지 우석훈 박사가 "기획재정부 장관에 장하준을 앉히면 된다. 국내경제는 그가 실무를 잘 몰라도 한국에 생각보다 좋은 실물과 금융 전문가는 많이 있으니, 지금과 같은 밀실행정과 폭주행정만 안 해도 경제가 최악의 국면은 피해갈 수 있다. 아닌가? 게다가 장하준은 세계은행을 비롯해서, 많은 외국의 경제전문가들이 합리적인 사람으로 인정하는 국제 기준의 상식적인 경제학자이다. 그가 한국의 경제팀을 맡는다면, 일단 최소한 외환과 국제금융에서는 '시장'이 안심할 것이다"라고 얘기를 했는데요. 그 글 보셨습니까?

장 하하하. 〈프레시안〉에 실렸던 건가요? 우연히 본 것 같은데요.

지 기회가 주어지면 그렇게 할 생각은 있으신가요?(웃음)

장 저는 정책에는 관심이 있어도 정치를 해서 그것을 집행을 한다거나 제가 직접 장관이 돼서 집행을 한다거나 하는 일에는 관심이 없어요. 절대적으로 교수가 장관을 하면 안 된다, 이런 것은 아니지만, 제 자신을 판단할 때 조직 장악력이라든가 정치력 같은 것이 있는 사람이 아니기 때문에 못할 것 같습니다. 아무리 좋은 생각이 있으면 뭐해요. 그것을 펼 수 없으면 그만이잖아요. 사회적 분업 구조에서 지금 제가 더 유용한 공헌을 할 수 있는 것은 이런 식으로 계속 앉아서 남들이 생각하지 못하는 면에 화두를 던져주고, 사실을 제공해주는 것이 더 유용한 일이라고 생각하기 때문에 우석훈 박사님은 안타까운 마음에서 쓰셨는지 몰라도 저는 별로 생각하고 싶지 않은 일입니다.(웃음)

지 만약에 장관의 입장이 된다고 하면 어떤 정책을 써야겠다는 생각은 없으신가요?

장 글쎄요. 그런 식으로 생각해본 적은 별로 없고요. 뭐라고 얘기를 해야 될까, 제가 생각하는 방향이라는 것은 있는데요. 말하자면 기본기에 충실하기 위해서 다시 우리가 잘하는 제조업을 더 발전시킬 것을 생각해봐야 된다, 사회복지시설과 제도를 확대해야 된다, 금융규제를 해야 된다는 생각은 있어요. 하지만 저는 기본적 방향을 얘기하는 거지, 막상 장관이 되어서 한다는 것과는 다른 얘기지요. 제가 생각하고 있는 역할이라는 것은 말하자면 탄약공장이고, 전쟁은 장군이 해야 되는 거잖아요. 갑자기 탄약공장 공장장이 장군이 되면 전쟁을 할 수가 있나요?

현재의 경제상황, 불확실성의 요소가 많아 아무도 몰라

지 지금까지의 이명박 정권의 경제정책에 대해서 어떻게 평가하고 계십니까?

장 어떻게 보면 국제 금융위기의 풍랑을 맞아서 자기 정책을 제대로 펴보지도 못한 건데요. 기본적으로 지난 90년대 이후 정권 노선의 연속성이니까 특히 노무현 정부하고는 경제정책 면에서는 차이가 없다고 봐요. 제가 항상 주장하는 것이 90년대 초부터 추구해온 신자유주의적인 노선 때문에 우리 경제가 외환위기도 겪었고, 그 다음에 더 신자유주의적으로 굳혀지면서 경제의 활력이 떨어지고, 국민생활이 불안해지고, 양극화로 표현되는 빈부격차도 늘어나고 이러면서 안 좋은 현상이 많이 생겼다는 거죠. 그러니까 동일선상에서 말하자면 똑같은 정책을 추진하는 거니까 특별히 이명박 정부가 더 잘했다, 더 못했다 할 수 없는 것 같아요. 물론 더 성급하게 추진하려는 면이 있고, 특히 정치나 이런 면에서는 이전 정권들과 다른 모습을 보이지만, 경제정책 면에 있어서는 저는 대동소이하다고 보거든요.

지 몇 가지 지표가 개선되었다고 경제가 나아지고 있다고 얘기하는 사람들도 있는데요.

장 개선이라는 것은 상대적인 얘긴데, 산업생산 같은 것은 아직도 떨어지고 있지만, 지난달보다 떨어지는 속도가 낮다는 정도지, 내려가다가 올라갔다는 얘기는 아니거든요. 아주 일부 지표, 예를 들어 미국의 소매가 지난달에 비해서 조금 늘었다든가 그런 것들이 보이긴 하지만, 그게 대부분이 다 전년도하고 비교할 때는 아직도 마이너스이거든요. 그것을 과연 개선된 것이라고 얘기할 수 있느냐가 첫 번째 문제고요. 두 번째는 아직도 불안한 요소가 엄청나게 있습니다. 한 두어 달 있다가 예를 들어 제너럴 모터스를 부분적으로라도 파산시킨다고 하는 얘기가 나오면 하청업체들이 줄줄이 도산하면서 얼마나 난리가 나겠어요. 지금 미국 실업자가 지난달만 해도 67만 명인가 늘어났는데, 말이 67만 명이지 3인 가족만 계산해도 거의 200만 명 되는 사람들이 특히 미국같이 복지제도도 잘 안 되어 있는 나라에서 생계가 막연해진다는 건데요. 그게 5개월만 계속돼도 1000만 명이란 말입니다. 예를 들어 그런 것들이 1년 정도 계속되면 그 다음에는 신용카드 채무불이행 이런 것들이 쏟아져나오면서 큰 문제가 될 수 있고요. 그런 식으로 계속 터질 요인들이 있는 거죠. 그런 불안요인들이 있는데, 조금 나아졌다고 회복한다고는 얘기할 수 없을 것 같습니다. 옛날에 대공황이나 일본의 잃어버린 10년이나 큰 경기침체들을 보면 살아났다가 죽는 것을 여러 번 반복합니다. 내려갔다가 딱 올라오는 것이 아니라 내려갔다가 올라갔다가 그게 지속되는 것 같다가 다시 꺼져가지고 한참 헤매다가 조금 올라갔다가 내려왔다가 이런 식으로 되기 때문에 특히 지금같이 불확실성의 요소가 많은 상황에서는 언제 어디서 뭐가 터질지 알 수가 없는 거죠. 이런 상황에서 그런 식으로 판단하는 것은 너무 성급한 것이 아니냐는 겁니다.

지 어떤 인터뷰에서는 우리 경제가 내년 하반기 이후에나 바닥이 될 것으로 진단하고 계신 것 같은데요.

장 최소한 그렇다는 거고요. 불황이 더 장기화될 수도 있고요. 솔직히 저도 모릅니다. 저만 모르는 게 아니라 아무도 몰라요. 최소한 할 수 있는 얘기는 일부에서 기대하는 것처럼 올 하반기부터 급회복해서 V자 상승곡선을 그릴 거라고 하는데, 저는 그것은 가능성이 거의 없는 얘기라고 보고요. 그러나 그게 예를 들어 내년 하반기 돼서 조금 살아나기 시작할지 살아날 듯하다가 또 가라앉아서 진짜로 회복이 되는 것은 3년 후가 될지, 5년 후가 될지 알 수가 없는 거죠.

지 정치경제학이라는 말도 있듯이 경제라는 것이 정치와 분리되어서 생각할 수 없는 건데요. 국가의 역할이나 정치의 역할도 중요하고요. 터키가 EU에 가입하는데, 사형제도가 걸림돌이 되는 경우도 있는데요. 지금 국제적으로 한국 인권상황이 후퇴하고 있다는 평가를 받는 것이 경제에도 안 좋을 것 같습니다. 인터넷 경제대통령으로 불렸던 미네르바가 구속되기도 했고요. 그런 것들이 장기적으로 한국의 신용도를 떨어뜨리는 측면도 될 것 같은데요.

장 솔직히 말해서 금융시장에 투자한 사람들은 인권 같은 것들은 별로 생각하지 않는 사람들인데요.(웃음) 그런 것 때문에 국제무대에서의 위상은 좀 떨어지겠죠. 그런데 당장의 금융시장하고는 별 관계없는 얘기겠죠.

지 금융시장을 떠나서 국가신인도나 국가에 대한 평가가 떨어지는 것에 대해서 '우리하고는 상황이 다르다'는 말로 넘어가는 것 같은데요. 다시 한국식 민주주의라는 것이 부활한 것 같기도 하고요.

장 경계선이 애매한 게 줏대 있게 산다고 남 신경 안 쓰고, 물론 북한같이 극단적으로 간 것은 아니지만, 더 가다 보면 세계적으로 저 나라는 약간 이상한 나라라는 말을 들을 수도 있고, 그렇다고 남의 눈치만 보다 보면 줏대 없는 나라가 되니까 균형을 맞추기 어려운 건데요. 그런 것은 있죠. 객관적으로 똑같은 조건이라고 해도 어떤 식으로 행동하느냐에 따라서 국제무대에서 위상이 달라질 수 있죠. 네덜란드, 스웨덴, 노르웨이 이런 나라들은 부자 나라이긴 하지만, 조그만 나라들이잖아요. 인구 1600만, 900만, 500만이 채 안 되는 나라들인데요. 그런 나라들이 국제무대에서 나름대로 목소리를 내는 게 상대적으로 후진국들 더 도와줄려고 하니까 나라 크기에 비해서 상당히 영향력이 있거든요. 우리나라도 어차피 중국, 인도처럼 10억 인구가 있는 것도 아니고, 우리나라 정도 인구가 있는 다른 선진국, 예를 들어 영국, 프랑스만큼 부자도 아니고 하니까 위상을 높이려면 그런 데 대해서도 신경을 써야 됩니다. 사실 우리나라는 한 가지 이점이 있는데, 그것은 후진국들을 조금만 도와주면 지지받기 좋다는 거예요. 선진국들은 옛날에 제국주의 침략자였던 경험이 있기 때문에 아무래도 자기들 태도 자체도 '옛날에 우리 밑에서 벌벌 가던 놈들이' 하는 태도가 있고, 후진국들도 '저 놈들 때문에 우리가 얼마나 고생을 했는데' 하는 그런 게 있는데, 한국은 그런 것이 없으니까 후진국들한테 잘해주면 후진국들이 확 지지를 보낼 수도 있다고요. 그런 것을 이용하지 못하는 것이 안타깝다는 거죠.

수정자본주의, 복지국가에 바탕을 둔 유럽식 사민주의가 필요해

지 신자유주의가 거의 끝난 게 아니냐고 기대하는 사람도 있고, 그런 전망을 하는 사람도 있는 것 같은데요. 선생님께서는 어떻게 생각하십니까?

장 물론 옛날보다는 후퇴하겠지만, 그렇게 쉽게 바뀌지는 않습니다. 아까 말씀드렸듯이 오바마 정부의 핵심인물들이 그런 인물들이고, 유럽도 옛날에 15세기쯤 되면 봉건제를 타도해야 된다고 했는데, 타도하는 데 300~400년 걸렸잖아요. 한번 자리잡은 체제가 쉽게 바뀌지는 않거든요. 그러니까 하루아침에 이런다고 바뀌리라고 생각하지는 않는데, 그래도 이런 식으로 한계가 드러나면 사람들이 다시 생각하고 고치자는 얘기가 나올 테니까 옛날에 비해서는 아주 극단적인 형태로 추진되지는 않을 거고요. 그런 면에서는 이번 일이 안 일어났어야 될 일이지만, 경제위기가 일어난 이상 그 소득이라도 있었으면 하는데요. 그것도 모릅니다. 마르크스가 한 유명한 말이 있지 않습니까? 정확한 문구는 기억나지 않는데, '자기들이 선택한 환경에서 만드는 것은 아니지만, 역사를 만드는 것은 인간이다', 그러니까 지금 정치 지도자들이 어떻게 행동을 하는지, 국민들이 자기 정부에 어떤 압력을 넣는지, 사회 운동가들이 어떤 식으로 하는지에 따라서 다른 결과가 나올 테니까요. 지금 상황에서는 경제위기가 이 정도니까 신자유주의가 옛날에는 강도가 100이었는데, 지금은 75가 될 것이라는 식으로 예측할 수는 없는 거죠.

지 지금 다시 마르크스를 읽는 사람들이 많아졌고요. 마르크스 30년, 케인즈 30년, 하이에크 30년에 이어 칼 폴라니의 30년이 될 것이라고 전망하는 사람들이 많은데요. 그런 얘기는 어떻게 생각하십니까?

장 저도 폴라니를 참 좋아하지만, 폴라니의 30년이 올 것 같지는 않고요.(웃음) 폴라니는 통찰력이 굉장한 사람이죠. 단순화시켜 얘기하면, 지나치게 시장을 확대시키면 사회가 자기 보존을 위해서 그것을 쳐낸다는 얘기로 요약될 수 있는 건데요. 굉장한 통찰력이지만, 그게 마르크스 얘기같이 메시아적인 메시지가 있는 것도 아니고, 케인즈처럼 아주 구체적인 정책과 연결되어 있는 것도 아니고, 하다못해 하이에크처럼 기존 체제에서 덕 보는 사람들의 이익을 확실하게 떠받들어주는 것도 아니기 때문에 그런 정도의 파워를 가지기는 힘들 겁니다. 아무튼 저는 사실 신자유주의에 반대하는 사람이지만, 하이에크 책도 거의 다 읽었습니다.

지 비판하기 위해서라도 읽어야 될 테니까요.

장 아니, 그것도 그렇지만 그 사람이 한 얘기 중에서도 훌륭한 얘기들이 많거든요. 그러니까 제 생각은 소위 우파를 자처하는 사람도 자본론은 읽어야 된다고 생각하고요. 저도 사실 처음부터 끝까지 다 못 읽었는데, 다 읽지는 못하더라도 마르크스 얘기도 알아야 되고, 좌파들도 하이에크를 알아야 된다고 생각해요. 그런데 다들 일단 어떤 식으로든 방향이 정해지면 자기 입맛에 맞는 얘기만 자꾸 읽어요. 그것은 바람직하지 않죠.

지 마르크스 경제학자인 김수행 선생은 "자본주의는 필연적으로 공황을 맞을 수밖에 없다"고 하시면서 지금 경제의 침체가 자본주의가 반드시 겪을 수밖에 없는 상황이라고 진단하고 계시던데요. 그것이 새로운 사회가 오는 단계가 될 수 있지 않을까 생각하시고요. 지금 상황에 대한 그 해결책으로 복지지출의 증대나 내수확대에 두고 있는데요.

장 물론 될 수도 있겠죠. 아까도 얘기했지만, 자동으로 되는 것이 아니라 뭔가 정치적, 사회적 운동을 해야 되는 것 아닙니까? 새로운 대안이라는 것이 뚜렷이 눈에 보이는 것이 없고요. 예를 들어서 19세기 말 사회주의 운동이 커지고 그럴 때는 뚜렷한 대안들이 있었잖아요. 주요산업의 국유화라든가 이런 식으로 사람들의 마음을 결집시키는 것들이 있었는데, 대안적인 체제, 특히 마르크스주의적인 관점에서의 대안적인 체제라는 것은 어떤 식으로 만들지에 대해서 제대로 얘기된 것들이 별로 없고, 기존 사회주의 국가들이 다 망했든지, 포기했기 때문에 사실 하고 싶어도 어떻게 해야 될지 막막한 면들도 있을 거예요. 저는 개인적으로는 지금 나와 있는 대

안 중에서는 수정자본주의가 제일 맞다고 생각하지만, 다른 더 좋은 대안에 대해서 열린 마음을 갖고 있어요. 그런데 현재 제가 보기에는 확실한 무슨 대안이 없어요. 부정적인 입장에서만 할 수 없으니까, 그러면 긍정적인 입장에서 그래도 이런 것을 추구하는 것이 낫지 않겠느냐고 해서 하는 얘기들이 복지국가 확대라든지, 금융규제 강화 등의 구체적인 얘기들을 하게 되는 거죠. 좋은 예가 19세기 말에 수정주의 바람이 불었을 때 스웨덴 사회당은 말하자면 변방에 있는 정당이어서 도리어 더 실용주의적으로 나갔죠. 변방에 있기 때문에 더 실용주의적으로 사유재산 국유화, 생산수단 국유화 같은 것을 포기하고 재벌들하고 타협하자고 나왔던 것이고, 독일 같은 경우는 비스마르크가 복지국가를 만들고, 우파에서 공세적으로 나오는데도 좌파들이 자기 이데올로기에 묶여서 '우리가 이런 것을 지지해야 되냐, 이런 것을 하면 사회주의가 도래하는 날이 늦어지는데' 이런 식으로 해서 결국은 약화되었다는 그런 연구결과도 있더라고요. 그런 식으로 구체적으로 어떤 대안을 놓고 어떤 식으로 추구하느냐에 따라서 결과가 많이 달라질 수 있어요. 꼭 지금 대안이 안 보인다고 해서 앞으로도 안 나올 것이라는 것은 아니지만, 제가 보기에는 최소한 현재는 구체적인 대안으로서 존재할 수 있는 것은 수정자본주의, 복지국가의 바탕을 둔 유럽식의 사민주의이지, 마르크스주의적인 대안이라는 것은 저는 눈에는 안 보인다고 생각하거든요.

무조건 하면 된다가 아니라 철저한 계산을 가지고 노력해야

지 한EU FTA도 사람들의 삶에 엄청난 영향을 줄 것 같은데, 별로 관심이 없는 것 같거든요. 3월 24일 한EU FTA가 8차 협상 끝에 잠정 합의되었다가 4월 2일 열린 통상장관회담에서 관세환급 문제로 최종 타결에 실패했는데요. 실패한 것이 오히려 잘된 일이라고 말씀하셨지 않습니까?

장 국민들 입장에서는 별로 실감이 안 나는 거죠. 그게 이루어지고 기업들이 문을 닫고, 일자리를 잃기 시작해야 이런 효과가 있구나 하고 느끼는 거지, 지금은 어떤 효과가 날지 국민들 입장에서는 알 수 없는 거죠. 제가 예측하는 것은 많은 분야가 타격을 받을 거라는 겁니다.

지 한EU FTA가 타결되면 우리 사회에 어떤 영향을 주리라고 생각하십니까? 백일 울산과학대 경제학과 교수는 자동차 산업이 막대한 타격을 입을 가능성이 있다고 지적했는데요.

장 유럽하고 하면 자동차가 타격을 받을 수 있겠죠. 미국하고 하면 사실 자동차는 우리가 이익일 텐데요. 유럽은 폭스바겐, 르노, 벤츠, 볼보 등이 있으니까요. 사실 자동차에 대해서는 자세히 들여다보지는 못했어요.

지 그럼 한미 FTA로 그나마 이익을 본 부분이 한EU FTA로 타격을 받겠군요. 그러면 뭐가 남게 될지 걱정이네요. 얼마 전에 이명박 대통령이 '우리는 왜 닌텐도를 못 만드냐?'고 해서 네티즌들의 조롱을 받았는데요. 그런 거 하려면 사실 오랜 기간 투자를 해야 되는데, 정보통신에 대한 지원을 줄여놓고, 그런 얘기를 하니까 답답한 건데요. 지금은 건설과 금융 쪽만 신경 쓰는 것 같은데요.

장 일본 사람들의 얘기를 들어보니까 닌텐도가 원래 화투 만드는 회사였다고 하더라고요. 그런데 닌텐도라는 회사는 이미 1970년대 말에 우리나라 문방구에서 놔두고 있던 전자오락기부터 마리오, 동키콩 이런 거 하던 회사고요. 우리나라는 그거 시작한 지 얼마나 됐습니까? 우리도 앞으로 그런 회사를 따라잡아야 된다는 말은 맞지만, 우리는 왜 못 만드냐고 하면, 실력이 안 되니까 못 만드는거죠.(웃음) 간단하잖아요. 말하자면 '하면 된다'고 하는 긍정적인 사고를 하는 게 좋기는 하지만, 하면 되는 것이 있고, 해도 안 되는 것이 있거든요. 그런 것을 하기 위해서는 철저한 계산을 가지고 노력을 해야 되는 거고요. 정확히 알아야죠.

지 15등이면 15등인 줄 알아야 된다는 거죠.(웃음)

장 15등이 1등이 될 수 있어요. 15등부터 차근차근해서 자기 부족한 점을 보충하면서 10등으로 올라갔다가 5등으로 올라갔다가 1등으로 도약하는 거죠. 우리 옛날에 했던 방식이 그런 거죠. 지금은 갑자기 뛰겠다니까 그게 문제가 있는 거죠.

지 격투기 선수를 하려고 하면 상대방 단점도 분석하고, 내가 어떤 강점이 있는지를 살려야 될 텐데요. 상대방이 체격이 좋으면 스피드로 승부해야 하고요. 그런데 '자신 없냐? 왜 안 되냐?'라고 하면 매만 벌 것 같거든요.

장 그게 말하자면 노무현 대통령도 그렇고, 이명박 대통령도 그렇고, 개인적인 능력이 뛰어나서 어려운 환경에서 크게 성공한 사람들 아닙니까? 그러니까 다른 사람들은 왜 나같이 못하냐, 이런 태도가 있어요.

불온서적 사건, 우리의 슬픈 현실

지 사실 정치권에 와서 성적이 좋지는 못했는데요.(웃음) 《나쁜 사마리아인들》이 국방부 불온서적으로 선정되었을 때는 어떤 생각이 드셨습니까?

장 착잡하더라고요. 그런 것 없애자고 경제발전도 하고, 민주화도 한 건데요. 말하자면 옛날에 하던 일을 반복하고 이러는 게 슬프잖아요. 그런 것을 직접 보면서 살아온 세대로서 특히 슬프더라고요. 그래도 옛날하고는 달라진 것이 그런 게 나오면서 그런 것을 비판할 수 있는 분위기는 된 것 같아요.

지 국방부 추천도서라고 하면서 더 많이 팔리게 됐죠.(웃음)

장 그런 수준이 됐죠. 그만큼 그런 퇴행적인 모습을 보여주면서도 그만큼 우리 사회가 발전했다는 것을 보여주는 복잡한 사건이었죠.

지 역설적으로 더 많은 사람들이 《나쁜 사마리아인들》을 읽게 됐는데요.

장 확실히 그런 것은 있습니다. 제 추측으로는 그것 때문에 최소한 두 배는 팔린 게 아닌가 싶어요.

지 책이 나온 다음에 화제가 됐다가 그게 약간 수그러 들었을 때 그런 일이 터진 셈인데요.

장 타이밍도 기가 막혔죠.(웃음)

지 거기에 선정된 도서라고 해서 다 그렇게 팔린 것은 아니거든요. 특별히 그 책에 사람들이 관심을 많이 가진 이유는 뭐라고 생각하세요?

장 말하자면 그 책의 운이 좋은 거죠. 그 여름에 미국의 서브프라임 모기지론 같은 것이 터지면서 뭔가 신자유주의에 대해 '꼭 그런 것은 아닌데' 하는 분위기가 돌기 시작하는데, 그런 게 터지니까…….

지 그 이후에 불온서적에 선정된 출판사들이 국방부를 상대로 명예훼손 소송을 했는데, 참여하시지 않는 이유는 뭔가요?

장 명예훼손으로 한다고 해서 저는 같이 못하겠다고 했어요. 나쁜 일을 안 한 사람한테 나쁜 일을 했다고 하는 게 명예훼손이잖아요. 그런데 이것은 제가 거기서 주장하는 반미, 반정부 이런 카테고리 자체가 맞지 않다고 생각하는데, 거기에서 저를 반미, 반정부라고 불렀다고 해서, 제가 그걸 인정할 수는 없는 거죠. 그 규정 자체가 사실 맞지도 않을 뿐더러, 제가 특별히 반정부를 한 것도 없고요. 반정부라는 것은 독재국가에서나 있을 수 있는 개념이죠. 민주주의에서는 정부라는 것은 맨날 바뀌는 건데요. 오늘은 반정부였다가, 내일은 친정부였다가 그렇게 되는 건데, 반정부라는 개념 자체가 성립이 안 된다고 봤기 때문에 명예훼손으로 소송을 해주면, 말하자면 그쪽에서 하는 나쁜 소리가 맞다는 것을 인정해주는 것이거든요. 그래서 저는 '그런 거 같으면 나는 못하겠다'고 했습니다.

지 '광우병'과 관련된 프로그램을 내보냈던 MBC 〈PD 수첩〉의 PD들에 대한 검찰들의 수사는 어떻게 보십니까? 그리고 YTN 노조위원장은 구속되기도 했는데요. 좀 극단적으로 생각하면 선생님의 책이 한국 경제에 악영향을 끼쳤다고 하면서 체포할 수도 있지 않습니까? 전 정권에서 송두율 교수가 국가보안법으로 구속되기도 했었고요. 상상하기 힘든 일인데, 그런 일들이 최근 들어 벌어지고 있거든요.

장 제 책에서는 사실 한국의 현재보다 한국의 과거를 주로 말했어요. 물론 과거에 자랑스러웠던 일만 있었던 것은 아니지만, 그래도 그런 일들이 더 많았다고 생각하니까 그런 얘기들을 주로 썼는데요. 글쎄요. 제가 됐건, 미네르바가 됐건 개인이 한마디한다고 해서 금융시장이 거기에 영향을 받을 수 있을까요? 장관이 그런 얘기를 했다면 영향이 있을 수도 있겠지만, 일개 평론가인데요…….

지 외국에서는 미네르바 사건을 보고 '그 사람이 그렇게 주장하면 정부에서는 아니라고 하면 되지, 왜 구속을 시키나?'라고 평했더라고요.

장 그건 문제가 있죠. 말하자면 우리나라는 유언비어 유포죄 수준에서 그것을 처리하는 건데, 좀 심하게 말하면 옛날에 신자유주의가 자자손손 잘돼서 세상의 문제가 없어질 거라고 극단적으로 신자유주의를 칭송한 사람들도 유언비어 유포죄로 잡아가야 되는 것 아닙니까? 그 사람들 말 믿고 주식시장에 돈 넣어서 피해본 사람들이 얼마나 많은데요.

지 4000포인트까지 갈 거라고 했던 현 대통령도 잡아가야 하는 거 아니냐는 네티즌들도 있었죠.(웃음)

장 그런 식이면 전, 현직 대통령 다 잡아가야죠.(웃음) 경제가 말하자면 계속 힘이 떨어져가는데, 우리나라 주가가 2000이 됐으니까 경제 잘되고 있다고 우겼고요.

지 주가를 가지고 경제상황을 계속 설명해왔고, 자신도 펀드에 투자를 하셨던 것 같고요. 아직까지 전 노무현 대통령도 자신의 경제적 실책에 대해서는 인정하지 않는 것 같은데요.

장 아직까지 공식적으로 인정한 적은 없죠. 속으로는 어떻게 생각하고 있는지는 모르겠지만요.

지 대한민국이라는 나라는 학교에서 강의할 기회도 주지 않고, 저서를 불온서적으로 만들어버리는 한국 사회를 위해서 왜 그렇게 열심히 발언을 하시는지를 여쭤보고 싶습니다. 섭섭하다는 생각도 들 수 있을 것 같은데요.(웃음)

장 에이, 뭐. 그런 건 아니죠.(웃음) 불온서적은 저를 도리어 도와주신 거고요. 그만큼 제 책을 읽고 많은 사람들이 제 책을 접하게 됐는데요. 저를 도와준 거죠. 여기에 말하자면 이런저런 자리로 갈려고 응시를 했다가 안 됐던 것은……글쎄요. 특별히 국가적 차원에서 못 오게 한 것은 아니잖아요. 특정기관이나 학과에서 결정권이 있는 사람들이 저를 싫어했다는 것이지, 대한민국이 저를 내친 것은 아니라고 생각하기 때문에……그런 데서 마음이 상했으면 국적을 포기했겠죠.

지 한국에서 대표선수가 되고 싶은데, 학맥이나 인맥 때문에 계속 좌절해서 외국에서 선수생활을 하는 경우도 있었지 않습니까?

장 반대로 외국에서 우리나라에 오는 분들도 있었죠.

왜 이미 파산선고를 받은 신자유주의 이데올로기에 집착하는지 이해할 수 없어

지 4월 2일 런던에서 열린 G20 금융 정상회담의 결과를 어떻게 보십니까? 브레튼 우즈 체제(2차 세계대전 종전 직전인 1944년 미국 뉴햄프셔 주의 브레튼 우즈에서 각국의 대표들이 맺은 국제적인 통화제도 협정이다. 이때 국제통화기금(IMF)와 국제부흥개발은행(IBRD)이 설립되었다 – 저자 주) 이후 세계경제의 운명을 틀 짓는 순간이 될 것이라는 전망이 있었는데요. 회의결과는 어땠습니까?

장 그것은 과장인 것 같고요. 사실 뭐 거기서 뚜렷하게 나온 것들이 없죠. 5조 원을 풀기로 했다는 얘기가 있긴 했지만, G20 회담을 하기 이전에 다른 나라들이 하겠다고 결정해놓은 것을 합쳐서 발표한 것에 불과합니다. 나라별로 우리는 요만큼 더 하겠다고 발표했는지는 모르겠지만요. 특히 IMF 자본금을 늘려서 7500억 달러를 후진국에 지원하겠다는 것을 1조 1000억 달러를 후진국에 준다고 바꾸었는데요, 그것은 사고가 나야 주는 돈이에요. 이번에는 미리 와서 사고가 완전히 터지기 전에 받아가는 것도 준다고 하는데요. 그것도 나라들이 잘 안 쓰려고 하는 것이 그것이 갔다 하면 '쟤들 무슨 문제 있으니까 썼을 거 아냐?'라는 식으로 생각하거든요. 말하자면 중앙은행이 유동성을 풀 듯이 국제적으로 무차별적으로 유동성을 푸는 체제가 되어야 하는데요. 누가 문제가 있고, 문제가 없는지를 모르니까요. 어떤 나라가 가서 달라고 해서 주면 가는 나라는 문제가 있는 나라라고 인식이 되는 거죠. 그렇기 때문에 될 수 있으면 위기가 날 때까지 안 가죠. 그러면 결국 위기가 터져야 들어가는 돈인데요. 그 돈을 IMF가 자본금을 다 소진할 정도로 쓰기 전에는 그 액수라는 것이 나가는 게 아니고요. 두 번째로 IMF가 쓰는 정책 자체가 경제위기를 악화시키고, 성장을 둔화시키는 정책이잖아요. 우리나라 외환위기 났을 때 재정적자가 아니라 흑자를 내라고 해서 경제를 더 망치고, 그 다음에 완전히 금융자유화하고 개혁하라고 해서 성장여력 떨어뜨렸던 전력이 있잖아요. 우리나라뿐만 아니라 수십 개의 나라에서 그런 전력이 있었던 기구인데, 그런 고해성사도 없이 돈을 더 준다는 것은 옛날에 하던 잘못된 짓을 더 큰 규모로 하라는 거죠. 그러면 돈을 안 주느니만 못한 겁니다. 또 한 가지 쟁점이 됐던 것이 금융규제인데, 그것도 프랑스, 독일이 굉장히 크게 뭘 하는 것처럼 소리를 냈지만, 결국 하겠다는 것이 기본적으로 두 가지예요. 대규모 헤지 펀드 규제를 더 하겠다는 것 하고, 조세도피처를 때려잡겠다는 건데요. 그거 가지고 문제가 해결되는 것은 아니거든요. 진짜 근본적인 문제를 건드리려면 파생상품 문제, 그런 핵심적인 것을 건드려야죠.

지 오바마도 '규제 없는 발전은 없다'는 식으로 얘기하긴 했지만, AIG에 대규모 공적자금을 투입하는 등 근본적인 변화를 하기에는 한계를 보이고 있는데요. 선생님께서는 "최소한 2~3년간 금융위기가 계속될 것이며, 전 세계적으로 현 금융 시스템에 대한 근본적인 변화가 필요하다"는 말씀도 하셨는데요. 어떤 변화가 필요하다고 생각하십니까?

장 일단 그런 식으로 대규모 사태가 터졌을 때 정부가 공적자금을 투입하지 않으면 더 해로운 경우가 많아요. 일본 같은 경우도 불황이 장기화된 것이 처음에 부실화된 금융기관을 빨리 청소하지 않았기 때문이거든요. 돈은 막 푸는데, 은행들이 자기 위치가 불안하니까 돈을 안 빌려주고, 끌어안고 있어서 문제가 된 건데요. 제가 주장하는 것은 어차피 문제가 터지면 공적자금이 들어가야 되니까 아예 그런 회사가 그런 위기에 처하는 상황을 없애기 위해서 미리 규제를 해야 된다는 거죠. 그 회사들은 도중에 돈 좀 덜 벌어도 되니까 이런 문제가 생겨서 국민세금을 낭비하지 말라는 겁니다.

지 미국도 서브프라임 모기지론부터 시작해서 사태가 심각해지지 않았습니까? 한국도 대운하니 이런 식으로 큰 공사를 일으키려고 하는데요. 그게 잘못되면 큰 공황이 올 수도 있을 것 같은데요. 부동산발 금융위기에 대한 대책을 마련해야 된다고 말씀하셨는데, 어떤 대책을 마련해야 됩니까?

장 대운하하고 부동산이 직접 연결이 되어 있는 것은 아닌데요. 대운하를 파면 그 주변 땅값 같은 것은 올라갈지는 모르지만, 지금 우리나라의 부동산 거품은 수도권 중심이니까 그것에 직접 영향이 있을 것 같지는 않습니다. 부동산도 사실 영국이나 미국 같은 데보다는 양호하죠. 부동산 담보대출을 그런 나라들에 비해서는 규제를 많이 하는데요. 영국, 미국에서는 주택가격의 100퍼센트, 110퍼센트까지 담보대출을 했어요. 우리나라는 평균 비율이 50~60퍼센트가 되는 것으로 알고 있는데요. 그렇기 때문에 상대적으로 안전하긴 하지만, 우리나라 가계대출의 주가 부동산담보대출인데, 가계부채가 국민소득 대비 90퍼센트 정도 된단 말이에요. 미국, 영국 다음으로 높습니다. 제가 숫자를 갖다놓고 맞춰본 것은 아니지만, 예를 들어서 대출규제 자체도 했고, 부채의 상대적 규모도 우리나라보다 크지 않은 프랑스나 이런 나라에 비해서는 문제가 더 있다는 거죠.

지 지난해 10월에 맺었던 한미 통화스왑협정의 기한이 올 4월까지인데요. 그 당시에 '태풍 오는데 우산 하나 쓴 격'이라고 평가절하를 하시지 않았습니까? 그 효과에 대해서는 어떻게 보십니까?

장 별로 효과가 없었던 것 아니에요?(웃음) 저는 못 느꼈는데, 그때 며칠 반짝하다가 한화가 더 평가절하되지 않았습니까? 그러면 효과 없었다고 봐야죠.

지 현 정부의 환율정책에 대해서는 어떻게 생각하십니까?

장 지금 정부의 환율정책이라고 하는 것은 좀 어폐가 있어요. 이게 외환위기 이후에 만들어진 자본유출입 자유화 그 체제의 결과지, 무슨 장관이 무슨 말을 잘못해서 환율이 올라갔네, 떨어졌네 하는 것은 장기적으로 봐서 중요한 얘기가 아니거든요. 제가 항상 주장하는 것이 달러니, 엔이니, 유로니 하는 기축통화를 가지고 있지 않은 나라는 자본유출입을 규제해야 된다는 거예요. 그거 안 하고 열어놓으니까 세계에서 네 번째로 크니, 다섯 번째로 크니 이런 외환보유고를 쌓아놓고도 외환위기가 일어날까봐 벌벌 떠는 거거든요. 왜 그러냐 하면 우리나라가 2000억 달러를 가지고 있으니까 많이 가지고 있는 것 같죠. 지금 금융위기가 와서 금융시장이 경색되기 전에 하루 외환 거래량이 2조 달러입니다. 우리나라가 갖고 있는 돈이 하루 거래량의 10퍼센트밖에 안 됩니다. 그러니 안 무섭겠어요. 근본적으로 외환 보유고를 쌓아놔서 해결이 되는 문제가 아니거든요. 물론 우리나라 단독으로 바꾸기 어려운 상황이지만, 환율정책이라고 하면 지금 자꾸 얘기하는 것은 일단 외환시장은 열어놔야 된다고 하고, 그 다음에 지금 고환율을 해야 되느냐, 저환율을 해야 되느냐, 그런 정책을 얘기하는 건데요. 저는 그게 아니라 그것을 열어놓은 것 자체가 문제라고 주장하는 거예요. 특별히 지금 정부의 외환정책이 노무현 정부나 김대중 정부에 비해서 잘못된 것은 아닙니다. 지금 상황이 그래서 그렇게 되는 것이고, 구체적인 문제는 똑같았기 때문에 3년 전인 노무현 정부 때라도 서브프라임 위기가 왔더라면 이런 식으로 원화가치가 떨어졌을 겁니다.

지 한겨레 인터뷰에서 "세계 각국이 파생상품을 규제하는 쪽으로 대세가 바뀌고 있는데, 왜 우리만 독야청청하겠다는 건지 이해가 안 된다. 자유시장에 대한 이데올로기적 숭배가 너무 뿌리 깊게 박혀 있다"는 말씀을 하셨는데요. 왜 그렇게 숭배하고 있는 걸까요?

장 그런 사람들이 한국이고, 영국이고, 미국이고 세계적으로 많이 있죠. 신자유주의자라고 해서 다 그런 것은 아니지만요.

지 잭 웰치 얘기도 하셨는데요. 그런 사람들조차도 생각이 바뀌고 있다면서요.

장 글쎄 말이에요. 그래서 제가 어디서 그런 말을 한마디했죠. 겹치는 인물들도 있지만, 똑같은 사람들이 얘기한 것은 아닌데요. 신자유주의를 주장하는 사람들이 한미 FTA 반대하는 사람들한테 세계적 대세니까 따라야 된다고 해놓고선, 지금은 신자유주의에 문제가 있다고 하는 사람들이 대세인데, 왜 안 따르냐고요. 갑자기 독야청청으로 노선을 바꿨냐고요. 예를 들어 학자는 말하자면 자기 아이디어를 팔아 먹고사는 사람이니까 마음을 바꿀 수는 있죠. 아까 말한 케인즈처럼. 그러나 갑자기 반대되는 얘기를 하기가 사실 힘들거든요. 정치인이라든가, 기업가라든가 이런 사람들은 그런다고 특별히 죄가 될 것도 없는데, 이미 파산선고받은 이데올로기에 그렇게 집착할 이유가 뭐가 있어요?

지 오히려 선거 안 나온다고 했다가 나오는 그런 것은 맨날 뒤집으면서 말이죠.(웃음)

장 그렇죠.

지 ‘소신이 바뀌었다, 상황이 바뀌었다’고 할 수도 있을 거고요.

장 그럼요. 특히 상황이 바뀌었는데, 얼마나 핑계도 좋아요. 그 좋아하는 대세를 이번에 좀 쓰지, 왜 갑자기 독야청청론으로 바뀌어서 그러는지 모르겠어요.

지 이번 정부의 일자리 나누기 방식도 참 이상하지 않습니까? “이런 방식의 일자리 나누기로는 고용문제를 해결할 수 없다. 장기적으로는 투자가 늘어야 하고, 이를 위해선 주주자본주의 풍토를 개선하고 사회제도 자체를 고용친화적으로 바꿔야 한다”고 하셨는데, 현 정권의 일자리 나누기에 대해서도 비판적 시각을 가지고 계신 것 같습니다.

장 그러니까 일자리를 갖고 있는 사람들이 뭘 갖고 있어야 나누기를 하잖아요. 갖고 있는 사람들이 좀 손해를 봐서 다른 사람들도 일하게 해주자는 건데, 우리는 어떻게 반대가 된 거잖아요. 그런데 노조도 거기에 동조를 한 거니까요. 창피한 일이죠.

잘못된 목표를 놓고 경쟁시키며 개인이 잘못한 탓이라고 해

지 옛날에는 사용자가 노동자를 착취한다는 얘기가 나왔는데요. 지금은 전 세대가 다음 세대를 착취한다는 말이 나오는데요. 한국에서 88만 원 세대가 보통명사화되어 있고, 유럽도 1000유로 세대에서 지금은 700유로 세대가 됐다는 얘기가 나오던데요.

장 그래도 유럽은 비정규직이 700유로를 받아도 사회보장제도로 기본생활과 의료가 보장되고, 나중에 은퇴 후에 연금이 보장이 되니까 큰 문제가 없지만, 우리나라는 그런 것도 없잖아요. 비정규직이 받는 고통은 우리나라가 훨씬 큰 거죠.

지 그럼에도 불구하고 저항이 본격화되지 않은 것 같은데요. 유럽은 그리스나 프랑스 젊은이들의 저항이 격렬하지 않습니까? 프랑스 같은 경우 '아버지 세대는 연금 받아서 크루즈 여행 다니는데, 우리는 왜 이 모양이냐?' 고 불만을 터뜨리는데요.

장 그렇죠. 그만큼 우리나라에 시장주의적 이데올로기가 많이 퍼졌다는 거죠. 젊은이들마저도 내가 학교 다닐 때 공부를 많이 안 해서, 내가 영어를 못해서, 다 내 탓이라고 생각하는 거죠.

지 그래서 토익 얼마 이런 식으로 스펙경쟁을 하는 건데요.

장 그렇죠. 거기 낭비되는 국민적 낭비가 얼마예요.

지 본인도 좌절감을 느끼게 되고요.

장 저는 항상 영어는 할 필요 있는 사람만 잘하면 된다고 생각하거든요. 좋은 통역사나 번역사를 양성하면 되는 것이고, 그 다음에 국제적인 비즈니스를 한다든가, 국제적인 학술활동을 하는 그런 사람들만 잘하는 되는 거지, 왜 온 국민이 영어를 잘해야 됩니까? 지금 그런 영어가 필요한 사람들도 필요한 것은 읽고 이해하는 능력이지, 말하는 능력이 아닙니다. 회화 잘해봤자, 우리가 옛날에 하도 회화를 못했으니까 햄버거 하나 사면 희열감을 느끼지만, 그런 것은 아니거든요. 그런 식으로 경쟁을 시키는데, 잘못된 목표를 놓고 경쟁시키고, 두 번째로 그렇게 해서 이게 다 개인이 잘못한 탓이라고 돌려버리니까 우리나라 젊은이들은 뭔가 정책이 잘못됐다고 생각하기보다는 토익공부 좀 열심히 할 걸 이런 식으로 순응이 되어버리는 거죠.

경기진작을 위해서는 부자감세가 아니라 가난한 사람들을 감세해야

지 "감세는 정말 많은 논쟁이 필요한 사안이다. 케인즈주의 시각으로 보면, 감세는 가난한 사람들을 해줘야 한다. 부자들은 소비성향이 낮기 때문에 감세효과가 크지 않다. 이론적으로는 부자감세에 따른 효과가 가능할지 모르지만 역사적으로는 성공한 예가 없다"는 말씀을 하셨는데, 현 정부의 시각은 다른 것 같습니다.

장 수요창출만이 목적이라면 가난한 사람들의 소비성향이 높기 때문에 가난한 사람들의 세금을 깎아주는 것이 경기진작에는 좋습니다. 그런데 요즘 감세하겠다고 하는 것은 경기도 경기지만, 부자들의 돈을 많이 벌게 해줘야 파이가 커지고, 가난한 사람도 잘 나눠먹게 된다는 건데요. 첫째로 그렇게 해가지고 성장률이 늘어난다는 증거도 없어요. 왜냐하면 지난 30년 동안 신자유주의를 했는데, 성장률은 더 떨어졌거든요. 두 번째로 스웨덴같이 복지제도라도 완벽하게 되어 있으면 진짜 그런 사람들이 번 것을 가져다가 다른 사람들도 잘살 수 있는데 우리나라는 그런 것도 없잖아요. 돈 벌었다고 언제 나눠주었나요?

지 유류환급금이라도 나눠준 적은 있는데요. 독거노인 주말도시락 보조금, 결식아동 학교 급식비 등을 깎고 있더라고요.

장 왜 그렇게 점점 더 잔인한 사회가 돼가는지 모르겠어요.

지 그러면서 종부세 같은 것은 '부자들 가슴에 못 박는 것 괜찮으냐?'고 항변하고 있고요.

장 무조건 부자라고 많이 내라는 식의 논리는 곤란하지만요. 예를 들어 친구들끼리 만나도 형편들이 다 다르니까 공식적으로 협상해서 그렇게 하는 것은 아니지만, 많이 버는 친구는 많이 내고, 능력이 안 되는 친구는 조금 내고 그러면 되잖아요. 가족들 사이에서 돈 모을 때도 다 형편 봐가면서 하잖아요. 같은 국민으로서 부자들이 좀더 많이 내는 게 맞죠. 예를 들어 지금 몇 퍼센트 내는데 그것은 너무 한 거 아니냐는 얘기는 할 수 있지만…….

지 옛날 같으면 부잣집 애가 가난한 집 아이의 친구들이 될 수도 있고, 밥도 사줄 수도 있는데요. 요즘은 애들이나 부모나 평수에 따라서 '넌 이렇게 못사는 애랑 놀지 마' 이런 식의 분위기가 되는 것 같은데요.

장 〈오마이뉴스〉인가를 보고 경악을 했는데요. 어떤 아파트에서 임대아파트 주민들이 왔다 갔다 하면 집값 떨어진다고 들어오지도 못하게 그쪽 통로를 불법으로 막았다고 하더라고요.

지 어느 집에 사느냐가 인격이 되어버린 거니까요. 그 사람이 얼마나 인격이 고매하다든지, 학문적으로 뛰어나다든지, 봉사를 많이 했다든지 이런 것은 전혀 상관이 없고, 저런 집에 사는 사람은 여기 못 들어오게 해야 된다는 거잖아요. 대단한 사람들이네요.

장 돈으로 모든 것을 판단하는 극단적인 자본주의 논리가 퍼진 거죠.

지 선생님 집안이 호남 명문가 집안으로 알고 있습니다. 이런 집안 배경이 국가주도 경제를 긍정적으로 보는 데 기여한 면은 없었는지 궁금해하는 분들도 계시던데요.

장 그런가요? 호남이라고 박정희 시절에 우리 집도 박해받았는데.(웃음) 그런 거 하고는 관계없는 것 같고요. 인간이 자기의 배경을 완전히 뛰어넘는다는 것이 불가능한 건데요. 집안 얘기를 하는 것은 연좌제적 발상인 것 같아요. 집안이 무슨 전통이 있다고 해서 그것을 꼭 개인이 따라야 되는 것도 아니고, 그게 규정이 되어버린다는 것은 그만큼 성장을 못했다는 얘기잖아요.

지 사촌인 장하성 교수랑도 생각이 다르고요.(웃음)

장 사람들이 하도 신기해하길래 '아직도 우리나라에 연좌제 있냐? 왜 집안이라고 생각이 같아야 되냐?'고 되물었죠. 장하성 교수님 댁이랑은 교류가 많았었고, 지금도 많은데요. 저는 그 집의 밑의 형, 누나하고는 친한데, 장하성 교수님과는 나이 차이가 11살인가 나서 저 초등학교 때 대학생이니까 친해질 수가 없죠. 예를 들어 그 밑의 형, 누나들은 나이 차이가 네댓 살 이렇게 되니까 그래도 제가 중학교 다닐 때 고등학교 다니고, 고등학교 다닐 때 대학교 다니니까 친해졌지만요.

노벨 경제학상, 이데올로기적 도구로 전락

지 레온티에프상이나 뮈르달상을 받은 얘기가 많이 회자되는데요. 한국 사람들이 더 관심을 갖게 하려면 노벨상을 받는 게 도움이 될 텐데요.

장 저 같은 종류의 사람이 노벨상을 받을 때가 되면 세상이 굉장히 좋아진 거겠죠. 노벨상이라는 것이 처음 생길 때는 사실 그런 것이 아니었는데, 80년대 들어서 신자유주의자들이 스웨덴에서 하이잭을 해서 신자유주의적 성향이 있는 사람들만 (100퍼센트는 아니지만) 대부분 줬거든요. 노벨 경제학상이라는 것이 원래 노벨상은 아닙니다. 스웨덴 중앙은행에서 노벨을 추모하는 경제학상이라고 만든 건데, 하도 신자유주의적인 성향이 있는 사람들만 주니까 노벨 집안에서 공식적으로 항의를 한 일이 있습니다. 왜 우리 조상의 이상과 안 맞는 잔혹한 신자유주의, 시장주의가 좋다고 얘기하는 사람만 주느냐, 그러려면 노벨이라는 이름을 쓰지 말라고 했습니다. 그런 얘기까지 했을 정도로 이데올로기적인 도구가 됐거든요. 시류가 바뀌고, 특히 그런 신자유주의적인 영향을 미치던 위원회에 있던 중요한 인물들이 거기서 빠져서 요즘은 옛날에 비해서 조금 더 객관적이 됐다고 할까 그런데요. 아직 저 같은 성향의 사람에게 올 정도로 개방이 된 것은 아닌 것 같고요. 내리는 결론이 시장주의가 아닐지라도 크루그먼이니 스티글리츠니 이런 사람들 모두 방법론적으로는 신고전파 경제학인데, 그것을 벗어난 사람이 70년대 이후로는 상을 탄 적이 없거든요. 70년대에는 몇 명 탔죠.

지 제도경제학이라 불리한 거군요.

장 방법론적으로 신고전파하고 안 맞으니까요. 그게 경제학계의 주류니까 크루그먼이니 스티글리츠니 하는 사람이 내리는 결론은 현재 경제학계의 주류가 내리는 결론과 다를지는 몰라도 쓰는 방법론은 같으니까 기본적으로 인정해주는데, 저 같은 사람은 그것도 안 되는 거죠. 심하게 얘기하는 사람은 '쟤가 무슨 경제학자야. 저런 것은 사회학자다, 역사학자다' 이런 식으로 얘기하는 사람들도 있으니까요.

지 그라민 은행의 유누스 총재도 경제학자인데, 노벨 평화상을 받았잖습니까?

장 경제학적인 이론으로 준 것은 아니고, 사실 그 양반은 좋은 생각을 해냈다는 거지, 그게 경제학 이론에 공헌을 했다고 보긴 힘드니까요. 그 양반은 방법론 때문에 그렇게 된 것 같지는 않고요.

지 그동안 경제학이라는 것이 사람들의 삶과 떨어진 것처럼 느껴졌었는데요. 사실은 먹고사는 문제기 때문에 사람들하고 훨씬 더 가까워야 되는데요.

장 그럼요.

경제학의 95퍼센트는 상식, 일반과 소통해야

지 선생님이 경제학을 대중들에게 가깝게 느끼게 하셨는데요. 삶과 밀접한 연관이 있다는 생각을 하게 해줬고요.

장 제 생각은 여기저기서 얘기했지만, 경제학의 95퍼센트는 상식이고, 케인즈의 유효수요론이니 리카르도의 비교우위론이니 상식으로 생각하기 힘든 이론들이 5퍼센트 정도 되는데, 그것도 상식적인 수준에서 설명해줄 수가 있거든요. 경제학자들이 그런 노력을 게을리한 것이고, 어느 직업이나 자기 직업을 신비화하려는 생각이 있잖아요. 우리나라에서 옛날에 사람들 영어 못할 때 처방전에 영어로 갈겨 써놓으면 '저 선생님 되게 유식하다'고 생각하는데, 알고 보면 아스피린 이런 거 써놓은 거거든요.(웃음) 그런 게 있기 때문에 어려운 통계학이나 수학으로 포장해서 필요 이상으로 어렵게 만드는 건데요. 물론 저는 그런 게 필요 없다는 게 아닙니다. 그러나 그것은 전문가들끼리 할 때 필요한 것이고, 보통 일반 대중과 소통하는 시도할 때는 그런 것이 필요 없다는 거죠.

지 특별한 계획 같은 것은 없으신가요?

장 지금 《나쁜 사마리아인들》은 후진국 문제를 주로해서 썼는데, 그것처럼 체계적이 될 것 같지는 않지만, 좀더 광범하게 신자유주의적인 경제논리를 대중들한테 설명하고 비판해주는 그런 대중서적을 하나 써볼까 구상 중인데요. 물론 직장이 그러다 보니 우선 영어로 쓰겠죠. 그게 아직 확정된 것은 아니고, 그런 생각을 좀 하고 있습니다.

지 마지막으로 해주실 말씀은 없으십니까?

장 너무 여러 가지 얘기를 물어봐 주셔서 안 한 얘기는 없는 것 같아요. 제가 언젠가 지 선생님하고 인터뷰 중에 제일 어려운 직업이 국민이라는 얘기를 했어요. 왜냐하면 정부부처에 있는 사람들은 자기 부처의 일만 알면 되고, 의사는 환자 고치는 것만 알면 되는데, 국민은 모든 것을 알아야 되거든요. 하다못해 의료보험제도부터 해서 금융규제, 환경보호, 세금문제 등등 알아야 될 게 너무 많습니다. 그러니까 사실 국민이라는 직업처럼 어려운 것이 없어요. 그런데 국민들이 자기 생계도 유지하기 어려운데 어떻게 그것을 일일이 공부하겠어요. 바로 그런 의미에서 학자나 전문가들이 국민한테 그런 것을 이해하기 쉽도록 도와줄 의무가 있는 거죠. 그 국민들이 자기 밥 먹고 살기도 힘든데 일일이 그것을 찾아서 하겠습니까? 그런 면에서 전문가들의 책무가 더 막중하다고나 할까요? 제가 말하자면 대중과 소통을 하려는 것도 그런 차원에서 이해해주시면 어떨까 싶습니다. 지금까지 안 나온 얘기를 하다 보니까 그런 식으로 끝을 맺어야 할 것 같네요.

지 어렵게 시간 내주셔서 감사합니다.

만나는 인연들이 상생하는 돌봄사회를 실현해가는 행동가

조한혜정

● 1948년 부산에서 태어남. 연세대학교 사학과를 졸업하고, UCLA 대학에서 인류학 박사를 수료했으며, 현재 연세대학교에서 강의를 맡고 있음. '또 하나의 문화'를 통해 여성문화, 페미니즘 이론에 대한 구체적이고 실천적인 담론들을 제시하고 생산해 왔음. '하자센터'를 통해 작업장 학교라는 대한학교를 설립하고, 노리단이라는 사회적 기업을 발족시켜 청소년 문화운동과 대안교육의 다양한 실험을 해옴. 현재 환경운동연합의 공동대표를 맡고 있으며, 우정과 환대가 가득한 공동체 마을의 복원을 꿈꾸고 있음. 저서로 《학교를 찾는 아이, 아이를 찾는 사회》, 《왜, 지금, 청소년?》, 《다시, 마을이다》 등 여러 권이 있음.

완전히 신자유주의로 가면서 애들 자신도 '내가 학원 안 가면 죽는다, 내가 개별적으로 살아남아야 된다'고 생각하게 됐기 때문에 가출도 안 하고, 부모도 불안하지 않아요. 우리 애를 위해서 내가 하지 않으면 안 된다, 내가 확신에 차서 다른 게임은 자기가 할 수 있는 게임도 아니라고 생각하고, 어떤 의미에서는 대안을 못 보게 된 상태로 가버린 거죠. 그 시나리오밖에 없기 때문에 갈 데까지 가보자고 하는 그런 게임이 한쪽에서 시작됐습니다. 그런 면에서 이것을 어떻게 멈출 것이냐 하는 것보다, 제가 하는 접근은 다른 영역에서도 애들이 잘 자라고 신뢰할 수 있고 그래서 사람답게(라는 표현은 안 좋은데) 키울 수 있다는 것을 보여주는 것이 중요하다고 생각합니다. 그 게임을 안 해도 애들 정말 잘 크네, 그런 것을 할 수 있는 제3의 공간이 만들어지면 된다고 생각을 하죠.

조한혜정

● 서울시립 청소년직업체험센터(이하 하자센터)장을 맡고 있는 연세대 사회과학대 조한혜정 교수를 하자센터에서 2008년 10월 30일에 만나 9시부터 11시까지 인터뷰를 했다.

조한혜정 교수는 1984년 설립된 담화 공동체, 토론 공동체인 '또 하나의 문화'를 몇몇 동인들과 함께 만들어서 지식생산을 하고, 가부장적인 담론을 넘어서서 대안담론으로 한국 사회의 페미니즘 논의의 지평을 넓혔다.

90년대 들어 가정은 무너지기 시작했고, 학교는 붕괴되었고, 아이들은 학교와 집을 뛰쳐나왔다. 《학교를 거부하는 아이, 아이를 거부하는 사회》라는 책을 통해 청소년 문제를 제기했던 조한혜정 교수는 1999년 하자센터(공식명 : 서울시립 청소년직업체험센터)를 설립해 탈학교 아이들과 새 시대를 준비하는 10대들을 위한 일 · 놀이 · 자율의 공간을 마련했고, 그곳을 통해 청소년 문화에 관한 다양한 실험과 사회적 기업에 대한 논의가 이루어졌다.

페미니스트 운동, 청소년과 대안교육 현장에서 다양한 실험을 벌여온 조한혜정 교수는 최근 모든 세대가 어우러져서 서로 돌보면서 살아갈 수 있는 마을을 만드는 일에 많은 관심을 쏟고 있다. 조한혜정 교수는 지나친 경쟁으로 인해 위험사회가 된 한국에 우정과 환대의 공간을 많이 만들어야 한다고 주장하면서 모두가 더불어 행복하게 살기 위해 자신의 관심이 모든 세대로 확장되고 있음을 밝혔다.

올해부터 개설된 문화인류학 강좌를 맡고 있는 조한혜정 교수는 지난해부터 환경운동연합의 공동대표를 맡고 있기도 하다. 저서로 《성찰적 근대성과 페미니즘》, 《탈식민지 시대 지식인의 글 읽기와 삶 읽기 1, 2, 3》, 《학교를 거부하는 아이, 아이를 거부하는 사회》, 《학교를 찾는 아이, 아이를 찾는 사회》, 《다시, 마을이다 – 위험사회에서 살아남기》 등이 있으며, 공저로 《가족에서 학교로, 학교에서 마을로》, 《왜 지금, 청소년?》, 《경계에서 말하다》, 《인터넷과 아시아의 문화연구》 등이 있다.

만나는 인연들이 상생하는 돌봄사회를 실현해 가는 행동가

경쟁과 적대와 물질적 생산성과는 다른 원리로 움직이는 돌봄사회로 나아가야

지승호(이하 **지**) "토건국가를 넘어서 '돌봄사회'로 가자"는 말을 자주하시는데요. 말씀하시는 '돌봄사회'란 어떤 의미인가요?

조한혜정(이하 **조한**) '돌봄사회'라는 것은 토건국가랑 대비되는 말이긴 한데요. 기본적으로 요새 페미니스트로서 제 생각에 수렵사회가 채집과 육아영역과 균형을 맞춰가는 게 제대로 가는 진화라면 지금 완전히 경쟁으로 서로 죽이는 게임이 극도의 효율화로 가서 이런 파탄을 맞은 것 같고요. 그런 맥락에서 그런 자본주의적 영역이 아닌, 오로지 경쟁과 적대와 물질적 생산성하고는 다른 원리로 움직이는 것이 필요하다는 생각이 들었어요. 저는 우정과 환대의 공간이라는 말을 요즘 많이 쓰는데요. 돌봄사회라는 단어가 사실

캐어링 소사이어티caring society가 맞는데, 그 단어를 쓸 때마다 페미니스트 친구들 중에서 불편해하는 사람들이 많아요. 또 여자들이 돌봄을 맡으라는 거냐고. 그 단어가 주는 구속력 내지는 좋지 않은 기억이 있어서 그런 맥락에서 우정과 환대라든가 하는 단어들을 쓰는 거죠. 그 맥락에서 요즘 우석훈 박사는 제3부문이라고 얘기하고 있고, 하자에서는 제4부문이라고 얘기하는데요. 우석훈 박사는 국가도 시장도 아닌 부문을 얘기하는 걸 텐데, NGO(비정부기구－저자 주)나 NPO(비영리단체－저자 주)도 사실 국가나 시장 쪽에 포섭이 된 것이기 때문에 NGO나 NPO도 아닌 다른 영역에서 뭐가 나올 거라고 생각합니다. 저는 원래 여자들이 만들어온 세상, 공식적으로 별로 인정되지 않는 세상, 이런 쪽에서 그런 부분들이 아직은 다행히 남아 있다고 생각하는 거죠. 그런 퇴화되지 않은 것이 지금 모두가 죽어가는 상황에서는 확 꽃을 피울 때가 되었다고 생각합니다. 물론 여자들만 하는 것은 아니겠지만, 상당 부분 비공식영역에서 있어 온 사람들이 있을 것이고, 실제로 그런 예들이 있어요. 애만 열심히 기르면서 글짓기 교사를 가끔 하던 분이 애 서너 명을 잘 키우고 나서 기적의 도서관 같은 것을 만든다든가 그랬을 때 그 사람의 능력은 엄청나게 발휘가 되는 것이고, 기존의 남자나 기존 조직에 익숙해진 사람들과는 전혀 다른 방식으로 꾸려나가면서 정말 상상의 공간을 만들 수 있는 거죠. 그러면 거기 있는 사람들이 덕을 보고 도움을 받으면서 자기도 도움을 줄 수 있는 호혜적인 인간으로 다시 소생을 하는 겁니다. 이런 것을 기존의 효율, 이런 제도, 조직에 익숙한 사람들한테는 기대하기 굉장히 힘들고요. 더 문제는 학원에 의해서 뺑뺑이 돌려지는, 특히 스펙spec을 만드느라 너무 바쁜

대학생 이런 친구들은 우석훈 박사가 제3부문 얘기하면 상상을 잘 못하거든요. 돌봄이라는 단어를 쓰는 게 되게 위험하긴 한데요. 좀 더 많은 단어를 만들어내고, 키워드를 중심으로 새롭게 사고할 수 있으니까 그런 쪽으로 같이 작업을 하고 있고, 그 맥락에서 책도 혼자 쓰는 책보다는 같이 작업해서 서로의 생각들을 나누고, 우정과 환대의 공간에서 놀다 보니까 아주 생각지도 않은 선물들을 받게 되었죠.

지 일부 페미니스트 진영에서 불편해한다고 하셨는데요. 어떤 의미에서는 그것이 피해의식 같은 것일 수도 있지 않습니까? 누가 게시판에 올려놓은 것을 보니까 "외국인 남자친구가 너무 깔끔해서 피곤하다고 생각했는데, 그 남자는 '너와 내가 같이 사는 공간인데, 왜 너만 치워야 한다는 강박관념을 가지냐?'고 해서 '아, 내가 여자는 깔끔해야 하고, 치워야 한다는 고정관념을 가지고 있었구나'라는 생각이 들었다"고 하더라고요. 한국 여자들은 늘 자신이 깨끗이 치워야 되고, 남자가 치우면 불편해하거나, 비난받을까봐 두려워하는 면도 있는 것 같은데요.

조한 그런 것이 동전의 양면일 수 있겠죠. 여자들이 그것이 내 역할이라는 것을 떨쳐버리지 못해서 과도하게 뭘 하는 것이 있을 수 있고요. 다른 조건이 변하지 않은 상태에서 돌봄을 얘기할 때 드는 거부감은 충분히 이해가 가는데요. 저는 돌봄이라는 말을 측은지심이라는 의미로도 많이 쓰고, 호혜적 관계라는 단어로도 많이 씁니다. 돌봄이라는 자체가 지금은 거의 없어졌잖아요. 모든 것이 상품화되고, 아이 키우는 것도 학원에서 다 하고, 노인들도 도우미가 돌보고, 전부 돈으로 사는 것이고, 아이들도 그것을 알기 때문에 엄마가 나가서 돈 벌어오는 것에 대해서 전혀 불평하지 않고, 돈 많이 벌어와서 좋은 것 사주기만 바라잖아요. 그러다 보니까 돌봄이 엄청난 위기상황이라고 생각해요.

지 지금까지 만들어오신 성과가 꽤 큰데요. 그것이 조한혜정이라는 아이콘이 아니면 불가능하다는 지적도 있습니다. 하자센터를 만들 때만 해도 연대의 지원을 얻었고, 삼보컴퓨터가 전산망을 깔아주고, 세금을 지원받고, NC 소프트, 넥슨 등에서 소프트웨어를 지원받았을 뿐만 아니라 페미니즘적인 감성이나 새로운 것을 상상할 수 있는 여러 사회운동의 인적 인프라가 결합되어서 가능했을 텐데요. 그러면 다른 사람은 복제가 불가능한 것 아니냐는 건데요.

조한 항상 처음 모델은 조건이 좀 좋은 사람이 하는 거잖아요. 똑같이 시작하는 것이 아니니까. 사실은 이 공간이 아주 구체적인 것보다는 상상을 하고, 사유의 공간을 넓히는 그것이 굉장히 중요한 역할을 한다고 생각하는데요. 그런 게 하나 만들어져서 사회공간이 늘어났으면 이제는 다른 조건에서도 충분히 만들 수 있고, 특히 10년이 지나서 사회적 상황이 굉장히 많이 바뀌었잖아요. 사회적 기업을 하라고 노동부에서 돈을 준다고도 하는데, 사실 돈이 없어서 안 하는 것은 아닌 것 같거든요. 사람의 흐름을 보고, 사람을 엮어내고, 그런 식의 팀들이 구상이 되어야겠죠. 여기만 해도 페미니스트만이 아니고, 김종휘 씨같이 인디적인 예술활동을 하고 싶어했던 사람들이라든가 굉장히 대중적이면서 사람을 즐겁게 하고 싶어하는 사람들이 같이 결합했거든요. 강원재 씨 같은 경우는 축제기획을 하던 사람이에요. 보다 많은 사람들이 행복했으면 좋겠다고 생각하고, 우리가 갖는 어떤 것에 대한 의심이 없이 서로 신뢰하는 분위기 속에서 각자가 자기가 하고 싶은 것을 한껏 해낼 수 있었던 것이고, 그런 다양성 자체가 좋았죠. 그것이 잘 지원되는 그런 데서 새로운 것이 싹이 튼 건데요. 그간의 10년 동안 뭐라뭐라 해도 여러 가지 실험들이 민간에서 이루어졌기 때문에 그것을 모아내면서 지속적인 마을 개념으로 다시 엮어내면 굉장히 큰 변화가 올 것 같고, 사실 그것 외에는 별 대안이 없는 것 같아요. 결국 할 수 없이 다 죽더라도 마을에서 사랑하는 사람끼리 죽으면 한결 낫지 않겠어요? 불안에 떨면서 무슨 부귀영화를 누리겠어요.(웃음)

지 요즘 우석훈 박사가 얘기하는 것과 비교해보면 현상에 대한 인식이나 대안도 비슷한 것 같은데, 두 분의 접근방법은 차이가 있는 것 같습니다. 우석훈 박사는 비관적으로 말하는 데 비해 선생님은 좀 낙관적이신 것 같은데요.

조한 아무래도 차이는 많이 있겠죠. 나이 차이가 있고.(웃음) 저는 40살 때 '또 하나의 문화'를 만들어서 굉장히 즐겁게 일을 했고, 계속 사람들과 우정과 환대의 공간을 만들어서 일해왔기 때문에 굉장히 사회적인 사람이고요. 우석훈 박사는 책 속에서 대단한 지식인들과 대화하면서 공부를 하는 사람이니까 머릿속에 엄청나게 지식인의 지형이 들어가 있는 사람이죠. 저는 현실과 일상을 다루는 인류학자로 일상을 관찰하는 편이라 뭔가 만들면서 가기 때문에 비관적으로 보면 만들 수가 없잖아요. 작은 내 동네라도, 그게 하나의 피난처가 되더라도 긍정적으로 만들어가야 되는 것이고요. 그게 살

림이라든가 돌봄이라든가를 감당해본 (남녀를 실체로 구분하는 것은 아닌데) 여자들과 사냥꾼의 원리로 진화해온 영역에 살 수밖에 없었던 남자들하고는 조금 다른 것 같아요. 저는 남자들의 영역에서 줄곧 살았던 사람이지만, 그럼에도 불구하고 내가 주위에서 볼 때 가장 존경하는 할머니라든가 실제로 정말 존경하는 사람들이 있죠. 그게 거의 여자인 사람, 이런 데서 차이들이 있고, 그런 차이들 때문에 우석훈 박사가 굉장히 재미있고 소중하다고 생각하는 겁니다. 우리 학생들한테도 어떻게 '우석훈 박사를 즐겁게 읽어낼 건가, 잘 읽어낼 것인가'를 얘기하고 있는데요. 지금 대학생들은 아직 입시교육이나 냉소주의, 패배주의에 젖어 있는 편이니까, 읽어도 계속 꼬투리를 잡으려고 하고, '대안이 왜 없냐?'는 식으로 얘기하거든요. 어떻게 '뭔가 시대를 잘 읽어낸 사람을 잘 읽어낼 것인가?', 이런 식의 얘기들을 하면서 지금은 오히려 청소년보다 대학교에서 마을 만들기를 하는 편입니다. 10년 전 청소년들이 갈 데 없고 절망적이었기 때문에 뭔가를 애타게 찾고 있었거든요. 영화감독이 되겠다거나, 타락한 아이들이 와서 공간을 만들었다면 지금은 대학생들이 거의 갈 곳이 없는 굉장히 절박한 그런 상황이에요. 그래서 대학교하고 하자센터나 이런 데를 연결시키고, 동시에 페미니스트들도 연결해서 좀더 크게, 새롭게 다시 재밌는 동네들을 만들어내야죠.

지 우석훈 박사가 얘기하는 제3부문이나 지금 말씀하신 제4부문이라는 것이 사회적 기업하고도 연결되는 걸 텐데요. 그런 게 어떤 형태로 나올 수 있고, 나와야 된다고 생각하십니까?

조한 핀란드 같은 데서는 기존의 노인을 돌보는 제도화된 홈 캐어

(home care, 자택간호)에서 일하는 사람들이 있는데요. 법을 바꿔서 개별 노인들한테 돈을 주면서 '간호할 사람을 당신이 선택하라'고 합니다. 그리고 케어테이커caretaker한테도 '당신이 당신의 부모를 캐어할 수도 있다'고 하니까 네댓 명의 캐어테이커들이 모여서 조그만 집을 만들어서 10명 이내의 할머니들과 공동생활을 합니다. 그룹 홈 비슷한 거죠. 그게 기존에 제도화된 홈 캐어에 비해 돈을 좀 덜 받고, 더 받고의 차이는 있지만, 거기서 오는 만족은 비교할 수 없거든요. 그것을 경험한 사람들은 '나는 다시는 돌아가지 않는다'고 얘기합니다. 그게 제도화된 데서 일하는 것과 정말 돈으로 매개되지 않고, 성과급 이런 식의 것이 아닌 다른 것이 오가는 관계인 거죠. 니가 월급 받았으니까 나를 캐어해야 돼, 이런 것이 아니잖아요. 그런 식으로 굉장히 많이 만들 수 있는 것이 있어요. 나 같은 경우도 가족들이 뿔뿔이 다 흩어져서 사는데요. 성미산 학교 같은 경우에 동네 부업이라고 '반찬가게'도 있고, 반찬가게가 있다 보니까 밥만 해놓으면 애들이 반찬을 사서 먹는 거죠. 식당은 필요하면 생기는 거잖아요. 그러면 유지를 하면 되고, 그때 그 식당을 하는 분은 어떤 면에서는 30만 원만 벌면 되는 분일 수도 있거든요. 요리하는 것을 좋아하고 누가 먹는 것을 좋아하고, 나와서 누군가와 얘기도 하고 그럴 수도 있고요. 우리가 기존에 직장이라고 생각하지 않는 것들, 기존에는 베푸는 것, 일도 아닌 것이라고 생각하지만, 그게 굉장히 사회에 절대적으로 필요한 일일 수 있잖아요. 지금 시대가 엉망이 되고 있는데, 요리하는 엄마가 없어지면 끝장이라고 생각하거든요. 저도 요리를 못하는 사람이고, 공식영역의 남자가 만들어놓은 제도권의 세상에 편입이 되어서 바꿔볼라고는 했지만 잘

바뀌지지 않는, 막강한 사냥꾼들의 세상에 살아서 요리를 못하는데, 실제로 요리를 하는 사람이 없을 때 세상은 굉장히 각박하게 되어서 다 미쳐버리지 않을까 생각합니다.(웃음) 그렇다고 여자들이 계속 요리를 하자는 것이 아니고, 따뜻한 부엌을 중심으로 뭔가를 만들 수 있는 것이 사회적 기업이라는 형태로 되고, 그게 우리가 생각하는 자본주의적이지 않은 사회를 만들어내는 베이스들이 될 것이라고 생각해요. 영국이나 이런 곳도 사회적 기업을 몇 퍼센트로 만들 것인가 하는 것이 핵심인 것 같아요. 지난번에 우석훈 박사도 마초지수를 재는 척도를 만들자고 했는데, 성평등 이런 얘기보다 지금은 마초지수를 정하는 것이 좋을 것 같고요. 우리가 그렇게 GNP 4만 달러가 되고 싶으면 20퍼센트 정도의 제3부문이 나와야 된다는 거죠. 사회적 기업같이 움직이는, 호혜와 우정과 환대가 있는 시공간이 20퍼센트만 되면 나름대로 GNP 4만 달러가 되든, 안 되든 생존이 지속 가능할 텐데 지금 같은 형태로 갈 때 지속 가능하겠어요? 9살짜리도 돈 벌어오라고 엄마한테 나가라고 할 정도로 아주 어릴 때부터 돈만이 나를 살리는 것이라고 믿게 되어버린 지금 이런 신자유주의 시대, 돈이 신이 되어버린 사회에서요.

20대가 스펙에 치여 상상력을 잃어버리는 것이 안타까워

지 1996년에 《학교를 거부하는 아이, 아이를 거부하는 사회》라는 책으로 한국의 청소년들을 둘러싼 문제와 학교의 문제를 지적하셨고요. 그 다음에 《학교를 찾는 아이, 아이를 찾는 사회》를 통해 일정한 대안도 제시하셨습니다. 그때 하자센터에서 사이버유스도 만들고, 다른 청소년 사이트들인 채널10이나 아이두넷 같은 곳과 연대해서 두발 자유화 운동, 청소년 인권운동도 활발하게 벌어졌었는데요. 그때에 비해서 그런 운동들이 힘을 많이 잃은 것 같습니다.

조한 그것은 그 시대에 정말 자발적 탈학교생들이 나오기 시작했고, 그때는 우리 시대 자체가 문화가 돈이 된다고 하고, GNP 1만 달러 될 때쯤이었거든요. 실제로 애들이 인터넷을 하고, 끼 있게 인디활동을 하고, 영화를 만들고, 10대, 20대가 대단히 창의적인 때였잖아요. 그 책이 그런 시대의 상에 따라서 쓴 것인데요. 중퇴자들을 연구했더니 애들이 중퇴하는 것이 훨씬 낫다는 생각이 들었고, 자발적 중퇴자가 나오는 시점이었죠. 학교를 나와야지 장정일 씨같이 되든가 서태지처럼 될 수 있다고 생각했고, 학교에 있다가는 좋은 영화를 못 만들 것이라고 생각하는 그 아이들이 길러진 거죠. 《학교를 찾는 아이, 아이를 찾는 사회》를 쓸 때는 대안학교가 만들어져야 된다고 했고, 지금 대안학교가 많이 만들어져서 대안교육연대나 이우학교까지 해서 판이 만들어졌어요. 그리고 더 이상 우리가 할 수 있는 것은 아닌 것 같은게, 그게 생각보다 굉장한 큰 변혁의 힘일 것이라고 생각했는데요. 내가 과소평가를 했다고 할까, 한국인들이 여전히 너무 개인적으로 문제해결을 하는 거예요. 또 하나의 문화도 다른 문화를 만든다고 했던 것인데, 사람들이 문화적인 방식보다는 개별적인 방식으로 해서 기러기 아빠가 된 거잖아요. 학교를 바꿀 수 있는 가장 큰 자원을 가진, 상징적, 문화적, 경제적 자원을 가진 사람들이 애들을 다 보냈다는 것은 사회를 새롭게 해야 할 엘리트들이 어떤 면에서 너무 개인적인 선택을 한 거죠. 그렇지 못한 사람들은 아예 애들은 안 낳고, 결혼을 안 하고요. 지금 우리가 갖고 있는 대안학교는 나름대로 굴러는 가요. 생각보다는 많이 크지는 않았는데, 그게 우리 현주소라고 생각하고요. 급격하게 다른 단계로 들어왔다고 생각하는데, 제가 《88만 원 세대》라는 책이 나온 것을 반갑게 생각한 것도 지금 서양에서도 30살 중반까지 비실비실하거든요. 예전에는 청소년 하면 1318이라고 해서 가장 감수성이 예민할 그때를 어떻게 할 것인가를 얘기했다면, 지금은 20대들이 가장 힘들고, 그 힘을 어떻게 할 것인가, 이게 우리의 핵심사안이라고 생각해요. 대학생들이 스펙을 마련하느라고 가장 불안하고, 불안해서 자기 나름의 사유를 할 수 없게 되었잖아요. 특히 20대는 한국 사회에서는 시대를 이끌어가는 변혁의 힘이 남은 곳인데, 그 팀들이 가장 상상력이 없어지는 것 같아 안타깝죠.

지 10년 전에 저항했던 그 세대가 지금 20대가 된 것 아닙니까? 그때는 세대간의 갈등이 아니라 전쟁이라고 할 정도로 '아이들을 이해할 수 없다. 학교가 붕괴됐다'고 어른들이 호들갑을 떨었습니다. 집에서는 '가출하지 않을까, 학교를 그만둔다고 하지 않을까'라는 고민을 했었는데, 지금은 그런 걱정을 할 필요가 없어졌거든요. 아이들 스스로가 여기서 떨궈져나가면 죽는다는 생각을 하게 된 것 같습니다. 선생님은 '십대들이 온순해졌다'는 표현을 쓰셨는데요. 의도적이건 아니건 간에 기성세대가 아이들에 대해서 통제할 수 있는 수단이 훨씬 많아진 것 같은데요.

조한 공포에 의해서 착해진 거죠. 기성세대가 만든 게 아니고, 외부의 상황이 누구도 어떻게 할 수 없는 속도로 우리를 둘러엎고 있는 거잖아요. 우리 내부가 나름의 상상력을 가지고 있으면 완전히 미치지 않고, 공포 속에서 너무나 잘못된 헛발질은 안 할 수 있는데요. 기성세대나 이런 쪽이 심하게 하거나, 알고 한 건 전혀 아닌 것 같고요. 사실 IMF 이후의 효과가 2000년대 넘어서면서 나타났는데, 구체적으로는 이해찬 씨가 교육부장관을 했던 시절에 입시공부를 했던 아이들이 01, 02학번 세대인데요. 그때 시간을 많이 줬는데, 시골에 있던 아이들은 PC방에만 갔대요. 대치동이나 강남 엄마들은 그 전부터 과외를 하다가 그때부터 탁 풀어놓으니까 '잘됐다'고 하면서 아이들을 완전히 장악했거든요. 관리형 엄마와 학원에서 정보를 장악하게 된 거죠. 거기서 모든 정보가 유포되기 시작했는데요. '아예 어릴 때는 엄마가 안 키워도 된다, 1학년부터 4학년 때까지는 엄마가 봐줘야 되고, 5학년 때부터는 돈을 많이 벌어서 전문가한테 맡겨야 한다', 이런 식의 공식이 생기게 된 겁니다. 그래서 소위 신자유주의에서 성공이라는 단어가 나오면서 성공해야 된다는 데 합의한, 나름대로 돈을 죽어라고 버는 층에서는 게임이 세팅이 되고, 아예 대안학교로 가는 것은 순진한 자유주의자들이 하는 거고, 그 외에는 외국에 보내든가 하게 된 건데요. 돈이 많거나 안식년을 맞은 교수들의 경우 1년 동안 데리고 나가고, 이런 게 공식이 되어 있죠. '몇 살 때 데리고 나가는 것이 좋다' 이런 것이 유포되고 하나의 사회가 형성이 된 것이고, 그 게임을 하느라고 다들 너무 불안한 겁니다.

지 교육감 선거만 보더라도 많은 사람들이 '경쟁을 통해서 우리

아이의 경쟁력을 키우겠다'는 선택을 했기 때문에 그런 방향으로 나가는 걸 텐데요.

조한 그렇죠. 그것은 저절로 망할 수밖에 없는 게임이기 때문에 그것을 막으려고 과외를 금지하고 이러는 것이 아니지 않나 싶어요. 그런데 진짜 이런 상태로 놔두면 10살 미만의 아이들이 자살을 할 거고, 그것은 진짜 아닌 것 같고요. 시험을 안 본다거나, 애들이건 어른이건 인간은 여백을 가지고 있어야 되는 건데요. 그런 맥락에서 애들을 시험을 치게 한다든가 이런 형태로 계속 몰고 가서 쫓기는 쥐처럼 만들어놨을 때는 그야말로 애들이 파시즘으로 갈 수밖에 없겠죠. 증오와 적대와 의심과 불안에 가득 찬 인간들을 양산하는 건데, 그게 어디로 가겠습니까?

지 "급변하는 사회일수록 세대간에 공유하는 경험은 줄어들기 마련이다. 새 지식을 빨리 소화해야 하는 정보화 시대로 가면서 어른들이 가진 많은 지식은 폐기처분된다"고 예전에 말씀하셨는데요. 그런 부분에서 분명히 애들이 본능적으로 새로운 시대에 대한 적응력이 더 빠를 텐데요. 어른들이 애들과 소통하면서 배워나갈 생각은 하지 않고, 룰을 정해놓고 애들을 통제하기 때문에 세상이 더 나빠지는 것 같습니다.

조한 90년대 애들은 가출충동을 가진 애들이 80퍼센트 이렇게 되고, 부모들도 가출할까봐 걱정이 돼서 애들을 이해하려고 노력하고 자기도 많이 깨지고 그런 시대였는데, 아까 얘기했듯이 완전히 신자유주의로 가면서 애들 자신도 '내가 학원 안 가면 죽는다, 내가 개별적으로 살아남아야 된다'고 생각하게 됐기 때문에 가출도 안

하고, 부모도 불안하지 않아요. 우리 애를 위해서 내가 하지 않으면 안 된다, 내가 확신에 차서 다른 게임은 자기가 할 수 있는 게임도 아니라고 생각하고, 어떤 의미에서는 대안을 못 보게 된 상태로 가버린 거죠. 그 시나리오밖에 없기 때문에 갈 데까지 가보자고 하는 그런 게임이 한쪽에서 시작됐습니다. 그런 면에서 이것을 어떻게 멈출 것이냐 하는 것보다, 제가 하는 접근은 다른 영역에서도 애들이 잘 자라고 신뢰할 수 있고 그래서 사람답게(라는 표현은 안 좋은데) 키울 수 있다는 것을 보여주는 것이 중요하다고 생각합니다. 보니까 그 게임을 안 해도 애들 정말 잘 크네, 그런 것을 할 수 있는 제3의 공간이 만들어지면 된다고 생각해요. 그래서 성미산 학교나 성미산 마을 같은 데가 굉장히 좋은 시도들을 하고 있는데, 아직은 그런 것을 하기가 굉장히 열악한 조건이고, 아까도 얘기했지만 그것을 해야 되는 사람들이 아이를 안 낳거나 낳아서 외국을 보내고 있으니까요.

지　성미산 마을이나 성미산 학교가 굉장히 좋긴 한데, 다른 곳에서 실현되거나, 파급될 가능성이 높아 보이지는 않습니다.

조한　그렇게 성급해할 필요가 없는 거죠. 어떤 면에서는 이미 되고 있는데, 우리가 모를 수 있는 것이고요. 하자도 계속 비판받는 것이 복제 가능하냐는 건데요. 우리가 10년 돼서 지금부터는 복제가 아니고, 서로 퍼주고, 다른 데서도 퍼온다고 얘기합니다. 우리가 엘리트니까 퍼준다는 것이 아니고, 이제는 완전히 네트워킹하는 형태로 굴러가야죠. 10년 전에는 서태지를 기른다, 정말 아이한테 물을 줘서 서태지와 같은 애가 뭘 하고 싶으면 할 수 있는 마당을 준다고 했는데요. 지금 애들은 하고 싶은 게 없잖아요. 그걸 거세한 형태로 아이들을 기르는 거거든요. 그런데 요새 마침 이런 사건들이 터지면서 경각심이 생기는 것 같아요.

지 사건이 터져도 그때그때 놀라기만 하지…….

조한 제가 말씀드린 것은 펀드가 내려가는 그런 사건을 말씀드리는 거예요.(웃음) 누가 죽고 이런 것에 대해서는 굉장히 무감각해졌죠. 우리가 지금 대부분 조기유학을 가서 성공한 친구들이 NBA, 금융 쪽에 가서 정신없이 일해서 엄청 벌었다더라 했는데, '그 성공이 이런 거였구나' 하는 것을 알게 된 것이 상식적인 사람들에게는 굉장히 새로운 인식을 줬을 것 같아요. 조기유학을 간 아이들이 미국에서 좋은 것을 배워서 엘리트가 되는가 하면 그게 아니거든요. 조기유학을 갔다가 오면 나라를 위해서 일하기에는 사실 중요한 시점에서의 경험이 없는 거거든요. 우리가 많이 얘기하는 것은, 여기서 졸업을 한 아이들은 자기가 아무리 상류층이라도 친구들이 가난한 친구들도 있고 해서 '너 그러면 안 되거든' 하기도 하고, 옆에 비교해볼 수 있는 준거집단이 있거든요. 그런데 조기유학을 갔다 왔을 때는 감이 하나도 없는 거예요. 계속 그런 층에 있었으면 '걔네들 왜 이래? 자기들도 성공하면 되잖아', 이런 식으로 하는 층이 있는가 하면 다른 한 일군의 그룹들은 돈을 엄청 잘 버는 금융계에서 일을 하고 있었고, 그걸 굉장한 성공이라고 생각한 거예요. 하지만 그게 미국에서 정말 똑똑한 엘리트들이 가는 코스는 아닌 거죠. 금융 노동자로 엄청나게 일을 해서 수확을 잘하고 하니까 성공한 건데, 지금 와서는 세상이 정말 믿을 만한 세상 내지는 제대로 가는 세상이 아니라는 것을 보게 됐으니 좀 달라질 것 같아요.

서로를 가르치고 서로 다른 존재끼리 소통하는 방법을 배워 확장해나가야

지 세대간의 경험을 공유하고 대화를 나누는 것이 중요할 것 같은데요. 처음에 김종휘 씨가 하자에 왔을 때는 아이들과 소통이 잘 안 됐던 것 같은데요. 그 후에 소통방법을 찾아나가면서 아이들이나 김종휘 씨가 같이 성장한 면이 있는 것 같습니다. 그런 것이 사회적으로 확산돼서 서로 성장할 수 있는 방법을 찾으셨을 것 같기도 한데요.

조한 되게 어려운 것 같아요. 준비가 안 된 상태에서 맞지 않는 사람들이 어쭙잖게 만나서 서로 피해야 되는 그런 상태가 될 수도 있잖아요. 어떤 의미에서 절박한 사람이 와야지만 될 것 같아요. 정말 제대로 좀 만나야 될 것 같고요. 어쭙잖게 만나려면 안 만나는 게 나을 것 같고, 제대로 만나서 부딪치고 그렇게 해야 되는데, 그러기 위해서 필요한 몇 가지 조건이랄까, 특성이 있을 것 같은데요. 김종휘 씨만 해도 기획하고 인디들을 조직했지만, 10대 애들 마인드를 읽지 못했거든요. 사람들이 하자에 대해 사회주의자와 페미니스트들의 실험장이라고 얘기를 할 정도였는데요.(웃음) 여자들은 아이를 읽어요. 남자들은 같은 뜻을 가지고 왔고, 10대들을 위해서 왔다는데, 아이들을 못 읽는 거죠. 그래서 어떤 시점에 기획부장으로 머리만 확확 돌리니까 '안 되겠다. 담임을 해라'고 했거든요. 담임은 엄마 같은 역할이잖아요. 기꺼이 그것을 하겠다고 하더라고요. 이거 같아요. 기꺼이 다른 사람 만나겠다, 수모를 당하겠다, 기꺼이 내가 변하겠다, 기꺼이 당하겠다, 기꺼이 내가 가정주부가 되겠다, 이렇게 할 수 있는 그런 사람이라면 제3의 영역을 만들어갈 수 있겠죠.

지 김종휘 씨도 인디밴드들을 육성하고 하는 과정에서 음악을 하는 섬세한 사람들끼리니까 서로 상처를 주고받기도 했던 것 같은데요. 그런데 하자에 와서 애들과 많이 부딪치면서 배움과 치유를 얻은 것 같기도 합니다.

조한 어떤 면에서는 신뢰죠. 역사에 대한 신뢰랄까, 사람에 대한 신뢰랄까 이런 것들이 있어서 할 수 있었던 것 같아요. 아이들하고 부딪치는 것에 대해 대부분의 남자들은 굉장히 무서워하잖아요. 여자들의 경우에는 너무 다가가서 '하자에서는 너무 애들을 끌어안지 마라, 우물 안에 같이 빠지면 안 된다'고 얘기하거든요. 이렇게 하자가 잘 굴러온 것은 사실 그런 여성적인 남자들하고, 약간 남성적인 여자라고 얘기할 수 있나, 하여튼 여자와 남자들이 각자가 가진 장점들을 서로 나누고, 언제든지 비판을 드러내놓고 하고, 그것에 의해서 돌아서지 않는 그런 분위기 때문에 그나마 계속 잘 실험을 해올 수 있었던 것 같아요.

지 청소년직업체험센터 하자가 내년에는 10주년을 맞게 되는데요. 앞으로의 계획은 어떤 게 있습니까?

조한 내년부터 창의 서밋이라고, 서울시에서 해마다 5월에 정말 창의적인, 창의력이 계속 살아 있는 서울을 만들기 위해서 뭘 하는데요. 하자센터가 지금은 공식 이름이 '청소년직업체험센터'인데, 내후년부터는 창의센터로 이름을 바꿔요. 지금 시장에서 마케팅하는 그런 것이나, 홍보문구를 만들고 이런 것을 창의력이라고 생각하는데, 그것은 일부의 표면일 뿐이고, 지속적으로 창의적일 수 있는 사람을 기르지 않으면 아무 데도 못 가는 거잖아요. 사회적 창의력이라고 얘기하면서 창의력을 새롭게 규정하고, 창조적 공공지대를 만들려고 합니다. 창의력이라는 것은 에디슨 한 명에게서 나오는 것이 아니고, 수만 명이 있을 때 그런 게 나오는 거고요. 같이 모여서 창의력에 관해 뭔가를 만들어내고, 책을 내거나 카피를 하더라도 토론을 하면서 좋은 것이 나오는 거잖아요. 그런 창의적 공공영역을 만들어 가는 식으로 해서 앞으로 10년은, 10년 얘기하기가 무서운 세상이지만, 10대에 대단한 인재를 기른다든가 10대도 할 수 있다는 희망을 주는 단계를 넘어서 9세부터 29세 이런 식으로 폭을 넓혀서 서로가 서로를 돌보는, 대학생이 중학생을 돌볼 수 있고 이런 식으로 서로가 서로를 가르치고 서로 다른 존재들끼리 소통을 하는 방법을 배우고, 이렇게 확장해나가려고 합니다. 하자센터의 원리도 그 전에는 일부러 담을 쌓은 것은 아니지만, 질을 담보하기 위해서 '어쭙잖은 것 가지고 들어오지 마라, 질적인 것을 해내야 된다'는 것을 강조해왔는데요. 그간에 나름대로 사회에서 실험한 것들도 많으니까 우리가 가지고 오고, 서밋 같은데서 페스티발도 해서 그런 것이 다 섞이는 마당도 만들고자 합니다. 허브처럼 그런 역할을 하겠다고 해서 판돌들도 확실하게 만나야 되는 파트너들을 외부에서 만나서 같이 성장할 수 있도록, 그것이 사회적 기업이라는 이름으로 사회 전체의 제3영역을 확대하는 그런 것에 기폭제가 될 수 있어야 되고, 아까 청소년센터나 지역아동센터 이런 분들이 오셨는데, 그런 식으로 전환하시라고 이 공간 자체가 지역의 마을 개념을 만들어낼 수 있는 아지트가 되게 하려고 합니다. 우리가 '그래서?'라는 커피숍도 있잖아요. 국수 같은 간단한 음식이라도 먹으면서 풍성해지니까 같이 먹고요. 거기서는 정말 우정과 환대의 공간, 쓰레기도 같이 줍고, 같이 가꾸고 싶은 마음이 생기는 그런 마을로 바꿔가자는 생각을 하고 있습니다.

지 그동안의 하자센터의 성과에 대해서는 어떻게 생각하고 계십니까?

조한 10대들이 그렇게 변하고 있다는 것을 전혀 인식 안 하려고 저항할 때 10대가 변했다는 것을 지난 10년 동안 너무나 잘 보여줬죠. 앞으로는 청소년이 변한 것에 대해서는 아는데, 그 청소년들이 학원과 관리형 엄마들에 의해서 사라져버렸거든요. 청소년들이 사라진 이유는 선배들의 삶 자체가 너무 불안하다는 것을 보기 때문이거든요. 선배들의 삶이 살 만한 것이라는 것을 보여줘야 되는 시점이고, 그런 면에서 노동부가 청년들이 생산적으로 살 수 있는 길을 찾아야죠. '일자리를 주라'고 하면 이상하게 정책을 하기 때문에 안 되고, 청년들이 사회에서 생산적인 사람이 될 수 있도록 길을 찾아야 합니다. 그렇게 하려면 20세 됐을 때 돈을 500만 원이 됐든 1000만 원이 됐든 주고 그것을 사업자금으로 쓰건, 인도에 가서 3년을 버티건 베트남 가서 뭘 하건 아니면 하여튼 뭔가를 해봐라, 이런 식으로 지금까지 우리가 생각하는 사회, 경제, 토건 이런 식이 아닌 발상으로 사회가 지속 가능하게 가기 위한 방법을 강구해야 됩니다. 20대들이 나름대로 괜찮게 산다고 말을 했을 때 10대들도 그렇게 안 가르칠 텐데요. 10대들도 엄마와 학원이 꽉 잡은 것은 아니잖아요. 사실은 걔네들도 주체적으로 생각하니까 지네들 생각에는 형들 보니까 기가 막히고, 계속 고시공부만 하는 형이 있고, 인터넷 폐인이 되어 있는 형도 있고, 자기 하고 싶은 것을 하다가 망한 것을 다 봤기 때문에 엄마 시키는 대로 다 할 테니까 엄마 이 집 얼마예요? 이런 식의 질문이나 하게 되는 거죠.(웃음)

삶이 서로 북돋우면서 사는 것임을 느끼게 해주는 것이 가장 큰 힘

지 문화적으로 여러 가지 다양한 가치가 추구되는 사회가 되어야 되는데, 나머지 부분이 따라오지 못하고 있을 때 이쪽 아이들만 문화적인 생각을 하고 지내다가 어느 순간이 됐을 때 그 꿈이 안 이루어질 수도 있을 텐데요. 사실 영화 찍고 싶다고 해서 찍는다고 해도 자기가 좋아한다고 해서 감독이라는 직업을 갖게 될 확률이 높은 것은 아니지 않습니까?

조한 그런데 이런 것 같아요. 잘 못하는 애가 한예종에 들어간 애도 있고, 굉장히 잘하는 애가 계속 떨어지는 애가 있고요. 그래서 '아예 대학은 생각하지 않기로 했다'는 애들도 있고요. 자기 스스로 돈 벌어서 영국에서 디자인 학교를 졸업해서 직장을 얻은 애도 있어요. 핵심은 애를 잘 기르는 것이 아니고, 자기네끼리 준거집단이 되는 거예요. 옛날에는 학교에서도 엘리트들끼리 준거집단이 돼서 가지만, 이제는 그런 것이 다 없어졌잖아요. 여기는 그게 있는 거예요. 힘들어하고 그러면 서로 서포터가 되는 거죠. 그런 지지집단을 만들 수 있는 것이 우정과 환대의 공간이라든가 호혜적인 어떤 것을 받아봤기 때문에 극단적인 일이 일어나도 얘네들은 버틸 수가 있어요. 우리가 한 것이 천재교육 그런 것이 아니고, 삶이라는 것이 서로 북돋우면서 사는 것이라는 것을 느끼게 해준 것이고, 결국은 그게 가장 큰 힘이죠.

지　"상호 돌봄과 학습능력을 회복해 '마을'을 복원하는 겁니다. 상호 호혜의 관계, 믿는 관계로 다시금 돌아가는 거죠. 저는 마을을 얘기할 때 항상 단골과 학예회를 예로 듭니다. 외상값을 다 갚으면 주인이 '다른 곳으로 이사 가느냐, 내가 뭘 잘못했느냐'며 손님에게 화를 내는 것이 단골관계죠"라는 말씀을 하셨는데요. 믿음을 회복한다는 것이 가장 필요하면서도 가장 어려운 일 같거든요.

조한　그래서 저는 단골을 강조하는데요. 믿음을 회복해야 된다는 것은 추상적인 것인데, 단골이 있고, 이사를 가능하면 가지 말아야 하고, 학예회를 하고 이런 것을 얘기하는 거죠. 학예회 때 계속 만나는 사람끼리 계속 단골도 되고요.

지　학예회 때처럼 애정을 가지고 지켜봐주고, 박수 쳐주고 이런 것들이 있으면 사는 게 조금은 편해진다는 거죠?(웃음)

조한　여긴 완전히 학예회 때문에 되는 거예요. 열심히 준비하면 박수를 쳐주고, 관객의 수준이 너무 훌륭하죠. 누군가를 격려하고, 자기도 격려를 받는다는 면에서요.

지 "요즘 괴담 아닌 것이 없을 정도로 우리 사회가 총체적인 불신사회로 치닫고 있다. 생활과 가장 밀접한 쇠고기 수입문제에서 정부와 정치인, 언론 등 주류정보 생산자들에 대한 신뢰가 근본적으로 무너지면서 국민들이 자구책으로 자기들만의 정보를 공유하고 의지하려는 현상"이라고 말씀하셨는데요. 특히 이념적으로 틀리다고 생각하는 사람이나 집단에 대한 불신이 굉장히 큰데요. 그것을 해결할 수 있는 단초가 된다면 어떤 것들이 있을 수 있을까요?

조한 얘네들이 초기에 탈학교를 하고 나서 여러 군데서 수모를 받게 되잖아요. '학생도 아닌 것이 학생할인도 해달라고 하고 뭐냐?'는 얘기도 듣고, 어떤 시점에서는 탈학교한 것이 대단한 것처럼 사회에서 얘기한 적도 있고요. 이런 모든 것을 삶의 과정으로 소화해 낼 수 있는 자기의 사유의 틀, 자기 경험을 삭여가는 바탕을 만들어서 진짜 대자적인 인간이 되는 거죠.

지 롤 모델이 많이 만들어져서 따라가는 게 필요할 것 같은데요. 지금 수필가로 알려져 있는 김현진 씨 같은 케이스를 많이 만들고자 했던 것 같은데요. 그 결과에 대해서는 어떻게 생각하십니까? 그게 보편적인 모델이었는지, 효율적이었는지 지금 생각해보면 여러 가지 시각이 있을 수 있을 텐데요.

조한 현진 씨 같은 경우는 중학교 때 선생님이 훌륭했죠. 그 친구가 그야말로 90년대 케이스고, 지금 아이들은 그렇게 살기에는 사회가 너무 각박하죠. 하자에서 그렇게 한 아이들을 나가서 자기가 좌충우돌하면서 길러지는 것이고, 현진 씨도 그런 상황에서 나름대로 90년대에는 괜찮았던, 청소년들을 지지했던 시점이고요. 90년대는 잘하면 대안학교 국제심포지엄도 가고, 정말 적절한 자극과 이런 것을 주고 팀들이 모여 같이 가면서 컸고, 외국의 하자 비슷한 학교도 만나고 그랬는데, 지금은 현진 씨 세대하고는 되게 다르죠. 부모가 없거나, 없는 것이 차라리 나은 케이스들이 많아서 국가에서는 그룹 홈을 많이 만들어야 되고, 그룹 홈 자체가 사회적 기업이라고 하면 이상하지만, 사회적 기업으로 볼 수도 있고요. 사실은 놀이단에도 30~40대의 실업자가 굉장히 많잖아요. 그런 친구들이 기존의 경쟁적인 일은 못하지만, 실업자나 홈리스들이 서양에서도 보면 착하거나 남을 챙겨주는 사람이 많아요. 남을 너무 배려하다가 떨궈져나온 건데, 그런 맥락에서 그룹 홈을 하면 더불어서 행복하게 살 수 있는 거죠. 요새는 홈 스쿨러가 아니고, 지네들이 로드 스쿨러라고 하거든요. 길에서 배운다는 건데요. 현진 씨하고는 조금 다른 게 현진 씨는 굉장히 날카롭게 비판을 하잖아요. 지금 아이들은 그것을 할 힘이 없어요. 왜냐하면 너무 기댈 데가 없거든요. 현진 씨만 해도 기댈 데가 있어서 록 가수인 것 같은 필체로 글을 쓸 수 있지만, 이제는 그렇게 쓸 수 없는 것 같아요. 록은 잘 나가는 백인의 자녀들이 하고, 흑인들이 힙합을 한다고 하는 것처럼 록은 누가 가둬서 길러지는 것은 아니고, 지금 아이들은 록처럼 하는 애들이 아니고 되게 착해요. 하지만 이런 아이들도 언어가 있고, 다른 언어인데 계속 언어를 갖고 있고요. 다른 현진이들은 많이 나오고 있죠. 현진 씨 스타일은 386이 좋아하는 스타일일지는 모르지만, 지금 아이들은 록같이 던지지는 않죠.

지 불특정 다수에 대한 살인인 소위 '묻지마 살인'이 많이 벌어지는 것이 한국, 일본, 미국 사회의 특징 중 하나인 것 같은데요. 선생님도 책에 예를 들었듯이 이유 없이 교실에서 친구를 해친다거나, '나는 불행한데, 재는 행복해보여서 싫다' 하고 또래아이를 죽이는 그런 사건들도 있었지 않습니까?

조한 앞으로 더 많이 생기겠죠. 이대로라면. 그런 총기사건 이런 건 하나의 징후죠. 90년대만 해도 청소년들이 본드 먹고, 요란하게 하고 거리를 돌아다녔잖아요. 지금은 그런데 거리에서 없어진 것이 더 심각한 문제거든요. 그냥 서서히 죽게 내버려두는 그런 상황인 것 같아요.

우리가 어떻게 더불어서 살고, 어떻게 끊임없이 시대를 배울 거냐를 가르쳐야

지 그동안 청소년들과 많이 만나셨고, 그 청소년들이 제자가 되서 학교에서 수업도 하셨을 텐데요. 10년 전과 지금의 청소년은 어떤 면에서 다른가요?

조한 학번에 따라 다른 것 같은데요. 일단 2003~2004년부터 학원이 만들어내는 애들이 나오는데요. 자율공간이 없어지면서 애들한테 생존의 공포 같은 것들이 있고요. 그래서 엄청나게 자기 생존을 걱정하면서 계산을 하고, 정말 명실 공히 자본주의의 아이들인데, 계산을 영리하게 해서 결론이 '착해지자, 순종하자', 이런 거잖아요. 서태지 세대 같은 경우는 서태지와 아이들에 대해 '왜 좋아하냐?'고 물으면 '그냥 좋잖아요' 하면서 이유를 묻는 사람을 무안하게 만들었고, 그 다음 세대는 그런 저항의 시대를 지나서 대안을 만드는 시대일 거라고 생각했는데, 우리 사회가 대안을 만드는 것이 아니고 공포 속으로 들어가면서 계산에 의해서 아이들이 자발적으로 착해졌죠. 그 전에 아이들은 자발적인 것이 아니고, 봉건적인 억압에 의해서 착했었는데, 지금은 아주 자발적으로 착해진 아이들을 만들어내고 있어요. 그렇게 된 것은 우석훈 박사가 얘기했듯이 '부자 되세요'라는 것이 인사가 된 시점인 것 같은데, 그때부터 애들이 그렇게 됐죠. 이제 두 번의 일을 해야 되는 거죠. 공포를 벗어나게 해야 되고, 공포를 벗어나서 자기를 찾아야 되는 거죠. 그 전에만 해도 공포는 없으니까 뛰쳐나와서 '나 이거 할래요'라고 했는데, 그 부분에서 되게 달라졌습니다. 2003년부터는 달라져서 다른 방법을 써야 되고, '넌 특별하다, 특별한 일을 해야 된다'는 식보다는 '우리가 어떻게 더불어서 살고, 어떻게 끊임없이 시대를 배울 거냐'를 고민하고, 누군가를 도우면서 사는 즐거움, 도울 수 있는 즐거움 이런 기회를 많이 줄려고 해요. 그렇게 안 하면 사는 것 자체가 너무 힘들어요. 버티는 것 자체가 너무 힘듭니다. 애들이 살기에는 이 시대의 에너지가 너무나 나쁘잖아요. 그래서 에너지를 좋게 하는 활동을 계속하게 해줘야 할 것 같아요.

지 대안학교나 대안문화공간 만들기 운동도 예전과 같이 활력 있어 보이지 않는데요. '다양한 공립 대안학교들이 많이 생겨야 한다'고 강조하셨는데, 한국 사회는 그 반대방향으로 가고 있는 것 같습니다.

조한 대안학교는 자리를 잡고 있어요. 그 전에는 각 대안학교가 다 독불장군이었는데, 지금은 서로 교류하면서 갈 것은 같은데, 생각보다 숫자가 너무 적죠. 그래서 적극적인 대안을 내라면, 기존 학교를 도저히 못 보내겠다고 생각하면 세금을 낸 사람들이 그 비용을 받아내야 된다고 생각하고요. 남자들이 제발 그런 것을 좀 해야 된다고 생각하는데, 1인당 700만 원 정도거든요. 그것을 받아내면 대안학교는 많이 생길 거예요. 그런데 그런 식으로 안 풀고 자립형 사립고라든가 이런 식으로 풀고 있잖아요. 그런데 그 엘리트 학교가 정말 우리가 생각하는 엘리트 학교가 아니라 시장에서 성공하는 엘리트를 만드는 식인데요. 이런 식으로 해놓으면 국가의 지도자라는 것은 찾아볼 수 없게 되는 거잖아요. 그런 게 제일 심각한 문제겠죠.

지 사실 청소년 운동, 페미니즘 운동, 대안학교 운동같이 사회 변혁적 시도를 하는 행동들이 똑같이 받는 비판 중 하나가 중산층 중심의 운동을 벗어나지 못하고 있다는 건데요. 정말 어려운 사람들의 참여가 힘든 게 아니냐는 우려가 전혀 근거 없어 보이지는 않습니다.

조한 그것은 이해가 안 가는 게 프로세스를 생각하면 중산층이라도 먼저 만들어야 되는 거잖아요. 기러기 아빠 안 하면 하나도 억울한 게 아닌데요. 당장에 내가 그것을 안 하면 남도 안 해야 된다는 식의 이상한 심리에 대해서는 우리가 성찰을 해야 되죠.(웃음) 그야말로 개발독재 시대에 만들어진 기계적 평등, 길게 보지 못하는, 길게 가는 게임이라고 보지 못하고, 잘할 수 있게 축복을 해야 되는 부분에 대해서 색안경을 끼고 보니까 그런 식의 좋은 사회를 만들어야겠다는 사람들을 힘들게 만드는 부분도 있죠. 뭐라고 할까, 그게 다음 세대를 생각한다든가 그러면 전혀 문제가 아닐 거라고 생각하는데, 너무 자기 중심적으로 자기만 살고 있다고 생각하는 것 같아요. 엄마들일 경우는 좀 다르게 생각하는 것 같거든요. 그런데 지금 엄마들은 남자들하고 똑같이 되어버려 가지고 90학번부터는 사회적 의식도 별로 없고, 페미니즘도 나오고 여자도 취직할 수 있다고 하니까 굉장히 똑똑한데, 정말 개인이고, 남자 못지않게 계산을 잘하고, 절대 손해 안 보고 이러면서 아이들도 그렇게 기르니까 걱정이 되는 거죠.

스스로 원하고 해결하며 자기 삶을 만들어가도록 사고하게 만들어야

지 ‘EBS 수능특강’이나 ‘방과후 수준별 보충학습’ 등의 사교육비 절감정책에 대해 호감을 표시하셨는데요. 여전히 사교육 시장은 거대하게 형성되어 있고, 나아질 기미는 안 보이는데요.

조한 애들이 개별적으로 뭔가 성취해내는 공부에 자기 시간의 1/3을 쓴다면 그 외 시간은 호혜적이고, 사회라는 것이 뭔지 알기 위해서 같이 놀고 이런 데 시간을 쏟아야 된다고 생각하거든요. 어떻게 사교육을 줄일 거냐, 아니면 다 사교육을 안 보내고도 그 게임을 할 것이냐, 하면 학교가 학예회를 하는 동네가 돼야 합니다. 이번에 수시면접을 하면서도 느낀 건데, 애들이 문제 푸는 기계가 돼서 사고를 전혀 못해요. 정말 상상력이 없거든요. 정말 애들을 다 그렇게 만들어서 이 사회가 어떻게 되겠냐는 거죠. 학교에서는 특별활동을 하고, 음악은 꼭 가르쳐야 되고, 애들끼리 점심 즐겁게 먹고 경쟁을 하지 않는 것을 보장하는 것이 국가가 해야 되는 것이고요. 지금 같은 시스템에서 다같이 과외를 받을 수 있게 해야 된다는 식으로 기회균등의 신화가 우리 사회를 지속시키기 때문에 그게 어려운 문제긴 하지만, 기회균등이라는 것의 신화가 깨져야 한다고 생각해요. 하자에서도 굉장히 똑똑한 아이들인데, 기회가 주어진 적이 없어서 기회를 줄려고 굉장히 노력했어요. 그런데 그것은 핵심이 아니라고 생각해요. 지금 같은 시스템에서는 끝없는 경쟁이기 때문에 어차피 지는 게임이라면 적절하게 자기가 원하는 마음이 생기고, 자기가 그것을 해결할 수 있고, 자기 영역에서 자기 삶을 만들어갈 수 있게 다른 식으로 사고하는 것이 가능한 조건을 어떻게 만들 것인가를 고민해야겠죠.

지 작년부터 환경운동연합 공동대표를 맡고 계신데요. 환경운동이 어려워진 시대 아닙니까?

조한 내가 환경연에서 공동대표로 참여해달라고 했을 때 이미 하고 있는 일만으로도 차고 넘치는 상태라 많이 망설였어요. 그래도 참여하기로 한 것은 환경연 조직이 좀 유연하고 다원화되어야 할 때라고들 하시고, 생각해보니 하자센터의 경험을 좀 나누어드리면 환경연도 패러다임 전환을 하는 데 도움이 되리라는 생각이 들어서였지요. 실제로 앞으로는 먹거리와 생명 관련 운동이 사회운동의 핵심이 될 터인데 생협이 중심이 되어야 할 것이고, 내가 아는 생협은 대부분 여자들의 힘으로 잘 움직이고 있더군요. 나는 생협과 같은 가게가 마을 중심에 포진해 있는 삶을 생각하고 있거든요. 막상 대표를 맡고 보니 맡은 지 1년 반쯤 되어가는데 조직이 너무 많은 잡다한 일을 해내야 하고 활동가들은 일에 치여 살고 있어서 만나기도 힘들고 그런 상태입니다.

지 최근 환경연 활동가의 횡령이 사회적으로 큰 문제가 되고 있는데요.

조한 최근 검찰수사와 한 활동가가 실제 개인적 유용을 해서 곤혹을 치르고 있는데 참 안타깝고 그렇습니다. 태안반도 기름유출 사건 때도 환경연 활동가들은 정말 열심히 움직였고 다들 내내 내려가 있었거든요. 그런저런 난리상황에서 관리가 잘되지 않아 사건이 난 것이지요. 다들 너무 충격을 받았어요. 사회운동단체가 원래가 자기 돈 내면서 뜻으로 일을 시작하다 보니 (내가 가장 처음 참여한 운동단체인 또 하나의 문화는 아직도 회원 돈으로 꾸려가는 편입니다) 신뢰를 바탕으로 움직이는 경향이 높지요. 그게 쉽게 '사람들은 다 기본적으로 도둑이다'라는 전제로 굴러가는 관리체제로 전환이 되지 않더라고요. 이 사건을 계기로 NGO들도 회계관리 시스템의 중요성을 알게 되었고, 이 면에서 좋은 공부를 한 것 같습니다. 자체적으로 밝혀지기보다 검찰에 의해, 그것도 정권간의 문제로 비화되는 식으로 사건이 다루어지고 있어서 유감이지만요. 이제 환경연도 조직은 좀 간결하게 하고 구성원들이 신나게 일할 수 있는 식의 조직으로 다시 활력화해야 할 때가 아닌가 하는 생각을 해요. 나라도 점점 가난해질 것이고 하니 사회적 기업식으로 일단 움직여야 한다고 생각합니다. 나는 적어도 세 가지 일로 분화될 필요가 있다고 보는데, 생협 등 그린경제 쪽으로 다양한 사회적 기업을 인큐베이팅하는 것, 수준 높은 연구를 해낼 연구소, 그리고 감시와 이슈 파이팅과 정책 입안을 제대로 해낼 녹색당 같은 것이 만들어져야 하는 것이지요. 정치적인 행보는 정치적으로 해가야 할 것이고요. 연구는 연구소에서, 그리고 사회적 기업을 통해 전 시민들이 참여하는 녹색바람이 불어야 한다고 생각해요. 환경운동판이 1990년대에 아주 커졌는데 이제 신자유주의 시대에 대응하는 판이 나와야 할 것이고, 특히 생태, 생명운동으로 제대로 판을 짜면서 정보와 네트워크 시대에 맞는 조직으로 재편되어야 하겠지요. 창의성과 자발성을 십분 살려내면서 명랑하게 가야 할 때라고 생각해요. 소고기 FTA 협상건으로 번진 촛불시위 때 시민들은 이미 준비가 되어 있다는 것이 확인되었는데, 오히려 운동단체들이 몸이 무겁다 보니 기회를 놓치는 것 같습니다. 환경연도 가만히 보면 여전히 기존의 운동권으로서의 역할이나 골프장 반대운동을 하느라 바쁜데, 다시 무엇이 핵심인지를 놓고 공부하고 글로벌 네트워크를 하고 또 자체 성찰을 해서 스스로를 비워야 할 때라고 봐요. 새로운 주체가 등장하고 좀 가볍고 즐거운 조직문화를 만들면서 새 기운을 모아가야 할 때라고 생각합니다. 나는 이제 30, 40대 활동가 내부에서 혁신을 해야 하고 새로운 에너지를 만들어내야 한다고 생각해요. 50, 60대는 좀 물러서서 그런 창발성이 나오도록 도와주어야 하겠지요. 조급한 것은 금물이지만 내부에서 조용한 혁명이 일었으면 합니다.

10대의 촛불시위는 사랑의 힘에서 비롯된 우정과 화해의 공간

지 10대들이 주축이 되어서 시작되었던 미국산 쇠고기 수입반대 촛불시위의 성과에 대해서는 어떻게 생각하십니까?

조한 제가 그거 할 때 얘기하는 것은 이제는 정말 누군가를 사랑해야 된다는 거였죠. 걔네들이 팬클럽이니까 UCC를 보면 '오빠들이 그거 먹으면 안 되잖아요' 하거든요. 다 계산하고 따지고 할 때는 두려움 속에서 아무것도 못하잖아요. 그런데 얘네들은 누군가를 좋아하니까 그런 것이 나온 것이고, 그러면서 월드컵 때의 그런 경험, 우리가 사회의 주인이고, 우리가 사회를 만들 수 있다, 그런 식의 경험도 있고 해서 정말 다양한 사람들이 한자리에서 우정과 화해의 공간이 만들어졌잖아요. 386이 가졌던 민중저항의 전통이 굉장한 힘이고, 어떤 리소스죠. 그게 계속 즐겁게 재생산되면 좋겠거든요. 그렇게 되기를 바랐는데, 그 정도에서 끝났죠. 이제 또 하겠죠. 그야말로 지금은 그런 10대, 누군가를 좋아하는 단순한 10대가 아니면 아무 말도 못할 정도로 공포와 불안에 절어서 살고 있는 상태라 걔네들이 불이 지핀 것은 당연한 것 같고, 수가 많지는 않더라도 그런 10대들을 계속 키워내고 있어야 된다고 생각해요.

지 정부에서는 그 아이들이 나왔던 것에 대해서 〈PD 수첩〉이나 EBS의 〈지식채널ⓔ〉의 '광우병' 편 등이 선동을 했기 때문이라고 했는데요. 팬덤문화(특정한 인물이나 분야를 열성적으로 좋아하는 사람들이나 그러한 문화현상을 가리킨다—저자 주)에 대해 "생각 없는 '오빠 부대'로 불리는 청소년들이 실제로는 상당히 진지한 모임이며, 청소년의 삶에 깊은 영향을 주고 있다. 가수들은 청소년들의 마음을 대변해주고 있으며, 청소년들 역시 적극적인 대중문화의 수용자로서 자신들의 대변자를 만들어가고 있다"고 긍정적으로 분석하셨는데요. 팬덤문화의 부정적인 요소도 있는데요.

조한 우리 수업에서도 우석훈 박사 팬이 되라고 얘기하는데요. 따지고 분석하는 것만으로 시간을 낭비할 필요가 있냐, 우석훈 박사가 좋은 책 썼으면 거기서 배울 것은 배우고, 다 배웠으면 다른 데로 옮기면 되는 거죠. 계속 좋으면 붙어서 삶의 생기를 받으면 되는 것이지, 왜 구닥다리 태도를 가지고 사냐고 얘기하는 거죠.

지 "관료적 권위주의의 교육풍토에서는 교사들 역시 '군기'를 바로잡아야 할 대상에 지나지 않는다. 교사들이 불필요한 잡무에 시달리고 '어른'의 눈치를 끊임없이 살피며, 결국 가르치는 일에 흥미를 잃고 자포자기하거나 억울해서 '출세'하려는 권력 지향성만 남는 현재의 교육계는 한국 사회의 축소판이며 여느 '합리적이지 못한' 기업과 하등 다른 점이 없다. 굳이 다른 점을 찾자면 교육자가 그래서는 안 된다는 생각에 이런 양상이 더욱 음성적으로 나타난다는 점일 것이다"라고 《학교를 거부하는 아이, 아이를 거부하는 사회》에 쓰셨는데, 그런 부분에서 변화가 있다고 보십니까?

조한 학교는 일단 학원에 실제 경쟁의 장을 내준 거니까 어떤 의미에서는 애들도 그것을 알고 있고, 애들이 나는 배제되지 않았다는 확인을 주는 공간일 걸요. 그래서 그냥 가고, 별 갈등이 없을 거예요. 다들 어느 정도 포기한 상태에서 공존하기로 암묵적인 합의를 보지 않았을까요? 지금은 거기서 어떤 에너지가 나오기 굉장히 힘들죠. 그래서 오히려 학교 전체를 교장이 알아서 하게 하고, 이런 식의 정책을 하겠다면 교사 10명이 폐교 같은 곳에서 학교를 시작해보겠다거나 이런 것을 할 때 그런 사람이 의욕을 가지고 한다는 것이 얼마나 소중한 것인지를 인식하고, 밀어줄 수 있어야 되고요. 그럴 때는 돈이 중요하니까 국가에서 1인당 돈을 줘야 된다는 거죠. 엄청나게 똑똑한 사람들 많잖아요. 방법을 만들어서 차터 스쿨(charter school, 국가의 지원을 받아 민간이 운영하는 학교이다—저자 주) 비슷한 것을 만들면 국가에서는 1인당 돈을 줘야 된다는 거죠. 그것을 꼭 해야지만 돌봐지지 않는 애들이 돌봐질 수 있어요. 하자 작업장 학교가 1인당 200만 원 정도의 돈으로 꾸려가야 되거든요. 공교육은 600, 700만 원씩 하는데요. 거대하게 낭비되는 돈들이 있는데, 국민들을 계속 가둬놓으면 된다고 생각한다면 할 말은 없지만, 적어도 국가라는 것이 뭔가가 생산되는 동네라면, 그것을 할 수 있는 1인당 비용만 줘도 교육을 굉장히 많이 할 수 있습니다. 우리가 티핑 포인트(호조로 전환되는 변화 시점을 가리킨다—저자 주)가 있다고 하잖아요. 대안학교도 항상 그렇게 생각하는데, 2~3퍼센트만 돼도 이게 티핑 포인트가 되거든요. 1인당 돈만 지원해주면 굉장히 많아질 텐데, 사실은 걱정하는 게 한국은 악화가 양화를 구축한다고 굉장히 광신적인 종교단체에서 한다든가 아니면 사교육 시장에서 애들을 빼돌릴 거라고 걱정을 하는 거죠. 하지만 저는 일정하게 시도해보는 것은 좋다고 생각해요. 종교적인 집단에서도 나름대로 그런 게 필요한 애들을 보살필 수 있는 거고요. 항상 열려 있고, 그것이 어떻게 운영되는지만 공공적으로 보여질 수만 있으면 되는 거죠.

지 국가에서 다시 마을로 돌아와야 한다고 말씀하고 계신데요. 이미 국가주의적 사고가 몸에 배어 있는 것 같기도 한데요. 국가주의적 사고로부터 벗어나게 하는 게 우선일 텐데요.

조한 그렇게 볼 수도 있고요. 알과 닭의 문제인데, 일단 기댈 데가 있어야 국가주의도 버릴 수가 있을 테니까 작은 것부터 해야죠. 믿을 수 있는 사람들끼리 모여서 북카페를 차리든, 3명만 모이면 저는 못하는 일이 없다고 생각하거든요.

지 《다시, 마을이다》라는 책의 프롤로그에서 "제 관심이 모든 세대로 확장되고 있음을 알게 되었습니다"라고 하셨는데요. 그렇게 된 계기가 있으신가요?

조한 평생학습으로 가고, 실제로 우리 아이들이 무슨 프로그램으로 해서 되는 것이 아니고, 이렇게 그렇게 서로 만나는 인연들이 상생할 수 있게 하는 것이 교육이고, 새로운 사회를 만드는 거라고 생각해요. 어떤 할머니가 와서 책을 읽어줄 수도 있고요. 하자에서 할머니가 키우는 아이들을 탁아소 비슷하게 했었거든요. 그때는 성공을 못했는데, 앞으로도 해야 된다고 생각하는데요. 할머니가 키우는 애가 도둑질을 한 거예요. 하자센터에서 돈이 없어진 적이 없는데, 나중에 보니까 조그만 애가 그것을 한 거예요.(웃음) 그래서 걔를 중심으로 해서 옆에 학교에 물어봤더니 할머니가 키우는 애가 다섯 명인가 일곱 명이 있어서 걔네들을 하자 작업장 학교 애들이 돌보기로 했는데, 그때는 생각보다 성공적이었어요. 애들을 양로원에 보냈는데, 가면 서로 만날 줄을 몰라요. 삐죽삐죽 하면서 '주물러 드릴까요?' 해도 별로 고마워하지 않고, 어색해하고, 존재가 주고받는 것을 못하게 되어버린 거죠. 그래서 주고받는 것이 되는 존재로 만들어야 되는 게 우리가 해야 되는 과제가 아닐까 생각한 거거든요. 일찍이 시도해본 것들은 안 됐지만, 그런 관계들이 어떻게 보면 약간 연애하는 것과 비슷한 거 아닙니까? 보다가 눈이 맞으면 서로한테 구원이 되는 거잖아요.(웃음) 화니핑크라든가, 중앙역이라든가, 전부 그런 거잖아요. '불안은 영혼을 잠식한다'는 아주 우울한 영화이지만, 안 그런 영화들도 거의 대부분이 그런 거잖아요. 사람들이 나이와 성별의 문제가 아니고 다들 절벽 앞에 서 있기 때문에 그 사람 중에서 정말 빠질 건지, 애들에게 게임을 시키지 않겠다든지, 그렇게 살지 않겠다고 결심한 사람들이 분명히 나올 거고요. 그런 사람들이 모여서 저쪽의 언어가 아닌 새로운 언어를 만들어가야 되는 거죠. 완성된 것이 전혀 아니고 시작을 할 뿐인데, 그때는 그런 다양성이 굉장히 중요한 거고요. 우리가 얼마나 소통을 강압적으로 하는지에 대해서 깨닫고, 모든 것을 말로 할 수 있다고 생각하는 이런 시대로부터는 벗어나야 되겠죠. 언어가 우리를 계속 속이는, 우리가 아는 개념으로 생각할 때는 절대로 안 나오니까 묵상하고, 다른 식의 어떤 음악이라든가, 다른 식으로 사유를 하는 다양한 사유를 위한 도구들도 개발하고, 의례도 굉장히 중요하죠. 다같이 모여서 뭔가 같이하고, 퀼트를 한다든가, 같이 밥을 먹는다든가, 이런 것들이 의례가 될 수 있고, 고마워하는 마음도 기를 수 있고, 적대와 경쟁에 완전히 찌들어버린 몸속의 독기를 풀어내고, 다른 것이 들어올 수 있는 공간을 내 몸속에 어떻게 만들 건가, 이런 것을 고민하면서 만날 때 새로운 시공간이 이루어질 수 있는 거죠.

인류학은 자본주의 이전의 사회를 상상해서 대안을 만드는 것

지 인류학이라고 하면 좀 생소한데요. 한국에서 문화인류학의 가능성은 어떻게 보고 계십니까? 요즘은 대학도 돈이 되는 학문만 지원하고 있는데요.

조한 그렇죠. 인류학은 굉장히 늦게 생겼잖아요. 90년대 문화의 시대라고 할 때 '인류학이 없어서 되겠느냐?'라고 했는데, 정원을 안 줘요. 자체 정원이 조정이 안 되니까. 이번에 연대는 뒤늦게 정원이 조정이 돼서 조그만 과가 생겼는데요. 초기에 서양인류학은 식민지가 있기 때문에 그것을 망라하면서 보편적인 인류의 문화가 뭐냐, 보편적인 질문이 뭐냐, 이런 것들을 했던 학문이라면 지금 시작하는 인류학은 그런 것은 아닐 거고요. 지금 내 생각에 인류학은 자본주의 이전의 사회를 상상해서 대안을 만드는 것이라 어느 때보다도 자본주의 이전에 대한 연구들이 굉장한 사유의 폭을 넓혀줄 거거든요. 그런 식의 사유를 하면서 인류학이 일상을 읽어내는 스토리텔러들을 만들어내는 거니까 그야말로 스토리 디자인 이런 얘기들도 막 하고 있는데, 지금은 스토리가 없을 수밖에 없고요. 삶이 없으니까 스토리가 있는 아이들을 길러야 되는데, 인문학의 시대가 다시 왔다고 하는 것도 그런 거죠. 계산으로만 하다 보니까 거의 다 죽게 됐고, 다시 상식이 무엇이며, 미학이 뭐냐고 묻는 건데, 가장 상식적인 기본이 뭔지 이런 것들을 얘기하면서 일상을 읽어서 스토리를 내고 우리를 보여주는 그런 사람들을 재밌게 기르려고 준비를 하고 있어요.

지 ‘또 하나의 문화’는 1984년 설립된 여성주의 공동체라고 하는데요.

조한 공동체는 아니고, 담화 공동체, 토론 공동체라고 볼 수 있고요. ‘지식생산을 하겠다, 담론의 지평을 바꾸겠다, 가부장적인 담론을 틀어보겠다’고 해서 시작한 거죠. 80, 90년대 영향력이 막강했고요. 제가 청소년에서 청년으로 옮기는 것처럼 그때도 여성들은 자기 나름의 틀들을 갖기 시작했고, 자체 진화의 동력을 갖게 됐고, 그렇게 해서 그때쯤 여성학도 제도화가 됐고, 그렇게 된 건데요. 그런데 다시 전 세대가 만난다고 얘기하면서 또 하나의 문화멤버들이 하자를 많이 도와주죠. 로드 스쿨러나 부모가 대학도 안 가보고 이런 친구들은 대학이 너무 멀게 느껴지니까 우리 수업에 애들을 오게 하고, 거기서 대학을 친숙하게 구경시키고, 교수실에서 차도 한잔 마시고 그렇게 하는 게 제3의 영역으로 갈 수 있는 작은 시도들이에요. 관계가 오래됐고, 모여 있으니까 그런 것들을 우리가 쉽게 할 수 있는 거죠. 그래서 이런 공간이 페미니스트와 문화적인 기획을 하고 싶어하는 예술가들과 사회주의자들과 의식 있는 드리머dreamer들이 다 와서 어우러질 수 있는 공간인 것이고, 앞으로 더 많이 어우러질 수 있어야 되겠다고 생각합니다. 제가 보기에 여자, 10대, 20대, 이렇게 가는데, 지금은 점점 더 거대한 신자유주의의 틀 속에 롤러코스터를 타서 내리지를 못하는 사람이 많아지는데, 최근에 이런 변화과정에서 롤러코스터에서 내릴 생각들을 많이 하는 것 같아요. 그래서 이런 공간이 많이 생길 거라고 생각합니다.

지 굉장히 다양한 운동을 주도하시고, 참여해오셨는데요. 앞으로 새롭게 하고 싶으시거나 준비하고 있으신 일은 없으신가요?

조한 저는 운동이라고 생각하고 한 적은 없고요.(웃음) 그냥 연구하다가 필요하면 한 거죠. 아까도 얘기했지만 새로운 것을 시작하잖아요. 저도 옛날에 비해서 많이 친절해지고 그랬어요. 지난번에 환갑 때도 그 얘기했는데, 굉장히 원론적이다 보니까 항상 본론만 얘기하고 그래서 상처를 받은 사람이 많은 거죠. 그런데 요새는 그렇게 본론만 얘기해서 했던 것들이 더 큰 그림에서 보면 정말 별 볼 일 없는 경우도 많았고요.(웃음) 앞으로는 점점 더 그럴 것 같아요. 일은 좀 천천히 가더라도 사람을 키우는 것이 중요하다는 생각이 들었어요. 일이 성과를 내면 뭐가 될 것이라고 생각하는 것보다 사람의 흐름에 집중을 하는 것이 굉장히 중요하다는 생각이 들었어요. 옛날에는 존재만 하고 이런 사람에 대해 '아무것도 안 하고 뭐 하나?' 이런 생각을 했었는데요. 나쁜 에너지를 안 내는 사람이 정말 귀한 사람이구나, 뭔가 하는 사람은 나쁜 에너지를 계속 생산해 내는 거잖아요. 같이 존재하고 나쁜 에너지를 안 내고, 거기서 좋은 에너지를 내면 좋은 거고요. 그런 식의 공간들을 만들다 보면 사실은 변화가 확 올 거예요. 변화를 하려고 이상한 짓을 하는 것보다는 그게 나은 것 같아요.

지 특별한 계획은 없으신가요?

조한 특별한 계획은 없는데, 요즘 스트레스를 받는 것이 학교에서 요새 계속 월드클래스인가 뭔가 하라고 하거든요. 저는 제가 월드클래스라고 생각하는데요.(웃음) 월드클래스가 노벨상 이런 것만은 아니니까 내 나름의 최선을 다해서 사는 사람들도 월드클래스라고 볼 수 있잖아요. 그런데 그런 책을 쓰라고 해서 영어로 책을 하나 쓰고 있는데, 스트레스가 되는 것이 시간이 안 나요. 내가 괜히 쓴다고 해가지고.(웃음) 로컬과 글로벌의 문제인데, 정말 가장 로컬한 사람이 가장 글로벌하게 되는 게 맞는 거죠. 그렇게 되는 사회가 좋은 사회인 거잖아요. 그거 하고 계속 지금 학생들하고 책을 내고 있어요. 수업도 내가 강의를 거의 안 하는 식으로 해요. 나이하고도 관련이 있을 것 같은데, 강의를 하는 게 너무 지루한 거죠. 똑같은 내용을 하기 때문에 지루하기보다는 책에도 다 쓰고 이렇게 했는데, 애들이 아직도 못 알아들어서 재밌게 전달을 하는 방법을 생각하다 보니까 우석훈 박사에게 강연을 하게 하고, 나는 해설을 하든가 추임새를 넣는 식으로 지금 수업을 재밌게 해요. 마당극같이 하거나 이런 기획을 해요. 그래서 그 책이 곧 나옵니다. 《학교가 돌아왔다》라는 책인데요. 내 수업이 거의 교수가 강단에 올라가지 않으면서도 아이들이 엄청나게 학습이 되는 형태인데요. 애들이 쓴 글을 보면 모두 놀라는 거죠. 어떻게 이렇게 글을 잘 쓸 수 있나 하고. 애들 속에 다 들어 있는데, 우리가 그것을 못 끌어냈던 것뿐이거든요. 지식정보사회라는 수업도 이투데이 사장, 구글 사장 이런 사람들을 불러서 특강을 들으면서 하는데도 거기도 엄청나게 글을 잘 써가지고, 이 친구들이 정말 다 보고 있구나 하는 생각이 들어요. 어떤 때는 우리 사회와 시민들의 수준이 너무 차이가 난다는 생각이 들어요. 물론 인터넷에 가도 수준이 굉장히 높은 글들이 있는데, 내가 수업하는 교실 자체에서 어떤 시점에서 이것을 확 끌어내주고, 자기가 잘하고 싶다는 욕망이 생겨서 쓰기 시작하면 정말 대단해요. 월드클래스의 아이들이라고 하죠.(웃음) 걔네들을 지금 계속 영어로 하라고 하니까 그 똑똑한 아이들이 초등학생처럼 쓰는데요. 이런 딜레마들도 있고 해서 대학의 세계화라든가 이런 부분들도 보고 있는 부분이고요. 재밌는 것 중의 하나는 하자가 어떻게 진화해 가느냐가 한쪽에 있으면 다른 한쪽은 공동창작인 거죠. 지승호 씨도 내가 재밌게 본 것이 공동창작을 잘하는 사람인 것 같아서 되게 좋아요. 애들이 많이 쓰다 보면 되게 좋은 것들도 나오는 거고요. 크리티컬 매스라고 수가 중요하잖아요. 일본이 뭐가 나오는 것은 우리보다 인구가 서너 배 많잖아요. 규모가 시장이 되기 때문에, 우리는 그게 조금 모자라는데 지금까지는 우리가 386 이후에 90년대 넘어오고 IMF 충격을 받으면서 아직까지는 굉장한 통찰력이 있는 장하준 씨 같은 사람들이 나오는 것처럼 애들이 고비고비를 경험했기 때문에 굉장히 뛰어난 것 같아요. 5년 후에는 모르겠어요, 내가 그런 얘기를 할 수 있을지. 아까 현진 씨 얘기를 했는데, 필자들이 많이 나왔으면 좋겠다는 생각을 하고요. 책만 쓰는 게 아니고, 결국에는 자기 스토리들을 내면서 마을에서 자기 역할들을 만들어낼 수 있겠죠.

지 예전에 선생님 강의를 듣고 많은 제자들이 '말씀은 이해가 가는데, 몸이 안 움직인다'고 했다던데, 지금은 같이 움직여가고 있다는 건가요? 글도 쓰고, 결과물도 내고 있으니까요.

조한 그것은 확실히 있어요. 그때는 애들이 직장도 있고, 거기에 편입되어버리면 거의 군대같이 매이는데요. 거기서는 다른 것을 할 수가 없는 거죠. 애를 대안학교에 넣었으면 좋겠는데, 그것도 아니고, 결국 기러기 아빠가 되어버리는 거잖아요. 지금 애들은 삼성 안 간다는 애들이 생겼거든요. 자기가 이렇게저렇게 스펙을 짜면 갈 수 있는 애들인데, 안 간다고 해요. 그런 애들이 3년 정도 전부터 생겨요. 왜냐하면 삼성에 가도 5년, 10년 버틸지 모르지만, 그 다음부터는 귀족계급에 못 올라갈 때 40대에 은퇴한다는 각본을 안 거죠. 최근의 펀드 이런 사태 때문에도 더 애들이 잘 알기 때문에 애들하고 그런 작업을 할 수 있고요. 10년 전에 하자를 만들었을 때는 연대 학생들하고 하자는 거의 관련이 없었죠. 연결을 전혀 못 시켰어요. 시킨 경우는 '탈학교에 엄청 똑똑한 애들이 있다더라, 우리는 죽기 아니면 살기로 입시공부를 했는데, 쟤네들이 미워죽겠다', 그런 정도죠.(웃음) 얄미운 거예요. 그런 식으로 해서 수업에 하자 애들 중에 알아들을 만한 애들을 데리고 오면 질투를 하기도 하고요. 우리는 온라인을 굉장히 많이 활성화하잖아요. 우리 애들이 글을 잘 쓰는 것이 온라인에서 서로 글을 보기 때문이에요. 서로 막 상승작용을 하면서 갑자기 대단한 문필가 내지는 사상가가 되거든요.(웃음) 안경환 선생 같은 경우에는 하자에 와서 애들하고 자기 어릴 때 얘기를 하기도 하고요. 사회적 자본이 하자로 왔었는데, 지금은 대학교 아이들이 하자 애들 하고 전혀 그런 식의 관계가 아닌 것이 하자 아이들도 변했고, '나는 뛰어나고, 나는 탈학교 해서 대학은 안 가' 이런 식으로 생각은 안 해요. 대학도 언젠가는 가고, 1년 위면 그대로 존중해주고요. 연대 애들도 이제는 하자 같은 대안영역이 내 필드구나 하는 것을 보기 시작한 거죠. 그 전에는 공채를 해도 연대 친구들은 거의 안 왔어요.

지 좋은 말씀 많이 들었습니다.

촛불집회를 넘어 웹 3.0시대를 바라보는 진정한 디지털 유목민

진중권

● 1963년 서울에서 태어남. 우리 시대의 미학자이자 대표적인 스타 지식인. 서울대 미학과를 졸업하고, 같은 학교 대학원에서 석사학위 받음. 베를린 자유대학에서 '언어 구조주의 이론'을 공부. 《미학오디세이》 시리즈 3권을 통해 미학의 대중화에 기여했고, 우리 사회의 극우 멘탈리티를 해부한 《네 무덤에 침을 뱉으마》를 통해 대중적인 좌파 지식인의 길에 들어섬. 이후 《춤추는 죽음》, 《서양 미술사》, 《놀이와 예술 그리고 상상력》, 《현대미학강의》, 《교수대 위의 까치》 등의 수많은 미학 저서와 《호모 코레아니쿠스》, 《폭력과 상스러움》, 《빨간 바이러스》 등의 사회분석 서적을 꾸준히 내고 있음. 경비행기를 타고 아프리카 횡단 여행을 꿈꾸는 자유주의자. 디지털 시대의 미학에 관한 공부와 연구를 계속하고 있음.

“

(촛불집회는) 웹2.0 현상이 정치적으로 그대로 나타난 건데, 전문성의 한계가 있었어요. 저쪽은 정보를 독점할 수있고, 얼마든지 통상 전문가와 광우병 전문가를 동원할 수 있는 상태여서 반격의 기회를 줬습니다. 그래서 앞으로 웹3.0이 나와야될 것 같아요. 1.0은 다운로드만 받았는데, 웹2.0은 사운드든, 텍스트든, 이미지든 다운로드를 받아서 내가 다시 재송출한다는 거거든요. 거기서 우리가 부족했던 것이 전문성입니다. 그런데 전문성은 절대 거리에서 만들어지지 않습니다. 정책은 거리에서 나오는게 아니고, 결정은 거리에서 내려지는게 아니거든요. 그렇기 때문에 여기서 정당정치가 결합이 되어야 해요. 정당정치와 시민단체가 결합이 되어서 전문적인 정책의 생산단위로서 같이 맞물려 들어갈 때 이번의 허탈함을 극복할 수있다는 겁니다.

”

진중권

● 5월부터 시작된 촛불집회 때 진보신당 칼라TV 생중계 리포터로 활약하면서 '광화문 대통령'이라는 별명까지 얻었던 진중권 교수를 인터뷰했다. 정태인 씨는 '진중권 씨가 위험한 데를 일부러 찾아다니는 것 같다'고 걱정했었는데, 그런 우려에도 진중권 교수는 현장을 누비다가 현장에서 경찰에게 한 차례 연행되기도 했고, HID 회원들은 진보신당 당사에 난입해서 진 교수를 폭행하기도 했다.

최근 촛불집회에 대한 여러 가지 논쟁에 대해 진 교수는 "그분들이 촛불집회의 성격을 제대로 파악하지 못한 것 같다. 촛불은 디지털마인드로 무장된 새로운 세대의 새로운 정치적 요구였고, 소비자 대중의 정치성이었다. 생산양식의 변화에 따라 정치적 주체의 변화에도 관심을 가져야 한다"고 역설하면서 "촛불집회는 전혀 새로운 현상이었기 때문에 진보신당은 그것을 알고자 겸허하게 접근했고, 그래서 일정한 성과를 거뒀다"고 평했다.

촛불집회의 성과에 대해서도 "대운하, 의료보험 민영화, 영리병원, 공공기관의 민영화가 상당 부분 물 건너갔다. 어떤 정당이나 시민단체나 어떤 운동조직이 해내지 못한 정치적 타격, 이명박의 신자유주의적인 드라이브에 대한 타격을 가한 것이 촛불집회였다"고 분석하면서 그 이상 기대를 한다는 것이 오히려 과도한 요구가 아니냐고 반문했다.

사실 글 쓰는 사람이 지명도가 아무리 높아도 길거리에서 사람들이 알아보는 경우는 흔치 않다. 촛불집회의 피크가 상당히 지난 어느 날 강남의 어느 뒷골목에서 공지영, 우석훈, 진중권과 소주를 마신 적이 있다. 작은 식당이었는데, 그때 옆에 있는 두 테이블에서 각각 다가와서 같이 소주를 한 잔 마시자고 청하는데, 두 번 모두 진중권 교수에게였다. 길거리로 나왔을 때 '진중권'을 연호하는 사람들도 있었다. 그는 그런 관심이 못내 부담스러웠던 것 같다.

그는 "내가 뜨려고 글 쓰거나 방송 나간 적도 없다. 촛불 때도 하려고 한 게 아니라 하다 보니까 그렇게 된 것이고, 마이크 들고 뛰다 보니까 그렇게 된 건데, 거기에 대해서 자기들의 무력함들, 그런 것들을 이상한 방식으로 표출하는 사람들이 많다"는 안타까움을 표시하면서 촛불집회에 관해 요청되는 인터뷰와 기고를 모두 거절했었다. '촛불이 몇 사람으로 과잉 대표되는 경향이 있다. 부담스럽다'는 이유였다. 그런 그를 몇 달 전부터 어렵사리 설득해서 11월 30일 김포에 있는 진중권 교수의 자택 근처에서 인터뷰를 할 수 있었다. 촛불을 다시 한 번 짚어볼 수 있는 의미 있는 인터뷰였다. 그는 촛불집회 현장에서 얻은 성찰과 미학자이자 지식인으로서 얻은 여러 가지 성찰을 버무려서 한층 깊어져 있었는데, '진보진영이 경제에 대한 비전을 제시해야 한다'고 하면서 나름의 전망을 내놓았다.

촛불집회는 이명박의 신자유주의적인 드라이브에 타격을 가한 것

지승호(이하 **지**) 최근 김규항 씨가 "촛불, 지성을 멈추다"라는 글을 통해서 촛불에 관해 '우리 스스로에 대한 성찰이 부족했다'는 얘기를 하고 있지 않습니까? 그것에 대해서 진보신당 게시판에서 비판적으로 글을 쓰셨잖아요?

진중권(이하 **진**) 뒷북치기였다는 느낌이 들고요. 다 끝난 다음에 이제 와서 뭐 하러 그런 얘기를 하는지 이해가 안 가는 부분이 있습니다. 당시 자기가 그런 얘기를 한 적이 없었잖아요. 그 다음에 촛불집회 자체의 성격 자체가 전혀 그런 것이 아니었거든요. 촛불집회 자체의 성격을 모르고 있다는 생각이 들었습니다. 그 다음에 의제의 다양화라든지, 아니면 의제의 심화라든지 이런 것은 있었는데, 그것 자체가 제대로 될 수 없는 상황이었습니다. 워낙 생각이 다양한 사람들이 모였잖아요. 그때는 거의 국민의 전부였잖아요. 거기서 어떤 공통적인 정치적 의제라든지 하는 게 존재하지 않았습니다. 유일하게 쇠고기 그 하나만이 이 사람들을 느슨하게 묶어주는 계기였고요. 당시에 집회가 한창일 때 제가 그 글을 올렸거든요. 그때 그런 얘기를 다 했었고, 그게 아고라로 퍼날러졌는데요. 저도 그 글 자체가 반향을 일으킬 거라고는 생각을 안 했어요. 촛불집회의 성격 자체가 그런 것이라는 것을 알고 있었기 때문이죠. 다만 '이렇게 생각해볼 여지는 있지 않겠느냐?'고 한번 돌아보자는 식으로 올렸던 건데, 반향을 일으키기는 힘들었죠. 그런데 그때 자기는 뭘 했는지 모르겠어요.

지 의제 자체가 진보적이라기보다는 이명박에 대한 거부감, 이런 것들이 많이 작동을 했던 걸 텐데요. 우리가 가지고 있는 이명박을 지지했던 마음은 무시하고, 거기에 대해 분노를 표출하는 것은 문제의 근본적인 해결이 될 수 없다는 얘기인데요.

진 그건 제가 예전부터 늘 강연에서 했던 얘기잖아요. '이명박 씨가 대통령이 된 것은 우리가 명박스럽기 때문 아니냐', 그렇다고 그것을 대중들이 모르느냐 하면 그런 것 같지도 않고요. 예를 들어서 심형래나 황우석 사태, 그때가 가장 명박스러울 때 아닙니까? 그때 자기는 대중들 편들고 있었거든요. 대중에 편승해서. 그러나 이번 대중들은 그래도 제대로 평가한 것 아닙니까? 시장가치에 의해서 평가할 수 없는 생명권의 문제, 그 다음에 정권에 대항하고 저항하는 모습이라든지, 이럴 때 슬쩍 걸고 나온다는 게 이해가 안 된다는 거예요.

지 상당히 많은 사람들이 나왔고, 길었다면 긴 기간이지만, 어떻게 보면 짧았다면 짧은 시간에 동력이 없어진 것처럼 보이는데요.

진 촛불집회에 대해서 큰 기대는 할 수 없었어요. 큰 기대를 하는 자체가 과도한 기대고, 망상입니다. 그러나 이명박만 반대했느냐 하면 그것은 아니잖아요. 대운하, 의료보험 민영화, 영리병원, 공공기관의 민영화가 상당부분 물 건너갔잖아요. 이런 것이 '이명박이 싫어요'라는 차원이었냐 하면 그것은 아니거든요. 이번에도 〈중앙일보〉에 이명박 참모가 글을 썼는데요. 촛불집회 때는 자기들이 얼마나 타격을 받았는지 그런 얘기를 하더라고요. 어떤 정당이나 시민단체나 어떤 운동조직이 해내지 못한 정치적 타격, 이명박의 신자유주의적인 드라이브에 타격을 가한 것이 촛불집회였거든요. 그래서 저는 그 사람이 무슨 얘기를 하는지 모르겠어요. 이런 상황에서 뭘 더 기대해? 정권을 타도하거나 탄핵할 수도 없잖아요.

지 황우석 사태도 그렇고, 〈디워〉 때도 그렇고, 큰 이슈가 있을 때마다 가장 앞에 나서서 발언을 해오셨는데요. 사실 나서서 뭘 하는 것을 좋아하는 성격도 아니시고, 올해는 미학에 관해서 공부도 하고, 글도 많이 쓰실 계획을 가지고 계셨는데, 촛불 때문에 다른 것을 아무것도 못하지 않았습니까?

진 삶을 예상하고,예견할 수 있는 게 아니잖아요. 마이크 들고 뛰다 보니까 그렇게 된 건데요.

지 다른 지식인들 같은 경우 촛불을 지지해도 그렇게까지 나서서 자기 시간을 투자하고, 위험한 상황에 처하지도 않았는데요.

진 당에서 나와서 조용히 마이크를 들고 시민들 인터뷰하다가 시민들이 거리로 나가니까 따라나간 것뿐이잖아요. 처음부터 계획이 있었던 것도 아니고, 촛불집회 자체가 계획되거나 누군가에 의해서 지도되거나 그런 게 아니었잖아요. 하다못해 행진방향까지도 아무도 예측 못했던 시위인데요. 시위의 성격들, 집회의 성격들에 대한 파악이 먼저 되어야 할 것 같아요. 김규항 씨는 두 가지 낡은 사고방식을 가지고 있는 것 같은데요. 지식인이 민중을 대신해서 얘기해야 된다는 계몽주의 시대의 지식인상, 또 하나는 레닌주의적인 사고방식이 있어요. 대중들의 자발성만 가지고는 아무것도 되지 않는다는 거죠. 목적의식성 지도가 결합되어야 한다는 운동권이 많이 공유하고 있는 레닌주의적 사고방식 이 두 개가 겹쳐서 그런 식으로 발언하는 것 같은데요. 촛불집회는 그런 식으로 파악될 수 있는 패러다임을 넘어선 현상이라는 겁니다. 웬만한 사람들은 다 느꼈을 텐데요.

지 100만이 모였을 때는 정권에서도 상당히 긴장을 했었는데요. 시간이 지나면서 막무가내로 돌파했는데, 그게 돌파가 되니까 정권도 그때에 비해서는 상당한 자신감을 얻은 것 같고, 촛불집회에 나왔던 사람들은 상당한 좌절감을 느끼게 된 것 같습니다. 아까 좌절되었다고 말씀하신 부분도 하나씩 추진하려는 조짐들이 보이는데요.

진 글쎄, 그 사람들이 마음먹고 하면 할 수 있는 일이잖아요. 일단 정권을 잡고 있고, 의회의 다수를 차지하고 있잖아요. 결국 밀어붙이면 할 수 있는 일이에요. 특별히 저 사람들이 강해졌다는 것은 아니잖아요. 오히려 핀치에 몰려 있고, 지지율이 20퍼센트대에 고착되어 있는 상태이고요. 촛불집회를 통해 뭘 기대하는지 모르겠다는 거예요. 그것을 한다고 해서 정권이 타도되거나, 의석 비율이 달라질 수 있는 것도 아니잖아요.

지 교육감 선거에 관해서도 두 가지로 해석할 수 있는데요. 촛불의 열기가 있었기 때문에 그만큼 선전했다는 시각과 그렇게 많은 사람이 나왔음에도 불구하고 교육감 선거조차 이기지 못했다는 것은 이쪽 역량이 그만큼밖에 안 되는 것 아니냐는 시각이 있었는데요.

진 글쎄요. 교육감 선거 같은 경우에는 일단 강남에서 틀어버리니까 넘어간 건데, 그것 자체가 모든 사람들한테 다가가는 의제가 아니잖아요. 쇠고기같이 직접적인 연관이 있는 문제도 아니고, 그런 측면 때문에 동원하는 데 아무래도 한계가 있었고요. 전교조 자체의 문제도 좀 있고 그랬죠. 기간이 너무 떨어져 있었어요. 교육감 선거 같은 경우에는 피크로부터 한 달 정도 떨어져 있었는데, 그때 우리가 그걸 걱정했었죠. 바로 했으면 이길 수도 있었는데.(웃음) 이미 벌써 촛불 자체가 한참 가라앉았을 때였거든요.

지 그때 진보신당에 대한 관심이 커졌었는데, 실질적으로 지지율이 그만큼 상승하지는 않았는데요.

진 당시에는 올라갔죠. 그게 지속적이냐 하면 그건 아니잖아요. 지지율이라는 것이 인기투표 비슷한 면이 있는데요. 당시로서는 진보신당이 사실상 인터넷에서는 1당이었고, 그게 네트워크 현상인데, 당이라는 조직으로 이어지느냐는 또 다른 문제라는 겁니다. 그나마 당원을 제일 많이 확보한 것이 진보신당입니다. 지금 촛불당원이 6이고, 옛날 당원이 4거든요. 그만하면 대단한 거죠.

지 촛불집회에 나왔던 많은 사람들 중에 노무현 지지 성향의 사람들이 많았고, 그런 성향의 사람들이 진보신당에 들어왔기 때문에 오히려 당의 정체성에 문제가 생긴 게 아니냐고 지적하는 사람들도 있거든요.

진 그런 사람들도 있겠죠. 문제는 뭐냐 하면 우리가 외연을 확대하려고 한다고 하면 어디로 가겠냐는 겁니다. 한때 노무현을 지지했던 사람들 쪽으로 확대를 해야겠죠. 당연히 있을 수 있는 현상이고, 노무현을 싫어하는 사람들만 모아놓는다고 하면 외연확대 안 하겠다는 것밖에 안 되는 거겠죠.

지 진보를 표방하면서 자유주의적 의제에만 매달리기 때문에 진보적 문제를 풀기 더 어려워졌다고 지적하는 사람들도 있는데요.

진 진보적 의제가 뭐냐는 거예요. 예컨대 비정규직 의제, 진보신당에서 계속 열심히 싸워왔잖아요. 이랜드하고, 기륭하고, 칼라TV도 계속 거기 결합하고 있고요. 촛불집회 때 화물연대와 어느 정도의 연대가 이루어졌었고, 비정규직과의 부분적인 연대가 이뤄졌다는 거죠. 사실 그것 이상을 뭘 기대하냐는 겁니다. 촛불집회에서 화물연대 같은 경우 큰 도움을 받았고, 민주노총도 큰 도움을 받았었고요. 왜냐하면 저쪽에서 구조조정이니 뭐니 강하게 밀어붙이려고 했었잖아요. 이명박 측근에서 그것을 실토하더라고요. 촛불까지 일어났는데, 화물연대까지 밀어붙여서 파업까지 나오면 정권이 유지가 안 될 상황이었다는 겁니다. 왜 그렇게 대립시켜 생각하는지 모르겠어요. 흠을 잡으려면 한도 끝도 없이 흠을 잡겠죠. 지지율 3.8퍼센트 나오는 정당한테 뭘 더 기대하냐는 겁니다.(웃음) 그만하면 잘했지. 자기가 하고 있는 일은 프롤레타리아 투쟁인가요? 일반 민주주의적인 얘기 아닌가요?

지 워낙 상황이 안 좋다 보니까 한국에서 진보정당이 두 개 있는 것이 사치가 아니냐는 얘기를 하는 분들도 있고요. 민주당, 민노당, 진보정당이 반이명박 연대를 해야 되는 것이 아니냐는 의견도 있는데요.

진 그것도 우편향이잖아요. 쉽게 말하면 민주노동당하고 민주당은 손을 잡았잖아요. 문제는 뭐냐 하면 옛날에 정권을 넘겨주던 그 상황 그대로 손을 잡은 거잖아요. 민주당의 정책이 좌로 온 것도 아니고, 민주노동당이 개혁을 한 것도 아니고, 그런 상태에서 손만 잡아 가지고는 전과 뭐가 다르냐는 겁니다. 정권을 빼앗기는 그 상황으로 되돌아가는 것밖에는 안 되잖아요. 그런 식의 연대는 가망이 없는 것이고, 굳이 할 필요가 있는가 하는 생각이 들어요. 연대를 해서 구체적으로 할 수 있는 일이 뭔지 모르겠어요. 예를 들어서 FTA 같은 경우 민주당이 원죄가 있기 때문에 한나라당을 공격 못 한단 말이에요. 한나라당에서 FTA를 노무현 정권의 최대 치적이라고 나오는데 민주당에서 뭐라고 할 거냐는 겁니다. 뭐 가지고 싸울 거냐는 거예요.

국민들한테 가장 중요한 것은 먹고사는 경제예요, 대안을 내놓아야

지 최근 들어서 노무현 전 대통령이 발언을 많이 하고 있는데요. 자신이 신자유주의가 강화되는 데 일정한 기여를 해놓고 지금 와서 '신자유주의가 문제'라는 엉뚱한 발언을 하고 계시지 않습니까? FTA 관련 논쟁에서도 유시민 전 의원이 심상정 대표를 비판했고요. 거기에 대해 '노 전 대통령으로부터 독립할 연세가 됐다'는 글을 쓰셨는데요.

진 일단 한국 사회가 잘 되려면 노무현을 극복해야 되는 겁니다. 그 환상을 극복해야 되는데, 왜 이미 지난 과거를 다시 끄집어내서 현재화시키는지 모르겠어요. 이미 정치적, 경제적으로 판결이 난 상황이라는 말이에요. 입증이 됐잖아요. 서민들의 삶이 더 어려워졌고, 빈부격차가 늘어났고, 중산층이 얇아졌고, 삶의 안정성이 더 악화되었거든요. 정치적으로는 정권을 잃었고요. 이미 검증이 끝난 얘기란 말이에요. 그 얘기를 다시 끌고 나와서 정당화를 하는 것이 미래를 위한 행동인가 하는 불만이 있습니다. 유시민 씨 같은 경우 기껏 한다는 게 한나라당을 비판하는 것도 아니고, 노무현 보디가드를 하는 정도인데, 지금 그게 의미가 있느냐 하는 생각이 들더라고요. 제대로 된 연대가 되려면 소위 진보개혁세력을 파탄으로 몰아간 원인을 제대로 진단하고, 거기에 대한 대안을 제대로 마련하고 전열을 재정비해야지, 그런 것 하나도 없이 다 잘했다고 하잖아요. 민주당도 잘했다고 그러고, 노무현 캠프에서도 잘못한 것이 없다고 하고, 민주노동당이야 원래 개혁을 거부한 사람들이 남은 것이고, 이런 상황에서 뭘 하는 것이 가망이 있겠느냐는 얘기입니다. 국민들한테 가장 중요한 것은 방송장악이라든지, 교육에서의 역사왜곡 문제라든지, 굉장히 많은 문제들이 있지만, 가장 핵심은 경제예요. 먹고살기 힘들다는 건데요. 거기에 대해 어떤 분명한 입장을 가지지 않고, 그 문제를 타개할 분명한 대안을 내놓지 않은 상태에서 자기들이 실패했던 정책들을 지금 와서 옹호하고, 비호하고, 변호하면서 무슨 전선을 형성해서 싸운다는 겁니까? 어차피 그런 싸움은 전선이 없어도 할 수밖에 없어요. 교과서 왜곡에 대한 싸움 같은 것은 같이할 수밖에 없는 거잖아요. 굳이 만날 필요도 없고요.

지 촛불집회 같은 경우처럼 자연스럽게 결합되어야 한다는 거죠?

진 자연스럽게 모여서 더 큰 힘을 형성했다는 거죠. 자기들끼리 모여서 뭘 해서 그렇게 된 것은 아니라는 겁니다.

지 늘 "지식인은 대중이 듣고 싶은 얘기가 아니라 자기 얘기를 해야 한다"고 하셨는데요. 촛불 때 굉장히 많은 대중들의 지지를 받았는데, 유시민 씨에 대한 비판을 하니까 들어와서 악플을 다는 사람이 많았지 않습니까? '좋은 사람인 줄 알았었다'고 하는.(웃음)

진 늘 그런 거니까요. 예컨대 촛불 대중이라는 것이 황우석 때의 그 대중이고, 〈디워〉 때의 그 대중인데, 어디 가는 것은 아니거든요. 대중은 다면적이고 다층적이고, 하나로 묶어놓을 수 있는 게 아니라는 겁니다. 그 다음에 또다시 전여옥을 또 비판하니까 신나서 들어오고 이런 게 대중인데요. 역동적으로 파악해야 될 것 같아요. 가장 중요한 것은 노무현에 대한 환상이 깨져야 한다는 거예요. 그래야 문제가 풀려요.

지 개인으로 볼 때 노무현과 이명박을 비교할 수는 없을지 몰라도 정책의 큰 방향에서는 큰 차이가 없었지 않습니까? 그런데 두 사람이 굉장히 다르다고 생각하는 것이 문제인 것 같은데요.

진 많이 깨졌잖아요. 상당부분 많이 무너졌다고 생각하고요. 일부 골수들이 남아 있는 건데요. 그쪽의 파괴력도 많이 떨어졌죠. 노무현 정권에 몸을 대서 발언할 사람도 거의 없잖아요. 그 쪽은 파괴력, 돌파력이 없는 상태죠.

지 대중들한테 접근할 수 있는 것이 필요할 텐데요. 반전의 계기가 어떤 게 있을까요?

진 아직은 미래를 예견하기는 좀 그래요. 촛불집회도 보면 아시겠지만 카오스 현상이었잖아요. 예측 불가능했던 상황이고, 옛날과 같이 단순한 사회과학적 틀에 의해서 예측하거나 예견하는 것이 얼마나 의미가 있을까 하는 생각이 들고요. 다만 정권의 위기는 몇 번 있을 것 같아요. 다만 그게 촛불집회와 같은 대규모 항의사태로 벌어질지는 아무도 모르는 거죠. 촛불집회 자체가 굉장히 다양하고 우연한 계기들, 필연적인 계기가 아니라 우연한 계기들이 별자리를 이루면서 나온 일종의 창발현상 비슷한 그런 것이었기 때문인데요. 원인이 주어지면 결과가 똑같으냐 하면 그것은 아니라는 거죠. 동일한 인풋이라고 하더라도 상황에 따라서 굉장히 다양한 아웃풋이 나올 수 있기 때문에 예측을 할 수는 없는 겁니다. 다만 지방선거가 조그만 계기가 될 것 같고요. 예컨대 심상정이나 노회찬 같은 사람들이 출마를 하면 과거와는 상당히 다른 양상들이 펼쳐지지 않을까 싶습니다.

지 촛불의 동력이 없어진 데 대해 여러 가지 분석이 있는데요.

진 저는 그 말 자체가 이상해요. 동력이 뭔지를 모르겠어요. 밤샘 데모를 3개월 동안 했잖아요. 그러면 그런 것을 1년 내내 하라는 말인가요?(웃음) 그러면 그게 영원할 거라 생각했단 말인가, 저는 그렇게 생각 안 했기 때문에…….

지 집회에서 나왔던 구호 중에서도 '끝까지 가보자'는 것이 많았고, 한창 때의 열기를 봤을 때는 정권의 근본적인 변화가 없으면 5년간 갈수도 있겠다고 생각했거든요.(웃음)

진 제가 5월인가 인터뷰를 한 것을 보니까 '촛불집회 끝났을 때의 허탈감은 어떻게 할 것인가'라는 얘기를 하더라고요. 그걸 알았는데, 수가 없잖아요. 달랑 쇠고기 사안 하나가 정권을 하야시킬 사안도 아니고, 탄핵할 사안도 아니고, 그렇게 할 구체적인 수단이 있는 것도 아니었잖아요. 그러면 남은 것은 뻔하잖아요. 이렇게 하다가 수그러들 거란 거죠. 1년 내내 일자리 다 팽개쳐놓고 시위할 수 있는 것은 아니잖아요.

민주주의 원리는 제대로 된 통치에 의한 설득, 설득에 의한 자발적인 복종이에요

지 한창 사람들이 많이 나왔을 때는 이명박 대통령이 사과를 두 번이나 했고, 대운하를 포기한다는 말도 했지 않습니까? 그런데 이 대통령의 측근들이 충성경쟁을 하면서 공세적인 진압을 했고, 그것이 결과적으로 먹혀들었다고 생각을 하는 것 같은데요. 그래서 다른 면에서도 그렇게 밀어붙이는 것 같습니다.

진 그래 봤자죠. 내가 볼 때는 저게 오래가겠냐는 겁니다. 쉽게 말하면 대중들의 자발적인 굴복이어야 되잖아요. 그런데 지금 강요하는 거잖아요. 그 자체가 잘못된 것이기 때문에 또 한 번의 대규모 시위에 의해서 뒤집어질 수도 있는 허망한 일을 하는 거죠. 제대로 된 통치에 의해서 사람들을 설득해내고, 그 설득에 의해서 자발적인 복종을 하는 것이 민주주의의 원리잖아요. 일단 설득이 안 되니까 밀어붙이고 눌러버리겠다는 것이 저들의 태도잖아요. 그게 얼마나 효과가 있고, 얼마나 갈 수 있겠어요? 지지율이 20퍼센트대잖아요. 설득에 실패하고 있다는 것이고, 말만 못하게 막고 있는 건데요. 그런 짓을 할 수 있는 모든 권력을 가지고 있는데, 그런 권리를 옛날에 국민들이 줬거든요. 투표를 통해서. 그걸 지금 행사하고 있는 거죠.

지 상대방이 너무 막무가내고, 뻔뻔하면 질려버리지 않습니까? 노무현 전 대통령이나 이명박 대통령은 깡이라는 코드에서는 타의 추종을 불허하는 사람들인데요.(웃음)

진 인기에 연연하지 않겠다는 데 뭐라고 하겠어요.(웃음)

지 촛불집회에 나갔던 국민들이 처음에는 빰을 맞고 집으로 짱돌을 집으러 간 심정이었을 텐데, 막상 집에 가서 생각해보니 '너무 이상한 사람이다. 답이 안 나온다'라는 생각에 질려버린 것 같기도 합니다.(웃음)

진 대개 그런 심리예요. 그게 제대로 된 리더십이냐 하면 그건 아니잖아요. 그게 얼마나 튼튼하겠어요?

지 지금 상황을 공안정국이라고 보는 분들도 있고요. 엠네스티나 국가인권위에서는 진압방식 등에서 인권침해적인 요소가 있다고 했고, 경찰 측이나 법무부에서는 그 의견에 대해 '유감이다'라고 얘기하고 있지 않습니까? '지금을 70년대나 80년대의 상황이라고 얘기하는 것은 과장이다. 그렇게 얘기해서는 안 된다'고 얘기하는 진보진영 인사들도 있고요.

진 70, 80년대 상황은 분명히 아니죠. 그런데 그런 경향으로 돌아가고 있는 것은 분명하잖아요. 어떤 면에서는 더한 부분도 있죠. 5공 때라면 유모차 끌고 나오고 하면 건드리지 못하는 부분이 있었어요. 자동차로 경적을 울리고 시위했다고 해서 그러지는 않았죠. 그때는 큰 것을 잡았지, 일반 서민들을 잡지는 않았는데요. 옛날에는 지도부가 있어서 지도부를 잡았는데, 지금은 서민들의 반란이어서 지도부가 없기 때문에 일반 시민들을 잡는 거잖아요. 그렇지만 공포 분위기를 조장하는 정도고, 과거 같은 상황은 분명히 아닙니다.

지 노조에 대해 손해배상을 청구한다든지 하는 방법이 자본주의 사회에서 훨씬 효율적인 억압수단이 되는 것처럼 이번 촛불시위에 대한 탄압도 그런 면이 있는 것 같은데요.

진 법이라는 것은 굉장히 고정되어 있고, 반면 현실은 무한히 풍부하기 때문에 적용의 문제가 있거든요. 그들은 법 적용을 최대한 자의적으로 하는 거죠. 법이라는 무기로 시민들을 협박하는 겁니다. 지금 시민들은 '내가 인터넷에 글을 쓰는 게 문제가 되지 않을까' 하는 불안감을 갖게 되었는데, 이게 저들이 노리는 바죠. 위축을 시키는 겁니다.

지 이런 상황에서 경제상황이 더 나빠지면 사람들이 파시즘 같은 선택을 할 수도 있다는 전망도 있지 않습니까? 반면 촛불에 그렇게 많은 사람들이 나왔다는 자체가 '이 이하로는 내려갈 수 없다'고 선언한 것이기 때문에 그렇게 우려할 필요는 없다는 시각도 있고요.

진 지금이 파시즘 상황은 아니에요. 오히려 이명박을 밀었던 게 파시즘적인 성향이었잖아요. 그런데 그것 자체를 사람들이 한 두어 달 겪어보고 나서 미치겠다고 반란을 일으킨 것이 촛불이었거든요. 옛날처럼 지도자가 경제위기를 해결해줄 것이라는 믿음 자체가 깨졌기 때문에, 슈퍼맨으로서의 대통령이라는 환상 자체가 깨진 거잖아요. 촛불집회에 나타난 양상들을 보면 결코 파시즘이 아니었죠. 자율주의적인 대중의 양상을 보였습니다.

지 지금은 이명박 대통령이 물러난다고 하더라도 사람들이 보수 안에서 대안을 찾을 가능성이 많지 않습니까? 민주당은 식물정당처럼 되어버렸고, 진보정당은 세가 너무 약한데요. 이런 위기상황을 어떻게 타개해야 할까요?

진 대중들이 스스로 지은 한계예요. 노무현 이상을 넘으려고 하지 않고, 민주당 이상으로 넘어가려고 하지 않으면서도 거기에 대해서 불만을 느끼는 것이라는 말이죠. 진단과 처방이 일치하지 않는 겁니다. 대중들의 이중성일 수도 있는데, 아까도 얘기했듯이 노무현을 극복하지 않으면 안 됩니다. 다른 욕망을 가져야 되는데, 지금 민주당 부수고 다시 뭉치자는 얘기잖아요. 그러면 김대중 정권, 노무현 정권으로 돌아가자는 건데, 그때 삶이 행복했냐는 겁니다. 그렇게 행복했으면 이명박한테 정권을 내주지 않았겠죠. 그걸 지금 반복하자는 건데, 그런 욕망과 허위의식에서 벗어나야 한다고 봅니다. 상황을 정확하게 보고.

결국 사람들의 의식이 진보적으로 전진해야

지 뉴라이트나 보수도 분화되는 움직임이 있는데요. 지금 그 사람들이 한국 사회의 의제를 선점하고 있지 않습니까? 보수들이 나와서 자기들의 관점에서 역사강의를 하고 있고요.

진 그것은 자기들한테 자충수가 되는 것이기 때문에 크게 생각하지는 않아요. 역사라는 것이 몇몇 이상한 우익이 이데올로기로서 쓸 수 있는 것이 아니잖아요. 역사는 학문이고, 학자들이 기본적으로 쓰게 되어 있기 때문에 그런 식으로 이념적으로 교과서를 고치고 하는 것이 얼마나 효과가 있겠는가 하는 생각이 들어요. 역효과만 낼 뿐이라고 생각합니다. 특히 그 교육 자체가 자발적인 게 아니라 강요되고 있잖아요. 핵심은 결국 사람들의 의식이 진보적으로 전진을 해야 되고, 그러지 않고서는 해결책이 없다는 것을 겪었잖아요. 그 전에 '민주화가 필요해', 그래서 김대중, 노무현에게 줬단 말이에요. 지금 문제는 경제잖아요. 먹고사는 것이 문제라는 게 드러났잖아요. 그래서 이명박한테 줬단 말이죠. 그런데 더 하잖아요. 이런 상황이라면 다른 선택들을 해야 된다는 거죠. 내가 왜 지지율 3퍼센트 남짓의 진보정당에 그대로 남아 있느냐 하면, 수가 없어요. 왕도가 없습니다. 마법의 주문이 있는 것이 아니고, 한 사람 한 사람 생각이 바뀌고, 한 사람 한 사람의 표의 선택이 달라질 때 대안이 보이고, 해결책이 보이는 거지, 그런 것을 안 하고, 아주 쉽게 정치공학에 의해서 뭘 해결해보라는 것은 제대로 된 대책이 아니라는 거죠. 수술이 필요한 환자에게 배에다가 반창고만 붙여서 뭐가 되겠습니까?

지 한국이 워낙 미국의 영향을 많이 받는 나라기 때문에 미국 대통령이 오바마로 바뀐 것은 한국 사회에 어떤 변화를 줄 거라고 생각하십니까? 청와대는 '이명박과 오바마가 비슷하다'고 주장하고, 전여옥 의원은 '오바마는 한국 좌파와 다르다'는 말을 하고 있잖아요.(웃음)

진 대단히 큰 변화가 있을 거라고 생각하지는 않아요. 일단은 미국의 대통령이고, 그쪽에서도 정책의 연장선이라는 것이 있기 때문에 계속되는 정책들이 있을 것 같고요. 다만 FTA 같은 것은 재협상을 할 것 같고, 대북관계 같은 것은 적극적으로 할 것 같아요. 이명박 정권 입장에서는 좀 짜증이 나는 상황이겠죠. 경제정책에 관해서는 자신들이 추진하려는 정책이 파탄난 부시의 정책이라는 것인데요. 그게 오바마의 등장으로 인해 분명해졌잖아요. 그나마도 뒷북을 치고 있었구나, 남 망한 길을 따라간 것이라는 게 대중들한테 드러났을 때의 불편함이라는 게 있을 거고요. 두 번째로는 FTA 등의 문제에서 이러지도 못하고, 저러지도 못하는 상황에서 애써 자위하고, 기다리겠다는 상황이기 때문에 아무리 미국 정부가 한국을 고려해준다고 하더라도 한국 정부라는 것은 그들에게 대단한 변수가 아니라는 겁니다. 자기들의 국익에 따라 판단하기 때문에 국익에 따라서 북한과 협상에 적극적으로 나설 것이라고 한다면 한국의 반대라든지 하는 것들이 중요한 고려의 대상으로 여겨지지 않을 것이라는 거죠. 그러면 아무래도 괴리가 발생하면서 고립되는 경향들이 있을 겁니다.

지 신자유주의에 문제가 있다는 의식이 상당히 많이 확산이 된 것 같고요. 그게 오바마의 당선으로 증명이 된 것 같은데요. 아직까지 한국에서는 대통령도 그렇고, 그런 것을 하면 안 될(?) 노동자 계층도 다 펀드를 하고 그러니까요. 미국식 금융 시스템에 문제가 있다고 하더라도 본인이 손해를 보게 되니까 그게 계속 지속되어야 한다고 생각하는 사람들이 많이 있는 것 같습니다.

진 그렇죠. 저는 정치, 경제에 대해서 잘 몰라요. 연기금 가지고 주가를 방어하고 있는데, 문제는 뭐냐 하면 돈 넣은 사람이 너무 많다 보니까 그 자체에 대해 문제제기를 안 하잖아요. 많은 사람들을 공범으로 만들어놓은 거죠.

지 진보신당 게시판 내에서 몇 번의 논쟁들이 있었던 것 같은데요. 촛불집회 때 들어왔던 사람들과 그 전에 있었던 사람들과의 노선 차이도 좀 있는 것 같은데요.

진 특별하게 큰 논쟁이 되거나 그렇지는 않아요. 게시판에서 가끔 부딪치고 그러는 건데, 그게 큰 문제가 되거나 그렇지는 않은 것 같고요. 전혀 다른 성향의 사람들이니까 그 둘 사이에 소통이 잘되어야겠죠. 각각 장단점들이 있는 사람들이니까. 일단 외연을 확장하려면 그런 사람들이 대부분이라는 것을 인정해야 될 것 같아요. 진보신당으로 오는 사람 중에서 과거 한나라당 지지자가 1이면, 과거 민주당, 열린우리당 지지자들이 3 정도 되는 비율일 겁니다. 그 다양한 사람들을 어떻게 코드를 조정하면서 하나로 만드느냐가 과제로 남아 있는 거죠.

지 민주노동당만 하더라도 북유럽의 사민주의 정당 정도의 정책을 내놓고 있는데요. 거기에 비해서도 진보신당은 자유주의적 성격이 더 강하다는 지적을 하는 사람도 있는 것 같은데요.

진 결코 그렇지 않을 거라고 생각하는데요. 오히려 민주노동당 같은 경우 강령이 옛날에 이쪽에서 쓴 강령을 그대로 가지고 있는 거잖아요. 진보신당 사람들이 썼던 강령을 그대로 가지고 있고요. 비판적 지지노선 사람들이었기 때문에 경제강령에서 민주당과 큰 차이가 나지 않을 겁니다. 미국 문제만 빼고요. 강령을 수정해야 되지 않을까 싶기도 하고요. 자기들이 원하는 강령은 아닌데, 그냥 그대로 가는 거죠. 진보신당은 지금 강령이 있나요? 이게 지금 당이 아니기 때문에, 당이라기보다는 예비정당이잖아요. 재창당을 해야 되고, 그러면 경제정책이라든지 거기에 대한 시선이 담길 거예요. 자유주의적이라는 말은 들어보지 못했는데요.

지 칼라TV가 요즘 비정규직 현장과 많이 결합하고 있는데요. 앞으로는 어떻게 활동할 계획인가요?

진 현장출동을 하는 것은 앞으로도 계속할 거예요. 비정규직 투쟁이라든지 이런 데 계속 결합하고요. 일상적인 프로그램들을 마련해서 하겠죠. 인터뷰도 좋고, 네티즌들과의 대화도 좋고.

지 어제 칼라TV 행사에서 백지를 붙여놓고 하고 싶은 말을 쓰라고 하니까 제일 처음 올라온 글이 '임금을 지급하라' 였거든요.(웃음) 지금은 자원봉사에 의존할 수밖에 없을 텐데요.

진 법인화한다고 하더라도 기본적인 것은 자원봉사가 될 거예요. 어디서 돈이 나올 수 있는 것은 아니잖아요. 이것을 해서 장사를 하거나, 수익사업을 할 수 있는 것도 아니고, 기본적인 것은 자원봉사에 의해서 움직여지는 것이 좋다고 봐요. 아니면 저도 출연료를 받아야 될 건데, 제 출연료를 어떻게 감당하려고.(웃음)

지 그런 자원봉사, 후원금, 후원주점 이런 형태로 운영비를 마련해야 될 텐데요.

진 일일호프 같은 경우는 돈이 많이 남거나 그런 것은 아닐 거예요. 다만 사람들 모여서 같이 놀고, 즐기고, 단합을 한다거나 그런 차원에서 하는 것이지, 그 자체가 커다랗게 경제적으로 도움이 되고 그럴 것은 아니라는 거죠. 대신 자주 했으면 좋겠어요. 이런 것을 통해서 사람들 오랜만에 만나서 얘기하기도 하고, 이런 것을 통해 재주 있는 사람들이 발견되고, 그 사람들이 끼를 발휘할 수 있는 발판을 마련해줘야죠. 중요한 것은 대중들이 뭘 하고 싶어한다는 거거든요. 그 사람들에게 어떻게 판을 깔아주느냐의 문제라는 거죠. 옛날처럼 당에 의해서 통제되고, 지도되고 이런 것이 아니라 사람들은 다 자기가 하고 싶은 게 있거든요. 어떤 사람은 색소폰을 불고 싶어하고, 어떤 사람은 기타를 치고 싶어하고, 어떤 사람은 춤추고 싶어하고, 어떤 사람은 리포터를 하고 싶어하고, 굉장히 많은 자발성들이 있어요. 거기다 어떻게 판을 깔아주느냐는 거거든요. 판만 깔아주고 자율적으로 운영되게 하는 것이 가장 좋지 않나 하는 생각을 하고 있어요.

지금의 젊은이들은 자기 삶과 밀접한 데서 나오는 정치적 관심을 갖고 있어

지 예전에 민주노동당에서 주최하는 모임에 비하면 참여 연령층이 굉장히 젊어진 것 같던데요.

진 재밌잖아요. 님을 위한 행진곡이 나오느냐 하면 재즈가 나오기도 하고, 뽕짝이 나오기도 하고, 이런 것들이 한 장소에서 나올 수 있는 이런 것이 진보신당의 문화가 되어야 된다고 생각해요. 굉장히 다양한 취향의 사람들이 다양하게 모여서 자기가 하고 싶은 대로 다 하고, 그런 자발성에 의해서 당이 움직여갈 때 눈덩이처럼 커지지 않을까 생각합니다. 기회는 좋은 것 같아요. 제가 볼 때 민주당은 거의 집권을 포기한 상태 같은데요. 자포자기한 상태로 기존의 기득권을 유지하려고 한 것이 열린우리당 때 위협받았잖아요. 그것을 다시 찾은 데 대한 안도감에 만족해 있는 것 같고요. 민주노동당 같은 경우 정책단위조차 못 꾸리잖아요. 정책을 담당했던 사람들이 나가버리거나 진보신당으로 왔거나 이런 상태고요. 정책위원장 뽑는 것조차 힘들어했던 것 같습니다. 왜냐하면 이 사람들은 정책을 가지고 승부했다기보다는 반미항쟁이 큰 목적이잖아요. 특정한 지침에 의해서 움직였던 사람들이거든요. 그래서 정책을 마련하거나 이런 필요성을 못 느꼈었죠. 그래서 미래를 헤쳐갈 힘이 있을까 싶은데요. 얘기를 들어보니까 강연회 하나 하는 것조차 힘들어한다고 하더라고요. 왜냐하면 강연을 할 만한 사람들이 다 진보신당으로 와버렸잖아요. 촛불 때도 보면 민주노동당 게시판은 굉장히 썰렁했어요. 진보신당 게시판은 왁자지껄했거든요. 그럴 때 과연 외연확장이 될까, 그들은 굉장히 자폐적인 상태에 있잖아요. 지금은 딱 민주노총의 배타적 지지, 그거하고 농민단체의 배타적 지지, 80년대 싸워왔던 자산들을 계속 까먹으면서 관성에 의해서 유지되는 형태라는 거죠. 희망이 좀 없어요. 그래서 이럴 때 진보신당이 대중의 희망으로 치고 나가야 된다고 생각합니다. 지난번에 노회찬 씨와 심상정 씨가 지역구에서 민주당 후보를 제쳐버리고 박빙의 승부를 연출하잖아요. 지금은 사람들이 너무 소수니까 '찍어도 안 된다'는 식의 패배의식이 있는데, 그런 것들을 극복했을 때 굉장히 다른 정치적인 가능성 같은 것이 열릴 거라고 봅니다.

지 요즘 젊은 사람들이 정치에 관심이 없다는 얘기를 많이 하는데요. 진보신당을 보면 정치에 관심을 가진 젊은이들도 꽤 많이 있는 것 같은데요.

진 예를 들어서 강연을 다니면 강연장이 꽉꽉 차요. 미어지거든요. 그게 뭐냐 하면 관심 있는 사람들이 많다는 거죠. 문제는 그 관심이라는 것이 옛날에 우리가 가졌던 정치에 대한 관심하고 차원이 다르다는 겁니다. 옛날에는 이념적이었잖아요. 그때가 이념적인 정치적 관심이었다면, 지금은 자기 삶하고 밀접한 데서 나오는 정치적 관심이라는 거죠. 그 다음에 그것을 표출하는 방식도 운동권적인 방식이 아니라 촛불집회에서 보여줬던 발랄한 방식들이고, 또 그걸 원한단 말이죠. 그렇기 때문에 그들의 변화된 욕망을 읽어내야 되고, 그 욕망을 표출하는 변화된 방식을 읽어내야 합니다. 그렇게 보면 정치성이 없는 것은 아니라는 겁니다. 이번에 촛불집회 때도 하이힐을 신은 아가씨가 정권타도를 외친다는 말이죠. 그것을 목도해야 된다는 겁니다. 아이들도 달라졌고요.

지 20대 젊은 여성들도 많이 나왔잖아요. 소울드레서나 마이클럽 같은 곳에서도 많이 나왔었는데요.

진 그러니까요. 그런 정치성은 옛날 노조, 농민단체 위주의 정치성이 아니잖아요. 한마디로 소비자 대중의 정치성이에요. 옛날에는 생산계급이 유일하게 정치성을 담보했다면 촛불집회는 소비자 대중이었다는 말이에요. 생산양식의 변화에 따라 정치적 주체의 변화라고 할까, 이런 것에 관심을 가져야죠. 대중들이 움직인 것을 보면 IT 관련 하드웨어와 소프트웨어의 소비자로서의 권능을 발휘한 거거든요. 인터넷 활용하고, 캠코더, 디지털 카메라, 핸드폰 등 자기가 가지고 있는 온갖 하드웨어, 소프트웨어, 편집기를 이용해서 UCC를 만들어서 올리거나, 리믹스해서 음악을 만들거나 하는 식으로 하드웨어나 소프트웨어의 소비자로서 가지고 있는 권능을 최대한 보여줬거든요. 그것이 그들의 정치성을 갖추는 방식이었단 말이죠. 이런 데 주목해야 된다는 겁니다. 그들은 기꺼이 그런 것을 할 준비가 되어 있어요. 그런 것을 위해서 자신들의 시간과 힘을 쓸 준비가 되어 있다는 겁니다. 그러니까 그 사람들이 놀아줄 판만 깔아주면 된다는 거죠. 그것을 받아들여줄 준비만 되어 있으면 됩니다. 촛불집회 때 그나마 진보신당이 그런 부분에 열려 있었기 때문에 일정한 성과를 거둔 건데요. '저건 부르주아 반동이야'라고 했으면 절대로 안 됐다는 겁니다. 저건 한계가 있는 것이라고 하지 않고, 일단 우리는 열었거든요. 우리가 파악하지 못한 현상이었기 때문에 겸허하게 접근해야 된다는 생각을 했고요. '참여하면서 뭔지 파악해보자'고 한 거죠. 처음 나갔을 때 '광야에서' 부르자니까 아무도 모르더라고요. 윤도현의 '아리랑'을 부르고, '오! 필승 코리아'를 부르는데, 우리끼리 모여서 '분위기 적응하기 힘들다'는 얘기를 했거든요.(웃음) 그걸 대중의 한계라고 얘기할 수도 있을 거예요. 그런데 우리는 그것만 본 것은 아니라는 거죠. '하여튼 여기 우리가 알지 못하는, 이해하지 못하는 뭔가가 있다, 거기다 우리 자신을 한번 열어보자'고 한 것인데요. 김규항 씨가 볼 때는 투항한 것이고, 추종주의고, 추수주의고 이렇게 보이는 건데, 그렇게 볼 수도 있겠죠.

촛불의 가장 큰 성과는 정치를 만나는 새로운 계급, 곧 디지털 계급의 등장

지 촛불집회의 가장 큰 성과는 뭐라고 보십니까?

진 정치를 만나는 새로운 계급이 나타났다는 겁니다. 디지털 계급이라고 해야 되는데, 그걸 우리가 본 거고요. 산업사회의 틀이 아니라 정보사회의 패러다임에 맞는 정치행태를 본 거라는 말입니다. 옛날에는 주축이 노동계급, 농민계급이잖아요. 그것이 산업혁명적 틀이었다면 이번 촛불집회에서 본 것은 정보혁명적 틀이라는 건데요. 그런 대중들이 등장했던 것이고, 그것을 확인한 것이 큰 성과고요. 구체적으로는 이명박 정부가 야심적으로 추진적인 주요 프로젝트들을 좌천시켰다는 겁니다. 첫 번째가 대운하, 두 번째가 의료보험 민영화, 영리병원이 제주도에서 좌초가 되었고요. 공기업 민영화 같은 중요한 항목들이 이제 좌절된 거죠. 그것을 통해서 이명박 정부가 상당부분 추진력을 상실했는데요. 그런 것도 큰 성과라고 볼 수 있고요. 무엇보다 대중들이 즐거웠잖아요. 이렇게 억눌린 상황에서 3개월 동안 일탈된 일상을 체험했고, 자기들의 힘도 한번 느껴보았고요. 아마도 그런 체험을 다시 하기 힘들 거예요. 20년 전 6월이 그랬던 것처럼 대중의 정치적 추억으로 남겠죠.

지 아까 말씀하신 것들이 일단 좌절이 되긴 했지만, 이명박 정부는 어떤 방식으로든 추진할 텐데요.

진 그렇겠죠. 모든 사람들이 이명박에게 감사해야 될 것은 정치가 이렇게 생활하고 밀접한 연관이 있다는 것을 깨닫게 해준 것이거든요. 아무도 못했던 거잖아요. 정당도 못했던 것이고, 운동단체나 시민단체들도 못했던 것인데요. 웹2.0 현상이 정치적으로 그대로 나타난건데, 한계라고 말하면 뭐가 있느냐 하면 전문성의 한계가 있었어요. 우리 쪽에서는 박상표 씨, 송기호 씨, 우희종 교수 이 셋을 빼면 누가 있었냐는 거죠. 그 다음에 네티즌들의 대중지성 현상이 있었어요. 여기저기 인터넷 돌아다니면서 자료를 모으고 이런 것들이 부분적으로 존재했단 말입니다. 그 다음에 밀린 겁니다. 저쪽은 정보를 독점할 수 있고, 얼마든지 통상 전문가와 광우병 전문가를 동원할 수 있는 상태라는 거죠. 우리 같은 경우에는 문자문화적인 합리성이 굉장히 떨어지는 사회이기 때문에 인터넷에서의 담론현상이라는 것이 괴담 수준으로 많이 흐르고 있고, 또 다른 한편으로는 광우병에 대해서 과장하거나 이런 것들이 고스란히 나중에 빌미가 되어서 반격의 기회를 줬습니다. 그래서 앞으로 웹3.0이 나와야 될 것 같아요. 1.0은 다운로드만 받았는데, 웹2.0은 사운드든, 텍스트든, 이미지든 다운로드를 받아서 내가 다시 재송출한다는 거거든요. 거기서 우리가 부족했던 것이 전문성입니다. 그런데 전문성은 절대 거리에서 만들어지지 않습니다. 정책은 거리에서 나오는 게 아니고, 결정은 거리에서 내려지는 게 아니거든요. 그렇기 때문에 여기서 정당정치가 결합되어야 해요. 정당정치와 시민단체가 결합되어서 전문적인 정책의 생산단위로서 같이 맞물려 들어갈 때 이번의 허탈함을 극복할 수 있다는 겁니다. 우리가 오랫동안 본 것은 뭔가 하면 정당과 시민단체가 나름대로 무력감에 빠져 있었잖아요. 촛불집회 현장 속에서도 주도적인 역할을 못했다는 말이죠. 대중들의 경우 전문성을 거리에서 만들 수 없는 한계가 있죠. 이 두 가지가 결합되는 형태가 되어야 한다는 것을 배운 겁니다. 그래서 촛불 대중들 같은 경우 정당이나 시민단체에 가입하라고 요구하고 싶어요. 대안은 거리에서 나오는 것이 아니라는 겁니다. 결정은 국회에서 내려지지 집회에서 내려지는 것은 아니거든요.

지 촛불이 한창일 때 그 논쟁도 많았지 않습니까? 계속해야 된다는 입장도 있었고, 최장집 교수 같은 경우 '충분히 의사표시를 했으니 이제 제도정치에 맡겨야 한다'고 했었고요. 반대쪽에서는 '제도정치를 어떻게 믿고 촛불을 끄고 들어가냐?'는 얘기였는데요.

진 최장집 씨의 한계는 뭐냐 하면 정치의 패러다임이 바뀌었다는 사실을 못 보는 거예요. 정당정치를 강화하자고 하는 그분 말은 맞아요. 문제는 뭐냐 하면 촛불에 있던 사람들이 정당정치로 가지 않으려고 했어요. 어디로 갔느냐 하면 촛불당을 만들려고 했거든요. 하지만 촛불당은 실패할 겁니다. 왜냐하면 네티즌은 네트워크고, 당은 단체이니까요. 기본적인 성격이 다르거든요. 잘해야 유시민 씨가 했던 개혁당의 전철을 밟게 될 것이란 겁니다. 최장집 교수가 알아야 될 것은 왜 이 사람들이 정당정치로 갈려고 하지 않으려는지를 알아야 된다는 겁니다. 정당장치라는 것이 기존의 단체이거든요. 그 다음에 생산계급의 이해관계에 기초한 정당들이라는 거죠. 그런데 그런 패러다임이 무너졌다는 것이거든요. 아까도 얘기했듯이 촛불에 나온 사람들은 소비자, 대중이거든요. 이 사람들은 미디어화되어 있고, 네트워크로 움직이는 사람들이거든요. 이 사람들은 정당에 찬성한다고 하더라도 정당에서 하는 모임에 나가는 것을 뻘쭘해한다는 거죠. 이 사람들을 받아들일 것을 생각해야 된다는 겁니다. 극단적인 견해는 거리정치가 정당정치를 대신해야 된다는 의견도 있었는데요. 그것은 말도 안 된다고 생각하고요. 그렇다고 최장집 씨처럼 '정당정치로 돌아가야 된다'는 얘기도 좀 웃긴 얘기라고 생각합니다. 미디어의 발전이라는 것은 뉴미디어가 올드미디어를 밀어내는 방식으로 되는 것이 아니거든요. 양자가 서로 공존하면서 서로 전략을 차용해요. 무슨 얘기냐 하면 촛불 시민들 같은 경우 촛불정당을 만들잖아요. 그것은 뭐냐 하면 기존의 정당 틀을 차용하는 거라고요. 그러면 기존 정당에서는 촛불의 네트워크를 어떻게 차용할 수 있느냐, 그 사람들을 어떻게 받아들일 수 있느냐, 그걸 고민해야 됩니다. 그렇게 얘기가 나가야 되는데, '그것은 한계가 있다. 역시 정답은 이거다'라고 하면서 단순대립시키는 것은 굉장히 낡은 틀 같고요. 정치학을 전공하는 분이 정치의 변화에 대해서 무감각하다는 느낌을 받았거든요. 제가 현장에서 봤던 대중들은 과거와 다른 정치적 욕망을 가지고 있었고, 과거와는 다른 방식으로 표출하고 있었단 말이죠. 이 사람들은 정보화 사회 때 등장한 새로운 정보 프롤레타리아들이고, 그런 패러다임의 변화는 한국 사회의 경제적인 생산양식의 변화에 따른 정치행태의 변화에 주목해야 되는데, 그것을 전혀 보고 있지 못하다는 느낌이 들더라고요.

지 민주당도 촛불집회에 끼어볼까 하다가 욕만 먹고 돌아갔는데요. 진보신당이 촛불집회 때 인기를 끌긴 했지만 나왔던 사람들에 비하면 퍼센트는 그렇게 높지는 않았던 것 같은데요.

진 아까 말했던 것처럼 당원들 중에서 6:4니까, 그 기간을 통해서 기존의 당원보다 더 많은 사람들이 들어온 거거든요. 덩치가 작아서 그렇지, 다른 정당하고 비교해보면 혁명적인 사건인 거죠. 그러다 보니까 아까 얘기했듯이 그런 문제가 있는 겁니다. 저는 이것을 극복해야 된다고 생각합니다. 네트워크 당원들과 조직당원들은 성향이 다르고, 장단점이 달라요. 예를 들어서 조직당원들은 헌신적이잖아요. 굉장히 내구적이에요. 어떤 상황에서도 당을 버리지 않아요. 대신에 너무 진지해서 같이 술을 마시고 싶지 않단 말이죠.(웃음) 반면 촛불당원들은 굉장히 발랄하고, 창의적인데, 자기가 재미있어야 해요. 재미없으면 떨어져나가고 일을 안 해버립니다. 대신에 일을 했다 하면 미친 듯이 합니다. 즐거움을 가지고 한단 말이죠. 저쪽은 금욕적이라고 하면 이쪽은 쾌락적입니다. 금욕주의자와 쾌락주의자를 잘 매치하는 것이 굉장히 중요하다고 보고, 21세기의 새로운 정당형태의 실험이 진보신당에서 일어났다고 봐요. 작은 단위에서지만. 아마 당의 성패가 여기에 달려 있을 겁니다. 어차피 진보신당이라는 게 외연을 확장해야 되잖아요. 외연을 확장해야 될 사람들은 노동자도 있고 농민도 있는데, 민주노동당에서 이미 기존 조직된 노동자들을 장악하고 있기 때문에 완전히 다른 형태의 노동자들, 예를 들어 비정규직 노동자들, 이게 정주민이 아니거든요. 유목민이라는 말이죠. 유목적인 생산계급들, 디지털 유목민들, 이런 사람들로 확장을 시켜야 된다는 말이죠.

지 진보신당 당원이 확장된 계기가 크게 두 번이 있었던 것 같은데요. 심상정, 노회찬 의원이 총선에서 떨어졌을 때 '지못미(지키지 못해서 미안해)'라고 하면서 대거 입당을 했었고, 두 번째 계기가 촛불집회였는데요. 그 후 좀 정체된 것 같은데요.

진 당원은 꾸준하게 늘어나고 있어요. 계기가 있으면 확 들어오고요. 당원을 끌어들이는 것보다 더 중요한 것은 지금 있는 당원들조차도 모임이나 집회에 안 나오려고 하거든요. 뻘쭘해하는데, 그런 접촉기회를 계속 늘려나가야 한다는 겁니다. 그리고 당원수를 확 늘리는 것은 계기만 있으면 되거든요. 예를 들어 지방선거가 있고, 보궐선거가 있고요. 일단 당원만 받는 것은 의미가 없잖아요. 그 사람들이 능동적으로 활동할 수 있게끔 끄집어내야 한다는 것이거든요. 적극적인 욕망들을 가지고 왔는데, 당에서 받아들이지 못할 경우에는 방관자로 머물게 되거든요. 선거 때 돈 좀 내고, 투표할 때 한번 찍고 여기서 머물러 버리면 안 된다는 생각이 듭니다. 끊임없이 프로그램들을 개발해서 지역에서 같이할 수 있는 것이 뭔가, 옛날 민주노동당 시절처럼 자폐적으로 강연회를 하면 오는 사람들은 똑같고, 자기들끼리만 그러면 안 되고요. 지금은 역량이 없기 때문에 지구당, 도당, 시당에서 학생이 두세 명씩 있어요. 그러면 그 친구들과 결합해서 대학을 빌려서 강연회를 하거든요. 그러면 당에 관계가 없는 사람들이 오는데, 그러면 접촉면을 넓히는 거잖아요. 충남 같은 경우에는 당세가 부족하니까 지역 환경단체와 연대해서 환경에 관한 강좌를 한단 말이죠. 제가 가면 아파트 주민들이 들으러 온단 말입니다. 이런 방식으로 계속 사람들을 만날 수 있는 사업들을 깔아놓고, 그 활동을 하면서 굉장히 좋아해요. 어제도 울산대를 갔다 왔는데, 자기네들이 강연회를 두 달만에 성사시켰다고 굉장한 자부심을 가지고 있더라고요. 왜냐하면 학교에서는 혼자 있는 세 사람이었기 때문이에요. 그런데 얘들이 이리저리 움직여서 기획한 강연회가 나름대로 성공적이었거든요. 그러면 굉장한 자부심과 자신감을 얻는다는 거죠. 뭐라도 할 수 있구나 하는. 활동하고 싶어하는 욕망들을 펼칠 수 있게 해줘야 한다는 겁니다. 어제 일일호프에서도 뚱뚱한 아저씨가 나와서 박남정 춤을 추는데, 거의 예술이더라고요. 그런데 그분 얘기를 들어보니까 비정규직 농성하는 데 가서 춤을 추고 그런다고 하더라고요. 랩퍼도 있고, 환경쪽과 관련해서 랩을 하는데 프로급이더라고요. 그런 사람들이 널렸어요. 그런 사람들이 활동할 수 있게 해줘야죠. 진지함과 즐거움의 결합, 위에서 내려오는 힘이 아니라 아래에서 올라오는 힘들을 가능한 한 만들어주고 당은 빠지는 거죠. 굳이 이래라 저래라 지도할 생각, 지휘할 생각, 방향을 잡을 생각을 하지 말고, 다양한 힘들이 올라오는 것을 보고, 디자인을 하면 되는 것 아닙니까? 이렇게 묶어주면 되겠다, 저렇게 묶어주면 되겠다, 사후적으로 그렇게 하면 되거든요. 사전에 내가 해서 이리로 가자는 게 아니라 큰 틀만 가지고 있고, 예를 들어서 환경을 위해 싸우자, 비정규직을 위해서 싸우자는 큰 틀만 가지고 있고, 그 싸움이 어떻게 되는지는 한번 보자는 거죠. 사람들이 움직이게 만들고, 그 사람이 자발적으로 움직이게 되면 그림 같은 것이 그려지잖아요. 그것을 분절화만 딱딱 시켜주는 정도만 하면 될 것 같아요.

지 당에 현역의원이 있을 경우 〈손석희의 시선집중〉 같은 데서 현안을 가지고 인터뷰를 한다든가 당을 알릴 수 있는 기회가 많아질 텐데요.

진 그게 한계죠. 가장 힘든 부분이고, 망각에 대항하는 싸움을 해야 된다는 겁니다. 일단 사람들이 민주노동당에서 진보신당이 나왔다는 사실을 모르는 사람들이 많습니다. 지역에 내려가면 모르는 사람들이 많아요. 심상정, 노회찬 하면 민노당이지, 진보신당으로 인지하지 않거든요. 그런 가운데 원내에서 활동을 못하게 되면 그냥 망각되는 거죠. 우리가 하는 것이 거의 망각에 대항하는 싸움이에요. 그래서 가능하면 미디어 노출도 많이 해야 될 것 같고, 저 같은 경우에도 촛불집회 동안은 계속 미디어 노출을 삼갔었는데요. 요즘은 당 게시판에 글을 올린다든가 하는 노출들은 간간히 하고 있습니다. 그것보다 더 중요한 것은 당 내에서의 대중들의 움직임이에요. 우리는 상층부 싸움이잖아요. 노회찬, 심상정, 저, 정태인, 이덕우 변호사, 이렇게 대중에게 알려진 사람들이 싸우는 것도 중요할 겁니다. 하지만 그것보다 더 중요한 것은 밑에서 당원들이 움직여야 되는 거죠. '당원들과 소위 이름이 알려진 사람들이 어떻게 결합해서 사업을 하는가'도 중요하지만, 결정적인 것은 당원들의 움직임을 어떻게 활성화시키느냐는 겁니다. 잊혀졌다가도 사건 치면 되거든요. 저도 거의 촛불 때 마지막 인터뷰를 하고, 7월 이후로는 거의 인터뷰를 안 했어요. 기고도 거의 안 하고요. 그러다가 어느 순간 딱 하면 나간다는 말이죠. 그 맥락마다 일을 만들거나, 말을 만들어야 되는데요. 민주당과 민주노동당이 무력하기 때문에 제대로 대응을 못하고 있잖아요. 그럴 때 진보신당에서 치고 나가면 상층부에서 사회적 의제화하는 데 큰 무리는 없어요. 그런데 그것은 어떻게 보면 허망한 거거든요. 1주일 지나면 또 까맣게 잊혀지잖아요. 결정적인 것은 아래에서부터 올라오는 당원들의 자발성을 어떻게 살아 있게 만드느냐 하는 것이 가장 중요하다고 봐요.

지 조승수 전 의원도 보궐선거 출마를 고려하고 있는 것 같던데요.

진 대중들이 뭔가 움직이고 싶어하는데요. 뭔가 하고 싶은데, 프로그램이 없는 겁니다. 서울은 그래도 괜찮은데, 지방은 숫자가 워낙 적기 때문에 프로그램을 운영하는 게 굉장히 힘들거든요. 이럴 때 그런 계기가 있으면 바로 당원들을 활성화시킬 수가 있거든요. 선거기간 동안 자연스럽게 들어올 겁니다. 하다못해 띠 두르고 돌아다니고, 플래카드를 만든다든지 이런 게 굉장히 중요해요. 기꺼이 그런 것을 하고 싶어하고요. 그런 것을 건너뛸 수는 없죠. 나갔으면 좋겠어요. 사실은 저는 다음 총선을 기대하는데, 서울시장 선거는 어떻게 될지 모르겠고, 심상정, 노회찬 씨가 지역구에 일단 둥지를 틀었기 때문에 거기서 서울시장에 나오거나 다른 데 보궐선거에 나가면 말이 나올 수가 있죠.

지 내부에서는 노회찬 전 의원이 서울시장에 나가서 당선되거나 당 인지도를 높이는 데 기여해야 된다는 의견이 많은 것 같은데요.

진 아직은 결정이 난 것은 아니지만, 나가고 나면 큰 계기가 될 겁니다. 일단 진보신당 후보가 민주당 후보는 가볍게 제칠 것 같고, 노회찬 씨가 나간다면 한나라당 후보와 대립각을 세우면서 선거의 승패와 관계없이 가능성을 보여줄 것 같아요. 이렇게 가면 되겠구나, 진보신당으로 사람들이 안 오는 이유는 소수정당이라는 것 때문이거든요. 아마 그게 가장 클 겁니다. 그것의 패배의식을 극복하게 해주면, '아, 된다. 밀어보면 되는구나' 하는 것이 보이면 대중들의 판단이 확 달라지겠죠. 그것을 기대합니다.

지 어떤 분은 촛불집회 때 진중권 교수의 인지도가 너무 높아져서 서울시장 후보로 내보내야 하는 것 아니냐는 농담 섞인 희망도 피력하던데요. 그때는 광화문 대통령이라는 별명도 얻지 않았습니까?(웃음)

진 나야, 뭐. 선거운동을 하면 선거운동은 돕겠죠. 그리고 나는 김포 시민인데.(웃음) 김포시 선거운동 때 결합을 하겠죠. 직업이 다른 걸 뭐.

지식인이라도 자기 영역 이외로 넘어가면 대중, 이끄는 계급이 아니라 대중의 일원이 되어야

지 김규항 선생과 논쟁하는데 지식인의 역할에 대해서도 의견이 좀 다르신 것 같은데요.

진 지금 지식인이 어디 있어요? 누가 지식인이에요. 지식인한테 도대체 뭘 기대를 해요? 이해를 못하겠더라고요. 지식인이 어떤 사람을 말하는 건지 물어봐주세요. 왜 그런 생각을 하는지 모르겠어요. 어차피 지식인이라도 하더라도 자기 영역 이외로 넘어가면 대중이에요. 아주 작은 영역을 넘어가면 대중에 불과하거든요. 김규항 씨는 그나마 자기 영역도 없잖아요. 뭘 근거로 지식인이라고 얘기하는지 모르겠어요. 옛날처럼 이끈다, 끌어간다, 이런 차원이 아니라 대중과 섞여서 대중의 일원으로서 자기 얘기를 하는 겁니다. 그 이상의 기대를 하지 말라는 겁니다.

지 공부를 좀더 많이 한 사람이나 그 문제에 대해서 고민을 많이 한 사람의 경우 그 의견에 대한 존중은 해줄 필요가 있지 않나 하는 생각도 들거든요. 요즘 그런 게 너무 없어서.

진 그 존중은 자기 활동으로 받아야 되는 것이지. 대중이 선험적으로 그런 존중을 해줘야 할 의무가 있는 것은 아니잖아요. 미네르바 같은 사람 보세요. 학위가 있는지 뭐가 있는지 아무도 정체 자체를 모르잖아요. 그런데 어느 경제학 교수보다 신뢰를 얻잖아요. 그런 거란 말이에요. 지식인이든 아니든 간에 누구든지 제대로 된 역량을 가지고 있으면 인터넷에서는 인정을 받아요. 굉장히 민주적인 겁니다. 그런 대중이 되면 왜 안 되냐는 거예요. 미네르바가 레닌주의적으로 대중을 계몽하려고 했습니까? 그런 것은 아니잖아요. 그럼에도 불구하고 일종의 권위를 갖는다는 말이죠.

지 지식인이든 평론가든 그런 직업을 가진 사람들이 있는데요. 그런 사람들이 요즘은 엔터테이너적인 요구도 받지 않습니까?

진 내가 그것 때문에 먹힐 겁니다.(웃음) 사람들이 나를 존경하는 게 아니고, 좋아하거든요. 같이 놀아주고, 자기들 수준으로 똑같이 내려가서 같이 찌질거린다는 말이죠. 만나서 보면 대단한 게 아니라 나하고 똑같은 찌질이라는 것을 느낀단 말입니다.(웃음) 존경이 아니라 모종의 애정 같은 거예요. 나를 싫어하는 놈들도 내가 안 놀아주면 심심해하거든요. 팬이나 안티팬이나 팬이면 어떻고, 안티팬이면 어떠냐, 팬이면 되지, 그런 부분이 있어요. 왜 그러냐 하면 디지털 시대에는 노동의 수단과 오락의 수단이 일치해요. 사람들이 컴퓨터 가지고 일을 하고, 컴퓨터 가지고 놀아요. 그러다 보니까 진지함과 오락성이 항상 결합되는 분위기가 있다는 거죠. 폴리틱이 폴리테인먼트가 된다는 말인데, 이게 새로운 소통능력이라는 거죠. 옛날처럼 아래를 내려다보면서 '이거야', 이러면 '선생님, 그러십니까, 존경해요' 그런 시대가 아니라는 겁니다. 같이 와서 찌질거리고, 놀고, 그러다가 말이 맞아떨어지거나 그러면 인정받고, 그게 지식인이냐 아니냐 그것도 아니란 겁니다. 인터넷에 들어가면 그 사람이 교수건 아니건 간에 평등해요. 교수가 하는 말도 욕을 먹고, 교수 아닌 사람이 하는 말도 존중을 받고 이런 거란 말입니다. 이런 커뮤니케이션의 변화를 봐야 되고, 그게 진짜 민주주의자의 의식이라고 봐요.

지 논평을 하는 스타일이 있지 않습니까? 글은 재미있게 읽히지만, 당하는 사람은 상처를 입을 수도 있는데요. 읽는 사람도 자기가 싫어하는 사람을 비판할 때는 통쾌해하다가 자기가 좋아하는 사람을 비판할 때는 상처를 크게 받거든요. '동지의 등에 칼을' 하면서 분노하는 사람들도 있고요.(웃음)

진 논평이라는 것이 편가르기가 아니니까요. 저는 그렇게 생각해요. 같은 편이라고 해서 모든 분야에 대해서 견해가 일치하느냐, 그것은 아니잖아요. 사안마다 다른 편들이 만들어지고, 이 사안 저 사안에 따라서 다른 의견그룹들이 형성되는 것이지, 내가 민주당을 지지한다고 해서 민주당이 하는 모든 것에 찬성해야 된다고 생각하는 것이 오히려 비정상적인 거잖아요. 그런 거죠. 그 다음에 제가 사용하는 것이 풍자기 때문에, 풍자라는 것은 기본적으로 누군가를 찔러댄다는 얘기거든요. 모든 사람을 보편적으로 웃기는 것은 해학이라고 하잖아요. 정치에서는 주로 풍자가 들어가는 거구요. 〈무릎팍 도사〉 같은 데 섭외가 들어와도 왜 안 나가냐 하면 유머의 수준이 다른 거잖아요. 그쪽은 풍자가 아니라 해학이라고요. 편에 상관없이 모든 사람들을 웃겨야 되는 상황이고요. 내가 하는 것은 이쪽 사람들은 웃지만 저쪽 사람들은 굉장히 아파하고, 열받아 하는 그런 식의 유머감각이기 때문에 성격이 전혀 다른 거죠. 다른 재주예요. 해학의 재주와 풍자의 재주는 다른 겁니다. 코미디언, 개그맨, 이런 사람들은 중학생 이상을 다 웃기잖아요. 그런 것은 다른 재능이거든요. 뭐가 낫고 모라자고 한 것이 아니라 완전히 다른 재능입니다.

지 촛불집회 이후에 과잉 대표되는 것이 부담스럽다고 인터뷰도 거절해오셨는데요. 사람들에게 당을 많이 알리기 위해서는 싫은 것도 감수하고 〈무릎팍 도사〉 같은 데 나갈 필요도 있을 것 같은데요.
진 그것은 제 몫이 아니니까요. 성경에 보면 가이사의 것은 가이사에게로라고 하는데요. 그럴 경우에는 굉장히 개인적인 인기로 가버리잖아요. 그것은 내가 취할 것은 아니라고 생각했어요. 이름이 알려진다고 하면 그것을 공적인 부분에 사용해야 된다고 생각해요. 공적인 계기에 의해서 알려지는 것은 공적인 목적으로 사용해야 된다고 생각하고요. 부담스러웠던 것은 뭐였냐 하면 저 같은 경우에는 일원으로 참가했던 거잖아요. 촛불집회를 할 동안은 거의 존재감도 없었고, 대중의 한 사람이었거든요. 이게 현장중계가 시작되면서 갑자기 올라갔는데, 내가 재능이 뛰어나거나 이래서 올라간 것은 아니라고 생각하고요. 누가 했어도 그 자리에 있었으면 그럴 거라고 생각했고, 내가 취할 인기는 아니라고 생각했어요. 심지어 강기갑 같은 사람도 보세요. 강기갑 의원은 결코 대중적인 캐릭터가 아닙니다. 그런데 사람들은 강달프로 만들어서 소비하잖아요. 괴리가 있어요. 민주노동당의 근엄함과 답답함과 대중들의 발랄함 사이에 괴리가 있으니까 강달프를 만들어서 이미지를 중화시키는 거예요. 그 중계를 그 어떤 사람이 했어도 내가 누리는 인기를 누렸을 거라고 생각해요. 바로 그렇기 때문에 또한 그것은 내 것이 아니라고 생각했던 거고요.

{ 대중들은 칼라TV를 자기들의 아바타로 보아 동일시해

지 그 현장에서 다른 역할을 했던 사람들도 많지 않습니까? 다른 중계팀들도 있었고요. 분명히 대중들이 좋아할 수 있는 요소가 있었던 것 같은데요.

진 왜 그러냐 하면 우리가 컴퓨터 게임의 포맷을 차용했기 때문입니다. 우리는 현장보도만 하는 것이 아니라 대중들이 원하는 것을 해줬거든요. '화면에 보이는 저 사람 누구예요?' 그러면 우리가 달려가서 '누구세요' 하고 마이크를 들이대고, '저 사람들 말려주세요' 하면 망치를 들고 버스 깨는 사람들을 말리기도 했고요. 그 다음에 사직터널에서 싸우고 있다고 하면 바로 달려가고요. 우리가 일종의 컨트롤 패널이 된 거죠. 그렇기 때문에 대중들은 우리를 자신들의 의지로 조종할 수 있다고 믿은 것이고, 자신들의 수족의 일부로 생각한 겁니다. 굉장히 많은 팀들이 있었는데, 현장이 통제되어 있을 때 칼라TV가 들어가면 쫙 갈라지는 겁니다. 다른 매체에서 '왜 차별하느냐?'는 얘기를 했는데, 다른 매체들은 전통적인 방송 포맷을 가지고 있었어요. 물론 호의적으로 평했지만, 3인칭 관찰자 시점에서 보도했잖아요. 우리는 1인칭 체험자 시점이고, 자기들의 아바타라고요. 아바타가 되어주니까 완전히 동일시되는 거죠. 촛불 대중들이 '다른 매체들도 다 호의적이었는데 왜 우리한테만 특혜를 줬느냐?' 하면 다른 데는 매체라고 보고, 우리의 일부라고 본 거고, 자기들의 신체의 연장이라고 본 겁니다. 그래서 굉장히 강한 유대감이 형성되었던 것이고, 그것도 우리가 의도했던 것이 아니라 하다 보니까 그렇게 된 거죠.

지 너무 대중들에게 많이 알려져서 불편한 부분도 있으실 것 같은데요.
진 그렇죠. 여기저기서 알아보고 이러니까 사생활 자체가 힘들어지죠. 연예인이라고 하면 떨어져 있잖아요. 자기들 차로 움직이고.

지 자기들이 노출되는 공간과 대중들이 좀 나눠져 있죠.
진 저는 버스 타고 다니고, 지하철 타고 가야 되는데요. 자야 되는데 옆에 앉아버리면 난감하잖아요. 그렇다고 내가 자면 실례가 되잖아요, 그런 면에서 고충이 있죠. 어떤 면에서는 나도 익명성에 숨고 싶은데, 지하철을 탔는데, '어' 이러면서 쳐다보고 그러면 불편하죠.

지 정치적 견해가 다르다고 욕하거나 공격하는 사람은 없나요?

진 그렇게까지 하지는 않아요. 한국 사람들은 그런 사람들은 아니라고 봐요. 한국의 우익들에게도 신뢰를 가지고 있어요. 일본 우익들처럼 테러를 가하거나 그렇지는 않아요. 말이 좀 험해서 그렇지.

지 얼마 전 만화가 강풀 씨 인터뷰를 보니까 26년 그리고 나서 '작두로 손을 자르겠다'는 메일이나 전화를 받았다고 하더라고요.

진 말로 끝내는 거니까 위축될 필요는 없죠.

지 지난번에 진보신당 당사로 난입해서 때린 분들도 계시지 않습니까?(웃음)

진 그런 것도 있고, 그게 아마 최초였을 거예요. 그분들은 좀 특이하잖아요. 고엽제전우회, 해병전우회, 이런 식의 단체들하고는 다르잖아요. 그 사람들이 했던 게 그 정도니까요.

지 촛불집회 때 현장에 계시면서 가장 인상적인 것은 어떤 것이었나요?

진 모든 게 다 인상적이었죠. 처음 보니까. 하이힐 신고, 미니스커트를 입은 아가씨가 '이명박 하야'를 외치는 것은 상상했던 장면이 아니잖아요. 유모차 부대가 나오고, 여중생들이 나와서 구호를 외치거나 이런 부분들은 나의 상상을 초월했던 거고요. 처음에는 그것을 파악하느라고 당혹스러웠죠. 도대체 우리 앞에서 무슨 일이 벌어지고 있는 것인가.(웃음) 세계에서 유례가 없는 현상이에요. 전 세계에서 가장 먼저 일어난 현상인데, IT가 우리가 가장 발달했기 때문에 생긴 현상이겠죠.

지 그러다 보니까 부작용도 생기지 않습니까? 그것만이 원인이 아니겠지만 최진실 씨의 죽음에도 악플이나 인터넷의 루머가 어느 정도 작용했을 것 같은데요.

진 할 수 없죠. 칼이 발명되면 요리에만 사용되는 것이 아니라 가끔 흉기로도 사용이 되고, 망치도 못 박는 데만 사용되는 것이 아니라 사람들을 해치는 범죄에도 사용되고요. 인터넷도 마찬가지죠. 늘 좋은 일만 있을 수 있는 것은 아니고요. 그렇다고 해서 망치 살 때마다 실명을 대고, 주민등록증 까고 할 수는 없잖아요. 최진실 씨 자살 같은 경우 사람들은 꼭 인터넷이 아니더라도 다른 데서도 상처받고 자살할 수가 있는 거에요. 예전에 연예인들 같은 경우 누가 흑인 애를 낳았다는 둥 하는 루머들이 있었잖아요. 그때는 해명이 안 돼요. 인터넷은 차라리 해명은 되거든요. 최진실 씨 자살의 원인은 하나의 계기가 될 수는 있었겠지만, 심지에 불을 붙이는 것이고, 이미 속에서는 준비가 되어 있었다고 봐요. 저는 최진실법 추진에 대해 최진실법이 아니라 전여옥법이다, 전여옥이 최진실 가면을 쓰고 나와서 가면무도회를 하는 것이라고 했죠.

지 미네르바 말씀을 하셨는데, 한쪽에서는 '인터넷 경제대통령이다. 강만수 대신 앉히자'고 하고, 정부에서는 '잘못된 정보를 퍼뜨린 부분을 고발하겠다'고 했는데요. 결국 미네르바가 글쓰기를 그만두지 않았습니까? 유모차 부대를 고발한 부분도 욕은 먹었지만, 결국 아줌마들이 '내 애를 위험에 처하게 하는 것은 물론 경찰서를 왔다 갔다 해야 되는 것까지는 싫다'는 공포감에 젖게 하는 효과가 있었던 것 같거든요.

진 실질적으로 처벌이 가능한 것이라고 생각하지는 않아요. 일단 경찰, 검찰에 불려다니면 위축이 되고, 안 하게 된다는 거죠. 그런 식으로 위협을 통해서 공포정치를 하겠다는 건데, 그런 효과를 노리는 거죠. 실제로 되겠어요? 아동학대법이라고 하는데, 엄마가 학대할 일은 없고, 경찰이 학대하겠다는 건데, 그렇잖아요. 우리 경찰은 아동학대를 할 준비가 되어 있습니다, 하는 것을 자인하는 꼴이라고요. '아동이 있더라도 최루가스를 뿌릴 것이며, 무력진압을 할 것이다' 그런 의지를 보여준 거죠.

인터넷 시대는 수평적 · 자율적 커뮤니케이션, 언론장악은 시대착오

지 언론사에 대한 장악시도에 대해서는 어떻게 생각하십니까?

진 시대착오적인 일이라고 봐요. 얼마나 될지 모르겠고, 〈시사 360〉에 나오자마자 욕만 신나게 얻어먹었잖아요. 인터넷 시대에는 커뮤니케이션 자체가 수평적 커뮤니케이션이고 자율적 커뮤니케이션인데, 그것을 위에서 장악해서 내려갈 수 있다고 생각하는 자체가 시대착오적이죠. 디지털 시대의 매체적 성격에 어긋나거든요. 자연스럽지 못한 거죠. 효과도 없을 거고, 역효과만 있을 거라고 봐요.

지 비행은 가끔 하세요?

진 어제 갈려고 했는데, 바람이 너무 많이 불어서 못했고요. 2주에 한 번, 한 달에 한 번 정도 하는데, 수업이 끝나고 여유가 있으면 좀 많이 해야죠.

지 지난번 국방부 불온서적 선정 때문에 한마디하셨잖아요.

진 NL 애들이 선정한 책이라서 내 책이 빠진 것 같아요.(웃음) 유치한 짓이지, 모든 커뮤니케이션이 과거로 돌아가니까, 삐라라는 얘기를 30년만에 듣고, 백골단이 나오고, 다 과거로 돌아가잖아요. 역사교육시키는 것도 반공교육이잖아요. 70년대에나 나오는 현상들이 나타나니까 정권의 아나크로니즘(시대착오)이 있어요. 시대착오적이죠.

지 요즘 지만원 씨 활약이 대단한데요. 몇 번 같이 토론도 하셨잖아요.

진 지만원 씨야 우익에서도 내놓은 사람인데. 지하철에서 파는 신문 제목을 보니까 이문열도 지만원 보고 제정신이 아니라고 했나 보더라고요. 됐다 싶었죠.(웃음) 이명박 씨가 70년대 초반의 리더십이잖아요. 대중들은 산업사회를 넘어서서 정보사회로 넘어왔다는 것을 보여준 게 촛불집회였거든요. 이명박 씨는 아직도 농경사회로 착각하는 거예요. 카리스마를 가지고 산업적 신체를 만들어내겠다, 이런 식의 박정희 리바이벌 복고 취향이죠. 촛불집회의 배경에 깔려 있는 가장 큰 동인 중의 하나도 그거였을 거예요. 대중들은 커뮤니케이션 자체가 자율화되어 있는데, 대통령이 나와서 황당한 얘기하니까 '저 사람 뭐야?', 이런 생각을 한 것 같아요. 일종의 비호감

현상이라고 할까, 그런 것이 있었던 것 같아요. 머릿속에 든 게 70년대 초반이에요. 그게 그 사람의 한계죠. 경제성장시킨다고 해놓고 내놓은 것이 없잖아요. 대운하, 재개발, 토건 마인드고, 나머지가 세금 가지고 장난을 치거나 환율을 가지고 장난을 친 건데요. 심지어 과기부를 없애버리고, IT가 고용을 줄인다는 식의 인식을 가졌으니 으악이지, IT 경쟁력이 3위에서 8위로 떨어졌다고 하던데요. 토건경쟁력만 강화하려는 거죠.

예술성 없는 기술, 상상력 없는 기술은 기능으로 전락

지 미학 쪽과 관련해서 관심 가지신 부분은 있으신가요?

진 미디어 미학 쪽, 뉴미디어 아트 쪽에 관심이 많고요. 매체미학, 매체철학 쪽의 작업을 하고 있고요. 기술미학 포럼이라고 해서 포럼을 하나 만들어서 미디어 아티스트들하고, 미디어 아트 평론가들하고, 인문학 쪽에서 미디어 미학이나 철학을 하는 분들하고, 그 쪽에 관심이 있는 공학자들 모여서 같이 기술과 예술의 결합문제에 대해서 생각해보는 포럼을 운영하고 있어요.

지 한예종 강연은 계속하시나요?

진 한예종은 올해까지가 계약이 되어 있거든요. 1년 계약이기 때문에 올해까지만 할 것 같아요.

지 다른 특별한 계획을 가지신 부분은 없으신가요?

진 미디어 아트 쪽, 우리나라에서 미디어 아트에 대한 기반이 형성이 되면 좋겠다는 생각이 들어요. 창작의 기반과 수용의 기반, 비평의 기반, 담론의 기반, 저는 그런 게 아직도 굉장히 중요하다고 생각하는데요. 미래사회가 기술과 예술의 결합, 예술성 없는 기술은 기능으로 전락하는 사회거든요. 예술 자체도 대중들의 이미지 취향이 변해버렸습니다. 움직이는 그림들, 나랑 상호작용하는 그림들에 익숙해지기 때문에 예술가들도 테크놀로지에 대해서 알아야 되거든요. 하다못해 센서를 다룰 줄 알아야 되고, 간단한 프로그램들을 할 줄 알아야 되고요. 그런 생산 패러다임에 인문학자와 아티스트와 엔지니어의 삼각 컨소시엄이 미래의 생산형태가 될 것이라고 판단하기 때문에 인문학자이면서 기술과 예술에 대해서 알아야 되고, 아티스트이면서도 인문학과 테크놀로지에 대해서 알아야 되고, 공학자라고 하더라도 예술적 감성과 인문학적인 콘텐츠가 있어야 된다고 생각해요. 그래서 그런 교류, 완전히 새로운 부류의 사람들을 만들어내야 되는 거죠. 산업혁명 시대, 산업화 사회의 노동력의 성격과 정보화 시대의 노동력의 성격이 다르거든요. 생산의 성격이 다르다면 생산을 담당하는 인간의 성격도 달라져야 한다는 거죠. 그런데 이명박 정권은 과거로 다시 돌아가는 거거든요. 아까도 얘기했듯이 예술성 없는 기술, 상상력 없는 기술은 기능으로 전락하거든요. 그것은 경쟁력이 없습니다. 예를 들어 실리콘 밸리 같은 경우 R&D도 하청을 주거든요. 인도 애들은 컴퓨터를 잘하고, 중국 애들도 잘하고, 한국 애들도 잘하거든요. 마이크로소프트에서 R&D 센터를 세운다든지 이런 것들이 하청개념이라는 겁니다. 개네들은 뭘 하냐 하면 뭘 프로그래밍할지 떠올리는 거거든요. 그게 상상력입니다. 구체적으로 개발하는 것은 밑에 떨궈주는 건데요. 우리한테 필요한 것은 그런 상상력이라는 겁니다. 그런 것에 대비를 해야 되기 때문에 교육 전체가 달려져야 됩니다. 공대 잔뜩 만들어서 공돌이만 양산하는 것이 아니라 미래에 필요한 기술이 어떤 기술인가를 알아야 되는 거죠. 이명박 정권을 보면 과기부를 없애고, IT는 고용창출을 못한다면서 '역시 고용은 삽질이야'라고 하고 있잖아요.(웃음) 중앙대를 두산에서 인수했잖아요. 교양과목 다 없애고, '중대 나왔다고 하면 숫자는 좀 만질 줄 안다는 얘기는 듣게 하겠다'고 했다는데요. 이런 얘기는 과거의 패러다임에 갇혀 있다는 거거든요. 예를 들어서 핸드폰 하나를 사도 기능만 보고 사지는 않습니다. 디자인을 보는 것이고, 그 디자인을 가지고 자기를 연출하려고 합니다. 디자인이라는 것은 아티스트적 감성이 필요한 것이고, 연출한다는 것은 사회적인 맥락 속에다가 그 기술을 갖다놓고 맥락화를 시켜서 콘텍스트화시키는 거거든요. 그것은 인문학적 감성의 문제라는 겁니다. 숫자 만질 수 아는 애들은 널려 있거든요. 이 사람들이 프로스펙트(prospect, 전망)가 없는 것이고, 리트로스펙트(retrospect, 회고)적이라는 거예요. 과거로 던져지는 것이고, 정말 이게 문제구나, 최고 경영자라는 사람의 머릿속에 있는 것이 그거고, 대통령이라는 사람의 머릿속에 있는 것이 그거구나, 바로 이런 면에서 진보가 이런 데 대해서 대안을 가져야 된다고 생각합니다. 과거에서 비판하는 것이 아니라 앞장서서 비판하고, 저들이 얼마나 시대착오적인가를 보여주고, 한국 경제가 어떻게 리모델링되어야 하는지에 대해서도 대안을 가져야 된다는 거죠.

지 《미학 오디세이》 자체가 지금 나오는 인터넷 글쓰기나 상상력을 동원한 글쓰기의 전형이 되었는데요. 처음에 그렇게 쓰게 된 계기는 있으신가요?

진 우연이죠. 그때도 무엇 때문에 했었냐 하면 노동자 문화운동연합이었잖아요. 노동자를 대상으로 미학 얘기를 하려고 했는데, 그러려면 당연히 이미지가 많아야 됩니다. 먹물들이 아니기 때문에. 그 다음에 문어체가 아니라 구어체를 구현해야 되잖아요. 그게 나중에 우연하게 맞아떨어진 거죠. 전자매체 시대는 텍스트가 안 보이고, 텍스트 대신에 이미지와 사운드로 소통하는 시대잖아요. 그러니까 텍스트 자체도 굉장히 강한 시각성을 띠어야 되고, 문어체, 독백체가 아니라 기본적으로 대화체와 구술체가 되어야 되거든요. 그게 인터넷 환경과 맞물리면서 롱런할 수 있게 된 거죠. 굉장히 비슷해요. 촛불집회 때 우리가 방송포맷이 아니라 컴퓨터 게임 포맷이었기 관심을 끌었는데, 그것은 의도된 것이 아니라는 거죠. 그런 거라고 생각해요. 나중에 그게 기준이 되어버리잖아요. 이미지와 결합된 글쓰기, 구술성과 결합된 글쓰기, 사운드와 이미지가 결합된 텍스트가 기준이 되듯이 촛불집회에서 했던 이런 포맷도 기준이 될 거예요. 20세기까지만 해도 시각매체의 전형은 시네마였잖아요. 21세기는 컴퓨터 게임이거든요. 방송 같은 일방적인 매체도 쌍방향적인 게임의 포맷을 따라가거든요. 마치 뭐랑 똑같으냐 하면 지난 세기에 텔레비전이 시네마의 고해상을 따라가잖아요. 그런데 우리 방송은 굉장히 해상도가 떨어지고, 자주 끊기잖아요. 〈클로버필드〉라는 영화가 성공할 수 있었던 것은 그런 맥락이에요. 누가 저해상의 영상을 두 시간 동안 영화관에서 보고 싶겠냐 했는데, 예상을 뒤집어버리잖아요. 그게 왜 성공했냐 하면 대중들이 이미 그것을 보는 거예요. 핸드폰으로 찍은 영상들, 디지털 카메라에 있는 동영상 촬영기로 찍은 저해상의 영상들을 UCC로 본단 말이죠. 그것을 더 리얼하다고 느끼는 겁니다. 왜냐하면 고해상의 영상들은 대부분 연출된 것이거든요. 심지어 뉴스까지도. 그런데 이것은 우연하게 찍는다는 말이죠. 소위 말하는 풍크툼(punctum, 점이라는 뜻을 지닌 라틴어로 누구나 동의할 수 있는 일반화된 상징이 아니라 불가사의하거나 소통이 불가능해서 더욱 소중한 비밀을 간직한 상징을 가리킨다—저자 주)이라는 것, 우연한 발견이라는 개념으로서의 풍크툼이라는 것이 저해상 속에 있거든요. 굉장히 저해상의 영상이지만 사람들을 밤새 모니터 앞에 앉혀놓았던 것은 강한 몰입성이 있었기 때문입니다. 리얼리티 효과가 있었던 거죠. 이런 것들이 나중에는 대중화되고, 일상화되지 않을까 생각합니다. 이게 혜안의 결과라기보다는 어쩌다 보니까 그렇게 된 거죠.(웃음)

지 놀이와 상상력, 이런 말씀 많이 하시고, 컴퓨터 게임 방식을 차용했다고 하셨는데요. 컴퓨터 게임을 직접 즐기시지는 않으시잖아요.

진 저는 사람들이 컴퓨터 게임을 좋아하는 것을 좋아해요.(웃음) 게임 자체는 별로 좋아하지 않습니다. 컴퓨터 게임 중에서도 집단 패싸움하는 게임들만 하는데, 심시티라든지, 세컨드 라이프 같은 구성주의적인 게임이 있거든요. 때려부수는 것만이 아니라 건설하고 운영해보고 이런 쪽의 취향을 발전시켰으면 좋겠다고 생각해요.

지　진중권식 글쓰기 이런 얘기도 많은데, 가지고 계신 문장론 같은 것은 있으신가요?

진　그런 게 있는지 모르겠어요. DC 찌질체 이런 거지.(웃음) 처음에 대중들은 먹물들의 글쓰기를 베끼잖아요. 그 다음에 거꾸로 먹물들이 대중들의 글쓰기를 베끼는 거죠. 제일 먼저 했던 게 나고, 최근 이외수 씨가 '하악하악'이런 글을 쓰고요. 황석영 씨도 최근 거기에 재미 들린 것 같은데, 원조는 나네요.(웃음)

지　황석영 씨가 예전에는 부정적이었던 것 같은데, 인터넷 소설 쓰신 이후로 댓글 다는 데 재미 붙이셨다고 하더라고요. 교수를 하는 사람들은 미국에서 공부하고 온 사람들이 많지 않습니까? 미국의 영향이 압도적인데, 또 한편으로 유럽 쪽에서 공부하고 온 사람 중에서 담론의 영역에서 활약을 하는 사람들은 압도적으로 영국, 프랑스, 독일이 많다는 지적을 하는 사람도 있는데요. 그 나라 잣대로 한국을 보면 우리가 후져보이고 이해가 가지 않을 수 있다는 건데요. 우리는 사실 이탈리아나 스페인 사람들하고 비슷하지 않습니까? 역사적으로도 그렇고, 기질적으로도 그렇고.

진　그런 측면이 있겠죠. 공간적 차이인지, 시간적 차이인지 모르겠어요. 어떻게 보면 공간적 차이일 수도 있겠지만, 서유럽 사람들도 옛날에는 우리하고 똑같았거든요. 문화적 차이라고 얘기하면 우리가 극복해야 될 어떤 과제들을 놓치게 되거든요. 예를 들어 한국의 인터넷 문화라는 것이 문자문화적인 합리성이 굉장히 결여되어 있기 때문에 정보가 흐르는 것이 아니라 반감과 교감이 흐르는 현상이라든지. 대표적으로 위키피디아와 네이버 지식인을 비교해보세요. 위키피디아는 굉장히 정제가 되어 있잖아요. 1인칭, 3인칭의 정보가 있는데, 네이버 지식인은 굉장히 대화적입니다. '여기서 서울역까지 가는 가장 빠른 방법은 뭔가요? 가르쳐주시는 분 내공 드립니다' 하면 사람들이 막 써요. 정확하지 않은 정보가 많고, 막상 써놓고도 '아닌가, 난 그냥 널 돕고 싶었어'라고 하거든요. 친교적이라는 말이죠. 나름대로 장단점이 있겠지만, 네이버에서 검색해서는 나올 수 있는 정보가 거의 없어요. 저도 검색을 할 때는 구글 쓰거든요. 그게 한계일 수가 있다는 겁니다. 그것을 같이 봐야죠. 인터넷에서도 우리가 집단 패싸움 게임만 잘되는 이유가 그런 것이죠. 심시티 같은 것은 도시를 운영해봐야 되잖아요. 전략적 판단, 정책적 판단, 이성을 요구하니까 싫어해요.(웃음) 세컨드 라이프만 해도 거기 가서 도시건축을 해야 되고, 내가 살 집을 건축해야 되고 등등이 있잖아요. 그런 식의 구성주의적 생각은 안 한다는 말이에요. 이성을 요구하는 부분에 대해서는 약하다는 겁니다. 우리나라가 게임을 개발해봐야 외국에서는 안 먹히는 이유가 컬쳐코드가 다르다는 겁니다. 그런 것을 잘봐야 돼요. 아마도 그게 중국에서는 먹힐 겁니다.

성장이냐 분배냐가 아니라 어떤 성장이며 분배냐가 중요해

지 일본은 너무 차이가 있고, 한국은 몇 년 정도 앞서 있으니까. 그렇다면 한계가 있다는 건데요. 중국도 눈이 높아지면.

진 그렇죠. 우리가 일본 베끼듯이 그렇게 되는 거죠. 그렇기 때문에 거기서 어떤 도약이 필요한데, 제가 미디어 아트 쪽에 관심을 갖는 이유도 그런 거예요. 예술적 감성과 공학적인 사고방식, 인문학적인 깊이, 이런 것이 같이 갖춰져야 사회가 발전하는 것이지요. 우리나라 기술이라는 것이 대개 모방적 기술이라는 말이에요. 남이 개발해놓으면 갖고 와서 약간 고쳐서 싼 노동력을 결합시켜서 나간다는 말이죠. 대부분이 수출을 해서 흑자를 내면 흑자의 대부분이 대일 무역적자로 가잖아요. 왜 그러냐 하면 대부분의 핵심부품과 소재는 일본에서 온다는 겁니다. 그래서 대기업이 잘 나가도 트리클 다운(대기업의 성장을 촉진하면 덩달아 중소기업과 소비자에게도 혜택이 돌아가 총체적으로 경기를 활성화시키게 된다는 경제이론이다—저자 주)이 안 되는 거죠. 이런 데 대한 리모델링이 필요하다는 겁니다. 그래서 진보 쪽에서 이런 그림들도 그려나가야 돼요. 진단 좀 하고. 중소기업에 대한 지원이 중요한 게 아니라 대기업과 중소기업 사이에 게임규칙만 제대로 지키게 하면 됩니다. 중소기업이 기술을 개발했다고 하면 인정해줘야 하는데, 삼성에서 회계감사 들어와서 니들 왜 이렇게 이익 많이 남겼어, 하면서 납품단가를 깎아버리는 겁니다. 기술개발로 인한 이익을 못 보게 만들어버리거든요. 그러면 기술개발을 할 인센티브가 없어지는 거잖아요. 기술개발을 안 하면 중소기업이 위에서 시키는 기술만 개발하다가 머무르고, 갖다 쓸 기술이 없으면 일본 것을 갖다 쓰는데 이게 지금 한국의 문제거든요. 바로 삼성이나 현대 같은 대기업이 하고 있는 행패들, 이걸 막아줘야 합니다. 삼성 아니면 나라가 망한다, 이런 식의 사고방식은 곤란하죠. 우리가 자기들을 먹여 살리는 거잖아요. 삼성 제품에 대한 가장 큰 소비자는 한국 사람들이거든요. 제품 하나 나오면 이런 식으로 미친 척 사주는 소비자가 어디 있습니까?

지 우리가 먹여 살려준다는 생각까지는 안 하더라도 삼성이 망하면 어떻게 하냐는 공포감이 너무 크니까요.

진 그러니까. 삼성 망한다고 우리가 핸드폰 못 만드는 거 아니거든요. 중소기업이 중요해요. 아까도 얘기했듯이 촛불집회만 해도 보세요. 지도자도 없고, 지휘하는 사람도 없었잖아요. 사전계획에 의해서 일어난 것이 아니라 막 터져나왔잖아요. 그러니까 창의적일 수 있는 겁니다. 작년에 했던 민중대회인가 그것은 위에서 계획해서 내려왔잖아요. 인풋 하면 아우풋이 똑같이 나와요. 기술개발도 마찬가지라는 겁니다. 대기업이 요구를 하는 것만 하게 되면 기술이 제대로 개발될 수 없는 겁니다. 중소기업들에서 막 이것저것 하고, 누가 어디서 뭘 만드는지 모르는 상태에서 출현하는 것들 있잖아요. 그게 제대로 된 기술개발이거든요. 왜냐하면 경제는 굉장히 복잡하기 때문에 대기업에 있는 몇몇 사람들의 머릿속보다 무한히 풍부한 게 현실이라는 거죠. 그 현실의 힘을 믿어야 되고, 개별주체들의 자발성과 자율성과 창의성을 믿고, 인정해야 되거든요. 그래야 경제가 발달하는 겁니다. 소위 CEO라는 사람의 대가리 속에 모든 것이 들어 있고, 국민들이 수족처럼 움직이기만 하면 경제가 발달한다, 그러니까 맨날 나오는 발상이 이명박이 명령하고, 나머지가 삽질하면 경제가 발전한다는 건데요. 선진국이 되려면 거기서 벗어나야 합니다.

지 이명박이 대통령이 된 데는 경제라는 구호가 먹힌 건데요. 사람들의 머릿속에서 진보는 경제적으로 무능하다는 인식이 심겨 있고요. 노회찬 의원이 떨어진 이유도 그런 데 있는 것 같습니다.

진 결정적으로는 뉴타운이었어요. 뉴타운 얘기가 나오니까 수가 없었다고 하더라고요. 결국 노회찬 씨도 개발공약을 내세웠잖아요. 그린벨트의 특정부분을 풀 수 있으면 풀겠다고 해서 내부에서도 문제가 됐었는데요. 그것은 뭘 말해주느냐 하면 뉴타운에 대한 욕망이 엄청 컸다는 겁니다. 지금 한나라당에서 좀 이상한 사람들은 다 타운돌이들이거든요. 뉴타운이라는 것이 이미 은평에서 드러났듯이 보통 사람들은 쫓겨나기만 하고, 돈은 특정한 사람들이 버는 거잖아요. 성장이냐, 분배냐는 이분법적인 틀에 갇혀 있는데요. '어떻게 성장 없이 분배를 하고, 분배 없이 성장을 할 수 있냐'고 해야 되거든요. 성장이냐 분배냐를 따지는 것은 의미가 없는 것이고, 어떤 성장과 어떤 분배정책이냐가 중요하다는 것이죠. 진보에서 그런 얘기를 해야 되잖아요. 좀 전에 얘기했듯이 진보진영에서는 그런 얘기를 해야 됩니다. 왜 대기업 잘나가는데 트리클 다운이 안 되느냐, 대기업이 제대로 잘 나가고 있는 것인지 등을 따져봐야 합니다. 중소기업 같은 경우 납품단가를 깎아버리면 창의성 경쟁이 아니라 가격경쟁을 할 수밖에 없는데요. 그러면 임금을 낮춰야 되는 것이고, 비정규직을 확산시킬 수밖에 없고, 그러다 보면 내수가 안 되는 것이고, 그러다 보면 수출로 목숨 걸자고 나오게 되거든요. 이런 악순환의 고리를 어떻게 끊을 것인지, 이제 진보 측에서도 경제운영의 청사진을 제시해야 된다는 겁니다.

지 정리하는 차원에서 한 말씀 해주십시오.

진 많이 한 것 같은데요.(웃음)